| 财经类院校研究生精品教材

International Financial Management

国际财务管理学

张碧琼 主编

图书在版编目(CIP)数据

国际财务管理学 / 张碧琼主编. —北京：北京大学出版社, 2020.11
财经类院校研究生精品教材
ISBN 978-7-301-31795-2

Ⅰ. ①国… Ⅱ. ①张… Ⅲ. ①国际财务管理—研究生—教材 Ⅳ. ①F811.2

中国版本图书馆 CIP 数据核字(2020)第 203184 号

书　　　名	国际财务管理学 GUOJI CAIWU GUANLIXUE
著作责任者	张碧琼　主编
责 任 编 辑	任京雪　徐　冰
标 准 书 号	ISBN 978-7-301-31795-2
出 版 发 行	北京大学出版社
地　　　址	北京市海淀区成府路 205 号　100871
网　　　址	http://www.pup.cn
微信公众号	北京大学经管书苑(pupembook)
电 子 信 箱	em@pup.cn
电　　　话	邮购部 010-62752015　发行部 010-62750672　编辑部 010-62752926
印 刷 者	北京市科星印刷有限责任公司
经 销 者	新华书店
	787 毫米×1092 毫米　16 开本　25.75 印张　554 千字 2020 年 11 月第 1 版　2020 年 11 月第 1 次印刷
定　　　价	66.00 元

未经许可，不得以任何方式复制或抄袭本书之部分或全部内容。
版权所有，侵权必究
举报电话：010-62752024　电子信箱：fd@pup.pku.edu.cn
图书如有印装质量问题，请与出版部联系，电话：010-62756370

编委会

主　　任：马海涛

委　　员：（按姓氏笔画排序）

尹　飞　白彦锋　冯秀军　刘双舟　刘志东　陈斌开

李　涛　李建军　李晓林　李国武　吴　溪　张晓涛

林　嵩　林光彬　姜　玲　姚东旻　贾尚晖

丛书主编：马海涛

副 主 编：张学勇　肖　鹏

总　序

改革开放四十年来,尤其是党的十八大以来,中国经济社会发展取得了举世瞩目的成就,党和国家事业发生了历史性的变革,中国人民向着决胜全面建成小康社会,实现中华民族伟大复兴的宏伟目标奋勇前进。党的十九大报告指出,"建设教育强国是中华民族伟大复兴的基础工程,必须把教育事业放在优先位置",要"加快一流大学和一流学科建设,实现高等教育内涵式发展"。

实现高等教育内涵式发展,研究生教育是不可或缺的重要部分。2013 年,教育部、国家发展改革委、财政部联合发布《关于深化研究生教育改革的意见》,明确提出研究生教育的根本任务是"立德树人",要以"服务需求、提高质量"为主线,以"分类推进培养模式改革、统筹构建质量保障体系"为着力点,更加突出"服务经济社会发展""创新精神和实践能力培养""科教结合和产学结合"及"对外开放",为研究生教育改革指明了方向。

深化研究生教育改革,要重视发挥课程教学在研究生培养中的作用,而高水平教材建设是开展高水平课程教学的基础。2014 年,教育部发布《关于改进和加强研究生课程建设的意见》;2016 年,中共中央办公厅、国务院办公厅发布《关于加强和改进新形势下大中小学教材建设的意见》;2017 年,国务院成立国家教材委员会,进一步明确了教材建设是事关未来的战略工程、基础工程的重要地位。

中央财经大学历来重视教材建设,加强研究生教材建设是中央财经大学研究生教育改革的重要内容之一。2009 年,中央财经大学开始实施《研究生培养机制综合改革方案》,提出加强研究生教材体系建设的改革目标,后组织了多批次研究生教材建设工作,逐步形成了以研究生精品教材系列、专业学位研究生教学案例集系列、博士生专业前沿文献导读系列为代表的具有中央财经大学特色的研究生教材体系。

呈现在读者面前的财经类院校研究生精品教材由多部研究生教材组成,涉及经济学、管理学、法学等多个学科门类,所对应的课程均为中央财经大学各专业研究生培养方案中的核心课程,均由教学经验丰富的一线教师组织编写。编者中既有"国家级教学名师"等称号的获得者,也不乏在专业领域造诣颇深的中青年学者。本系列丛书以"立足中国,放眼世界"的眼光和格局,本着扎根中国大地办大学的教育理念,致力于打造一批具有中国特色,具有较强思想性、科学性、系统性和时代性,适用于高等院校尤其是财经类院校研究生教学的专业教材,力求在各个专业领域内产生一定的影响力。

本系列丛书的出版得到了"中央高校建设世界一流大学(学科)和特色发展引导专项资金"的支持。我们希望本系列丛书的出版能够为相关课程的教学提供基本的教学方案和参考资料,能够启发研究生对专业知识的学习和对现实问题的思考,提高研究生运用理论知识解决现实问题的能力,进而将其培养成为具有良好职业素养、掌握前沿理论、具备国际视野的高层次拔尖创新人才。

编写本系列丛书,我们虽力求完善,但难免存在这样或那样的不足,恳请广大同行和读者批评指正。

财经类院校研究生精品教材编委会

2018年8月于北京

前 言

在开放经济背景下,国际汇兑、税制差异、资本转移、资金冻结等因素被引入公司金融学领域,推动了其分支学科——国际财务管理学的形成。国际财务管理学是以跨国企业为主体,以金融和财务理论为依据,探讨国际财务活动的基本规律和方法的学科。这一定义既强调国际财务管理学是公司财务学和金融学交叉融合的分支学科,又注重商务活动中国际金融知识对跨国企业财务管理效率的影响,属于应用学科的范畴。

国际财务管理学的创立是基于跨国企业经营管理的需要,而跨国企业的迅速发展,则对国际财务管理提出了更高的要求。国际财务管理学研究的主要内容包括国际财务管理的环境、汇率与汇率风险管理、国际融资管理、国际投资管理、国际营运资金管理、国际税收管理和跨国企业财务报告分析等。

本书主要采取国际著名商学院"国际财务管理"课程教学中比较流行的经典教材的模式,同时结合中国的实际情况讨论了国际财务管理的原理和实务问题。本书主要的特点如下:

第一,结构清晰,内容富有特色。以基本知识、基础理论和基本应用为逻辑主线安排章节,结构清晰,克服了已有教材缺乏系统性的普遍现象;各章均以一系列用主动语态表述的目标开篇,再加上富有特色的内容,有助于提升读者的阅读兴趣。

第二,编写规范,原理和实务相互照应。对国际财务管理原理的阐释,以简明扼要的数理和逻辑推理为主;对国际财务管理实务操作技术和技巧的阐释,则以模拟实例和案例分析的方法为主。原理和实务相互照应,使教材的学术性和实务操作性相比同类教材有较大提高。

第三,文字表述清晰、准确,形式丰富多样。在规范和清楚表达的基础上,本书试图以一种轻松易懂的方式研究国际财务管理问题。每章增添提示、问答和特色内容来引发读者的兴趣并为所阐释的概念提供例证。同时,根据每章的中心议题设计例题,帮助读者培养分析和解决国际财务管理问题的实际能力。

本书由五部分构成,分为十五章来阐述。第一部分是国际财务管理环境,包括第一—第三章,主要以跨国企业为主体,阐述跨国企业的经营管理目标,以及实现目标所依赖的国际商业环境、国际汇兑环境和国际财务报告准则。第二部分是汇率行为与汇率风险管理,包括第四—第六章,采用循序渐进的方式,从外汇市场基本知识开始讲述,然后对汇率形成机制、汇率预测方法，以及汇率风险形成机制、汇率风险度量和汇率风险管理进行了系统的阐述。第三部分是国际投资管理，包括第七—第九章，以跨国企业为投资主体，将长期投资区分为国际组合投资和国际直接投资两大部分。国际组合投资部分介绍了各种投资工具、国际组合投资的收益和风险，以及国际组合投资策略；国际直接投资部分介绍了国际直接投资的方式、环境和资本预算，以及跨国并购与国外资产出售问题。最后分析了国际投资中的国家风险。第四部分是国际融资管理，包括第十一—第十二章，内容涉及不同融资方式的特点和运作的技术，以及国际资本成本核算和资本结构、国际贸易融资方法和技术问题。第五部分是跨国企业财务管理体系，包括第十三—第十五章，主要探讨了国际营运资金管理（如短期资产与负债结构管理、国际资金流量管理）和国际税收管理，最后对跨国企业财务报告进行了较为深入的总结性分析，使读者阅读后能够对跨国企业的财务管理体系和方法有更系统、更深入的把握。

本书由中央财经大学金融学院张碧琼教授主编，参编者包括谭小芬、尹力博、闫琼、柳潘伟、张博涵、高嵩等；张碧琼、王文洁、吴美萱和吴婉婷等对书稿内容进行了校订。本书吸纳了张碧琼于2007年编著出版的《国际金融管理学》（参编者包括朱婷、孙黎、王敏、赵艳和钟媛媛）的内容。感谢他们为本书成稿做出的贡献。同时，本书参考了相关领域众多专家学者的重要著作和论文，在此对他们表示衷心的感谢。

本书力图为读者认识国际财务管理活动规律与培养国际财务管理实际技能和素质提供一种有弹性、新颖、简练而又不失深刻内涵的读本。希望本书不仅是经济与管理类本科生和硕士研究生的理想教材，而且所有涉外经济、管理、外汇、金融、财会的从业人员都能从中受益。

尽管作者在编写过程中广泛收集了该领域最新的研究成果和资料，并且对文本结构和内容的设定花费了很大的精力，但书中难免还是会出现这样或那样的纰漏，在此敬请读者谅解，并给予批评指正。

张碧琼

2020年3月30日

目 录

第一部分 国际财务管理环境

第一章 国际财务管理概述 ……………………………………………… 003
第一节 跨国企业的经营管理目标 ………………………………… 003
第二节 跨国企业的财务管理活动 ………………………………… 009
第三节 国际财务管理学的框架 …………………………………… 017

第二章 国际财务管理的外部环境 ……………………………………… 022
第一节 国际收支与全球经济失衡 ………………………………… 022
第二节 国际汇兑制度 ……………………………………………… 031
第三节 国际金融市场 ……………………………………………… 042

第三章 国际财务报告准则及其应用 …………………………………… 057
第一节 IFRS与会计准则国际趋同 ………………………………… 057
第二节 IFRS与跨国企业合并财务报表规则 ……………………… 066
第三节 以外币计价的财务报表折算 ……………………………… 069

第二部分 汇率行为与汇率风险管理

第四章 汇率与外汇交易类型 …………………………………………… 083
第一节 汇率的形成与市场报价 …………………………………… 083
第二节 外汇市场与基本外汇交易 ………………………………… 089
第三节 外汇衍生品交易 …………………………………………… 099

第五章 套利与国际平价关系 …………………………………………… 111
第一节 套利与购买力平价 ………………………………………… 111
第二节 套利与利率平价 …………………………………………… 117
第三节 汇率的预测方法 …………………………………………… 124

第六章　汇率风险管理 …… 138
第一节　汇率风险管理的原则与策略 …… 138
第二节　汇率风险的度量 …… 143
第三节　汇率风险管理 …… 156

第三部分　国际投资管理

第七章　国际组合投资管理 …… 171
第一节　国际组合投资工具 …… 171
第二节　国际组合投资的风险和收益 …… 177
第三节　国际组合投资策略 …… 186

第八章　国际直接投资管理 …… 195
第一节　国际直接投资环境评价 …… 195
第二节　国际直接投资资本预算 …… 204
第三节　跨国并购与国外资产出售 …… 211

第九章　国家风险管理 …… 217
第一节　国家风险的识别 …… 217
第二节　国家风险的评估 …… 222
第三节　国家风险的管理 …… 231

第四部分　国际融资管理

第十章　国际资本成本与资本结构管理 …… 239
第一节　国际资本成本的决定与度量 …… 239
第二节　国际资本结构 …… 248
第三节　跨国企业最优融资策略 …… 254

第十一章　长期国际融资管理 …… 260
第一节　国际证券融资管理 …… 260
第二节　中长期国际信贷融资管理 …… 276
第三节　特定方向融资管理 …… 289

第十二章　国际贸易融资管理 …… 295
第一节　国际贸易合同支付条款 …… 295

第二节	国际贸易结算方式	297
第三节	国际贸易融资方式	302
第四节	国际贸易融资风险管理	310

第五部分　跨国企业财务管理体系

第十三章　国际营运资金管理　317
- 第一节　国际短期资产管理　317
- 第二节　国际短期负债管理　328
- 第三节　国际营运资金流量管理　335

第十四章　国际税收管理　348
- 第一节　国际税收管理的宗旨　348
- 第二节　跨国企业国际避税的主要方法　351
- 第三节　国际避税的法律风险　360

第十五章　跨国企业财务报告分析　370
- 第一节　跨国企业财务报告体系与分析框架　370
- 第二节　跨国企业财务报告文本解读　378
- 第三节　跨国企业财务报告分析方法　388

第一部分

国际财务管理环境

第一章

国际财务管理概述

本章首先介绍跨国企业的作用及跨国企业进行跨国经营的机会与风险;接着阐述跨国企业的财务管理目标、财务管理模式和跨国企业财务经理的作用,解释跨国企业价值管理模型;最后介绍国际财务管理学的基本框架。跨国企业是国际财务管理的主体,其投资决策、融资决策及国际营运资金决策的过程和方法,是国际财务管理的主要内容。

第一节 跨国企业的经营管理目标

跨国企业是指通过输出企业资本,在两个或两个以上国家(地区)设立分公司或者控制当地企业成为它的子公司,在母公司统一决策体系下从事国际性经营活动的企业。在经济全球化的浪潮中,跨国企业已成为参与国际贸易、国际金融和国际经济技术合作与竞争极为重要的经济实体,对推进全球经济发展具有举足轻重的作用。

一、跨国企业的形成与发展

跨国企业是伴随着国际分工、国际贸易及国际投资的发展而逐渐形成和发展的。国际分工是跨国企业形成的条件,国际贸易是跨国企业形成的基础,资本的国际化运动与对外直接投资(FDI)是跨国企业形成和扩张的重要手段。2002—2017年间,虽然全球资本流动,特别是与债务相关(如银行贷款方式)的资本流动波动剧烈,但FDI是全球资本流动中最稳定的构成(见图1-1)。

跨国企业的产生最早可以追溯到16—17世纪。1600年成立的英国东印度公司,作为殖民主义侵略扩张的工具,已具有跨国企业的雏形。19世纪末20世纪初,出现了真正具备现代跨国企业组织形式的工业垄断企业。当时,在经济比较发达的美国和欧洲国家,一些大型企业通过FDI,在海外设立分支机构和子公司,其中比较有代表性的企业有三家:1865年,德国的弗里德里克·拜耳化学公司在美国纽约州的奥尔巴尼开设了一家制造苯胺的工厂;1866年,瑞典的阿佛列·诺贝尔公司在德国的汉堡开办了一家炸药工厂；1867年，美国的胜家缝纫机公司在英国的格拉斯哥建立了一家缝纫机装配厂。这些通常被认为是早期的跨国企业。

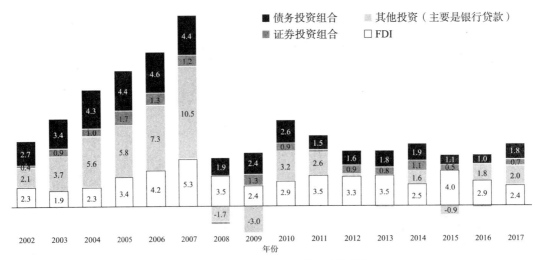

图1-1 全球资本流动构成及变化趋势

跨国企业加速发展主要是20世纪50年代以后的事情。据联合国跨国企业中心统计，20世纪60年代后期，西方发达国家有跨国企业7 276家，受其控制的国外子公司达27 300家；到70年代末80年代初，跨国企业的数量已增至1万多家，受其控制的国外子公司已达10万家。1996年，跨国企业的数量则增至4.4万家，受其控制的国外子公司则达28万家，其在全世界的雇员也增至7 000多万人。2001年，跨国企业的数量达6.5万家，受其控制的子公司有85万家，年销售额达19万亿美元。

根据联合国贸易和发展会议（UNCTAD）发布的《世界投资报告2006》，截至2005年年底，全世界已有77 000家跨国企业、770 000家海外子公司，FDI高达9 160亿美元，跨国企业海外子公司的产值分别占全世界GDP（国内生产总值）的1/10和出口贸易总额的1/3。其中，发展中国家跨国企业FDI达1 200亿美元，来自亚洲的投资额占70%。

跨国企业的扩张方式更加灵活，跨国并购已经成为跨国企业全球资本运作的重要方式。20世纪90年代以来，全球FDI的增长主要得益于跨国并购的迅猛发展。跨国并购已经完全主导全球FDI。2005年，全球FDI总量为9 160亿美元，其中跨国并购增长88%至7 610亿美元。2017年，全球FDI下降23%至1.43万亿美元，其中流向亚洲发展中国家的FDI保持稳定，为4 760亿美元。[①]

根据联合国贸易和发展会议《世界投资报告2018》，2017年全球FDI下降23%至1.43万亿美元，这与全球GDP及贸易增长加快形成鲜明对比。FDI下降主要是跨国并购大幅下降22%造成的。其中，流入发达经济体的FDI下降37%至7 120亿美元，主要原因是超大型并购及企业重组比2016年减少，跨国并购下降29%。流入发展中经济

---

① 联合国贸易和发展会议，《世界投资报告（2006—2018）》。

体的 FDI 保持平稳,为 6 710 亿美元;发展中经济体在全球 FDI 中的占比从 2016 年的 36%上升至 2017 年的 47%。流向转型经济体的 FDI 下降 27%至 470 亿美元,为 2005 年以来的第二低水平。全球 FDI 下降系全球投资回报率下降所致。2017 年,FDI 的全球平均回报率为 6.7%,低于 2012 年的 8.1%(见表 1-1)。

表 1-1　FDI 回报率(2012—2017 年)　　　　　　　　单位:%

地区	2012 年	2013 年	2014 年	2015 年	2016 年	2017 年
全球	8.1	7.8	7.9	6.8	7.0	6.7
发达经济体	6.7	6.3	6.6	5.7	6.2	5.7
发展中经济体	10.0	9.8	9.5	8.5	8.1	8.0
非洲	12.3	12.4	10.6	7.1	5.4	6.3
亚洲	10.5	10.8	10.6	9.9	9.5	9.1
拉丁美洲	7.9	6.7	6.6	5.2	5.3	5.6
转型经济体	14.4	13.9	14.6	10.2	11.1	11

资料来源:联合国贸易和发展会议,《世界投资报告 2018》。

2017 年,中国吸收的外资全球排名第二,仅次于美国;与此同时,中国对外投资全球排名第三,位于美国和日本之后。不过,2017 年,中国对外投资的额度也下降 36%至 1 250 亿美元。这是近年来中国对外投资的第一次下降。中国对外投资下降的原因有两个:一是一些国家投资保护主义盛行。2017 年,中国的一些跨国并购因被东道国认为是敏感产业或处于敏感领域而未能获得批准。二是为避免中国有些企业通过投资把资金转移到海外,中国政府 2017 年出台了一些对外投资政策,对一些企业在海外对房地产、俱乐部和酒店等领域的投资予以限制。

跨国企业发展和跨国并购迅猛发展将对世界经济政治格局和各国经济产生深刻的影响。跨国企业通过生产国际化使资源在全世界范围内得到更加有效的配置;通过促进资金跨国流动而使全球金融资源得到更为有效的利用;通过增加贸易流量使世界市场不断扩大而加速了世界经济的发展;通过先进技术的广泛传播,使世界的科技进步速度加快,对世界经济及人类生活方式的变化产生越来越大的影响。

二、跨国企业经营的机会与风险

在经济全球化背景下,跨国企业成为各国在世界经济中传递竞争力的主要途径。跨国企业与一般企业的不同之处在于,它通过集中管理,在世界范围内协调资源的分配。跨国企业通过全球化经营战略,在全球范围内建立其整体竞争优势:一是通过并购实现资本在全球范围内的集中与控制,从而增强其在全球的垄断地位;二是通过对技术资源的控制实现核心技术在全球范围内的垄断。

1. 跨国企业经营的机会

机会,即未来不确定性的有利情况。相对于国内经营,跨国经营具有更多的机会,也面临更大的风险,即机会与风险并存。我们可以从跨国企业的发展动力、投资机制和发展机制来理解跨国企业经营的机会(见表1-2)。

表1-2 跨国企业经营的机会

机会方面	机会因素
发展动力	1. 国际市场的广阔性 2. 资本的积聚和市场经济关系的扩展 3. 国际局势的缓和、世界经济环境的改善 4. 高新技术的发展与应用 5. 无国界经营
投资机制	1. 所有权优势 2. 内部化优势 3. 区位优势
发展机制	1. 学习、变革与创新能力 2. 适时调整经营战略、投资战略、组织管理模式等

从跨国企业的发展动力来看,一是资本的积聚和市场经济关系向全球的扩展、辐射,为跨国企业的无国界经营提供了永不衰竭的内在驱动力。二是第二次世界大战后,特别是20世纪70年代以来,国际局势的缓和、世界经济环境的改善,以及高新技术的发展与应用带来的生产力的飞跃和交通通信条件的不断改善,为企业超越国界的经营活动与跨国企业的成长和发展提供了良好的物质条件及广阔的空间。

从跨国企业的投资机制来看,跨国企业拥有东道国企业没有或难以获得的三大优势。一是所有权优势。包括独占无形资产(如技术、专利、商标等)产生的优势,规模化、多样化经营产生的优势,丰富的管理经验和各种管理人才,广泛、便利的融资渠道,东道国政府鼓励外资的优惠政策等。所有权优势既是跨国企业对外直接投资的基础,又是它们对东道国实施产业控制的手段和方式。二是内部化优势。跨国企业通过FDI,营造健全有效的内部市场网络,将外部资源内部化。这不仅可以减少外部市场交易产生的多种额外成本,如寻找贸易伙伴成本、合同的风险成本等;而且能够带来其他效益,如防止知识产权泄密和技术优势流失,控制市场销售渠道,利用内部转移价格达到回避价格管制、逃避征税和外汇管制的目的,等等。三是区位优势。跨国企业总是把资金投向那些具有区位优势的国家和地区,以充分利用不同国家和地区资源禀赋的差异,降低比较成本。例如,把研发部门设在科技发达的国家,把劳动密集型产品的生产集中于低工资的国家,在资源丰富的国家生产初级原料,在各主要消费市场设立装配厂,制造产品以供销售。

从跨国企业的发展机制来看,跨国企业比一般的企业具有更强的学习、变革与创新能力,能够根据国际经济、技术和竞争环境的变化,适时调整经营战略、投资策略、组织管理模式等,以确保持续繁荣。据不完全统计,世界500强的高新技术研究开发(R&D)费用占全球 R&D 费用的 65% 以上，并垄断着全球技术创新 70% 以上的成果。它们依托技术创新，开发出大量的新产品，不仅壮大了自身发展的实力，而且推动了新兴产业的形成。20 世纪 90 年代以来，跨国企业先后进行战略调整、业务重组和管理改革，出现了空前规模的并购和战略联盟浪潮。

在经营战略上，大型跨国企业已经完成从多国当地战略、简单一体化战略到复合一体化战略（即全球战略）的转变。在成长战略上，跨国企业更加注重向服务业渗透，提供的全球性产品更多地体现为内含高科技的软件产品与系统集成产品。在业务调整上，跨国企业突出核心主业，并随着市场需求变化不断推出竞争性主业产品，同时运用跨国并购，发展相关业务的多元化，以核心主业带动相关业务拓展，以多元化的相关业务辅衬与保障核心主业。

2. 跨国企业经营的风险

风险，即未来不确定性的不利情况。跨国企业作为全球化经营的主体，国际业务会增大其国际风险，而且业务越深入，风险越大。根据风险的内容可以将其划分为政治风险、文化风险、技术风险、生产风险、营销风险、外汇风险、财务风险等。各种风险产生的主要因素如表 1-3 所示。

表 1-3 跨国企业经营的风险因素

风险类型	风险因素	
	外部因素	企业因素
政治风险	1. 东道国政权更替频繁 2. 东道国罢工、游行示威 3. 不同文化间的相互冲突 4. 存在宗教势力极端事件 5. 经济危机爆发，社会动荡	1. 与东道国政府的关系不融洽 2. 对东道国民族工业造成冲击 3. 跨国企业的利润率过高 4. 与东道国居民的关系不融洽
文化风险	1. 东道国与母国文化存在差异 2. 东道国存在民族主义倾向	1. 对东道国文化不够熟悉 2. 对东道国商业习俗不了解
技术风险	1. 东道国对知识产权保护不力 2. 东道国技术政策发生变化 3. 国际上技术进步发生质的变化	1. 对投入合资企业的技术保护不力 2. 对新技术开发方向判断有误 3. 对技术开发的投入过大
生产风险	1. 原料来源不足，或质量不达标 2. 客户停止订货，生产停止 3. 生产能力过剩，开工不足 4. 东道国调整产品质量标准	1. 机器设备不足，出现生产中断 2. 质量管理不力，大量次品产生 3. 缺乏安全管理，出现工作事故 4. 生产衔接不上，出现失控现象

(续表)

风险类型	风险因素	
	外部因素	企业因素
营销风险	1. 东道国经济不景气,市场萧条,出口受阻 2. 东道国对外国产品实施进口限制及高额税 3. 东道国提高跨国企业的外销比例	1. 市场预测错误 2. 市场开发能力缺乏 3. 价格竞争力不足 4. 销售效率低 5. 分销渠道不当
外汇风险	1. 东道国国际收支恶化 2. 东道国严重通货膨胀 3. 东道国实施外汇管制 4. 东道国外汇政策调整	1. 跨国贸易和投融资 2. 远期外汇交割 3. 跨境资产评估
财务风险	1. 资金市场不发达,资金筹措困难,融资成本高 2. 东道国银根紧缩,资金缺乏 3. 税收政策改变	1. 资本体量过小 2. 信用降低 3. 投资体量过大 4. 周转资金不足

跨国企业经营具有多机会和高风险的特点。如何抓住各种机会和有效地管理风险,成为跨国企业经营管理的核心。跨国企业国际风险防范的策略通常主要包括:创办合资企业,建立合作企业;积极适应东道国对外来投资的业绩要求;提高项目的出口水平;保持项目的技术贡献;提高项目的附加值;等等。此外,跨国企业还应在人才培养、劳动就业、财政收入、国际收支、使东道国融入国际社会等方面做出努力。

三、跨国企业的经营管理目标

跨国企业的经营管理目标是股东财富最大化。跨国企业未来经营活动的质量包括经营的稳定性、多样化以及产品销售的增长情况等。跨国企业的股票价格反映了市场对企业未来的利润、风险、红利政策以及企业对未来经营活动质量的评价,可以反映出企业经营是否符合股东财富最大化目标的要求。将实现股东财富最大化作为跨国企业经营管理目标的原因如下:

第一,股东是企业的合法拥有者,管理者在经营企业的过程中有义务一切从股东的利益出发。虽然其他企业成员在企业中也享有一定的权利,但是其权利不能与股东的权利等同,因为股东为企业提供了资本。

第二,追求股东财富最大化目标的动机有助于防止企业被其他企业恶意收购并筹集更多的股本。因为股东财富最大化将带来其股票高价位,这无疑增加了那些想进行恶意收购的企业的难度。而随着企业股东财富的不断增加,其吸收额外股本的难度也不断降低,这对于那些寻求在高风险环境中成长的企业是至关重要的。

第三,追求股东财富最大化目标的受益者不仅是股东本身,而且每一位企业成员也将受益。由于企业在分配财富之前必须首先创造财富,因此从这一角度而言,股东与企业其他成员之间是没有经济利益冲突的。而且,从长期来看,使股东财富最大化是使所有企业成员利益最大化的唯一途径。

由于跨国企业的经营活动发生在多个经济环境中,因此,为了实现股东财富最大化的目标,企业通常要在以下三个共同的经营管理目标中达到平衡,这三个经营管理目标是税后合并收益最大化,全球税负最小化,企业的收益、现金流量和可得现金有合理的头寸。由于这些目标本身经常不一致,强调一个目标的同时可能削弱另一个目标,因此管理层只有将这些目标与未来的发展进行协调和权衡,才能最终实现股东财富最大化。

第二节 跨国企业的财务管理活动

国际财务管理活动,是跨国企业在统一的所有权之下进行的在多国拥有或控制的资金运作及其增值过程。具体表现为通过计划、决策、控制、考核、监督等管理活动对跨国企业的资金运动进行管理。跨国企业财务管理的主要内容是跨境融资、投资、收入分配和资产重组过程中形成的各种财务关系,包括跨国企业内部与子公司,以及外部与所在国的企业和金融、税务等机构组织之间形成的财务关系。

一、跨国企业财务管理模式选择

跨国企业在选择其财务管理模式时,需要从全球长远的角度分析现在与未来的环境以及企业的优势和劣势,确定适当的财务管理模式。跨国企业的财务管理模式,一方面反映跨国企业与母国、东道国之间的财务关系;另一方面反映跨国企业总部与各子公司之间的财务关系。

(一)跨国企业的财务管理模式

跨国企业的财务管理模式不是由财务部门独立设计的,而是跨国企业管理模式在财务部门的具体体现。根据集权与分权的程度,跨国企业的财务管理模式有以下三种类型:

1. 集权式财务管理模式

集权式财务管理模式将子公司的业务看作母公司(集团公司)业务的扩大,母公司对整个集团采取严格控制和统一管理。如图1-2所示,在集权式财务管理模式下,大部分财务管理决策权集中于母公司,子公司只享有很少部分的决策权,其人财物及产供销统一由母公司控制,子公司的资本筹集、投资、收益分配、资产重组、财务人员任免等重大事项都由母公司统一管理。在某种程度上,子公司只相当于母公司的一个直属分厂或分公司,投资功能完全集中于母公司。

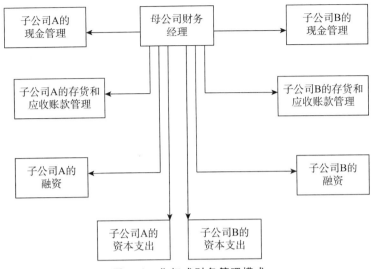

图 1-2 集权式财务管理模式

集权式财务管理模式体现了母公司对子公司的财务活动进行全过程控制的观念。通过集权,母公司能够对子公司的财务活动进行规范,使母公司的决策在子公司得以贯彻执行,从而有利于集团整体优势的发挥。信息技术、网格技术的发展使母公司和子公司之间的信息交流变得更加快捷和方便,集权式财务管理模式的弊端即信息的不对称性能在很大程度上得以克服,母公司实行集权式管理具备了强有力的技术支撑。因此,有些跨国企业的集权式管理不是在削弱,而是有进一步强化的趋势。

1993 年以后,在全球掀起以业务流程重组(BPR)为主要内容的管理革命风潮后,全球绝大多数大型集团(世界 500 强中的 80% 以上)几乎都进行了跨国企业业务流程重组,并建立了集权式财务管理模式。以美国杨森制药集团为例,其财务管理模式是一个二级的集中管理模式。集团设在各地或各国的子公司,其财务与业务数据在当地输入系统后直接通过远程通信传递到集团总部,集团总部按不同的岗位职责分别设专人进行审核,审核后进行记账处理。业务运行以年初预算为依据,非常规性的成本或费用支出均要申述理由报集团批准后执行。

集权式财务管理模式的优点在于:它能统一指挥和安排财务政策,降低企业行政管理成本;有利于母公司发挥财务调控功能,统一集团财务目标;能够发挥母公司财务专家的作用,降低子公司的财务风险和经营风险;有利于统一调剂集团资金,降低资金成本。但它也存在明显的缺陷:财务管理权限高度集中于母公司容易挫伤子公司经营者的积极性,抑制子公司的灵活性和创造性;高度集权使决策压力集中于母公司,一旦决策失误,集团将产生巨大损失。

2. 分权式财务管理模式

分权式财务管理模式是指子公司拥有充分的财务管理决策权,而母公司对子公司以间接管理方式为主的财务管理体制。如图 1-3 所示,分权式财务管理模式下,子公司在资本融入及投出和运用、财务收支、财务人员选聘和解聘、职工工资福利及奖金等方面拥有充分的决策权,并能根据市场环境和公司自身情况做出重大的财务决策。

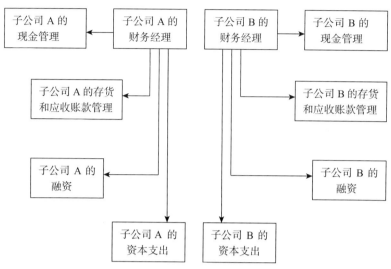

图 1-3　分权式财务管理模式

分权式财务管理模式的优点在于:子公司决策快捷,易于捕捉商机,增加创利机会;减轻了母公司的决策压力,减少了母公司直接干预的负面效应。IBM 是生产计算机的著名大型跨国企业,在世界 100 多个国家设有子公司。但是在 20 世纪 70 年代末,IBM 遇到了国内同行、日本及欧洲经济共同体计算机制造厂商的严峻挑战。为应对这一不利形势,IBM 加大了产品开发力度,于 1980—1983 年间在跨国企业内部先后建立了 15 个专门从事开发小型计算机新产品的风险组织。这些组织被称为"独立经营单位"或"特别经营单位",在产销、财务、人事方面都有较大的自主权,甚至可以设立自己的董事会、自行筹集资金等,总公司除提供必要的资金和审议其发展方向外,对其经营活动一律不加干涉。这些风险组织自主权大,开发新产品速度快,很快开发并生产出了商品化的个人电脑,大大增强了 IBM 在小型计算机产品方面的竞争能力。

当然,IBM 的成功只是问题的一个方面,不能由此得出分权式财务管理模式就是跨国企业所要采取的最佳模式的结论。分权式财务管理模式也有其不足之处:各子公司财务管理各自为政,缺乏一体性,难以统一指挥和协调集团整体;跨国企业财务管理不讲配合,子公司各自为政,缺乏全面性;跨国企业财务管理监管不力,缺乏有效性;子公司容易因追求自身利益而忽视甚至损害集团整体利益;不便于发挥母公司的财务调控功能,以及时发现子公司的风险和重大问题。这一切都会影响跨国企业整体财务目标的实现。

3. 混合式财务管理模式

混合式财务管理模式是集权式和分权式相结合的产物,重大的财务决策权集中在母公司,而日常的财务决策权由子公司掌握,母公司的财务专家只向子公司提供指导、咨询和信息服务。

根据母公司权力集中程度的不同,这种财务管理模式又可分为集权为主、分权为辅和分权为主、集权为辅两种形式。集权为主、分权为辅的模式主要体现了集权制的优点,同时还能部分避免由于权力过度集中而造成的下属企业缺乏积极性和活力的现象。它有利于母公司对各子公司实施有效的控制,尤其适用于处于发展初期的跨国企业。而分权为主、集权为辅的模式则应是发展已相对成熟,并且规模较大的跨国企业的选择。这种模式不但体现了分权制的优点,而且加强了集团内部的协调。

（二）跨国企业财务管理模式选择

跨国企业财务管理模式的选择对实现其经营管理目标也有重要的影响。因为财务管理模式的不同会影响代理成本,从而影响企业的价值。跨国企业财务管理模式选择的关键在于财务决策权的集中与分散。然而,集权与分权是相对的,需根据集团的实际情况综合分析而定。集团确立财务管理模式时应考虑以下因素:

1. 代理成本

代理成本是指代理人为自己谋取利益或错误决策而使股东利益受到的损失。实行集权式财务管理模式,总公司对成员公司面临的情况很难全面掌握,信息不对称引起的代理成本很高;反之,实行分权式财务管理模式,由缺乏信息而引起的代理成本则会降低。此外,还要考虑由财务主体目标不一致而引起的代理成本。实行集权式财务管理模式,容易协调和控制总公司和成员公司的目标,进而由目标不一致而引起的代理成本降低;反之,实行分权式财务管理模式,由目标不一致而引起的代理成本则升高。由于信息技术的进步使得信息传递更为简便,成本降低,进而由缺乏信息而引起的错误决策成本大大降低,从而导致财务管理模式趋向集权化。

2. 控制核心竞争力

依据核心竞争力来提高企业的竞争优势,实现财务资源的优化配置是财务管理模式的典型体现。适当的财务管理模式也为企业建立和发展自身的核心竞争力、获取持续竞争优势提供了有力的支持。为了保证跨国企业的核心竞争力,母公司通常要对那些与集团核心竞争力、核心业务密切相关的成员公司的经营活动实行高度的统一管理与控制;对那些与集团核心竞争力、核心业务关系一般甚至没有影响的成员公司,往往实行分权管理。一般地,集团总部对核心企业和控股层企业的控制明显要严于参股层、协作层企业。

3. 企业价值链

企业每项生产经营活动都是其创造价值的经济活动,企业所有各不相同但又相互关联的生产经营活动,构成了创造价值的一个动态过程,即价值链。企业不同的联合方式对其价值链有不同的影响,进而创造出不同的价值链优势。跨国企业按其联合方式不同可分为:横向型跨国企业、纵向型跨国企业和混合型跨国企业。横向型跨国企业内部各成员公司无论在产品、组织结构和行业上都非常相近,甚至完全相同,适合采用集权式财务管理模式。纵向型跨国企业涉及多元化经营,即跨部门经营,而各成员公司的经济效益又有较强的相关性,适合采用集权与分权相结合的财务管理模式。混合型跨国企业的各成员公司之间在生产和业务上相关性不强,甚至完全不相关,适合采用分权式财务管理模式。

4. 企业生命周期

企业生命周期理论认为,企业发展阶段分为形成期、成长期、成熟期和衰退期等。在形成期,实行分权式财务管理模式,因为控股公司总部缺乏足够的资金来源和财务专家,往往较多地将财务决策权下放给子公司。在成长期,实行集权式财务管理模式,因为控股公司有了较强的经济实力和较多的财务专家,就要集中重要的财务决策权,并通过信息交流和规定的报告程序,来统一管理和协调各子公司的财务活动。在成熟期,通常将集权和分权相结合,因为控股公司的管理通常面临两难境地:一方面,子公司经营规模扩大和重要性提升需要加紧控制其财务决策权;另一方面,子公司增长引起的财务决策权不断增大,控股公司无力也无须对每项任务决策都进行控制。在衰退期,企业生产工艺已呈落后状态,产品逐渐老化,生产萎缩,各种负担沉重,亏损严重,负债增加,财务状况逐步恶化。财务管理模式不同对企业财务状况的影响不同,企业应根据所处发展阶段的不同选择适宜的财务管理模式。

5. 管理跨度

根据管理跨度理论,管理者受其时间和精力等限制,在企业规模扩大到一定程度后,就有必要实行分层次的授权管理。因此,当跨国企业规模不大、经营范围较小、业务比较单一、子公司数量不多、集团内部关系较为简单时,就可以采取相对集权的财务管理模式;当跨国企业规模较大、经营业务多样,或子公司数量较多从而集团内部关系较为复杂时,母公司难以统一管理子公司或统一管理的效率过低,此时就应采取相对分权的财务管理模式。

6. 权宜应变

权宜应变,即以现实为中心的管理模式。由于市场和企业的外部环境越来越变幻莫测,企业需要不断变更自己的管理模式来适应这种变化,因此权宜应变管理理念应运而生。其特点就是随着环境的变化而采取相应的管理模式。如果子公司面临的外界环境变化大,则宜采用分权式财务管理模式。

跨国企业在设计其财务管理模式时,还应结合其实际生产经营状况,考虑企业的发展战略、股权结构、生产技术特点、地理分布、产品种类、企业文化、市场竞争等因素。例如,为了贯彻实施集团的战略目标,母公司(集团公司)通常要对那些与集团核心竞争力、核心业务密切相关的成员公司的经营活动实行高度的统一管理与控制;对那些与集团核心竞争力、核心业务关系一般甚至没有影响的成员公司,往往实行分权管理。如果子公司是独资经营,则通常选择相对集权的财务管理模式;如果子公司是合资经营,则根据合资人的利益与要求,其财务管理权限会相对分散。

跨国企业应从全球竞争态势出发。根据跨国企业的组织结构,经营传统的优势、风格,以及外部环境的变化,将财务管理的集权与分权有机地结合起来,形成一个较为科学和合理的财务控制系统,这是做好跨国企业财务管理和取得良好的财务业绩的关键所在。

二、跨国企业财务管理目标

跨国企业出于利润最大化的需要,根据生产要素最佳配置原则,充分利用世界各国不同的资源和市场优势,凭借其雄厚的财力,在世界范围内进行财务运作。财务管理是企业管理的重要组成部分,企业财务管理的目标取决于企业的总目标。创办企业的目的是扩大财富,企业的价值在于它能给投资者带来未来报酬。因此,跨国企业财务管理的总体目标是"企业价值最大化",具体通过利润最大化、成本和税负最小化实现企业价值增值。

(一)跨国企业实现价值最大化的渠道

当管理者进行跨国财务决策时,如果实现了未来现金流的现期价值最大化,就是企业价值最大化,因此也是股东财富最大化。企业价值最大化的渠道,体现在合并收益最大化、经营风险最小化、国际税负成本最小化等方面。其效果通过预期企业现金流、汇率变化和预期资本回报率反映出来。

评价跨国企业价值的方法有很多种,最常用的方法是现金流贴现法。跨国企业现金流包括在不同国家经营所获得的以不同货币表示的现金流量。根据现金流贴现法,一家国内企业的价值通常用预期现金流的现值来表示,其折现率既反映了相对的资金成本,又代表了投资者要求的回报率。跨国企业价值的决定因素包括子公司数量、预期现金流、预期汇率和投资回报率。

$$V = \sum_{t=1}^{n} \frac{\sum_{j=1}^{m} [E(\mathrm{CF}_{j,t}) \times E(e_{j,t})]}{(1+k)^t}$$

式中,V 表示企业价值;$E(\mathrm{CF}_{j,t})$ 表示在 t 时期以子公司 j 所在国货币表示的预期现金流;$E(e_{j,t})$ 表示直接标价法下在 t 时期子公司 j 与总公司货币间的预期汇率;n 表示收到现金流的时期总数;m 表示子公司总数;k 表示投资者要求的回报率。在 t 时期的预期现金流是指企业的收入减去费用、税收或再投资后剩余的可利用资金。

影响预期现金流、预期汇率和投资回报率的所有因素,共同影响企业的价值。在其他条件不变的情况下,一段时间内预期现金流的增多会提升企业的价值。同样,影响投资回报率的因素也会引起企业价值的变化。在其他条件不变的情况下,一家企业投资回报率的提升会降低其价值,因为在高利率的情况下,预期现金流会贬值;反之亦然。

跨国企业应根据国际业务的具体情况加强企业价值管理。国际业务潜在的优势必须与外国的经济状况、汇率及政治风险相权衡,因为这些因素会导致现金流的减少或资本成本的上升,以至企业价值的下降。对于致力于进口的跨国企业,应该多注意汇率的变动趋势,而不是过多地考虑外国的经济状况和政治风险;对于参与国际租赁或国际投资的跨国企业,则要慎重考虑外国的经济状况和政治风险,而不是把精力放在进口商身上。

（二）跨国企业实现价值最大化的措施

跨国企业可以通过提高管理决策水平和改善外部环境这两大因素来实现其财务管理目标。跨国企业财务管理目标的实现,需要与企业财务管理活动、经营管理措施、战略决策等方面联系起来综合考虑。概括起来,跨国企业财务管理目标的确定应采取以下几个方面的措施：

1. 做好财务计划

企业战略的选择和实施是企业的根本利益所在。企业的财务管理活动首先要根据企业总目标的要求,配合企业战略的实施,认真做好财务计划。财务计划并非单一的资金问题,而是需要应付未来可能出现的各种情况,提高企业对不确定事件的反应能力,增加有利机会带来的收益。财务计划确定后,企业要将计划具体化,进行财务预算,并细化各种现金收支、长期资金筹措、短期资金信贷等预算,使财务计划成为企业财务管理目标的控制标准和考核依据,在实现企业价值最大化中发挥重要作用。

2. 提高投资报酬率

成本控制是企业增加盈利的根本途径。企业在投资管理、流动资金管理、证券管理、筹资管理等经济活动中,一方面要最大限度地降低成本获得利润提升,使企业总体边际收益最大;另一方面要以利润换效率,充分考虑资金的时间价值和投资的风险价值,以求达到投资回报率最高。

3. 提高资产利用率

企业的资产不是无限的,企业获得的利润不仅表现在降低成本和减少资产消耗方面,还表现在提高资产利用率方面。改变资产用途,利用有限的资产多生产盈利水平更高的产品也是一种现实的选择。盘活存量资产、提高产品产量、调整产品结构、销售社会需要的更多商品来增加收益,不仅是一种市场策略,而且是一种成本利润策略。从企业战略意义上讲,提高资产利用率也是实现企业价值最大化的有效途径。

4. 进行有效的财务分析

为改善企业内部管理,需要对企业的盈利能力、筹资结构、利润分配进行分析,以评价企业过去的经营成果和财务状况、预测企业未来的发展趋势,帮助企业改善决策。通过财务分析可以对企业的偿债能力、盈利能力、抗风险能力做出客观评价,找出存在的问题,以此来提高资产收益率、应收账款周转率,并为决策提供有用信息,推动企业财务管理目标的实现。

5. 实现代理成本最小化

代理成本的大小因跨国企业财务管理模式不同而有所区别。集权式财务管理模式可以减少代理成本,因为它允许母公司的管理者控制国外子公司,并削减子公司管理者的权力。然而母公司对子公司有可能决策不当,因为它不能像子公司财务经理那样掌握子公司的财务信息。

跨国企业的财务管理活动受到多种条件的约束，其管理目标的实现也困难重重，由此跨国企业的财务经理必须充分认识到各种因素的影响，以得到最大化投资效益和有利的融资条件。

三、跨国企业财务经理的作用

跨国企业在复杂的国际环境中经营，在可以获得更多发展机会的同时，也遇到了各种障碍和风险。跨国企业的财务经理与一般企业的财务经理的不同之处在于，他能够通过跨国企业的内部财务机制，在母公司与子公司或子公司之间实现资金或利润的有效转移，是企业未来现金流最大化的直接运作者。为了实现跨国企业的财务管理目标，使股东财富最大化，要发挥好企业财务经理的作用。

1. 财务预算与控制决策及实施

在财务管理方面，财务经理要建立财务预算等标准，将实际经营业绩与计划达到的经营业绩进行比较。对财务预算所做的准备是一个计划过程，而对财务预算的管理却是一个控制过程。当跨国企业实施其财务预算与控制时，外汇市场和国际会计准则起着非常重要的作用。例如，一旦企业决定跨国经营，其未来的投资回报将不仅取决于正常业务经营的结果，而且受到未来汇率波动的影响。同时，跨国企业的财务控制与日常业务经营的控制技术关系密切。高质量的财务报告是企业进行有效管理的基石，对于跨国经营的企业而言，精确的财务数据尤其重要。

2. 跨国投资决策及实施

财务经理有策划企业资金分配之责，需要精明地在企业内部进行投资，要在确保实现股东财富最大化的前提下进行资产投资。当今的跨国企业可以在全球范围内选择投资机会，这显然比在单一国家投资选择的余地要大得多。但是，在获得更多投资机会的同时，企业也将承担更大的风险。因此，财务经理在进行国际投资并实现股东财富最大化的同时，必须考虑风险与回报的问题，力图将风险降到最低程度。

3. 跨国融资决策及实施

跨国企业的财务经理应按照最有利的条件为企业融资。如果企业计划的现金流出超过现金流入，则财务经理必须考虑从企业外部获得额外的资金。由于筹集资金的来源有很多，不同来源资金的利息成本和期限也各不相同，因此，财务经理必须在权衡成本和风险等因素后选择一种最适合企业的资金来源。随着国际电信和数据处理技术的日臻完善，许多国家逐步放宽了对跨国资本流动的管制，更多国家的国内资本市场也在不断地对外开放，跨国企业的财务经理在筹集资金时所考虑的问题也相应发生了变化。如果说国内企业在融资时主要考虑的是融资工具、成本、期限及协议类型的话，那么跨国企业在融资时则主要考虑融资的三种不同方式，即工具的选择、国别的选择及货币的选择。

4. 企业未来发展规划

随着竞争的国际化以及信息技术所带动的国际金融市场一体化趋势的加强,跨国企业财务经理的作用也在不断地增大。他们的作用已经不仅仅局限于在各种资产中有效地分配企业资金,以及按照有利的条件为企业筹集资金,而且越来越多地参与到企业战略的选择中。在越来越多的跨国企业中,财务经理已经成为企业发展的规划者之一,他们不仅提供有关企业发展的必要数据,而且对产品的生产和销售也可以提出自己独到的看法,并给出相关的建议。

第三节 国际财务管理学的框架

国际财务管理学的创立是基于跨国企业经营管理的需要,而跨国企业的发展,则对国际财务管理提出了更高的要求。随着国际金融市场的不断完善,国际汇兑、税制差异、资本转移、资金冻结等因素被引入公司金融学领域,推动了其分支学科——国际财务管理学的形成。

一、国际财务管理学的形成

从国际财务管理学的形成来看,这门学科是从公司金融学领域衍生出来的。相对于国内企业,跨国企业的经营环境更加复杂,其筹融资更具多变性,投资更具风险性。因此,研究跨国企业的国际财务管理活动至关重要。随着跨国企业的发展以及经济全球化的不断深化,传统的金融领域也开始向纵深方向发展。而企业经营的国际化和金融市场的国际化则是国际财务管理学形成的主要推动力。

跨国企业的发展是国际财务管理学形成的基础。19世纪以前,企业的国际经济活动以商品贸易为主,由此产生了外汇资金的结算业务,企业金融结算增加了外汇资金管理和国际贸易融资等内容。19世纪,发达资本主义国家出现了资本过剩现象,从19世纪60年代开始,有剩余资本的国家纷纷向国外投资建厂,至19世纪末,出现了现代意义上的跨国企业。

跨国企业的资金投放具有极大的风险性,其在选择资金投放方向时,必然因其所在国政治、经济、金融体制和环境的制约而关注汇率变动、利率变动、政治风险等对国际投资决策的影响。为了适应这一现实需要,公司金融学增加了国际直接投资管理的内容。在内部资金管理方面,为了提高营运资金的利用效率,降低营运资金的转移成本,跨国企业必须在全球范围内合理调度资本。国际营运资金管理、国际融资管理等内容成了国际财务管理学的组成部分。

金融市场的变化和发展为跨国企业投融资活动提供了更多的机会。19世纪之前,伴随着国际贸易的发展,以外汇市场为主要形式的国际金融市场初步形成,能够为国际贸易提供诸如国际结算、货币兑换、票据贴现等国际融资服务。该阶段的国际金融市场仅仅是国内金融市场的延伸,并不具备明显不同于国内金融市场的特征。在这一阶段,企业可以借此进行国际结算并实施国际贸易融资,传统的公司金融仅在流动资金管理上体现出国际性。

19世纪,随着由英国工业革命带来的欧洲经济大发展,国际金融业务的范围从单纯为国际贸易融资的局面中得到拓展,逐渐出现了国际性的资金借贷市场和直接融资市场。经过近100年的建设,伦敦、纽约和苏黎世在19世纪末开始逐渐成为世界著名的三大国际金融中心,增加了企业长短期国际融资的渠道和拓展了国际投资的空间。传统的公司金融在投融资方面增加了国际性。

自20世纪60年代以来,欧洲货币市场不断发展和完善,为跨国企业资本运作提供了更广阔的空间;80年代以后,金融创新工具层出不穷,货币期货、期权和掉期的出现,可以使跨国企业在不断增加收益和风险的情况下在全球范围内筹集资金和进行全方位投资。从20世纪90年代开始,国际金融市场出现了一些新的特点,比如利率波动加大,金融衍生工具使用频繁、加快,巨额私人资本涌入发展中国家。所有这些变化都成为国际财务管理学研究的对象,推动着国际财务管理学的完善。

二、国际财务管理学的定义

国际财务管理学的定义,存在两种观点:一种观点认为,国际财务管理学是国际金融学的商学模式,是国际金融学的分支;另一种观点认为,国际财务管理学就是财务管理学的国际延伸,是公司财务的分支。在研究内容上,杰夫·马杜拉(Jeff Madura)认为,国际财务管理学研究的内容包括国际金融环境、汇率的决定、汇率风险及管理、国际流动资金管理、国际长期资产和负债管理等。切奥尔·S. 尤恩(Cheol S. Eun)认为,国际财务管理学由国际金融市场、汇率风险及管理、跨国企业的财务管理等内容组成。艾伦·C. 夏皮罗(Alan C. Shapiro)认为,国际财务管理学主要由国际金融环境、汇率风险管理、国际营运资金管理、国际投资分析、国际融资决策等内容组成。

弗雷德里克·W. 泰勒(Frederick W. Taylor)认为,科学管理是多种要素的结合。管理是一种系统的可传授的工作研究方法。管理学是系统研究管理活动的基本规律和一般方法的科学。国际财务管理学是以跨国企业为主体,以金融和财务理论为依据,探讨国际财务活动的基本规律和方法的学科。这一定义既强调国际财务管理学是公司财务学和金融学交叉融合的分支学科,又注重商务活动中国际金融知识对跨国企业财务管理效率的影响,属于应用学科的范畴。根据这一特征,确定该学科的先修课为"财务管理""货币金融经济学"和"国际商务"。

三、国际财务管理学的内容

根据上述分析,我们从以下几个部分来阐释国际财务管理学。第一部分为国际财务管理的环境,第二部分为汇率行为与汇率风险管理,第三部分为国际投资管理,第四部分为国际融资管理,第五部分为国际营运资金管理,第六部分为跨国企业财务报告分析。

（一）国际财务管理的环境

跨国企业的财务管理活动面临复杂的国际环境，尤其是国际投融资活动受到汇率变动及国际金融市场的影响。跨国企业在全球范围内的生产经营活动，加速了商品、服务、生产要素与信息的跨国界流动，提高了资源配置的效率，使世界各国经济的相互依赖性日益加强，同时也使世界各国之间的竞争更加激烈和复杂，显示出了跨国企业财务管理环境的变动性、不确定性和复杂性。经济全球化和跨国企业的经营活动加速了全球贸易和资本流动，推动了国际汇兑体系和国际税收制度的建立与创新。

（二）汇率行为与汇率风险管理

外汇市场、汇率决定及其风险管理，是国际财务管理中最基本的问题，相关知识始终贯穿于整个跨国企业资金管理的全过程。在跨国企业财务管理活动中，在国外投融资取得收益后汇回母国，必然要通过外汇市场使用多种货币并进行货币折算和兑换等交易过程。由于各国的经济增长状况、货币供应量、利率升降、国际收支差额、通货膨胀率以至政治变动等因素不同，各国货币的汇率经常会发生变动，使跨国企业面临更大的汇率风险。汇率风险可分为交易风险、折算风险和经济风险。为了避免和减少汇率风险造成的损失，跨国企业应分析影响汇率变动的原因及其发展趋势；预测汇率变动的幅度和衡量各种汇率风险的风险度；针对各种风险，制定和实施相应的避险措施。

（三）国际投资管理

国际投资管理包括国际直接投资管理和国际组合投资管理。国际直接投资是指跨国企业在国外创办企业并对该企业享有经营控制权的投资，如创建新的独资企业和合资企业，兼并或收购现有企业，为取得一定比例的股权购买外国公司股票等。国际组合投资是指跨国企业在国际金融市场上以购买外国公司债券或股票、政府国债等方式进行的投资。这些投资面临的风险大，投资环境复杂。在管理中，跨国企业应进行国际投资环境评价，选择合适的投资组合进行风险规避，实现投资项目和投资组合收益的最大化。

（四）国际融资管理

跨国企业中长期融资渠道广泛，包括企业内部融资、母公司所在国融资、子公司所在国融资等。国际融资管理部分主要包括国际证券融资和中长期融资工具、跨国企业资本成本和资本结构、企业全球融资战略等。跨国企业不同的资金来源和不同的融资方式所筹集到的资金的成本、结构、财务风险及附加条件是不尽相同的，应在各因素之间进行权衡后做出正确的融资决策。跨国企业要根据投资需求和各种影响因素，决定合理的资金来源与金额，并确定各种融资方式的最佳组合。

（五）国际营运资金管理

跨国企业的营运资金是指维持企业正常经营活动所需经常性支出的资金，其数量等于流动资产减去流动负债。国际营运资金管理包括营运资金的存量管理和营运资金的流量管理两方面。跨国企业营运资金的特点是流动性和易变性。一方面，跨国企业必须基于全球性战略角度确定营运资金的持有水平,进行有效的营运资金和负债的存量配置;另一方面,为了避免营运资金风险以及降低营运资金的转移成本,跨国企业必须确定资金最佳安置地点、转移方式以及选择合适的资金持有币种等。

（六）跨国企业财务报告分析

财务报告作为一种财务分析与评价工具,可以为企业进行投融资活动提供决策支持,该原则同样适用于跨国企业的财务管理决策。财务报告分析通常有"操作层面"和"理论层面"两种理解。就操作层面而言,它由财务资料的阅读与理解、财务分析方法和财务分析在决策中的运用组成;就理论层面而言,它由行业分析、会计分析、财务分析和前景分析四部分构成。跨国企业财务报告是跨国企业披露企业信息的重要手段,与国内企业相比,跨国企业公布的财务报告有其自身的特点,很多会计数据都是以集团账户的形式出现的。

本章小结

1. 跨国企业是指通过输出企业资本,在两个或两个以上国家（地区）设立分公司或者控制当地企业成为它的子公司,在母公司统一决策体系下从事国际性经营活动的企业。

2. 跨国企业的经营目标是股东财富最大化。同时,由于受到各种因素的影响,跨国企业也具备其特有的机会（所有权优势、内部化优势等）与风险（汇率风险、政治风险等）。

3. 跨国企业作为经济全球化的载体,凭借其雄厚的资金实力和研究开发能力,积聚大批高素质的技术管理人才,将生产要素在全球范围内优化配置,在经济全球化进程中发挥着主导作用,是世界经济的主力军。

4. 创办企业的目的是扩大财富,企业的价值在于它能给投资者带来未来报酬。因此,跨国企业财务管理的目标应该是"企业价值最大化"或"股东财富最大化"。

5. 跨国企业财务管理模式选择的关键在于财务决策权的集中与分散。然而,集权与分权是相对的,需根据跨国企业的实际情况综合分析而定。跨国企业财务管理的目标是企业价值最大化,因此财务管理模式的选择应服务企业价值最大化目标。

6. 国际财务管理是指企业通过计划、决策、控制、考核、监督等管理活动对跨国资金运动进行管理的过程。国际财务管理学的主要内容包括国际财务管理的环境、汇率行为与汇率风险管理、国际投资管理、国际融资管理、国际营运资金管理及跨国企业财务报告分析等。

本章习题

1. 什么是跨国企业？跨国企业的经营管理目标是什么？跨国企业的财务管理目标是什么？

2. 跨国企业的财务管理模式有哪些？各有何特点？

3. 什么是代理成本,跨国企业在经营中应如何降低代理成本?
4. 什么是国际财务管理?国际财务管理涉及哪些主要内容?
5. 如果你是一家跨国企业的财务经理,你认为你的主要职责是什么?
6. 举例说明跨国企业经营业绩是否高于国内企业。为什么?

参考文献

1. 泰勒.科学管理原理[M].马风才,译.北京:机械工业出版社,2013.
2. 马杜拉.国际财务管理(第9版)[M].张俊瑞,田高良,李彬,译.北京:北京大学出版社,2009.
3. 尤恩,雷斯尼克.国际财务管理(第8版)[M].赵银德,等,译.北京:机械工业出版社,2018.
4. 夏皮罗.跨国公司财务管理(第8版)[M].赵锡军,编审.顾苏秦,译校.北京:中国人民大学出版社,2007.
5. 张碧琼.国际金融管理学[M].北京:中国金融出版社,2007.
6. 李胜坤.国际财务管理[M].北京:中国人民大学出版社,2015.

第二章

国际财务管理的外部环境

本章从国际收支与全球经济失衡、国际汇兑政策、国际金融市场等角度构建跨国企业经营及财务管理的外部环境。企业跨境交易所形成的资金流动通过企业合并财务报表来记录,国家则通过国际收支平衡表和国际投资头寸表汇总记录所有参与主体的跨境交易情况。跨境资金流动效率受到国际汇兑政策的影响,并且企业跨境资金流动都要在国际金融市场和外汇市场上完成。

第一节 国际收支与全球经济失衡

企业跨境资金流动对国际政治、经济、政策、市场等环境因素较为敏感,跨国企业的经营活动受国际经营环境的影响显著。企业通过会计科目记录跨境经营活动形成的资金流入和流出。国家需要建立交易账户来反映国家整体的资金流入和流出,以及本国对外金融资产和负债状况。国家通过编制国际收支平衡表,显示本国来自国外的净收入;编制国际投资头寸表,显示本国对外金融资产和负债状况。跨国企业的经营活动所形成的财务成果,是国家收支平衡表和国际投资头寸表记录的主要内容。

一、国际收支平衡表的结构

国际收支平衡表是指根据经济分析的需要,将国际收支按照复式记账原理和特定账户分类编制出来的一种统计报表。国际货币基金组织《国际收支手册》(第六版)对国际收支平衡表编制的概念、准则、管理、分类方法和标准构成做了统一说明。根据国际货币基金组织特定账户分类,国际收支平衡表由经常账户、资本与金融账户和错误与遗漏构成。

(一)经常账户

经常账户(Current Account,CA)记录经常发生的国际经济交易,反映一国与外国之间实际资源(Real Resources)的转移,包括货物与服务、初次收入(收入)和二次收入(经常转移）。

1. 货物与服务

（1）货物（Goods）。记录货物进出口贸易额。其中，货物指有形商品，包括一般货物、用于加工的货物、修理所需的货物、各种运输工具、在港口购买的货物和非货币黄金。根据国际货币基金组织的规定，商品的进出口价值以各国海关的统计为准，都应以离岸价格（FOB 价）计算和统计。

（2）服务（Service）。记录服务进出口贸易额。主要包括：运输、旅游、通信、建筑、保险、金融、电子计算机和信息服务，专有权（专利、版权、商标、制作方法、经销权等）的使用费和特许费，个人服务、文化和娱乐服务（如音像有关服务），等等。

2. 初次收入

初次收入（First Income）记录居民与非居民之间的初次收入流量，即生产要素（包括劳动力与资本）在国家之间的流动所引起的报酬的收支额。主要包括：

（1）职工报酬。记录向生产过程投入劳务的收入，即本国居民在国外工作（一年以内）而得到并汇回的收入以及支付给非居民（一年以内）的工资、薪水和福利。

（2）投资收入。记录与金融资产和其他非生产资产所有权有关的收入，包括财产收入和投资收益。但是，对金融衍生产品和雇员认股权的所有权不产生投资收益，不涉及资本损益。

3. 二次收入

二次收入（Second Income）记录居民与非居民之间的经常转移，即商品、劳务或金融资产在居民与非居民之间转移后并未得到补偿和回报的情况。主要包括：

（1）政府的无偿转移，如政府间经常性的国际合作，经济军事援助，战争赔款，没收走私商品，政府间的赠与、捐款和税款等。

（2）私人的无偿转移，如民间的侨民汇款，养老金，宗教、教育、财团法人捐赠钱款物资，各种奖金、奖学金等。国际货币基金组织《国际收支手册》（第五版）将单向转移区分为经常转移和资本转移。

（二）资本与金融账户

资本与金融账户（Capital & Financial Account）记录金融资产在居民与非居民之间的移动，即国际资本流动。资本与金融账户根据是否涉及资本所有权区分为资本账户和金融账户。资本账户的资本流动涉及资本所有权转移，而金融账户的资本流动仅涉及资本使用权转移。

1. 资本账户

资本账户（Capital Account）记录资本转移和非生产、非金融资产的收买与出售。

（1）资本转移（Capital Transfers）。主要包括投资捐赠和债务注销，这种单向转移不经常发生,规模较大,也不直接影响双方的可支配收入和消费。

(2)非生产、非金融资产的收买与出售(Acquisition/Disposal of Non-product, Non financial Assts)。包括不是由生产创造的有形资产(土地和地下资产)和无形资产(专利、版权、商标、经销权等所有权)的收买或出售。

2. 金融账户

金融账户(Financial Account)记录资本使用权的跨境转移(或资本流动),即记录居民与非居民之间投资或融资的增减变化金额。金融账户的各个项目按照净额而非总额来记入相应的借方或贷方。金融账户按交易主体不同区分为非储备金融账户和官方储备账户两大类。

(1)非储备金融账户。记录私人部门相关的跨境资本流动,包括直接投资、证券投资、金融衍生品(不含储备资产)和雇员认股权、其他投资。

外商直接投资(Foreign Direct Investment,FDI)。是指一经济体的居民实体(直接投资者)在另一经济体的居民实体的持久利益。根据国际货币基金组织《国际收支手册》(第五版),直接投资者在直接投资企业中拥有至少10%的普通股或投票权或相应权利,就认为其拥有持久利益。

证券投资(Portfolio Investment)。是指跨国股本证券和债务证券投资方式。股本证券包括股票、参股或类似文件;债务证券包括中长期债券、货币市场工具和其他衍生金融工具。

金融衍生品(不含储备资产)和雇员认股权(Financial Derivatives, Other than Reserves, and Employee Stock Options)。金融衍生品是一种与另一个特定的金融工具、指标或商品挂钩的金融工具,具体包括期权和远期型合约两类产品。雇员认股权在履约价格、风险因素上与金融衍生品具有一定的相似性,但同时也是一种报酬形式,是向公司雇员提供的一种购买公司股权的期权。

其他投资(Other Investment)。是指没有被列入外商直接投资、证券投资、金融衍生品和雇员认股权及储备资产的金融交易,包括贸易信贷和预付款、贷款、货币和存款、其他应收/应付款等。

(2)官方储备(Reserves and Related Items)账户。记录货币当局持有的可随时动用的对外资产,包括外汇资产、在国际货币基金组织的头寸(或普通提款权)、特别提款权、货币化黄金、其他储备资产。外汇资产,即货币当局持有的可自由兑换外国货币的价值;在国际货币基金组织的头寸,即国际货币基金组织根据成员上缴份额而允许成员无条件融资的额度;特别提款权,即国际货币基金组织创设的用于成员之间清偿债权债务的账面资产;货币化黄金,即货币当局持有的黄金价值。

国际收支顺差,在浮动汇率制度下表现为本币升值,在固定汇率制度下表现为储备资产增加;而国际收支逆差,在浮动汇率制度下表现为本币贬值,在固定汇率制度下表现为储备资产减少。虽然外汇储备有助于维持本国货币汇率的稳定,但是这并不意味着外汇储备资产越多越好。第一,储备资产需要中央银行投放基础货币,这会给本国带来通货膨胀的压力;第二,储备资产的收益率低于长期投资的收益率,过多的储备资产会造成国民福利的损失;第三,在浮动汇率制度下,储备资产可能蒙受外币贬值的损失。

（三）净错误与遗漏

净错误与遗漏(Net Errors and Omissions)是基于会计上的需要人为设置的一个用以抵消统计偏差的账户。净错误与遗漏数额和偏差额相等但借贷符号相反。根据"有借必有贷,借贷必相等"的记账规则,国际收支平衡表中的全部账户净余额为零。但在实际编制时,由于统计口径和数据来源及其他技术原因,在把所有的账户加总之后,不可避免地会出现净借方或贷方余额。如果借方总额大于贷方总额,净错误与遗漏这一项则放在贷方;反之,则放在借方。在复试记账法下,账户(一)和(二)形成的统计偏差加上(三)余额为零,使国际收支平衡表在技术上是平衡的。

产生净错误与遗漏的主要原因有:①统计数据来源多样。编制国际收支平衡表使用的数据来自多个部门和不同的统计系统。各部门的统计与国际收支统计在概念、口径、记录原则上不尽相同。②某些交易难以全面记录。例如,国外亲友随身携带现金转赠给国内居民,国内只能记录到存款变化,而无法反映收入来源。③统计数据的真实性和准确性存在一定的问题。例如,企业在进出口中为了达到骗取退税、偷逃税款或调动资金等目的,可能存在高报或低报价格的情况,造成数据的不真实。④统计时间和计价标准不一致以及各种货币换算产生的误差。根据国际惯例,只要国际收支平衡表中净错误与遗漏的绝对值占国际收支口径的货物进出口额的比重不超过5%,则都是可以接受的。净错误与遗漏出现在借方通常可作为资本外逃规模的参考,出现在贷方可作为"热钱"流入规模的参考。

二、国际收支平衡表的编制方法

国际收支的每一笔交易,都运用复式记账法的原则,即"有借必有贷,借贷必相等",以相同的金额分别记入国际收支平衡表的借方和贷方。所以,借贷方总额必定相等,国际收支平衡表的净差额为零。具体来说,编制国际收支平衡表时,遵从的编制原则有:

（1）无论对于实际资源还是对于金融资源,借方均表示该国资产(资源)持有量的增加;贷方均表示该国资产(资源)持有量的减少。

（2）记入借方的项目,包括反映进口实际资源的经常项目、反映本国在国外资产增加或负债减少的金融项目;记入贷方的项目,包括反映出口实际资源的经常项目、反映本国在国外资产减少或负债增加的金融项目。

（3）贷方项目总额最终必须与借方项目总额一致,即国际收支平衡表的净差额为零。国际收支平衡表的编制原则具体如表2-1所示。

表 2-1　国际收支平衡表的编制原则

借方(-)	贷方(+)
进口货物	出口货物
非居民向居民提供服务	居民向非居民提供服务
非居民从本国取得初次收入	居民从外国取得初次收入
非居民从居民取得二次收入	居民从非居民取得二次收入
居民获得外国资产	非居民获得本国资产
居民偿还非居民的债务	非居民偿还居民的债务
官方储备资产增加	官方储备资产减少

国际货币基金组织规定，国际收支平衡表的记录日期以所有权变更日期为准。根据这一准则，延期付款方式进口的货物在所有权变更时记入经常账户的借方，同时由于负债的增加（进口商的债务），贷记资本与金融账户。当进口商结算债务时（此时不同于记录进口的时间），在资本账户下将有两个相互抵消的分录：一个是记录对外负债减少的借方分录（债务结清），另一个是记录对外资产减少或者因支付债务引起的对外负债增加的贷方分录。

此外，各国在编制国际收支平衡表时都将其他货币折算成美元来表示。从 2016 年开始，中国国际收支平衡表用美元、特别提款权和人民币记录，并且按季度、半年度和年度对外公布。

三、国际收支失衡观察口径

通常，各国政府和国际经济组织都将国际收支平衡作为金融运行良好的指标，而把国际收支失衡作为政策调整的重要对象。但是，不能仅仅依据国际收支不平衡的定义来制定政策，还需要以定量分析为基础，即按照国际收支失衡的口径进行决断。按照国际货币基金组织的做法，国际收支失衡的口径可以分为以下四种。

（一）贸易收支差额

贸易收支差额即货物与服务进出口贸易收支差额。贸易收支差额是衡量一国实际资源转让、实际经济发展水平和国际收支状况的重要依据。对于一些国家来说，贸易收支在全部国际收支中的占比相当大，在这些国家为了简便完全可以将贸易收支作为国际收支的近似代表。此外，贸易收支差额在一国的国际收支中还具有特殊的重要性，它体现了一国的产业结构以及在国际分工中所处的地位，反映了一国产品的国际竞争力水平，同时也影响和制约着其他账户的变化。

一国的贸易收支差额为正，即顺差的情况，可以反映出该国产品的国际竞争力水平比较高，也能反映出该国良好的国际收支状况。但是，一味地追求贸易顺差也不是理想的选择，持续的贸易顺差会引起贸易逆差国的敌对情绪，引发贸易摩擦，最终会影响到本国经济的发展,因此维持适当的顺差规模或者适当地存在贸易逆差有时也是必要的。

(二) 经常项目收支差额

一国的经常项目包括贸易收支、劳动收支和单方面转移,经常项目收支差额相应地包括贸易收支差额、劳务收支差额和单方面转移差额,其反映了实际资源在该国与他国之间的转让净额以及该国的实际经济发展水平。经常项目比贸易收支更为全面地反映了一国的经济实力和实际收益,同时也和宏观经济指标存在对应关系。从微观方面来看,经常项目收支差额主要表现为贸易差额;从宏观方面来看,经常项目收支差额等于私人储蓄与投资的缺口和政府税收与支出的缺口之和。

简化的开放条件下的国民收入恒等式为:$CA=(S-I)+(T-G)$。其中,CA 代表经常账户差额,$S、I、T、G$ 分别代表私人储蓄、私人投资、政府税收和政府支出。宏观经济变量与 CA 之间的关系说明,CA 反映一国的经济实力和世界经济地位,决定一国货币与汇率的变动方向,决定一国的融资能力和资信地位,反映一国经济结构的状况和变化,影响一国国内经济的增长与发展。同时,宏观经济指标的变化也会对一国国际收支差额产生重要影响。

(三) 资本和金融账户差额

资本和金融账户差额包括资本账户差额和金融账户差额。如果资本流入大于资本流出,则为顺差,顺差意味着货币内流,货币供应增加;反之则为逆差,逆差意味着货币外流,货币供应减少。通常情况下,资本和金融账户与经常账户是一种融资关系,即资本和金融账户为经常账户融资。

分析资本和金融账户差额的意义主要体现在两个方面:第一,通过资本和金融账户余额可以看出一个国际资本市场的开放程度和一个金融市场的发达程度,为一国货币政策和汇率政策的调整提供依据。通常而言,资本市场开放的国家,其资本和金融账户的流量总额较大。第二,根据资本和金融账户与经常账户之间的融资关系,资本和金融账户的余额可以折射出一国的融资能力。

(四) 综合账户差额

综合账户差额是指经常账户与资本和金融账户中扣除官方储备账户后的余额。由于综合账户差额与官方储备账户变动方向相反,因此可以用来衡量国际收支对一国官方储备造成的压力,以衡量一国官方通过变动官方储备来弥补的国际收支不平衡的状态。国际货币基金组织倡导各国使用综合账户差额这一概念说明国际收支状况,在没有特别说明的情况下,人们所说的国际收支盈余或赤字,通常指的是综合账户差额盈余或赤字。

综合国际收支失衡的口径分析,不同的国家可根据自身情况选用不同的口径来判断其在国际交往中的地位和状况,并采取相应的对策。比如,某个国家的经常账户连年发生巨额赤字,而资本和金融账户则连年盈余。这样的国家虽然综合账户处于平衡状态,但长年的经常账户赤字反映了该国产业的国际竞争力低下,国际收支的长久平衡没有坚实的基础,其平衡是依靠利用外资来维持的。

表 2-2 列示了中国 2011—2017 年国际收支差额构成情况。从表中可以看出，2011—2017 年，中国国际收支运行逐步趋稳，呈现出基本稳定状态。首先，经常账户差额处于合理区间，2017 年全年顺差 1 649 亿美元。其次，非储备性质的金融账户顺差、逆差有交替，2017 年全年顺差 1 486 亿美元，当年经常项目收支差额和综合账户差额双顺差使得外汇储备增加。截至 2017 年年末，中国外汇储备余额为 31 399 亿美元，较 2016 年年末上升 1 294 亿美元。

表 2-2 中国国际收支差额主要构成

项目	2011 年	2012 年	2013 年	2014 年	2015 年	2016 年	2017 年
经常项目差额（亿美元）	1 361	2 154	1 482	2 360	3 042	2 022	1 649
与 GDP 之比（%）	1.8	2.5	1.5	2.3	2.7	1.8	1.3
非储备性质的金融账户差额（亿美元）	2 600	-360	3 430	-514	-4 345	-4 161	1 486
与 GDP 之比（%）	3.4	-0.4	3.6	-0.5	-3.9	-3.7	1.2

资料来源：国家外汇管理局网站。

四、全球经济失衡及影响

国际货币基金组织前总裁罗德里戈·拉托于 2005 年 2 月 23 日在对外政策协会（Foreign Policy Association）主办的会议上发表的题为"纠正全球经济失衡——避免相互指责"的演讲中正式使用了全球经济失衡（Global Imbalance）的新概念。拉托认为，全球经济失衡是这样一种现象：一国拥有大量贸易赤字，而与该国贸易赤字相对应的贸易盈余则集中在其他一些国家。全球经济失衡暴露了现行国际货币体系的结构性缺陷，已经成为全球经济发展的障碍和金融危机的隐患。

（一）全球经济失衡的现状

当前全球经济处于后危机时代的转型调整期，根据国际货币基金组织的数据，1980—2017 年，全球经济的平均增速是 3.52%。自 2008 年金融危机以来，全球贸易量年均增长率大大低于金融危机以前的水平，同时也低于全球经济增速。2017 年，国际贸易出现复苏势头，全年增长率为 4.7%。在全球化带来的不利影响中，全球经济失衡是最为突出的一个方面。

全球经济失衡主要表现在两个方面：一是以美国为代表的发达国家经常项目的巨额逆差。2000 年美国经常项目逆差为 4 160 亿美元，2006 年达到 8 059 亿美元，2017 年逆差有所减少，但仍然达到 4 662.5 亿美元。二是亚洲国家和地区经常项目的大量顺差，尤其是对美国贸易顺差。2000 年亚洲国家和地区经常项目顺差为 2 057 亿美元，2005 年达到 3 557 亿美元，2017 年中国对美国贸易顺差达 3 371.8 亿美元。其总体特征主要体现在以下几个方面：

（1）从全球范围来看，发达国家与发展中国家（地区）在经常项目收支上呈现出两极分化趋势，前者逆差不断扩大，后者盈余不断增加。

（2）从发达国家的情况来看，美国持续处于经常项目逆差，并且逆差规模不断扩大，而经常项目顺差主要集中在中国、日本和德国。

（3）从其他新兴市场和发展中国家（地区）的情况来看，经常项目盈余主要集中在制造业出口优势较强的亚洲地区及出口石油的中东地区和俄罗斯等独联体国家，而中东欧地区则持续处于经常项目逆差。

（4）从全球经常项目逆差和顺差的分布情况来看，逆差分布日趋集中于美国，而顺差分布则呈分散化趋势。

（5）从国际收支角度来看，全球经常项目收支失衡同时也表现为全球资本流动格局的不平衡。

（6）从储蓄与投资的关系来看，全球经常项目收支失衡也隐含着储蓄与投资关系的失衡，发达国家特别是美国的国内储蓄严重不足，而其他新兴市场和发展中国家（地区）则普遍储蓄超过投资。

可以说，现有的全球经济失衡有一定的可持续性。只要在由一个或几个主权国家货币充当国际储备货币的情况下，某种程度的全球性国际收支失衡就会存在。因此，全球经济失衡是一种常态，只要现有的国际储备货币供求关系不发生大的变化，现有的全球经济失衡就具有可持续能力。

（二）全球经济失衡的原因

20世纪90年代以来，随着经济全球化趋势的不断增强，全球产业结构调整转移加快，储蓄与投资及贸易收支和资本流动格局都发生了重大变化，全球经常项目收支、国际资本流动及储蓄与投资关系的失衡状况有所加剧。造成全球经济失衡的原因错综复杂，既有市场因素的作用，又有经济政策的影响，同时也是经济全球化趋势深入发展的必然结果。

（1）经济全球化深入发展及其所带来的国际生产要素转移和产业分工格局的变化，是导致国际贸易收支失衡特别是美国与亚洲贸易收支严重失衡的重要原因。20世纪90年代以来，经济全球化进程加快，生产要素跨国流动的趋势进一步加强，从而改变了传统的国际分工方式，即从主要使用本国生产要素进行生产并出口，发展为某些生产要素在一些国家集中并面向世界生产的新格局，表现为跨国外包发展和全球供应链延长。

（2）美国等发达国家能够凭借其金融霸权和对国际金融市场的掌控，通过吸引国际资本大量流入来支撑其不断扩大的贸易逆差，并造成国际资本流动格局的失衡。美国经济主要靠消费拉动，近年来这一倾向被不断强化。由于过度消费、储蓄不足，美国必须吸收国外储蓄以维持本国经济增长，从而形成了巨大的经常项目赤字。

（3）亚洲等新兴市场经济体以扩大内需特别是鼓励消费来刺激经济增长和就业增加的宏观经济政策，也是导致发达国家与发展中国家（地区）之间贸易收支失衡的重要原因。受1997年亚洲金融危机影响，不少亚洲国家和地区一方面采取了谨慎的国际资本管理战略,从国际资本市场的净借款者转为净放贷者;另一方面努力降低国内投资支出,并通过高利率吸引国内储蓄,从而使其储蓄大大超过投资。

(4)以美元为核心的现行国际货币体系为美国维持庞大的经常项目逆差大开方便之门。美国作为当今主要国际储备资产的供给国,其国际收支与其他国家的美元储备资产之间具有一定的对应关系,世界各国对美元储备资产需求的增加可能导致美国国际收支逆差的扩大;美国国际收支逆差的扩大,也可能导致其他国家储备资产的被动增加。

(三)全球经济失衡的影响

经济全球化是一个必然的趋势,全球经济失衡已经对整个世界经济和各国的经济发展都产生了不同程度的影响,全球经济失衡正在改变着国家之间的经济关系和贸易往来。跨国企业作为当今社会一支重要的经济力量,在发展过程中不可避免地会受到全球经济失衡的影响。与此同时,跨国企业在全球范围内安排生产、转移资金等业务运作也会对全球经济失衡产生影响。

1. 美元汇率不断下降使国际金融风险加大

美元疲软是全球经济失衡的一种重要表现形式。全球经济失衡会对跨国企业的全球生产安排产生比较复杂的影响。美元疲软导致国际金融风险加大,也影响了跨国企业的经营目标。美国企业因美元贬值会使其产品成本相对其他国家降低,从而增强了其出口竞争力。因此,美国企业应该借此机会加大出口,增加盈利,提升企业价值。但与此同时,对于设在海外的子公司,在用当地货币核算成本时,成本就会高于母公司,当产品返销母国市场时就会缺乏市场竞争力,这也就失去了将子公司设在海外预期应该具有的优势。

2. 全球经济失衡加剧跨国直接投资波动

一般而言,FDI 的规模与全球经济增长周期趋于一致。在经济高增长期,由于经济预期乐观、市场流动性充裕、企业经营业绩良好,为控制资源、占领市场、降低成本、获取技术等,跨国企业必然会加大海外并购、绿地投资及利润再投资的步伐;反之,在经济衰退及萧条期,由于信心受挫、信贷紧缩、企业业绩亏损,加之各种不确定风险激增,为维护市场地位、降低经营风险,跨国企业必然会选择收缩战线、调整经营策略,对海外扩张的动力和能力都将明显下降。根据联合国贸易和发展会议发布的《世界投资报告(1988—2018)》,1987 年,国际并购的交易价值为 750 亿美元。2007 年全球 FDI 总额达到 18 330 亿美元的历史高点。受金融危机影响,2008 年全球 FDI 总额为 14 491 亿美元,同比下降 21%。受金融危机影响,跨国企业的 FDI 表现为谨慎和波动。2017 年全球 FDI 总额下降 23% 至 1.43 万亿美元,仅相当于 2008 年的规模。

3. 全球经济不稳定将成为一种常态

在全球经济失衡的环境下,经济波动和危机的国际传染经常发生而且不可避免。随着一体化程度的逐步提高,国际货币基金组织各成员的经济主权独立性不断下降。作为资本和先进技术的主要拥有者,发达国家总是处于全球化的中心地位,财富越来越向少数国家或少数利益集团集中,贫富差距扩大。在不稳定的环境中,跨国企业常常是大规模货币投机的主要受益者,同时也是全球经济不平衡发展的受影响者。跨国企业为了实现企业价值最大化,在全球范围内安排生产和调度资金,当其认为东道国存在政策等风险而选择将利润汇回母国时,资金就会在全球范围内流动,如果这种流动是较大规模的,那么就会带来汇率的波动。

4."逆全球化"思潮不断升温

全球化是一种人类社会发展的过程。在经济全球化进程中,长期隐含着"逆全球化"风险。近年来,"逆全球化"升温势头有所加剧。在英国脱欧公投中,多数民众选择脱欧;近四年来,美国先后退出《跨太平洋伙伴关系协定》(TPP)、《巴黎协定》、联合国教科文组织、《伊朗核问题协议》、联合国人权理事会等。这些事件凸显了美欧社会中"逆全球化"思潮的不断高涨。"逆全球化"思潮愈演愈烈,对全球经济造成了重大影响,如减少全球贸易,形成投资壁垒,阻碍人文交流,甚至造成社会不稳定。

从国际储备供求关系的角度来看,解决全球经济失衡的根本出路在于改变现有的国际储备供求关系,降低世界各国对美元储备资产的需求。在当今国际货币体系中,由于国际储备的多元化和汇率制度的浮动化,全球经济失衡的解决途径更加多样化,解决的过程也更加渐进化,出现类似布雷顿森林体系解体那种急剧的调整和国际经济混乱的可能性大大降低,所以对全球经济失衡问题的解决可以更加从容。

(四) 国际收支风险监测和预警

2008年全球金融危机之后,强化国际收支风险的监测和预警,完善国际收支风险的双向监测和预警体系,是国家宏观经济管理部门急需解决的课题。国际收支风险的监测和预警,就是要及时把握国内外经济金融形势的变化和市场走势,判断国际收支和外汇收支风险状况,并对国际收支运行中的脆弱性和可能发生的危机做出预警。这是在扩大对外开放和金融全球化过程中,维护国家经济金融安全的需要,也是实现从事前监管到事后监管、从行为监管到主体监管的外汇管理方式转变的迫切要求。

国际收支统计、政府财政统计、货币金融统计与国民账户统计构成一个国家的四大统计账户。各账户虽各有侧重,但存在极强的内在规则和逻辑的一致性。当前中国国际收支风险监测和预警体系的基本框架是:多层次的国际收支风险监测和预警系统,辅之以市场预期调查系统、企业贸易信贷抽样调查系统及企业出口换汇成本调查系统,最终形成对外汇收支形势和国际收支形势的分析和风险预警报告。国家外汇管理局负责国际收支、对外债权债务的统计和监测,按规定发布相关信息,承担跨境资金流动监测的有关工作,以及防范国际收支风险。

第二节　国际汇兑制度

国际汇兑是指因办理国际支付而产生的外汇汇率、外汇市场和外汇管制等安排及活动的总和。国际经济活动要使用一种以上的货币,这必然涉及国际汇兑和汇率风险问题,为了更好地对汇率风险进行管理,需要了解国际货币体系的演进及其职能、可选择的汇率体系,以及政府对外汇市场的干预手段等,这些都是跨国企业所面临的国际汇兑制度环境。

一、国际货币体系

国际货币体系是各国政府为适应国际贸易与国际结算的需要,对货币的兑换、国际收支的调节等所做的安排或确定的原则,以及为此而建立的组织形式等的总称。国际货币体系的主要内容有:①各国货币比价的确定,包括汇率确定的原则、波动的界限、调整的幅度等。②各国货币的兑换性与对国际收支所采取的措施,如本国货币能否对外兑换以及是否限制对外支付等。③国际储备资产的确定以及储备资产的供应方式。④国际收支的调节方法,包括逆差国和顺差国承担的责任。⑤国际金融事务的协调、磋商和有关的管理工作。从货币本位的演变来看,国际货币体系可以分为金本位制、布雷顿森林体系(金汇兑本位)和牙买加体系(纸币本位)。从汇率制度的演变来看,国际货币体系可以分为固定汇率制和浮动汇率制。

(一)国际货币制度的演变

1. 金本位制

金本位制是以一定成色及重量的黄金为本位货币的制度。1819年,英国国会颁布《恢复条令》(Resumption Act),标志着金本位制正式采用。金本位制的主要内容有:①黄金是国际货币体系的基础,可以自由输出入国境,是国际储备资产和结算货币;②金铸币可以自由流通和储藏,也可以按法定含金量自由铸造,各种金铸币或银行券可以自由兑换成黄金。

从1870年到第一次世界大战之前,国际货币制度采用的是金本位制,各国的银行券都采用固定的比例与黄金进行兑换,黄金可以自由输出入、自由兑换和自由铸造的特点决定了金本位制是一种稳定的货币汇兑制度。在金本位制下,铸币平价是确定汇率的基础。铸币平价即两国单位货币实际含金量之比。黄金输送点=铸币平价±单位货币黄金运费。铸币平价加单位货币黄金运费为黄金输出点,铸币平价减去单位货币黄金运费为黄金输入点。

在金本位制下,实行自由、多边的国际结算制度,黄金是最后的国际结算手段。在金本位制下,"价格—铸币流动机制"发挥着自动调节国际收支的作用。1918—1925年,第一次世界大战的爆发使金本位制瓦解,各国不得不放弃黄金的兑换,并采取浮动汇率制的形式。1925年之后各国又开始致力于恢复金本位制,建立国际金汇兑本位制。1929—1933年的世界经济大危机使刚刚建立不久的金汇兑本位制也随之瓦解,国际货币体系陷入混乱。

2. 布雷顿森林体系

布雷顿森林体系是指第二次世界大战以后以美元为中心的国际货币体系协定。布雷顿森林体系建立了两大国际金融机构即国际货币基金组织和世界银行,确立了美元与黄金挂钩、各国货币与美元挂钩并建立固定比价关系的、以美元为中心的国际金汇兑本位制,即通常所说的"双挂钩"。

该体系确定国际储备货币为美元:①美元与黄金挂钩。官价:35 美元 = 1 盎司黄金,美国准许各国政府或中央银行随时按官价向美国兑换黄金。②其他国家的货币与美元挂钩。各国货币与美元保持固定比价,通过法定平价决定固定汇率。法定平价,即两国货币的法定含金量之比,汇率围绕法定平价波动,但波动幅度很小。

但该体系存在一个无法解决的难题:以美元为中心的国际货币制度是在美国经济实力雄厚、国际收支保有大量顺差、黄金外汇储备比较充足,而其他国家普遍存在"美元荒"的情况下建立的,其运转必须具备以下三个基本条件:①美国国际收支必须顺差,美元对外价值才能稳定;②美国的黄金储备充足;③黄金必须维持在官价水平。而这三个条件实际上不可能同时具备,这说明布雷顿森林体系存在不可调和的内在矛盾——"特里芬难题"。

事实上,美国从 20 世纪 50 年代起国际收支开始出现逆差,国际市场上美元大量过剩,从 60 年代到 70 年代曾发生多次美元危机。1973 年 3 月美元危机爆发,西欧出现了抛售美元,抢购黄金和德国马克的风潮,伦敦黄金市场的黄金价格一度涨到 96 美元/盎司。最终导致以美元为中心的固定汇率制度崩溃,布雷顿森林体系宣告瓦解。

3. 牙买加体系

布雷顿森林体系瓦解后,1976 年国际货币基金组织通过《牙买加协定》,确认了布雷顿森林体系崩溃后浮动汇率的合法性,继续维持全球多边自由支付原则。同年 4 月,国际货币基金组织理事会通过了《国际货币基金协定》的第二次修订案,国际货币体系进入一个新的阶段——牙买加体系。

《牙买加协议》的主要内容有:①汇率安排多样化,浮动汇率合法化。国际货币基金组织成员可以自由选择并决定汇率制度,但必须事先征得国际货币基金组织的同意,同时汇率政策受到国际货币基金组织的管理和监督。②黄金非货币化,削弱黄金在国际货币体系中的作用。黄金成为一种单独商品,与货币完全脱离关系,国际货币基金组织持有的黄金总额的 1/6 以市场价格出售或归还的方式逐步处理。③扩大特别提款权的作用。特别提款权将逐步取代黄金和美元成为主要国际储备资产和各国货币定制标准,以及用于国际借贷。④扩大国际货币基金组织的份额,由原来的 292 亿特别提款权单位增加到 390 亿特别提款权单位,增加了 33.56%。其中,各成员应缴份额所占的比重也有所改变,发展中国家(地区)维持不变,主要西方国家均有所降低,石油输出国由 5% 提高到 10%,提高了一倍。⑤增加对发展中国家(地区)的资金融通数量和限额。主要措施是国际货币基金组织用出售黄金所得收益设立"信托基金",以优惠条件向最贫穷的发展中国家(地区)提供贷款或援助,此外,扩大国际货币基金组织信贷部分贷款的额度,由占成员份额的100%提高到125%,并放宽"出口波动补偿贷款"的额度,由占份额的50%提高到75%。

虽然牙买加体系下的国际货币体系有一定的优势,在内外均衡实现问题上的制度安排比较灵活,但仍然存在不足之处。例如,汇率波动使主要储备货币之间的汇率波动剧烈,这就会影响国际贸易和资本流动,而且使发展中国家(地区)的外汇储备和外债问题严重化;国际收支调节机制仍不健全,国际收支调节责任往往由赤字一方承担,发展中国家(地区)的赤字只能靠外债来弥补,易引发债务危机。

(二) 国际金融机构

国际金融机构是维持国际货币体系运行的机构组织,伴随着国际货币体系的演变而成长。从性质上看,凡是从事国际金融事务的协调和管理,旨在稳定和发展世界经济而进行国际金融业务的超国家的组织机构,都属于国际金融机构。国际金融机构在稳定国际金融、扩大国际贸易、加强国际经济合作、促进世界经济发展等方面发挥着日益广泛的积极作用。

1. 国际货币基金组织

国际货币基金组织(International Monetary Fund,IMF)于1945年12月27日正式成立,总部设在华盛顿,是联合国的一个专门机构。创始国共有39个,目前已发展为拥有185个成员。IMF由理事会、执行董事会、总裁和众多业务机构组成。理事会是最高的决策机构,由各成员选派一名理事组成,任期5年。

IMF的宗旨是:①建立一个永久性的国际货币机构,促进成员在国际货币问题上的磋商与协作。②促进国际贸易的均衡发展,实现就业和收入水平的提高及生产能力的扩大。③促进汇率的稳定和有秩序的汇率安排,借此避免竞争性的汇率贬值。④为经常项目收支建立一个多边支付和汇兑制度,努力消除不利于世界贸易发展的外汇管制。⑤在临时性的基础上和有保障的条件下,向成员提供资金融通,使它们在无须采用有损于本国和国际经济繁荣的措施的情况下,纠正国际收支的不平衡。⑥根据以上宗旨,争取缩短国际收支不平衡的持续时间和程度,减轻失衡程度。

根据以上宗旨,IMF目前有三项职能:①为成员的汇率政策、与经常项目有关的支付,以及货币的兑换性问题制定规则,并实施监督。②向发生国际收支困难的成员提供必要的资金融通,以使它们遵守上述行为规则。③向成员提供国际货币合作与协商的场所。

中国是IMF创始国之一,1980年4月,中国恢复了在IMF的合法席位。合法席位恢复后,中国在IMF单独选派执行董事,并且是IMF临时委员会的成员。

2. 世界银行集团

世界银行集团(Word Bank Group,以下简称"世界银行")是与IMF联系非常密切的全球性国际金融集团,由国际复兴开发银行、国际开发协会和国际金融公司这三个全球性的国际金融机构组成,与 IMF 一样都是联合国的专门机构。从组织结构上看,国际开发协会和国际金融公司是国际复兴开发银行的附属机构。世界银行的组织机构与 IMF 类似,由理事会、执行董事会和行长、副行长等组成。

1980 年 5 月 15 日,中国恢复了在世界银行的合法席位。自 1980 年以来,世界银行对中国的经济发展和改革开放事业给予了积极的支持。

(1) 国际复兴开发银行(International Bank for Reconstruction and Development, IBRD)正式成立于 1945 年 12 月,1946 年 6 月开始营业,总部设在华盛顿,是世界银行的核心机构,按照规定,只有 IMF 的成员才能申请加入。其宗旨是:①对用于生产目的的投资提供便利,以协助成员的复兴与开发,并鼓励不发达国家生产资源的开发。②通过保证或参与私人贷款和私人投资的方式,促进私人对外投资。③用鼓励国际投资以开发成员生产资源的方法,促进国际贸易的长期均衡发展,维持国际收支平衡。④在提供贷款保证时,应同其他方面的国际贷款配合。其资金主要来自四个方面:成员缴纳的股金,在国际金融市场上发行债券,银行债权转让,世界银行业务净收益。

(2) 国际开发协会(International Development Association, IDA)成立于 1960 年,总部设在华盛顿,是专门向低收入发展中国家提供无息长期贷款的一个国际金融组织。其宗旨是:帮助世界欠发达地区的会员国促进经济发展,提高生产力和生活水平。其资金主要来自五个方面:会员国认缴的股本,会员国提供的补充资金,世界银行从营业收入中拨出的款项,协会从营业收入中拨出的款项,协会本身的经营收益。其贷款的优惠性主要表现在四个方面:①贷款不收利息,只收 0.75% 的手续费,对未用部分的贷款收取 0.5% 的承担费。②贷款期限长,可达 50 年,并有 10 年的宽限期。③获得贷款后,头 10 年不必还本,从第二个 10 年起,每年还本 1%,其余的 30 年每年还本 3%。④贷款可用部分或全部的本国货币偿还。但因为贷款与特定的工程项目相联系,所以对项目的审查非常严格。

(3) 国际金融公司(International Finance Corporation, IFC)正式成立于 1956 年,总部也设在华盛顿,其宗旨是对发展中国家成员中私人企业的新建、改建、扩建项目提供贷款资金,促进发展中国家私营经济的增长和国内资本市场的发展。

世界银行服务性的附属机构有:

(1) 多边投资担保机构(Multilateral Investment Guarantee Agency, MIGA),该机构成立于 1988 年,其宗旨是通过向投资者和借款人提供政治风险担保,帮助发展中国家吸引 FDI、减少贫困和提高人民生活水平。

(2) 国际投资争端解决中心(International Center for Settlement of Investment Disputes, ICSID),该机构成立于 1966 年,其宗旨是为解决会员国和外国投资者之间的争端提供便利,促进投资者与东道国之间的相互信任,从而鼓励国际私人资本向发展中国家流动。但出于种种原因,该中心自创立以来实际受理的业务十分有限。

3. 国际清算银行

国际清算银行(Bank for International Settlements, BIS)是世界上第一家国际金融机构,是根据 1930 年 1 月 20 日在海牙会议上签订的国际协议,由英国、法国、意大利、德国、比利时和日本六国的中央银行,以及代表美国银行界利益的三家大商业银行(摩根银行、纽约花旗银行、芝加哥花旗银行)组成的银行集团于同年 5 月联合创立,行址设在瑞士的巴塞尔。

BIS 的宗旨是促进各国中央银行的合作,为国际金融活动提供更多的便利,在国际金融清算中充当受托人或代理人的角色。从某种意义上来说,BIS 履行着"中央银行的银行"的职能。BIS 的银行部为会员国中央银行管理国际储备资产,并开办多种银行业务,也向各会员国中央银行提供货币合作。

二、汇率制度及选择

汇率制度是指一国(地区)货币当局对其货币汇率的变动所做的一系列安排或规定。固定汇率制度和浮动汇率制度是国际货币体系两种最基本的汇率制度。固定汇率制度是指政府用行政或法律手段确定、公布、维持本国货币与某种参考物之间固定比价的汇率制度。充当参考物的可以是黄金、某种外国货币,也可以是某一组货币。浮动汇率制度是指汇率完全由外汇市场上的供求水平决定、政府不进行任何干预的汇率制度。

在固定汇率制度和浮动汇率制度之间,国家(地区)可能选择兼备两种汇率制度特征的中间汇率制度。根据 1999 年 IMF 的统计,全球采用固定汇率制度的国家(地区)大约有 95 个,占 50.8%;采用中间汇率制度的国家(地区)有 57 个,占 30.5%;采用自由浮动汇率制度的国家(地区)有 35 个,占 18.7%。2009 年 2 月 1 日,IMF 采用新的汇率分类方法,将汇率安排分为四大类:第一类是硬钉住(Hard Pegs),包括无独立法定货币安排、货币局安排;第二类是软钉住(Soft Pegs),包括传统钉住安排、稳定化安排、爬行钉住安排、类似爬行安排、水平带内钉住安排;第三类是浮动(Floatings),包括浮动安排、自由浮动安排;第四类是其他(Residual),指不属于上述三大类安排的情形,一般可称之为其他有管理的安排(见表 2-3)。

表 2-3 汇率制度安排的类型及其实行国家(地区)

类型	实行国家(地区)
第一类:硬钉住	
无独立法定货币汇率安排	共 13 个国家(地区),包括:厄尔多瓜、萨尔瓦多、马绍尔群岛共和国、密克罗尼西亚、帕劳共和国、巴拿马、东帝汶、津巴布韦、科索沃、黑山共和国、圣马力诺、基里巴斯、图瓦卢
货币局安排	共 12 个国家(地区),包括:吉布提、中华人民共和国香港特别行政区、安提瓜和巴布达、多米尼加共和国、格林纳达、圣基茨和尼维斯、圣卢西亚、圣文森特和格林纳丁斯、波斯尼亚和黑塞哥维那、保加利亚、立陶宛、文莱达鲁萨兰国

(续表)

类型	实行国家（地区）
第二类：软钉住	
传统钉住安排	其中，钉住美元的共有15个国家（地区），包括：阿鲁巴岛、巴哈马国、巴林国、巴巴多斯、伯利兹城、库拉索岛和圣马丁岛、厄立特里亚国、约旦、阿曼、卡塔尔、沙特阿拉伯、南苏丹共和国、土库曼斯坦、阿拉伯联合酋长国、委内瑞拉
稳定化安排	共21个国家（地区），包括：圭亚那、伊拉克、哈萨克斯坦、黎巴嫩、马尔代夫、苏里南、特立尼达和多巴哥、马其顿共和国、新加坡、越南、孟加拉国、布隆迪、刚果民主共和国、几内亚、斯里兰卡、塔吉克斯坦、也门、安哥拉、阿塞拜疆、玻利维亚、埃及
爬行钉住安排	共2个国家（地区），包括：尼加拉瓜、博茨瓦纳
类似爬行安排	共15个国家（地区），包括：洪都拉斯、牙买加、克罗地亚、中国内地、埃塞俄比亚、乌兹别克斯坦、亚美尼亚、多米尼加共和国、危地马拉、阿根廷、白俄罗斯、海地、老挝、瑞士、突尼斯
水平带内钉住安排	共18个国家（地区），包括：柬埔寨、利比里亚、阿尔及利亚、伊朗、叙利亚共和国、冈比亚共和国、缅甸、尼日利亚、卢旺达、捷克共和国、哥斯达黎加、吉尔吉斯共和国、马来西亚、毛里塔尼亚、巴基斯坦、俄罗斯、苏丹、瓦努阿图
第三类：浮动	
浮动安排	共36个国家（地区），包括：阿富汗、肯尼亚、马达加斯加、马拉维、莫桑比克、巴布亚新几内亚、塞舌尔、塞拉利昂、坦桑尼亚、乌克兰、乌拉圭、阿尔巴尼亚、巴西、哥伦比亚、格鲁吉亚、加纳、匈牙利、冰岛、印度尼西亚、以色列、韩国、摩尔多瓦、新西兰、巴拉圭、秘鲁、菲律宾、罗马尼亚、塞尔维亚、南非、泰国、土耳其、乌干达、印度、毛里求斯、蒙古、赞比亚
自由浮动安排	共29个国家（地区），包括：澳大利亚、加拿大、智利、日本、墨西哥、挪威、波兰、瑞典、英国、索马里、美国、奥地利、比利时、塞浦路斯、爱沙尼亚、芬兰、法国、德国、希腊、爱尔兰、意大利、拉脱维亚、卢森堡公国、马耳他、荷兰、葡萄牙、斯洛伐克共和国、斯洛文尼亚、西班牙
第四类：其他	
其他有管理的安排	其余国家（地区）

资料来源：IMF, Annual Report on Exchange Arrangements and Exchange Restrictions, 2009。

（一）无独立法定货币安排

无独立法定货币安排（Exchange Arrangement with No Separate Legal Tender）是指一国没有独立的法定货币，直接将另一国货币（美元或者欧元）作为本国的唯一法定货币的汇率制度。采用这种汇率制度意味着货币管理当局彻底放弃了对本国货币政策的独立控制权，是一种彻底而不可逆转的严格固定汇率制，在本质上是一种货币替代现象。厄瓜多尔、萨尔瓦多、巴拿马等属于美元化国家。

(二）货币局安排

货币局安排（Currency Board Arrangements）是指在法律中明确规定本国（地区）货币与某一指定的外国（地区）可兑换货币保持固定的兑换率，并且对本国（地区）货币的发行做特殊限制以保证履行这一法定义务的汇率制度。货币局制度通常要求货币发行必须将一定的（通常是100%）该外国（地区）货币作为发行准备金，并且要求在货币流通中始终满足这一准备金要求。这一制度中的货币当局被称为货币局，而不是中央银行。因为在这种制度下，货币发行量的多少不再完全听任于货币当局的主观意愿或经济运行的实际状况，而是取决于可用作准备的外币数量的多少，货币当局失去了货币发行的主动权和最后贷款人的功能。

（三）传统钉住安排

传统钉住安排（Conventional Peg Arrangements）是指一国将本国货币按照固定汇率钉住一种货币（主要是美元或欧元）或一个货币篮子，货币篮子由主要贸易伙伴、金融伙伴的货币组成，篮子货币权重反映了贸易、服务或资本流动的地理分布，所钉住的货币或篮子货币权重应该是公开的或告知IMF的汇率制度。在这种制度下，货币当局通过直接干预（比如在外汇市场购买或出售外汇资产）或间接干预（比如利率政策、外汇管理措施、抑制外汇交易的道义劝说或其他公共机构的干预）来维持固定汇率水平，中央银行可以调整汇率水平，至少在6个月的时间内汇率围绕中心汇率的波动幅度不超过1%，现汇汇率的最大值和最小值不超过2%。不少中东国家，如约旦、沙特阿拉伯、阿拉伯联合酋长国的汇率政策都属于这一类型。

（四）稳定化安排

稳定化安排（Stabilized Arrangements）是指虽然官方没有明确的汇率钉住承诺，但经常以各种方法介入外汇市场，作为结果，其货币对另一种货币或货币篮子保持了明显的稳定走势，至少在6个月的时间内现汇汇率的最大值和最小值维持在2%的区间内（除一些极端值或有步骤的调整外）的汇率制度。稳定性区间可以是针对单一货币，也可以是针对篮子货币，锚货币或篮子货币可以通过统计方法来确认，汇率稳定是官方干预的结果。IMF将伊拉克、新加坡、越南等国归入这一分类。

（五）爬行钉住安排

爬行钉住安排（Crawling Pegs Arrangements）是指官方明确承诺以爬行的方式钉住单一或一篮子货币，并通过介入外汇市场，确保汇率走势合意的汇率制度。爬行钉住安排是一种可以经常地进行小幅度调整的固定汇率制度，中心汇率或汇率波动幅度可以按照固定幅度或者根据选定的数量指标（如过去与主要贸易伙伴国的通货膨胀差异，或者预期的通货膨胀目标与主要贸易伙伴国预期通货膨胀的差异）周期性地进行调整。爬行钉住汇率制度有两个基本特征：第一，实行该制度的国家具有维持某种平价的义务；第二，平价可以经常性、小幅度和持续地调整。目前只有尼加拉瓜和博茨瓦纳落在这一分类。

(六) 类似爬行安排

类似爬行安排(Crawl-like Arragemens)是指至少在 6 个月内本币汇率偏离汇率趋势值的幅度不超过 2%(除特定的极端值外)。在类似爬行安排中,汇率走势和爬行钉住的相仿,只是官方并未明确承诺爬行钉住。类似爬行安排下汇率波动的最小幅度应该超过稳定化安排下的汇率波动幅度。在类似爬行安排下,如果汇率以充分单调、持续的方式升值或贬值,则其年均汇率波动幅度至少在 1% 以上。

(七) 水平带内钉住安排

水平带内钉住安排(Pegged Exchange Rates within Horizontal Bands Arrangements)也称为汇率目标区制度,是指汇率围绕中心汇率上下超过 1% 的范围波动,或者汇率的最大值和最小值差额超过中心汇率 2% 以上。中心汇率和汇率区间宽度应该是公开的或告知 IMF。

货币当局随时准备通过直接或非直接干预方式维持汇率波动的上下限,保证汇率在区间内波动。汇率目标区可以划分为广义和狭义两种。广义的汇率目标区泛指将汇率的波动限制在一定区域内(例如中心汇率的上下各 5%)的汇率制度安排。狭义的汇率目标区特指约翰·威廉姆森(John Williamson)提出的以限制汇率波动范围为核心的,包括中心汇率及变动幅度的确定方法、维系目标区的国内政策搭配、实施目标区的国际政策协调等一整套内容的国际政策协调方案。

(八) 浮动安排

浮动安排(Floating Arrangements)是指汇率主要由市场决定,货币当局不预先设定汇率波动路径的汇率制度。汇率波动从统计标准来看如果满足稳定化安排或类似爬行安排,但能够证明这种汇率稳定不是官方干预的结果,那么也可以归为浮动安排。对外汇市场干预可以是直接的,也可以是间接的,官方对外汇市场的任何干预都旨在降低汇率的波动率或防止不适当的汇率波动,而不是为汇率设定一个基准水平。货币当局用来管理汇率的指标是在很广的范围内决定的,包括国际收支状况、国际储备、平行市场的发展等,浮动安排下汇率波动幅度取决于经济冲击的规模和大小。

(九) 自由浮动安排

自由浮动安排(Free Floating Arrangements)是指只有在特殊情况下才进行外汇市场干预的汇率制度,并且这种外汇干预旨在解决无序的市场形势。通常,货币当局需要向 IMF 提供足够的信息和数据,以表明其外汇干预在过去 6 个月内最多发生了 3 次,而且每次干预的时间未超过 3 个工作日;否则,IMF 就会认定其实行的是(普通的)浮动安排。

(十) 其他有管理的安排

其他有管理的安排(Other Managed Arrangements)是指一国汇率安排不符合上述任何类别标准的情形,其中包括那些政策变化频繁的汇率安排。

2009 年,IMF 将中国、阿根廷、瑞士的汇率安排划分为类似爬行安排。自 1949 年 1

月18日中国人民银行开始在天津公布人民币汇率以来,中国的汇率制度经历了漫长的从严格固定汇率制度,到灵活固定汇率制度,再到有管理的浮动汇率制度的转变。2005年汇率改革后,中国开始实行参考一篮子货币的有管理的浮动汇率制度。

三、政府对汇率的影响

20世纪70年代以来,主要国家货币之间基本采取了浮动汇率制度。由于汇率在国际经济交往中的核心地位,所有国家或多或少都没有放弃对汇率的管理,如通过实行复汇率或限制本国货币的兑换性来管理外汇交易,通过直接或间接干预外汇市场影响汇率水平和汇率变动方向等。

1. 政府对外汇交易的管制

开放经济下与外界进行的经济交易是以不同币种为计价单位的,因此必然存在对这些货币进行兑换的需求。政府对外汇交易的管制是直接管制的重要内容,体现了政府调节经济开放度的意图。对外汇交易的管制除对外汇资金收入及其运用进行限制外,主要是针对国际收支中不同账户的货币兑换条件进行限制。根据产生货币兑换需求的国际经济交易的性质,货币兑换条件可以划分为经常项目可兑换和资本与金融项目可兑换。

经常项目可兑换是指对经常账户外汇支付和转移的汇兑实行无限制的兑换。根据IMF的相关规定,凡是能实现不对经常性支付和资金转移施加限制、不实行歧视性货币措施或多重汇率、能够兑付外国持有的在经常性交易中所取得的本国货币的国家,该国货币就是经常项目可兑换货币。所谓资本与金融项目可兑换,则是指解除对资本与金融账户交易施加的货币兑换管制、对外支付和交易的各种限制,实现资本自由流动。除30多个工业化国家实行资本与金融项目可兑换外,只有少数发展中国家和地区实现资本与金融项目可兑换。一般而言,一国货币实现完全可兑换,要经历经常项目的有条件兑换、经常项目可兑换、经常项目可兑换加上资本与金融项目的有条件兑换、经常项目可兑换加上资本与金融项目可兑换等阶段。

概括来讲,选择资本与金融项目可兑换是有条件的,这些条件包括:健康的宏观经济状况,稳定的宏观经济形势,经济运行正常有序,有效的经济自发调节机制,成熟的宏观调控能力;健全的微观经济主体,主要是指企业要有综合的竞争优势来面对来自国内、国外同类企业的竞争;合理的经济开放状态,主要体现为国际收支的可维持性,具有充足的外汇储备,消除外汇短缺;恰当的汇率制度与汇率水平。一般来说,在资本可以自由流动时,选择具有更多浮动汇率特征的汇率制度更为合适。

需要指出的是,在货币实行可兑换后,一国经济还会面对很多新问题,比如资本逃避和货币替代等。资本逃避是指由于恐惧、怀疑或规避某种风险和管制所引起的资本向其他国家的异常流动;货币替代是指在经济发展过程中国内对本国货币币值的稳定失去信心或本国货币资产收益率相对较低时,外币在货币的各个职能上全部或部分替代本币发生作用的一种现象。这都会带来经济金融秩序的混乱与动荡,从而对政府的调控能力提出新挑战。

根据恢复在 IMF 合法席位时的承诺,中国政府于 1996 年 12 月宣布实现经常项目可兑换。以后,随着外汇制度改革的推进,在坚持资本项目"管理从紧"原则的前提下,中国政府出台了一系列灵活措施,如合格的境外机构投资者(Qualified Foreign Institutional Investor,QFII)与合格的境内机构投资者(Qualified Domestic Institutional Investor,QDII)制度,以有序拓宽资本流出渠道,增强国内企业和银行的抗风险能力,稳步渐进式推进资本和金融项目可兑换。

2. 政府实行复汇率制

复汇率制是指一国实行两种或两种以上汇率的制度。复汇率制是外汇交易管制的工具之一,建立在货币兑换管制基础之上。当一国对货币兑换进行管制时,不同情况的货币兑换适用不同的汇率。

复汇率制有公开和隐蔽两种表现形式。公开的复汇率制就是政府明确公布针对不同的交易适用不同的汇率;隐蔽的复汇率制的表现形式有很多种,例如对出口按商品类别给予不同的财政补贴或对进口按商品类别课以不同的附加税,采用影子汇率,实施不同的外汇留成比例,等等。通常,当宏观经济出现大量资本流出时,政府会采用复汇率制。

复汇率制对经济的影响是双重的,它具有维持一定数量的国际储备,隔绝来自外国经济的冲击,为达到特定商业与财政目的体现政府对不同交易的不同态度等积极影响。但也会造成较高的管理成本,例如扭曲价格,形成不公平竞争,不利于国际经济合作的发展等。现实中,复汇率制经常被作为一种过渡性措施加以利用,很少有国家长期使用特定形式的复汇率制。

1981—1984 年,中国实行复汇率制,在官方公布的汇率之外,还实行贸易内部结算价格。官方汇率钉住一篮子货币,贸易内部结算价格以全国平均出口换汇成本为依据。1985 年,贸易内部结算价格与官方汇率并轨,并轨后的汇率实行钉住出口换汇成本的爬行钉住制度。1987 年至 1993 年 12 月,深圳和上海分别建立了外汇调剂中心,形成了调剂汇率,出现了调剂汇率与官方汇率并存的局面。1993 年 12 月 30 日,随着汇率制度改革新方案的公布,调剂汇率和官方汇率合并。

3. 政府对外汇市场的干预

无论实行哪种形式的汇率制度,所有国家都未放弃对外汇市场的管理,对外汇市场的干预成为各国影响汇率水平和汇率变化方向的重要方法。政府对外汇市场进行干预是因为外汇市场在自发运行的过程中会出现市场失灵,使市场汇率不能正确反映内外均衡目标的要求,不能引导资源的合理配置。具体来说,政府干预外汇市场的主要目的有:①防止短期内外汇市场混乱;②减缓汇率的中长期变动,调整汇率的发展趋势;③使市场汇率波动不偏离一定时期的汇率目标区;④促使国内货币政策与外汇政策的协调推行。

外汇市场干预可按不同的标准进行分类,按干预的手段可分为直接干预和间接干预。直接干预是指政府以公开市场操作方式直接入市买卖外汇,改变原有的外汇供求关系以引起汇率变化的干预;间接干预是指政府通过宏观调控手段,如财政与货币政策、直接管制政策(如贸易和资本流动政策)和公告等方法,改变外汇市场参与者的预期,进而影响对汇率的干预。例如,提高本国货币利率,吸引外国资本流入,降低本币贬值压力。政府干预外汇市场影响汇率的机制见图2-1。

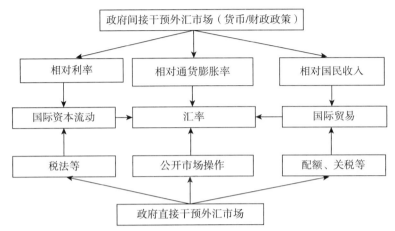

图2-1 政府干预外汇市场影响汇率的机制

按是否引起货币供应量的变化可分为冲销式干预与非冲销式干预。冲销式干预是指政府在外汇市场上进行交易的同时,通过其他货币政策工具来冲销前者对货币供应量的影响,从而使货币供应量维持不变的干预;非冲销式干预是指不采取相应冲销措施的干预,它会引起一国货币供应量的变动。

外汇市场干预是中央银行公开市场操作的一个组成部分,政府为维持低汇率刺激本国出口,通常会进入外汇市场人为地造成本币低估。在固定汇率制度下,为维持官方公开承诺的平价,中央银行可能直接进入外汇市场买卖外汇,或者改变某些经济变量来影响外汇供求状况。从1973年到现在,工业化国家的中央银行经常在外汇市场上进行直接干预。

2006年1月1日,中国人民银行宣布,银行间即期外汇市场非美元货币对人民币交易价的浮动幅度为3%。美元挂牌汇价实行价差幅度管理(原来是中间价管理),并适当扩大幅度区间,即美元现汇卖出价与买入价之差不得超过交易中间价的1%,现钞卖出价与买入价之差不得超过交易中间价的4%。在人民币升值预期下,如果人民币对美元汇率开始突破规定幅度,则中国人民银行会通过买入外币投放基础货币以稳定汇率。自2014年3月17日起,银行间即期外汇市场人民币兑美元交易价浮动幅度由1%扩大至2%;同时,外汇指定银行为客户提供当日美元最高现汇卖出价与最低现汇买入价之差不得超过当日汇率中间价的幅度由2%扩大至3%。可以看出,人民币汇率的浮动区间已明显扩大,从而使人民币汇率的弹性明显增大,人民币汇率开始双向浮动。

第三节 国际金融市场

国际金融市场是指由国际资金借贷、结算、汇兑以及有价证券、黄金和外汇买卖活动所组成的市场或交易系统。商品与劳务的国际转移、资本的国际转移、黄金的输出入、外汇的买卖以至于国际货币体系的运转等各方面的国际经济交往都要通过国际金融市场实现。国际金融市场可以视作国内金融市场的延伸,第二次世界大战后随着国际贸易、国际资本流动规模的扩大,国际金融市场的作用日益凸显。同时,国际金融市场上新的融资手段、投资机会和投资方式层出不穷,金融活动也凌驾于传统的实体经济之上,成为造成世界经济波动的因素。

一、国际金融市场的结构

(一) 传统的国际金融市场分类

国际金融市场按照功能进行划分,可以分为国际货币市场、国际资本市场、国际外汇市场和国际黄金市场。

1. 国际货币市场

国际货币市场又称短期资金市场,是指期限在1年或1年以内的短期金融工具交易的场所。在国际货币市场上交易的对象主要包括:商业汇票、银行承兑汇票、国库券、大额可转让定期存单(CDs),等等,这些金融工具流动性强、变现性好、安全性高。国际货币市场上的参与者包括:银行、企业、政府、投机者。银行参与国际货币市场的目的主要是调剂资金余缺,优化自身资金结构;企业尤其是跨国企业参与国际货币市场的目的主要是满足流动性或周转性需要;政府参与国际货币市场的目的主要是将其作为一个更宽层面上的宏观金融管理渠道,贯彻其货币政策;投机者参与国际货币市场的目的主要是将其作为套汇、套利的场所,赚取投机利润,但投机者手上的热钱到处出击,有可能影响到其他国家货币政策的效果。按照业务的不同,国际货币市场又可以细分为短期信贷市场、短期证券市场和贴现市场。国际货币市场上的资金流动最为频繁,交易量巨大。

2. 国际资本市场

国际资本市场是指资金借贷期限在1年以上的中长期信贷或证券发行与交易的场所,或称长期资金市场。因此,国际资本市场上交易的对象可以是中长期信贷资金,也可以是中长期证券(如股票、债券或各种中长期金融衍生产品)。中期一般指的是1—5年,长期指的是5年以上,最长可达30年。国际资本市场上的参与者包括:商业银行等各类金融机构、各国中央银行、各类公司/企业、私人投资者,等等。国际资本市场是各国政府、企业筹措发展建设资金的重要场所,其利率水平取决于融资期限的长短、资金的供需情况、筹资者的信用状况等,通常是在伦敦同业拆借利率(LIBOR)的基础上加一定的点数。

3. 国际外汇市场

国际外汇市场是指由外汇需求者和外汇供应者及中介所构成的外汇交易的场所或网络系统。通过该市场可以进行外汇买卖、调剂外汇资金余缺。国际外汇市场上的参与者包括:外汇银行、中央银行、外汇经纪人、贴现公司、贸易商、投资者。著名的国际外汇市场有:伦敦外汇市场、纽约外汇市场、东京外汇市场、法兰克福外汇市场。

4. 国际黄金市场

国际黄金市场是指国际上集中进行黄金买卖和金币兑换的交易场所。目前世界上有40多个可以自由买卖黄金的国际市场,其中最著名的国际黄金市场有:伦敦、苏黎世、纽约、芝加哥及香港,此外巴黎、法兰克福、曼谷、新加坡的黄金交易规模也很大。国际黄金市场上的参与者包括:黄金开采企业、黄金商及经纪人、中央银行、某些国际金融机构(如IMF),它们参与国际黄金市场的目的主要是保值避险、管理国际储备及投机。

(二)当前流行的国际金融市场分类

参考IMF和OECD(经济合作与发展组织)的分类方法,国际金融市场可以分为国际信贷市场、国际债务证券市场、国际股票市场、国际金融衍生工具市场、国际黄金市场、国际外汇市场和国际大宗商品市场。

1. 国际信贷市场

国际信贷市场是指在国际金融市场上以银行为媒介融通资金的市场,它是最传统的国际金融市场。根据银行发放贷款期限的长短,国际信贷市场又可以细分为短期信贷市场和中长期信贷市场。

(1)短期信贷市场。短期信贷市场是指国际银行间的同业拆借、银行为工商企业提供短期信贷资金的场所。其目的主要是调剂国际短期资金的余缺。短期信贷市场的类型包括:银行同业拆借市场、银行对工商企业的信贷市场(如贸易信贷和其他短期贷款)。其中,银行同业拆借市场是短期信贷市场的主体。

(2)中长期信贷市场。中长期信贷市场是指国际性的大型商业银行向各国政府和企业贷放中长期资金所形成的市场。中长期信贷市场有两种基本的类型,即独家银行贷款市场和银团贷款市场。独家银行贷款也称双边贷款,是由一家银行单独向一位客户提供的贷款;银团贷款也称辛迪加贷款(Syndicate Credit),是对金额比较大的项目,由一家或数家银行牵头,多家银行参与组成的银行集团,按商定的贷款期限和条件向一位客户提供贷款的合作贷款模式。银团贷款一般金额巨大,贷款时间也比较长,所以通常需要政府担保,以降低贷款银行的风险,避免风险集中于某一家银行。银团贷款是国际银行业中一种重要的信贷模式,贷款对象通常是各国政府。

2. 国际债务证券市场

国际债务证券(Debt Security)市场是指国际债券和票据交易的场所。债务证券是指由公司或政府发行的,约定在到期日偿还本金和利息的一种借据,主要是指债券和票据。

根据交易工具期限和功能的不同,国际债务证券市场又可以分为货币市场工具市场、国际债券市场和票据发行便利市场。

(1)货币市场工具市场。货币市场工具主要包括国库券、商业票据、银行承兑票据、大额可转让定期存单、贴现与再贴现凭证等。

(2)国际债券市场。国际债券市场是指从事国际债券发行或交易的场所。国际债券是指一国借款人在国际债券市场上以外国货币为面值,向外国投资者发行的债券。发行人主要是各国政府、政府所属机构、银行或其他金融机构、工商企业及一些国际组织等;投资者主要是银行或其他金融机构、各种基金会、工商财团和自然人。根据发行面值货币和交易主体的不同,国际债券可以分为外国债券和欧洲债券。外国债券是指一国居民在国外发行的以发行地所在国货币为单位的债券。最典型的外国债券有扬基债券、武士债券、猛犬债券。扬基债券是指外国居民在美国市场上发行的以美元为面值的债券;武士债券是指外国居民在日本市场上发行的以日元为面值的债券;猛犬债券是指外国居民在英国市场上发行的以英镑为面值的债券。欧洲债券是指一国居民在国外发行的以第三国货币为面值的债券。如中国财政部在新加坡市场上发行的美元债券即是欧洲债券,它实质上是一种无国籍债券,具有流动性强、不记名、免缴税款、自由灵活等优点,深受发行人和投资者的欢迎,目前已成为国际债券市场上的主体,发行量一直占到国际债券市场的80%以上。

(3) 票据发行便利市场。票据发行便利是一项具有法律约束力的中期融资承诺,自1981年问世以来,发展迅速,特别是随着国际银团贷款大为紧缩,其更加受到贷款人、投资者的青睐。1985年以后,票据发行便利又出现了多种变形,如短期票据发行便利、全球循环承购便利、可转让循环承购便利和抵押承购便利等,成为OECD成员运用浮动利率票据和商业票据筹资的替代物或补充。一般而言,票据发行便利的借款人主要是欧洲大型商业银行和OECD成员政府,此外还有一些亚洲国家、拉丁美洲国家的借款人。按照惯例,借款人通过票据发行便利取得借款需要缴纳三种费用:一次性缴纳发行管理费用,在每期票据期末向承包银行支付发行费用,向贷款人支付利息(利率的参考标准是LIBOR)。

3. 国际股票市场

国际债务证券市场与国际股票市场一起构成了国际证券市场。国际股票是指一国公司在国外发行的,以东道国货币或第三国货币为面值的权益凭证,其投资者主要是东道国居民。国际股票市场是国际股票发行和买卖的市场,近年来出现了以下特征:

(1) 交易量巨大且主要集中在欧美发达国家。目前,在全球有充足证券上市交易的股市只有60家,其股票交易占全球的93%,总市值达到69万亿美元。在60家大型股市中,有16家市值规模在1万亿美元以上。这16家大型股市有8家位于亚太地区(包括澳大利亚),3家位于美洲(美国和加拿大),另外5家位于欧洲。美洲的3家分别是纽约证券交易所、纳斯达克证券交易所和加拿大TMX证券交易所。其中,纽约证券交易所是全球最大的股票交易所,其市值达到18.5万亿美元。调查显示,如果在60家主要股市中除掉市值排名最靠前的10家股市,则剩下50家股市的总市值还不及纽约证券交易所一家的市值。尽管美国和加拿大的交易所数量很少,但它们的股票交易量占全球股票总市值的40.6%。欧洲方面,5家市值超过1万亿美元的股市分别是伦敦证券交易所(3.27万亿美元)、纳斯达克-OMX北欧交易所(1.25万亿美元)、德国证券交易所(1.74万亿)、瑞士证券交易所(1.49万亿美元)和泛欧证债交易所(3.38万亿美元)。

其中,泛欧证券交易所是一家跨国交易所公司,在荷兰、比利时、法国、英国和葡萄牙等地运营交易所业务。

(2)国际股票市场不断地进行创新。除了跨国、跨洲、跨市的交易所合并与合作,国际股票市场上也在不断地进行创新,这其中包括存托凭证、合格的境外机构投资者、合格的境内机构投资者。这些创新措施使得国际股票市场的国际化程度更高,越来越多的外国公司和外国投资者参与到欧美工业化国家证券市场的发行与交易之中。

存托凭证(Depository Receipts,DR)又称存券收据或存股证,是指在一国证券市场上流通的代表外国公司有价证券的可转让凭证。它属于公司融资业务范畴的金融衍生工具。根据发行地点的不同,存托凭证可分为美国存托凭证、欧洲存托凭证和全球存托凭证。美国存托凭证(American Depository Receipt,ADR)是指面向美国投资者发行并在美国证券市场上交易的存托凭证。欧洲存托凭证(European Depository Receipt,EDR)是指在欧洲的伦敦、卢森堡、德国发行的存托凭证。如果发行范围不止一个国家,那么就叫全球存托凭证(Global Depository Receipt,GDR)。

此外,许多发展中国家在本国仍然保留一定程度的资本管制的同时,也纷纷开始走向国际化的道路,允许符合条件的外国居民参与本国证券市场,以及符合条件的本国机构投资者参与境外证券投资。这就是QFII制度和QDII制度。

4. 国际金融衍生工具市场

国际金融衍生工具市场是指以各种金融合约为交易对象的跨境交易场所。通常是一个场外交易(Over-the-counter,OTC)市场,在该市场上交易的对象是金融衍生工具,金融衍生工具的价格受相关联的基础金融资产或现货市场价格的影响。在国际金融衍生工具市场上交易的对象主要有:利率期货、利率期权、股票价格指数期货、股票价格指数期权、互换、远期利率协议等。目前,在国际金融衍生工具市场上交易的金融衍生工具多达1 000多种,这些金融衍生工具在金融原生工具基础上,多次衍生和多次组合,其市场名义规模超过800万亿美元,市值在2008年曾达到顶峰(35万亿美元),此后该市场因被认定为美国次贷危机诱发的主因,市值不断下行。

5. 国际黄金市场

国际黄金市场是进行黄金交易和兑换的场所。历史上黄金曾作为一般等价物,是各国重要的储备资产。1973年随着布雷顿森林体系的瓦解,各国货币与黄金脱钩,黄金的国际储备地位大幅下降,但黄金交易的规模不断扩大,市场投机氛围浓厚,黄金成为重要的投机对象,与此同时黄金市场日益活跃,形成了多个国际黄金市场。

(1)国际黄金市场上的供给:一是新开采的黄金。这是国际黄金市场最主要的供应来源。目前世界上主要的产金国家有:中国、澳大利亚、南非、俄罗斯、美国、巴西。二是各国政府及IMF等国际金融机构抛售的黄金。各国政府为了应对国际收支逆差以及调整国际储备结构,有时会在国际黄金市场上抛售黄金。IMF等国际金融机构也会在国际黄金市场上抛售黄金。三是个人抛售。参与黄金炒作的个人如预计黄金价格下跌则将抛售黄金。

（2）国际黄金市场上的需求。一是工业用途。这是国际黄金市场最主要的需求来源，大约占到黄金总需求量的 2/3 以上，主要用于电子产品、钟表等的生产。二是官方储备。各国中央银行、IMF 及 BIS 等都仍然拥有大量的黄金作为储备资产，在金价处于相对低位时，这些机构就会买入黄金，以调整储备结构。三是黄金饰品消费需求。四是私人收藏或投资需求。

6. 国际外汇市场

国际外汇市场是各国货币交易的市场，也是当前国际金融市场中最大的市场，日均交易规模超过 5 万亿美元。由于经济全球化和信息通信技术的发展，已经形成一个 24 小时不间断交易的全球市场。

7. 国际大宗商品市场

大宗商品是指进入流通领域的具有商品属性、用于工农业生产与消费的大批量买卖的物质商品。国际大宗商品泛指在国际市场上交易的大宗商品。相对于国内大宗商品，国际大宗商品通常划分为能源、基础原材料、大宗农产品和贵金属四大类。能源主要有原油、煤炭等，基础原材料主要有矿石、一般金属等，大宗农产品主要有大豆、玉米、棉花等，贵金属主要有金、铂、银等。

（1）国际大宗商品的定价方式与资产功能。国际大宗商品的定价以两种方式为主：第一种是期货定价，目前国际上几乎所有重要的大宗商品的价格都需要参考发达期货市场的价格来确定，企业的微观定价实际上受发达国家期货市场的影响和掌控，金融资本逐渐成为影响国际大宗商品定价的重要因素；第二种是贸易谈判定价，这种定价方式出现在垄断程度较高的国际大宗商品市场上，比如铁矿石的定价。近年来，各种商品之间的关系越来越密切，或齐涨齐跌，或此消彼长。这种现象不仅归因于商品之间的替代性或互补性，更是由于在各商品间游动的资本成为大宗商品之间新的纽带。大宗商品作为"资产"类别具有四个方面的功能：一是直接作为投资获利的金融工具；二是作为对冲美元贬值的避险工具；三是作为对抗通货膨胀的保值手段；四是分散债券、股票等投资过度集中的风险。此外，大宗商品能够带来高回报。据高盛估计，自 1970 年以来，高盛商品指数的年投资平均回报率达到 12%，而同期主要股票和债券指数的年投资平均回报率仅为 8.5%—11%。

（2）国际大宗商品市场的金融化趋势。自原油等期货市场产生后，国际大宗商品市场的金融化程度越来越高，从而成为国际金融市场的一个重要组成部分。受到高投资回报率的示范效应吸引，进入国际商品期货市场的各类基金规模越来越大，基金对国际大宗商品市场走势的影响也越来越深远。由于基金的大量参与，全球石油、有色金属、农产品等大宗商品的价格出现了巨幅波动，并对国内相关市场产生了很大影响。美国商品研究局（Commodity Research Bureau，CRB）于 1957 年编制发布了全球第一个商品价格指数——路透 CRB 指数,并于 1986 年在纽约期货交易所推出了全球首个商品指数期货,成为商品市场由现货交易、期货交易向指数化交易演变的一个里程碑。目前,欧美等发达国家已有 50 多只与商品有关的交易型开放式指数基金,涉及黄金、白银、石油、铜、玉米等多种大宗商品。此外,1981 年开始实行的铁矿石长协年度定价机制也受到挑战,供应商试图推出指数化的基于现货市场的季度定价或更短期合同以取代年度议价。大宗商品的金融化,既为商品市场的参与者提供了价格发现和保值避险的工具,又因投机活动的增多而常常放大商品价格波动的幅度。

(3) 各类基金大举进入国际大宗商品市场。以基金为主的非商业机构力量在商品市场的参与程度日益加深,其影响力甚至已超过生产商和消费者。目前进入商品市场的基金种类主要包括 CTA(商品交易顾问)基金、对冲基金及指数基金,各类基金进入商品市场的原动力为高回报和资产组合多样化。其中,CTA 基金擅长波段操作,对冲基金擅长中长期运作,指数基金对各种金融市场指数进行投资,包括投资于大宗商品市场。近年来,商品市场的新增资金主要来源于指数基金。

指数基金进入商品市场的方式,大致可归纳为三种:购买投资银行推出的商品市场固定收益产品、与投资银行进行商品指数 OTC 交易和按照商品指数中的各品种比例直接购买期货合约。由于指数基金本身对商品市场并没有太深的了解,其对直接投资于期货合约也心存疑虑,因此最主要的投资形式就是第二种,即与投资银行进行商品指数 OTC 交易。具体方式为依托国际掉期业务及衍生投资工具协会协议,指数基金与投资银行签订合同,购买一定期限、一定数量的某种商品指数。到期指数基金从投资银行处得到指数总收益,而向对方支付一种短期利率(如美国短期国债利率)和各种交易费用。

跨国企业作为国际金融市场的主要参与者,应熟悉国际金融市场环境,关注国际金融市场动态,把握国际投融资机会并有效控制风险,最大化企业的预期现金流。

二、离岸金融市场

第二次世界大战之后,伴随着国际经济和贸易的不断发展,特别是跨国企业投资规模的快速扩张,发达国家的金融法规严重制约了其国际金融活动的开展。在一系列因素的共同推动下,一种新型的国际金融市场的制度创新迅速发展,这就是离岸金融市场。

1. 离岸金融市场的含义

离岸金融市场(Offshore Financial Market)是指在货币发行国境外进行该国货币存储和贷放的市场,最早出现在 20 世纪 50 年代初的英国伦敦,其主要业务是在伦敦的一些银行经营美元的存贷业务,因而也被称为欧洲美元市场(Eurodollar Market)。从 50 年代后期开始,英镑、法郎等货币的存贷业务也开始在本国以外的欧洲其他国家进行,从而形成欧洲货币市场(Eurocurrency Market),具体包括欧洲英镑市场、欧洲法郎市场等。后来这种市场形式在亚洲、北美洲、中美洲和中东等地区迅速蔓延,从而逐渐形成一个规模庞大的"境外"金融市场,即离岸金融市场。出于历史原因和词汇使用惯性,人们在相当长的时间里一直沿用欧洲货币市场甚至欧洲美元市场来指代离岸金融市场。这里的"欧洲"不是一个地理概念,而是"境外"或"离岸"的含义。

2. 全球离岸金融市场的分布

目前,全球离岸金融市场的分布相对分散,主要分布在西欧、中东、亚太、北美和加勒比海地区(见表2-4),基本实现了全球24个时区全覆盖(中亚地区除外),以提高国际金融市场运行的效率。每一区域由中心城市(区域)及外围影响圈组成,其中心城市(区域)往往是国际金融中心。

表2-4 全球离岸金融市场的分布

所在地区	所在时区	中心城市(区域)	外围影响圈
西欧	西1区至东2区	主要有:伦敦、苏黎世、卢森堡和法兰克福	主要有:直布罗陀、马恩岛、泽西岛、安道尔、马耳他、圣马力诺、摩纳哥
中东	东3区至东4区	主要有:巴林	主要有:塞浦路斯、科威特、迪拜
亚太	东7区至东10区	主要有:东京、中国香港、新加坡	主要有:马尼拉、中国台北、曼谷、拉班、纳闽、首尔、悉尼、瓦努阿图
北美	西4区至西8区	主要有:纽约、巴拿马	主要有:加利福尼亚、佛罗里达、
加勒比海	西6区至西8区	主要有:巴哈马、开曼群岛、百慕大	主要有:哥斯达黎加、安圭拉岛、安提瓜、阿鲁巴岛、巴巴多斯、英属维尔京群岛

资料来源:张礼卿.国际金融[M].北京:中国高等教育出版社,2018。

3. 全球离岸金融中心的类型

从功能角度可以将目前全球主要的离岸金融中心分为四种类型:内外混合型离岸金融中心、内外分离型离岸金融中心、分离渗透型离岸金融中心和簿记型离岸金融中心。

(1)内外混合型离岸金融中心,也称一体型离岸金融中心,以伦敦和中国香港为代表,即银行的在岸业务与离岸业务融为一体,没有严格的界限,居民和非居民均可进行本外币业务。这种类型的离岸金融市场具有政策优惠、管理宽松的特点。

(2)内外分离型离岸金融中心则是将在岸业务和离岸业务严格分开,居民交易与非居民交易严格区分,限制外资银行和金融机构与居民往来,只准非居民从事离岸业务,其目的在于对国内外业务进行分类管理,防止离岸业务冲击国内金融市场的运作和影响货币政策的实施。纽约、东京和新加坡的离岸金融中心都属于此种类型。

(3)分离渗透型离岸金融中心仍以分离型为基础,与内外分离型离岸金融中心相似,但允许部分离岸资金流入国内金融市场,并允许居民从事离岸业务。这种类型的离岸金融中心可以在稳定国内金融市场的前提下,开辟一条快捷的利用外资的渠道,适用于资金缺乏并且政府干预行为有限的发展中国家。其中,马来西亚的纳闽和泰国的曼谷是这种类型的典型代表。

(4) 簿记型离岸金融中心是指金融机构一般不经营具体的投融资业务,只从事与这些业务相关的交割转账或登记注册等事务性活动。这种类型的离岸金融中心由于经营环境十分自由和宽松,税收很低甚至不征税,因此成为国际银行和金融机构避税的天堂,由此也被称为避税港型离岸金融中心。巴哈马、百慕大、巴拿马以及开曼都属于此种类型。不同类型离岸金融中心的特征如表 2-5 所示。

表 2-5 不同类型离岸金融中心的特征

类型	交易货币	交易主体	准入许可	业务范围	形成方式	市场特点	代表地区
内外混合型	自由兑换货币(不包括本地)	离岸机构、非居民、居民	宽松,无严格申请程序	中长期资金信贷、外汇交易	自然形成	离岸业务与在岸业务不分离,离岸业务不缴纳准备金,在岸业务需缴纳准备金和利息税	伦敦、中国香港
内外分离型	自由兑换货币(包括本地)	离岸机构、非居民	离岸机构设立需经当局审批	中长期资金信贷、外汇交易	人为创设	离岸业务与在岸业务严格分离,非居民只能进行离岸业务,非居民离岸业务享受利率和存款准备金率的优惠政策	纽约、东京
分离渗透型	自由兑换货币(不包括本地)	离岸机构、非居民、居民(有限参与)	离岸机构设立需经当局审批	中长期资金信贷、外汇交易	人为创设	与内外分离型离岸金融中心相似,但允许部分离岸资金流入国内金融市场,允许居民从事离岸业务	曼谷
簿记型	自由兑换货币(包括本地)	离岸机构、非居民	无金融管制	只处理账务,无实际交易	自然形成、人为创设	在不征税的地区或离岸岛国名义上设立金融机构,以便通过这些金融机构在账簿上处理境外的交易,使其达到一定的避税目的	巴哈马等

资料来源:根据公开资料整理绘制。

4. 离岸金融市场的作用

离岸金融市场灵活的运作机制,使得大规模资金在国家间高效转移成为可能,缓解了许多国家经济发展中资金缺乏的局面,但是由于无法进行有效的监管,离岸金融市场的运行和金融创新也导致了国际金融市场的巨大波动。

(1) 提供了一个高效运转的国际金融市场。与传统的国际金融市场相比,离岸金融市场利差小、手续费低、资金调拨灵活,因而具有极强的竞争力。它已经成为国际资本转移的重要渠道,最大限度地解决了国际资金的供需矛盾,进一步促进了经济、生产、市场、金融的国际化。发展中国家利用离岸金融市场的资金从发达国家进口生产设备和技术,发展本国经济;发达国家的跨国企业利用离岸金融市场的资金,扩大投资,促进了国际生产与贸易的发展。此外,离岸金融市场的信贷资金也是各国弥补国际收支逆差的一个补充手段。

(2)具有明显的信用扩张能力。离岸金融市场的高效运行很容易使一国的闲置资金转变成其他国家的资金来源,从而使市场信用基础得以扩大。另外,离岸金融市场的派生存款能力高于国内银行体系,因为银行对吸收到的货币不必向中央银行缴纳法定存款准备金,只要欧洲银行贷出的资金又回流到欧洲货币市场的其他账户上,从理论上讲,欧洲货币的信用扩张能力就可以是无限大的。以欧洲美元为例,由于无须缴纳法定存款准备金,欧洲美元信用扩张能力的大小就主要取决于美元回流美国的速度,只要欧洲银行的存贷利差与美国国内银行的存贷利差相比有吸引力,那么离岸金融市场的效率就越高,美元在境外使用的次数就越多,欧洲美元的信用扩张倍数就越大。但是,这种超强的信用扩张能力也是国际通货膨胀的重要推手。

(3)不利于国内金融政策的推行。当一些国家为了遏制通货膨胀而实施紧缩的金融政策时,各国商业银行仍可以从离岸金融市场上借入大量资金;反之,当一些国家为了刺激经济而改行宽松的金融政策时,各国商业银行也可能把资金调往国外。这样就使政府的宏观金融政策效果被削弱,预期的目标也难以实现。

(4)缺乏监管,加大信用风险。欧洲货币常被认为是"超级风险"的根源。离岸金融市场吸收的资金主要是1年以内的短期存款,尤其以3个月的居多,而发放的贷款一半以上是中长期的,这种短存长贷的状况增加了国际金融市场的脆弱性,容易引起国际金融市场的不稳定。另外,由于缺乏监管,离岸金融市场上的投机活动非常活跃,从而进一步加剧了市场的风险,导致国际金融市场经常动荡不安。

(5)金融风险更容易跨境传染。由于国内金融市场和离岸金融市场的紧密联系,这种金融风险还很容易扩散和传递。为此,各国从回避风险的角度出台了各项离岸金融市场的管制方案与措施,这其中以巴塞尔委员会通过的《巴塞尔协议》影响最大,但直至今日,尚无任何一国金融监管当局能够真正对离岸金融市场进行有效管制。

5. 离岸金融市场的运行机制和存在的条件

现在以1欧洲美元的产生与美国国内美元活期存款的关系为例,来说明离岸金融市场的运行机制和存在的条件。

假定现有一家澳大利亚的A公司,为了在汇丰银行伦敦分行(一家欧洲银行)获得更高的利息收益,而决定将其在美国花旗银行账户上的100万美元以定期存款的方式存入这家银行;汇丰银行伦敦分行又将这笔资金在欧洲同业银行市场拆出,贷给巴克莱银行(另一家欧洲银行);巴克莱银行将这笔资金贷给某房地产公司B。这个过程结束,资金在银行体系的循环停止。T型账户表1、2、3、4记录了银行和企业之间以上的操作过程。

T型账户表1——A公司在美国花旗银行有一笔定期存款：

（美国）
花旗银行

	A公司100万美元定期存款（利率8%）

A公司

花旗银行100万美元定期存款（利率8%）	

T型账户表2——A公司将这笔资金转存汇丰银行伦敦分行，欧洲美元诞生：

（美国）
花旗银行

	汇丰银行伦敦分行100万美元活期存款

（伦敦）
汇丰银行伦敦分行

花旗银行100万美元活期存款	A公司100万欧洲美元定期存款（利率8.25%）

T型账户表3——汇丰银行将这笔资金转存巴克莱银行：

（美国）
花旗银行

	巴克莱银行100万欧洲美元活期存款

（伦敦）
汇丰银行伦敦分行

巴克莱银行100万欧洲美元活期存款	A公司100万欧洲美元定期存款（利率8.25%）

巴克莱银行

花旗银行100万欧洲美元活期存款	汇丰银行伦敦分行100万欧洲美元活期存款（利率8.3%）

T型账户表4——巴克莱银行将这笔资金贷给B公司（资金进入B公司在花旗银行的账户）：

（美国）
花旗银行

	B公司100万美元活期存款

（伦敦）

汇丰银行伦敦分行

| 巴克莱银行100万欧洲美元活期存款（利率8.3%） | A公司100万欧洲美元定期存款（利率8.25%） |

巴克莱银行

| B公司100万美元贷款（利率8.5%） | 汇丰银行伦敦分行100万欧洲美元定期存款（利率8.3%） |

B公司

| 花旗银行100万美元活期存款 | 巴克莱银行100万美元贷款（利率8.5%） |

根据以上T型账户表，我们可以分析出欧洲美元市场存在的技术性条件：

（1）欧洲美元的存款利率高于美国国内存款利率，这样有利于吸引美元资金存放在欧洲银行。

（2）欧洲美元的贷款利率低于美国国内贷款利率，这样有利于吸引资金需求者到欧洲银行贷款。

（3）欧洲美元的利差必须足够弥补欧洲银行的经营成本，以便使它们有利可图。欧洲美元市场存贷利差很小，一般为0.25%—0.5%，因而对资金需求者和供应者来说都非常具有吸引力。尽管利差很小，但是因为属于批发性质，一般借贷金额比较大，单笔业务多的可达几亿美元；同时因银行税费负担比较轻，所以经营欧洲美元业务的银行依然有利可图。

（4）进入欧洲美元市场必须相对自由。欧洲美元市场的业务活动既不受货币发行国——美国的限制，又不受市场所在国法律和法规的约束，由于市场资金周转较快，因此要求手续简便，调度灵活。

三、国际金融市场风险

国际金融市场风险主要由国际金融投资者的主观预期、投资交易成本、投资者的投机行为和国家本身的金融市场状况等因素引起，这些因素的变化使国际金融市场失去均衡，导致国际金融资本流动急剧变化，如果国家对资本流动没有防范能力，就极易产生金融风险。

1. 交易频繁

国际金融市场活动一般以外汇交易商和金融投资者为主体。无论是套期保值还是投机，都以汇率和利率的预期为基础。外汇交易商制定买卖外汇的决策以其对汇率的预期为基础，而汇率预期又取决于其对与汇率发展趋势有关的政治、经济状况的把握。各外汇交易商和金融投资者对未来汇率或利率的预期是一个博弈的过程，对汇率和利率预期的差异直接导致国际资本流动的大幅波动。

预期均衡是指合理预期和预测。只要市场参与者都能根据自己所能得到的、与变量的未来发展趋势有关的信息来进行预测,那么最终结果必然与从市场角度得到的信息相一致,达到预期均衡。所以,只要投资者或投机商发现市场的实际情况与他们的合理预期有差异,他们就会改变其定价策略,利用市场差价获利。各投资者主观预期的差异可以内生地提高或降低资本流动的波动性。

2. 投机盛行

国际金融投机主体经常以各种基金的合法身份出现,其资金具体表现为国际游资,投机行为的主要目的是利用非正常的投机手段,获得正常投资收益以外的资本利益。当投机基金非常庞大,达到基本控制特定的汇市形成和汇率发展趋势的程度时,投机行为就会对金融市场产生直接冲击,导致一国金融风险的产生。

投机行为的基本特征是,市场参与者在预测到经济政策或诸如汇率和利率等经济变量不能维持时,突然进行大规模的资产重组。

在投机活动的形成过程中,存在下列因果关系:基本经济因素错位和收支失衡引起资本流量的增加,资本流量的增加引起投机活动的增加。伴随着资本流量的增加,外汇需求规模扩大,不稳定性增强,发生金融动荡事件的可能性也会增大。如果外汇具有作为一种理想资产的特征的话,那么随着外汇价格越来越大的波动,从中投机的机会也将增加,只要投机主体存在,就会引起投机活动的增加。

投机活动的增加会对国际金融市场产生三种效应:第一,投机活动的增加直接导致外汇需求规模扩大,不稳定性增强,发生金融动荡事件的可能性增大;第二,投机活动的增加造成汇率没有稳定点或处于基本走势不能独立于投机影响的状态;第三,投机活动的增加导致金融机构在外汇交易活动中的投机行为大大增加。与传统银行业务获利减少相联系,投机活动的增加使金融机构的外汇业务重点越来越倾向于货币投机,随此重心的转移,外汇市场的任何波动都更有可能引起投机性的买进和卖出,使金融市场的波动更加复杂化。

本章小结

1. 国际收支平衡表是利用复式记账法,反映一经济体在特定时期内与世界其他经济体发生的全部经济交易的统计报表。根据 IMF 特定账户分类,国际收支平衡表包括经常账户、资本与金融账户、净错误与遗漏账户。

2. 贸易收支差额、经常项目收支差额、资本和金融账户差额与综合账户差额有着不同的分析意义,都可在一定程度上用于衡量国际收支状况。跨国企业作为经济全球化最主要的载体,其业务活动情况反映在国际收支平衡表中,对国际收支产生一定的影响。

3. 国际货币体系大体经历了金本位制—金汇兑本位制—布雷顿森林体系—牙买加协议后的国际货币体系等阶段。国际金融机构是维持国际货币体系运行的组织机构,主要有国际货币基金组织、世界银行集团、国际清算银行等。

4. 国际汇率体系是国际货币体系的核心，有固定汇率制、浮动汇率制以及介于两者之间的一些汇率安排。影响一国汇率制度选择的因素有很多，既有经济因素，又有一些非经济因素，其中包括与经济领域有关的政策性因素，也包括一些纯政治性因素。

5. 一般而言，一国货币实现完全可兑换，要经历经常项目的有条件兑换、经常项目可兑换、经常项目可兑换加上资本与金融项目的有条件兑换、经常项目可兑换加上资本与金融项目可兑换等阶段。复汇率制是指一国实行两种或两种以上汇率的制度，它对经济的影响是双重的。

6. 政府对外汇市场的干预，如按干预的手段可分为直接干预与间接干预，如按是否引起货币供应量的变化可分为冲销式干预与非冲销式干预。

7. 国际金融市场是指由国际资金借贷、结算、汇兑以及有价证券、黄金和外汇买卖活动所组成的市场或交易系统。商品与劳务的国际性转移、资本的国际性转移、黄金的输出入、外汇的买卖以至于国际货币体系的运转等各方面的国际经济交往都要通过国际金融市场实现。

8. 国际金融市场按照功能进行划分，可以分为国际货币市场、国际资本市场、国际外汇市场和国际黄金市场；按照 IMF 和 OECD 的分类方法进行划分，可以分为国际信贷市场、国际债务证券市场、国际股票市场、国际金融衍生工具市场、国际黄金市场、国际外汇市场和国际大宗商品市场。

9. 离岸金融市场是指在货币发行国境外进行该国货币存储和贷放的市场。从功能角度可以将目前全球主要的离岸金融中心分为四种类型：内外混合型离岸金融中心、内外分离型离岸金融中心、分离渗透型离岸金融中心和簿记型离岸金融中心。

10. 离岸金融市场灵活的运作机制，使得大规模资金在国家间高效转移成为可能，缓解了许多国家经济发展中资金缺乏的局面，但是由于无法进行有效的监管，离岸金融市场的运行和金融创新也导致了国际金融市场的巨大波动。

本章习题

1. 简述国际收支平衡表的构成及各组成部分之间的关系。
2. 牙买加体系与布雷顿森林体系相比有哪些不同点？
3. 政府对汇率的影响有哪些途径？各有何特殊性？
4. 国际货币市场主要包括哪些工具？
5. 什么是 DR？什么是 QFII 和 QDII？
6. 简述离岸金融市场的运行机制和存在的条件。
7. 离岸金融市场与在岸金融市场的信用扩张有何区别？
8. 讨论：中国企业在对外投融资中存在哪些制度环境障碍？

参考文献

1. 克鲁格曼,奥伯斯法尔德,梅里兹.国际经济学:理论与政策(第十版)[M].丁凯,等,译.北京:中国人民大学出版社,2016.

2. 瓦尔德斯,莫利纽克斯.国际金融市场导论(第六版)[M].郎金焕,译.北京:中国人民大学出版社,2014.

3. 梅尔文,诺尔宾.国际货币与金融(英文版·第8版)[M].北京:中国人民大学出版社,2013.

4. 埃森格林.嚣张的特权:美元的兴衰与货币的未来[M].陈召强,译.北京:中信出版社,2011.

5. 杨长江,姜波克.国际金融学[M].3版.北京:高等教育出版社,2008.

6. 张礼卿.国际金融[M].2版.北京:高等教育出版社,2018.

7. IMF. Balance of payments and international investment position manual[S]. IMF, Washington DC, 2009.

第三章

国际财务报告准则及其应用

本章以国际财务报告准则(IFRS)为依据,分析跨国企业财务管理所涉及的会计和财务管理通用规则。IFRS 是国际会计准则理事会(IASB)颁布的一项国际通用的会计制度,已经得到全球大多数国家和地区的认可,目前约有 100 多个国家(地区)和近 50% 的全球《财富》500 强企业已经使用 IFRS。IFRS 的应用,极大地改变了世界各地企业财务报告的可比性。

第一节 IFRS 与会计准则国际趋同

IFRS 包括广义和狭义两方面的含义。狭义的 IFRS 仅指 IASB 现时发布的国际财务报告准则系列,此类公告有别于 IASB 的前身——国际会计准则委员会(IASC)所发布的国际会计准则系列。广义的 IFRS 包括由 IASB 及 IASC 批准的准则和解释公告。

一、IFRS 的演进

1973 年 6 月,来自澳大利亚、加拿大、法国、联邦德国、日本、墨西哥、荷兰、英国、美国的 16 个职业会计师团体,在英国伦敦成立了 IASC。IASC 于 1973—2000 年间发布了国际会计准则框架(IAS)。IASC 于 2001 年改组为 IASB。IASB 执行新的准则制定程序,一方面对原制定的准则(IAS)进行修订,另一方面将新制定的准则改称为国际财务报告准则(IFRS)。IASB 希望世界各国和地区能够完全采用 IFRS,以真正实现全球使用同一套会计准则的目标。

早期(1973—1989 年)的 IASC 根据各国(地区)经济活动的实际情况,考虑基本的会计准则,把统一性、灵活性恰当地结合起来,允许多种会计处理并行(Allowed Options),允许会计实务在多个备选会计程序和会计方法中进行选择,从而形成粗线条的、易于被各国和各地区接受与遵守的国际会计准则。随着各国资本市场的逐步开放,各国会计准则之间的差异对不同国家财务报告编制者和使用者的影响越来越大,各国会计准则制定机构开始关注 IAS 的发展,证券监管机构也开始重视 IAS 的制定。

1989年1月,IASC出台的《财务报表可比性》的征求意见稿(E32)针对IAS中允许选择的会计处理方法,确保对于同一会计事项尽量减少可选择的处理方法。对于有些会计事项,在短期内必须保留多种选择方法时,保证以"倾向性的处理方法"最具可比性,1990年7月改称为"基准会计处理"(Benchmark Treatment)。除"基准会计处理"之外,在相似的交易和事项中仅保留一项"备选会计处理"(Alternative Treatment)。

随着资本市场的迅速全球化(1995—2000年),迫切需要一个统一的高质量会计准则对其进行规范。有鉴于此,IASC推动构建一套把世界经济拉得更近的国际会计核心准则以适用于所有在国际资本市场跨国融资和上市的企业,并作为跨国上市企业对外提供财务报表的依据。IAS确定了涉及当今财务报告主要问题的五大类共40个题目的会计准则,具体为:第一大类,总则;第二大类,损益表;第三大类,资产负债表;第四大类,现金流量表;第五大类,其他准则。2000年5月17日,国际证监会组织(IOSCO)正式宣布通过了对已列入核心会计准则的IAS的评审,并正式向包括美国在内的全世界各主要资本市场推荐使用。

2001年IASC正式改组为IASB;自此,IASB对部分国际会计准则做出了修订,并提议对其他国际会计准则进行修订和以新的国际财务报告准则取代某些国际会计准则,对原国际会计准则未涵盖的议题则采纳或提议了新的国际财务报告准则。IFRS极大地改变了世界各地企业财务报告的可比性,目前已经得到包括中国、欧盟在内的120多个国家或地区的普遍认可或采用。

二、IFRS在各国的应用

IASB的目标主要有以下几点:为了公众利益,制定一套高质量、易理解和强制性的国际会计准则;提供高质量、透明的会计信息,帮助国际资本市场的参与者和其他会计报表使用者做出经济决策,促进各国会计准则与国际会计准则的趋同。

随着国际财务报告准则基金会(IFRS Foundation)和IASB的工作逐步受到认可,IFRS也得到了越来越多国家和地区的认可与采用,并继续向实现国际趋同的目标迈进。2016,IASB发布了147个国家或地区的IFRS使用情况介绍文件。在这147个国家或地区中,有122个国家或地区(83%)已要求所有或大部分国内公众受托责任实体(上市公司和银行)采用IFRS;在余下的25个国家或地区中,有15个国家或地区允许(而不是要求)采用IFRS,或者要求部分(而不是全部或大部分)国内公众受托责任实体采用IFRS(见表3-1)。

表3-1 IFRS使用情况

地区	国家或地区数(个)	要求所有或大部分国内公众受托责任实体采用(个)	允许或要求部分(而不是全部或大多数)国内公众受托责任实体采用(个)	未要求或允许国内公众受托责任实体采用(个)
欧洲	43	42	1	0
非洲	23	19	1	3

（续表）

地　区	国家或地区数（个）	要求所有或大部分国内公众受托责任实体采用（个）	允许或要求部分（而不是全部或大多数）国内公众受托责任实体采用（个）	未要求或允许国内公众受托责任实体采用（个）
中东	12	11	1	0
亚洲、大洋洲	32	23	4	5
美洲	37	27	8	2
合计	147	122	15	10
占比(%)	100	83	10	7

资料来源：根据公开资料整理绘制。

世界各国实现与 IFRS 趋同的路径可分为直接采用和逐步趋同两种基本模式。直接采用是指对境内报告主体特别是上市公司设立某个特定时限，要求其在该时限之后按 IFRS 的要求或以之为基础编报财务报告，从而将 IFRS 纳入当地报告主体的财务报告体系，使之成为当地会计准则或一般公认会计原则（GAAP）的一部分、等效规则甚至替代当地准则。尽管直接采用可能并不意味着一次性完全采纳整个国际财务报告体系，但体现了有关国家或地区已经从整体上认可并采用 IFRS。逐步趋同则是指与 IASB 分别就各项现有准则分阶段进行协商和评估，识别并逐步消除当地会计准则与 IFRS 的差异，在此基础上采用已实现趋同的准则，最终由逐步趋同达到全面趋同或等效。以下为实现与 IFRS 趋同的几个有代表性国家和地区的基本情况，包括已采用、拟采用和逐步趋同等主要路径。

1. 欧盟

欧盟对 IFRS 采用"审议采用"制度。自 2005 年起，欧盟要求其成员境内上市公司按照 IASB 发布的 IFRS 编制其合并财务报表，但在采用之前需要经过一些欧盟内部程序。首先，由欧盟成员会计准则制定机构、报表编制和使用者、会计职业组织代表组成的欧洲财务报告咨询组（EFRAG）对 IASB 新发布或修订的 IFRS 进行分析，提出欧盟是否采用该准则的建议。其次，由高层次独立专家组成的准则咨询审议组（SARG）对 EFRAG 的建议进行审议并提出意见。然后，由欧盟成员代表组成的欧洲会计监管委员会（ARC）根据 EFRAG 和 SARG 的意见，向欧盟委员会相关部门建议是否采用该准则，欧盟委员会就此做出决定并报欧洲议会批准。履行这些程序后，该准则即成为欧盟所采用 IFRS 的一部分。可见，虽然欧盟宣布完全采用 IFRS，但其对 IFRS 是否符合欧盟利益的内部审议程序非常慎重和严格。从某种意义上，这种审议采用制度有时更像一种在 IFRS 制定过程中与利益相关方博弈并对 IASB 施加压力的工具。而且，随着 IFRS 在全球的应用前景逐渐广阔，欧盟对其是否符合自身利益也愈加关注。对金融工具准则中"公允价值选择权"相关规定的"有保留采用"，和《国际财务报告准则第 9 号——金融工具》第一阶段成果发布后的"暂不审议"，就是这方面的典型例证。

2. 澳大利亚

澳大利亚自 2005 年起采用 IFRS,并为适应这一变化逐步改组了其国内的相关机构。目前,澳大利亚涉及会计准则的机构包括国会、国库部、财务报告委员会(FRC)以及澳大利亚会计准则委员会(AASB)。各部门分工明确,各司其职。AASB 形成意见,负责跟进和参与 IASB 的准则制定活动,并全面掌握有关准则对澳大利亚的影响及国内各方的意见,之后将建议接受的准则进行"编译"后提交 FRC。FRC 是澳大利亚国库部的下设机构,负责制定会计准则整体战略,如其对新准则没有意见,则同意发布澳大利亚版本。其后,市场总署署长将 FRC 的意见上报国库部部长,由国库部按法律规定履行立法程序,将该准则提交国会表决。如国会同意,则该准则的澳大利亚版即生效;反之将发回国库部重新考虑。

澳大利亚目前的会计准则有三个系列:AASB1-8 是以 IFRS 编号的国际财务报告准则,AASB101-14 是以 IAS 编号的国际财务报告准则,AASB1004-1052 则是原澳大利亚准则(IFRS 未涵盖的)。此外,澳大利亚还同时发布包括 IASB 和本国两个系列的解释公告,致力于逐步减少并拟在几年内完全消除本国特有的准则解释。

3. 加拿大

加拿大会计准则委员会(AcSB)采用并保留了不同于其他很多国家的特征,即不独立于会计职业界。从 1946 年起,加拿大特许会计师协会就一直在研究审议会计问题,并向职业界提供指南——《加拿大特许会计师协会手册》。

加拿大会计准则委员会由加拿大特许会计师协会创办,是一个独立的组织机构。其负责为加拿大公司以及非营利组织制定会计报告准则。会计准则监督委员会在 1998 年由加拿大特许会计师协会准则制定小组提议,2000 年正式成立。其通过监督和为加拿大会计准则委员会的活动提供资金,为公众利益服务。

加拿大会计准则委员会的任务以及与加拿大特许会计师协会的关系受到加拿大注册会计师协会的质疑。随着 IFRS 的出现,这日益成为一个重要的问题,并且加拿大会计准则委员会未来的地位以及会计协调作用能否发挥是不确定的。加拿大会计准则目前最有可能的三个方向是建立自己的准则、采用美国的准则或者采用 IFRS。

4. 美国

IASB 成立之后,一直致力于实现 IFRS 和美国公认会计原则(US GAAP)的统一,IASB 与美国财务会计准则委员会(FASB)就会计准则趋同事宜签订了相关协议。与欧盟不同,美国选择了比较典型的逐步趋同路线。美国证券交易委员会(SEC)2007 年做出决定,自 2008 年起,首先允许在美国上市的海外公司按照 IFRS 编制向 SEC 提交的财务报告,而不再需要按照美国 GAAP 进行调整。2008 年 11 月,SEC 又发布了美国国内上市公司采用 IFRS 路线图的征求意见稿,建议自 2014 年起分阶段强制要求美国上市公司全面采用 IFRS。具体内容包括:①根据 FASB 与 IASB 在 2006 年签署并在 2008 年更新的谅解备忘录改进会计准则,共同制定一套通用且高质量的国际会计准则,并为实现这一目标制订了截至2011年的详细工作计划。②SEC根据美国相关法律,要求改进国际财务报告准则基金会的治理和筹资。③由SEC对IFRS的可扩展商业报告语言(XBRL)分类标准工作进展进行评估,以改进美国公司运用可交互数据按IFRS提供财务报告的能力。④由SEC考察投资者、报告编制者、审计师和其他有关方面关于IFRS的教育、培训情况。⑤允许部分公司从2010年起提前采用IFRS。⑥制定规则。SEC将审议所有与财务报告相关的规则,从而为在美国相关法律、监管和财务报告规则框架下全面采用IFRS提供规则修订的具体建议。⑦实施分阶段强制采用IFRS的措施。包括:要求大型加速编报公司(市值≥7亿美元)在2014会计年度末或之后采用IFRS;要求一般加速编报公司(0.75亿美元≤市值≤7亿美元)在2015会计年度末或之后采用IFRS;要求非加速编报公司(市值≤0.75亿万美元)在2016会计年度末或之后采用IFRS。每一类公司都应在采用IFRS的第一年提交前三年按IFRS编制并经过审计的财务报告。

2010年2月,SEC发布《关于支持全球会计准则趋同的委员会声明》,提出金融危机的爆发坚定了美国有关方面支持建立全球统一的高质量会计准则的决心,目前有必要详细研究美国引入IFRS的具体问题。声明指出,将IFRS纳入美国财务报告体系有多种可能途径,二者的趋同和美国公司全面采用IFRS都是备选方案,决策的标准是如何更好地保护美国投资者的利益。另外,由于SEC认为投资者对路线图存在大量不同意见,并且差异明显,因此仍需进一步评估将IFRS纳入美国财务报告体系的总体路径,而且为此需要一个更加全面的工作安排,包括所有涉及的准则转换的范围、时间表和具体方法。这实际上意味着推迟了路线图目标的实现。

5. 日本

日本也选择了逐步趋同路径。2007年8月,日本会计准则理事会(ASBJ)与IASB在日本东京签署了《东京协议》,计划在2008年年底之前消除日本会计准则与IFRS之间的重大差异,并在2011年6月30日前实现所有准则的趋同。此后,ASBJ与IASB开展了每年两次的定期会谈,并在企业合并等准则上率先完成了与IFRS的趋同。

2009年12月,日本金融厅发布了一套经修订的内阁办公室条例,包括《内阁办公室公司信息披露条例》和《合并财务报表术语、形式和编制规定》等。这套条例是在日本商业会计理事会(BAC)2009年发布的《国际财务报告准则在日本的应用(中期报告)》(即日本的"趋同路线图")基础上形成的正式法规,对部分日本公司在2010年3月31日或之后结束的财务年度自愿提前采用"指定的IFRS"正式提供了操作框架。

6. 巴西

巴西是选择直接采用IFRS的国家的典型,但是也采取了分步实施的方式。2006年,巴西中央银行要求巴西所有银行从2010年起全面采用IFRS编制和发布财务报告。这一决定适用于所有上市和非上市的金融机构。2007年7月,巴西证券交易委员会发布公告,将2007—2009年定为过渡期,过渡期内所有巴西上市公司可以选择采用IFRS编制财务报告;从2010年年底起,所有巴西上市公司必须全面采用IFRS,同时2010年度的财务报告应与2009年度的财务报告具有可比性,这实际上意味着从2009年1月1日起发生的所有交易或事项都需要考虑IFRS的要求。

2010年1月28日,巴西联邦会计委员会与巴西会计公告委员会同IASB签署了一份谅解备忘录,将2010年年底作为与IFRS全面趋同的预定日期,并为双方未来的合作确立了框架。巴西同时采用中小主体国际财务报告准则(IFRS for SMEs),会有50万以上的巴西企业采用这一新准则。此外,谅解备忘录还计划帮助巴西加大在IASB准则项目早期阶段的参与力度,从而为IFRS在巴西得到恰当执行提供便利。

7. 印度

印度是通过修订本国准则的方式实现趋同的典型代表,并且是在修订完成后一次性全面采用。2007年7月,按照印度《公司法》的要求,印度特许会计师协会宣布,要求所有上市公司及银行、保险公司、大型企业等其他公众利益主体对自2011年4月1日及之后开始的年度,采用IASB发布的IFRS。2008年5月,印度政府也公开表示支持于2011年前实现印度GAAP与IFRS的趋同。印度特许会计师协会表示,将要求所有公众利益主体全面采用与IFRS等同的印度会计准则,不准备分阶段实施。为便于实施和衔接,印度特许会计师协会将在发布新准则体系时,在每项新准则名称后面标出与其对应的印度前GAAP的相应名称;如果需要,还将单独标出相应的印度特定监管或法律规定。但印度特许会计师协会也表示,不会直接采用IASB发布的中小主体IFRS,而将以其为基础制定本国的中小主体的规则。

8. 中国

2009年9月,中国财政部发布了《中国企业会计准则与国际财务报告准则持续全面趋同路线图(征求意见稿)》,并于2010年4月发布了正式路线图,提出了中国企业会计准则与IFRS全面趋同的目标。当前,中国企业会计准则的国际趋同正在不断加快和深化。

财政部希望中国的会计准则反映IFRS对会计与报告问题的处理方式,但这也迫使其要考虑现存的国内法律体制和经济环境。尽管会计与财务基础制度正在得到改善,但是在中国的某些地区仍然处于初级阶段。

三、财务报告准则国际趋同模式

财务报告准则国际趋同是指通过世界性的官方组织和民间组织以及各国有意识的行动,寻求各国会计准则的共性,减少各国之间会计准则的差异,提高会计信息在不同地区和不同国家之间可比性的活动。

(一) 以原则为导向的国际财务报告准则

以原则为导向的国际财务报告准则(IFRS)的特征主要体现在:准则条文比较简单明晰,便于会计人员理解及推广,适应性强。但由于这种适应性,会计人员在实际应用中有更多的选择,可能使得企业、信息使用者以及监管部门对会计信息产生不同的解读,降低会计信息的可比性。事实上,就会计的本质和职能来看,不同国家和不同环境下发展起来的会计模式在若干基本问题上是基本一致的。它们之间的差异仅仅来自本国发展和监管经济的需要及准则制定机构对若干会计基本理论问题的认识。

自2008年国际金融危机爆发以来,世界各国为了维护本国经济利益,纷纷要求进行金融监管框架改革。为此,20国领导人举行峰会倡议建立各国在对外贸易和投资领域中相对统一的会计准则。

(二) 以规则为导向的美国公认会计准则

美国公认会计原则(GAAP)是以规则为导向制定而成的。美国GAAP除定义了主体准则外,还包括一系列的解释公告、实施指南等。此类会计准则的特点在于整个规范逻辑严密、完备,使得相关各方对交易过程中的不确定性及在会计方法的选取上的争议较少,便于SEC等监管部门实施监督;同时,会计人员的职业判断敏感性降低,具备较强的可操作性。

不过,以规则为导向的会计准则在细化规范、增强可操作性的同时,也有相应的负面效应,主要表现在:第一,极其详细的各种例外、解释说明以及实施指南使准则过分复杂,造成企业财务成本增加;第二,会计准则所含有的大量信息不易被信息使用者理解;第三,会计人员在长期工作过程中对各种烦琐规定的苛求,以及产生的大量细节信息在很大程度上可能使会计人员对财务报表的整体判断产生干扰;第四,过于强调细节的准则内容可能被新的交易设计回避,而达不到预期目的。

总之,此种会计准则的大量使用可能产生一种倾向,即使会计人员变得只关注交易的形式而对交易的实质视而不见,独立的职业判断被对准则的照搬套用替代。

(三) 以靠拢为导向的中国会计准则

中国会计准则(CAS)的制定尽可能地向国际标准靠拢。多年来,在中国会计准则制定的过程中,会计国际化因素始终对CAS的制定产生重要而深远的影响,这种导向表现为:中国政府在早期制定会计准则时主要是借鉴美、英等国家的会计准则。随着IOSCO与IASC达成核心准则协议,而且IASB又与美、英等发达国家实施了趋同计划,IFRS在全球的影响日益扩大。因此,中国制定会计准则和修订会计准则主要是借鉴IFRS。

由于有些国际会计惯例与中国的法律法规存在冲突或者明显不切合中国的实际情况,本着从实际出发的原则,中国建立了以国际化为主导、兼顾中国特色,并逐步向国际化方向演进的会计准则体系。虽然CAS与IFRS在众多方面保持了一致或近似,但也存在一些不完全相同或根本相异之处(见表3-2)。

表 3-2 CAS 与 IFRS 比较

准则名称	与 IFRS 的对比项目	完全相同	较少差异	较大差异	完全不同
存货	(1)准则适用的范围;(2)存货的定义;(3)可变现净值的定义;(4)制造费用的定义;(5)存货的确认;(6)存货成本的构成;(7)采购成本的构成;(8)加工成本的构成;(9)联合成本的分配;(10)其他成本;(11)其他方式发生的成本;(12)发出存货成本的确定;(13)存货期末计量的原则;(14)确定存货可变现净值的依据;(15)确定存货可变现净值的原则;(16)确定存货可变现净值的计量基础;(17)存货跌价准备的计量方法;(18)存货跌价准备的转回;(19)存货成本的结转;(20)计提存货跌价准备时需要考虑的某些迹象;(21)披露	(2)(3)(6)(10)(13)	(1)(8)(9)(12)(14)(16)(17)(18)(19)	(4)(5)(7)(11)(15)(20)(21)	
固定资产	(1)准则适用的范围;(2)固定资产的定义;(3)固定资产的使用寿命;(4)折旧;(5)固定资产的确认条件;(6)确认条件的具体应用;(7)固定资产的初始计量;(8)计提折旧的范围;(9)预计固定资产使用寿命应考虑的因素;(10)折旧方法;(11)固定资产使用寿命的复核;(12)折旧方法的复核;(13)固定资产后续支出;(14)固定资产减值的判断;(15)计提减值的固定资产计提折旧的方法;(16)已确认损失的转回;(17)固定资产的处置;(18)披露	(3)(9)(11)	(1)(2)(4)(5)(6)(7)(10)(12)(13)(14)(16)(17)	(8)(18)	(15)
无形资产	(1)准则适用的范围;(2)无形资产的定义;(3)无形资产的分类;(4)无形资产的确认;(5)商誉的确认;(6)无形资产的初始计量;(7)研究与开发费用的处理;(8)后续支出的处理;(9)无形资产的后续计量;(10)摊销方法;(11)摊销年限的确认;(12)残值的处理;(13)减值的处理;(14)减值的判断;(15)可收回金额的定义;(16)处置和报废处理;(17)披露	(4)(5)(15)	(2)(12)(13)(16)(17)	(1)(3)(6)(9)(10)(14)	(7)(8)(11)
收入	(1)准则适用的范围;(2)收入的定义;(3)销售商品收入的确认条件;(4)收入的计量;(5)提供劳务收入的确认条件;(6)利息收入和使用费收入的确认;(7)披露	(3)	(1)(2)(6)(7)	(4)(5)	

（续表）

准则名称	与 IFRS 的对比项目	完全相同	较少差异	较大差异	完全不同
借款费用	(1)准则适用的范围;(2)借款费用的定义;(3)专门借款的定义;(4)借款费用的范围;(5)符合条件的资产;(6)借款费用的处理方法;(7)开始资本化的条件;(8)资本化金额确定的方法;(9)资本化率确定的方法;(10)资本化金额的限额;(11)暂停资本化的规定;(12)停止资本化的一般规定;(13)对分别完工停止资本化的规定;(14)披露		(2)(4)(7)(8)(11)(12)(13)(14)	(1)(3)(5)(6)(9)	(10)
或有事项	(1)准则适用的范围;(2)或有事项的定义;(3)或有事项的确认;(4)或有事项的计量;(5)或有事项的披露;(6)补偿的处理;(7)或有资产的披露;(8)或有负债的定义;(9)或有资产的定价	(6)(7)	(3)(4)(5)(8)(9)	(1)(2)	
建造合同	(1)建造合同的定义;(2)建造合同的分类;(3)建造合同的会计处理方法;(4)合同分立与合并;(5)合同收入;(6)合同成本;(7)固定造价合同收入和费用的确认;(8)成本加成合同收入和费用的确认;(9)确定合同完工进度的方法;(10)预计损失的确认;(11)披露		(2)(3)(4)(5)(7)(10)	(1)(6)(8)	(9)(11)
租赁	(1)准则适用的范围;(2)经营租赁的定义;(3)租赁识别;(4)租赁合同合并;(5)承租人的会计处理方法;(6)出租人的会计处理方法;(7)披露;(8)过渡性政策;(9)实施时间和提前应用	(2)(8)	(1)(3)(4)(5)(6)(7)	(9)	
投资	(1)短期投资的定义、性质及特点;(2)短期投资的形式;(3)短期投资的成本;(4)短期投资的期末计价方法;(5)未实现损益处理;(6)长期债权投资的成本;(7)长期债权投资的溢价摊销方法;(8)长期债权投资的减值;(9)长期债权投资的披露;(10)长期股权投资的成本;(11)长期股权投资的期末计价方法;(12)长期股权投资的减值;(13)长期股权投资的披露	(1)	(4)(10)(11)	(2)(3)(5)(9)(12)(13)	(6)(7)(8)

(续表)

准则名称	与 IFRS 的对比项目	完全相同	较少差异	较大差异	完全不同
非货币性交易	(1)非货币性交易的定义;(2)货币性资产;(3)非货币性资产;(4)待售资产;(5)非待售资产;(6)准则适用的范围;(7)不涉及补价情况下同类非货币性交易的会计处理;(8)涉及补价情况下同类非货币性交易支付补价方的会计处理;(9)涉及补价情况下同类非货币性交易收到补价方的会计处理;(10)同类非货币性交易中涉及多项资产时的会计处理;(11)不涉及补价情况下不同类非货币性交易的会计处理;(12)涉及补价情况下不同类非货币性交易支付补价方的会计处理;(13)涉及补价情况下不同类非货币性交易收到补价方的会计处理;(14)非货币性交易的披露	(1)(2)(7)(11)(12)(13)	(3)(4)(5)(6)(8)(9)(10)	(14)
关联方关系及交易	(1)关联方的定义;(2)关联方关系存在情况的确认;(3)关联方关系的披露要求;(4)不予披露的关联方;(5)关联方交易披露的内容	(1)(2)	(3)(4)(5)		
中期财务报告	(1)准则适用的范围;(2)中期的定义;(3)中期财务报告的定义;(4)重要性;(5)中期财务报告至少应当包括的内容;(6)中期会计报表的格式和内容;(7)中期财务报告中提供合并会计报表和母公司会计报表的要求;(8)中期比较会计报表;(9)中期会计报表附注披露的基本要求;(10)中期会计报表附注至少应当包括的内容;(11)在年度会计报表中的披露;(12)中期会计政策的确认与计量;(13)中期会计估计的应用;(14)中期所得税的确认与计量;(15)中期会计政策变更的处理	(1)(11)(13)	(2)(3)(4)(5)(6)(7)(10)(12)(15)	(8)(9)	(14)

第二节　IFRS 与跨国企业合并财务报表规则

跨国企业合并财务报表最突出的三个难题是合并报表、外币折算和通货膨胀会计处理。IFRS 为解决三大难题提供了指导原则,如 IFRS10、IAS21 和 IAS29。合并报表涉及怎样进行外币折算以及如何调整国内、国外不同通货膨胀率的影响,怎样在不同通货膨胀环境下报告经营成果等。所以,跨国企业立足于全球经营目标,合并财务报表又有特殊的要求。

一、相关五项准则的主要内容和相互关系

2011年5月,IASB发布了与合并相关的三项新准则和两项修订准则,即五项准则。其中,三项新准则是:《IFRS10——合并财务报表》,它替代《IAS27——合并和单独财务报表》和《SIC12——合并:特殊目的主体》;《IFRS11——合营安排》,它替代《IAS31——在合营企业中的权益》和《SIC13——共同控制主体:合营者的非货币性投入》;《IFRS12——其他主体中权益的披露》,它规范了子公司、合营、联营、共同经营和非合并范围内主体的披露要求。两项修订准则是:《IAS27——单独财务报表》和《IAS28——联营和合营企业中的投资》。以上五项准则的生效日期均为2013年1月1日之后开始的会计年度,允许提前采用。相关五项准则的主要内容和相互关系如表3-3所示。

表3-3　IFRS企业合并准则

持有投资类型	会计处理	单独财务报表	披露
子公司	IFRS10		
联营	IAS28(2011)	IAS27(2011)	
合营	IFRS11和IAS28(2011)		IFRS12
共同经营	IFRS11	IFRS11	
非合并范围内主体	IFRS9/IAS39		IFRS12

IASB于2011年5月12日正式发布了其合并和披露准则,即《IFRS10——合并财务报表》《IFRS12——其他主体中权益的披露》,规定投资主体应当以公允价值计量其控制的主体中的投资,并将公允价值变动确认为损益。2011年5月12日,IASB发布了《IFRS11——合营安排》。IFRS11主要涉及现行IAS31规定的两个方面:①合营安排的结构是会计处理的唯一决定因素;②主体可以选择共同控制主体的会计处理方法。IFRS11为反映合营安排提供了更切实可行的会计处理方法,它关注合营安排产生的权利和义务,而不是其法律形式。IFRS11还解决了合营安排报告存在的矛盾,采用单一的会计处理方法,即权益法,删除了现行的比例合并法。合营安排的披露要求在IFRS12中规定。

2014年8月,IASB发布了《单独财务报表中的权益法(对IAS27的修订)》,允许对子公司、合营企业和联营企业使用权益法核算。在该修订发布之前,IAS27要求企业对子公司、合营企业和联营企业的投资采用成本法或根据《IFRS9——金融工具》(如果主体尚未采用IFRS9,则应用《IAS39——金融工具:确认和计量》)进行核算。修订准则提供了关于共同经营构成业务时主体取得共同经营中权益的会计处理的指引。

二、投资性主体权益的会计处理:应用合并豁免

2014年12月,IASB发布了关于《IFRS10——合并财务报表》《IFRS12——其他主体

中权益的披露》《IAS28——联营和合营企业中的投资》的小范围修订:《投资性主体:应用合并豁免(修订 IFRS10、IFRS12 和 IAS28)》,引入了对 IFRS10 和 IAS28 的三个小范围修订,涉及对投资性主体权益的会计处理和合并范围的豁免。

(1) 免于编制合并财务报表的情况。根据 IFRS10,如果母公司符合特定标准,则免于编制合并财务报表。其中一个条件是该主体的最终或任何中间母公司编制对外公开并符合 IFRS 的合并财务报表。如果最终或中间母公司是一个投资性主体,并且适用 IFRS10 的投资性主体例外情况,则免于编制合并财务报表,这就导致了豁免是否仍然可用的问题。修订确认,在这些情况下,作为投资性主体的子公司的母公司可以享受合并范围的豁免。

(2) 提供与投资性主体投资活动相关服务的子公司的豁免。IFRS10 的投资性主体例外情况下的一般规则是,投资性主体以公允价值计量其子公司的损益。这种公允价值计量要求适用于作为投资的子公司以及本身为投资性主体的子公司。但是,例外情况还有一个例外,即提供与投资性主体投资活动相关服务的子公司仍需列入合并范围。这些要求导致当投资性主体的子公司本身是一个投资性主体并提供与投资相关服务时所需的会计处理上的一些混淆情况。IFRS10 似乎提供了相互矛盾的指引。修订澄清了合并要求仅适用于本身不是投资性主体的子公司以及其主要目的和活动是提供与投资性主体投资活动相关服务的子公司。

(3) 非投资性主体投资者对投资性主体被投资者的权益法的应用。IFRS10 规定非投资性主体母公司必须合并其控制下的所有主体,包括通过投资性主体子公司控制的主体。非投资性主体母公司不能保留由投资性主体子公司应用的公允价值计量基础。然而,IAS28 没有包含非投资性主体投资者对其作为投资性主体的联营企业或合营企业的投资应用权益法时,是否应该遵循类似原则的相关指引。因此,修订为 IAS28 增加了指引。为投资性主体的联营企业或合营企业的权益中非投资性主体投资者提供豁免,允许他们在应用权益法时,保留投资性主体应用的公允价值计量基础计量联营企业或合营企业的权益。

三、恶性通货膨胀经济中的财务报告

《IFRS29——在恶性通货膨胀经济中的财务报告》规定了恶性通货膨胀经济中的财务报告要求。中国在宏观调控有力的市场经济条件下,预期不会发生恶性通货膨胀的情况,没有制定这一准则项目。IASB 也完全赞同中国不制定该项准则,但提出在中国准则中,应当明确中国企业境外经营所在国家或地区发生恶性通货膨胀的会计处理原则。中国采纳了 IASB 的建议,在外币折算准则及其应用指南中,规定了恶性通货膨胀的基本特征,要求发生恶性通货膨胀的国家或地区境外经营的财务报表,应当先按照一般物价指数进行重述,然后再按重述后的报表进行折算。

第三节 以外币计价的财务报表折算

跨国企业的国外子公司大多以当地货币进行会计记录和编制财务报表。IFRS要求母公司编制合并财务报表时将国内外子公司的资产、负债、收入及费用都计入母公司的财务报表。为了编制全球通用的合并财务报表,母公司必须将国外子公司使用外币编制的财务报表以母公司的呈报货币折算。例如,德国宝马汽车公司的美国子公司以美元记录会计信息,必须将其美国子公司的美元财务报表折算为欧元,以便编制合并财务报表。IASB(IAS21)和FASB(SFAS52)制定了非常相似的规则用于规范外币财务报表的折算事项。

一、货币折算的相关概念

将外币财务报表折算为母公司呈报货币时,需解决两个问题:折算财务报表各项目时,使用何种汇率较为合适?对交易项目调整的折算过程如何体现于合并财务报表中?换句话说,怎样使资产负债表保持平衡?我们可以通过以下例子理解这些相关问题和基本概念。

假设S公司使用欧元作为呈报货币。2017年12月31日,S公司在美国投资了一家全资子公司A公司,投资额为100 000万欧元,当期汇率为1美元兑1欧元。该子公司将100 000万欧元转换成100 000万美元,然后开始经营。此外,在2017年12月31日,A公司从当地银行贷款50 000万美元。2017年12月31日,A公司购买了价值120 000万美元的存货,仍剩余30 000万美元现金。A公司在2017年12月31日的资产负债表如表3-4所示。

表3-4 2017年12月31日A公司资产负债表　　　　单位:万美元

资产	金额	负债和所有者权益	金额
现金	30 000	短期借款	50 000
存货	120 000	普通股	100 000
总计	150 000	总计	150 000

为了用欧元编制2017年12月31日的合并资产负债表,S公司需要将A公司的资产负债表按1美元兑1欧元的汇率进行折算。2017年12月31日的折算情况如表3-5所示。

表3-5 2017年12月31日A公司转换工作表

项目	金额(万美元)	汇率	金额(万欧元)
现金	30 000	1.00	30 000
存货	120 000	1.00	120 000

(续表)

项目	金额(万美元)	汇率	金额(万欧元)
总计	150 000		150 000
短期借款	50 000	1.00	50 000
普通股	100 000	1.00	100 000
总计	150 000		150 000

由于汇率相同,仍然是1美元兑1欧元,A公司折算后以欧元编制的资产负债表反映的依然是相同数量的总资产和总负债、总权益,即资产负债表保持平衡。假设2018年第一季度,A公司没有发生任何业务,但这时美元略有贬值,2018年3月31日汇率变为1美元兑0.8欧元。为了在2018年第一季度末编制合并财务报表,S公司现在必须从0.8欧元的当期汇率与1欧元的历史汇率中选择一个汇率,将A公司的财务报表金额折算为欧元。S公司曾经的100 000万欧元的投资属于实际发生的历史事件,所以该公司想按原来的汇率折算A公司的普通股,以此继续反映同样的金额,即按历史汇率1美元兑1欧元将100 000万美元折算成欧元。两种对子公司资产和负债的不同折算方法是:

第一,所有的资产和负债都按现行汇率折算(资产负债表日的即期汇率);

第二,只有货币性资产和货币性负债按现行汇率折算,非货币性资产和非货币性负债按历史汇率折算(获得资产和负债时的当期汇率)。货币性项目是现金和那些将来需要收取(支付)特定金额的应收账款(应付账款)。非货币性资产包括存货、固定资产和无形资产,非货币性负债包括递延收入。下面将依次描述两种不同的折算方式。

1. 所有的资产和负债按现行汇率折算

2018年3月31日,所有资产和负债按现行汇率(1美元兑0.8欧元)折算的过程如表3-6所示。

表3-6 2018年3月31日A公司货币折算工作表

项目	金额(万美元)	汇率	金额(万欧元)	自2017年12月31日的欧元价值变动(万欧元)
现金	30 000	0.80C	24 000	-6 000
存货	120 000	0.80C	96 000	-24 000
总计	150 000		120 000	-30 000
短期借款	50 000	0.80C	40 000	-10 000
普通股	100 000	1.00H	100 000	0
小计	150 000		140 000	-10 000
折算调整			-20 000	-20 000
总计	150 000		120 000	-30 000

注:C=即期汇率,H=历史汇率。

由于所有资产按较低的现行汇率折算,因此2018年3月31日的总资产价值比2017年12月31日减少了30 000万欧元,负债则减少了10 000万欧元。为了使折算后的欧元资产负债表保持平衡,则会产生-20 000万欧元的折算调整项,计入合并资产负债表的股东权益。外币资产负债表的各项目按现行汇率折算后,将以母公司的职能货币重新计算。这一过程类似于外币交易中应收账款和应付账款的重新计价。单项资产及负债按现行汇率折算的余额可看作汇率变动引起的净外币汇兑损益。

负的折算余额(净外币汇兑损失)不会引起S公司20 000万欧元的现金流出,因此是未实现的损失。但是,一旦S公司按A公司的账面价值100 000美元出售A公司,损失就可能实现。在这一销售过程中,使用的汇率是1美元兑0.8欧元,会引起80 000万欧元的现金流入。因为S公司最初在美国子公司的投资额是100 000万欧元,所以最终导致20 000万欧元的实际损失。外币财务报表折算的第二个概念性问题是未实现的折算净损益是否计入当期合并净利润或列示在合并资产负债表的所有者权益项中,直至国外子公司出售时实现损失。下面先讨论资产及负债的第二种折算方法。

2. 只有货币性资产和负债按现行汇率折算

假设只有货币性资产和货币性负债按照现行汇率折算。2018年3月31日,货币性资产和货币性负债按现行汇率(1美元兑0.8欧元)折算的过程如表3-7所示。

表3-7 2018年3月31日A公司货币折算工作表

项目	金额(万美元)	汇率	金额(万欧元)	自2017年12月31日的欧元价值变动(万欧元)
现金	30 000	0.80C	24 000	-6 000
存货	120 000	1.00H	120 000	0
总计	150 000		144 000	-6 000
短期借款	50 000	0.80C	40 000	-10 000
普通股	100 000	1.00H	100 000	0
小计	150 000		140 000	-10 000
折算调整			4 000	4 000
总计	150 000		144 000	-6 000

注:C=即期汇率,H=历史汇率。

使用这种方法,现金减记6 000万欧元,而存货依然和其历史价值一样,为120 000万欧元。短期借款减记10 000万欧元。为了使资产负债表保持平衡,所有者权益必须增加4 000万欧元的正的货币折算调整。正的货币折算调整(净外币汇兑收益)也是未实现的。但在下列情况下,收益也可能实现:

第一,子公司以现金(30 000万美元)支付尽可能多的负债。

第二,母公司给予子公司足够的欧元支付剩余负债(50 000-30 000=20 000万美元)。2017年12月31日,按1美元兑1欧元的汇率,S公司要给予A公司20 000万欧元才能支付20 000万美元的负债。2018年3月31日,按当日汇率1美元兑0.8欧元,S

公司只需给予A公司16 000万欧元即可支付20 000万美元的负债。所以,S公司获得4 000万欧元的外币汇兑收益。

3. 资产负债表敞口

跨国企业资产负债表按现行汇率折算的资产和负债需要以母公司的呈报货币重新计入合并资产负债表,由此产生的项目叫作汇兑折算敞口。资产负债表按历史汇率折算的项目并不会改变母公司的货币价值,因此不会产生货币折算调整。汇兑折算敞口一般指资产负债表折算敞口或会计敞口。

当以现行汇率折算的资产金额大于以现行汇率折算的负债金额时,将会产生资产负债表净资产敞口。当以现行汇率折算的负债金额大于以现行汇率折算的资产金额时,则会产生资产负债表净负债敞口。转换角度思考该问题可以发现,当资产余额大于负债余额时,形成资产负债表净资产敞口;当负债余额大于资产余额时,则形成资产负债表净负债敞口。当期货币折算调整的入账(正值或负值)是以下两个因素共同作用的结果:①资产负债表敞口的自身性质(资产或负债);②汇率的变动方向(升值或贬值)。汇率波动、资产负债表敞口以及当期货币折算调整的关系可总结如表3-8所示。

表3-8 货币折算调整的关系

资产负债表暴露	汇率	
	升值	贬值
净资产敞口	正折算调整	负折算调整
净负债敞口	负折算调整	正折算调整

资产负债表暴露和汇率的变动方向共同决定了当期货币折算调整的方向。公司开始运营后,需要调整累积的货币折算调整以使得资产负债表保持平衡。累积的货币折算调整应该是过去连续会计期间货币折算调整的总和。例如,假设S公司按现行汇率折算A公司所有的资产和负债(存在资产负债表净资产敞口),因为2018年第一季度美元贬值,所以引起当期产生负20 000万欧元的货币折算调整。再如,假设2018年第二季度美元对欧元升值,形成了资产负债表净资产敞口,该季度产生正5 000万欧元的货币折算调整。尽管2018年第二季度货币折算调整为正,但因为2018年6月30日累积的货币折算调整依然是负的,所以金额减少到15 000万欧元。

二、货币折算方法及应用

上述分析中外币财务报表折算的两种方法是现行汇率法(所有资产与负债均按当前汇率折算)和货币/非货币法(只有货币性资产与货币性负债或非货币性资产与非货币性负债按当前汇率折算)。如果将货币/非货币法变形,则要求货币性资产与货币性负债以及非货币性资产与非货币性负债都根据其各自在资产负债表日的金额以现行汇率折算,即时态法(Temporal Method)。

时态法的基本观念是资产和负债应该遵循如下规则:折算成母公司的呈报货币后,资产与负债依然保留外币的测量基础(现值或历史成本)。为了达到该目标,在外币资产负债表上按现值列示的资产和负债应按当前汇率折算,而按历史成本列示的资产和负债应按历史汇率折算。尽管 IASB 和 FASB 都没有对使用何种方法做出特别规定,但 IFRS 和美国 GAAP 在外币财务报表折算层面要求使用现行汇率法或时态法。

职能货币是某企业所处主要经济环境中通用的货币。一家跨国企业的职能货币既可以是其母公司的呈报货币,又可以是其他货币,尤其是子公司所处国家的货币。以下列示了《IAS21——汇率变动的影响》关于确定一个公司职能货币应当考虑的因素。美国 SFAS52 也提供了不完全相同但极其类似的规定来阐明公司如何确定职能货币。

IAS21 规定,确定公司职能货币时应考虑如下因素:影响商品和服务销售价格的货币;能够通过竞争与监管对商品和服务的价格产生重大影响的货币;对劳动力、原材料及其他商品和服务成本起决定性作用的货币;融资资金的来源货币;经营业务收入最多的货币。确定国外子公司职能货币需考虑的其他因素有:该子公司的业务是否为母公司的延伸业务,或该子公司在业务上是否具有相对独立性;该子公司与母公司关联业务的比例;该子公司的现金流是否直接影响母公司的现金流,并直接转移至母公司;该子公司经营活动现金流是否足以维持公司政策运转以及偿还预期债务,或该子公司是否需要母公司输送资金来偿还债务。

例如,一家美国跨国企业拥有墨西哥子公司,子公司以墨西哥比索记录会计信息。假设该子公司以墨西哥比索开展绝大多数业务,但同时有一笔以危地马拉的法定货币危地马拉格查尔进行支付的应付账款。折算过程为:第一步,该美国母公司确定墨西哥比索为其墨西哥子公司的职能货币。第二步,墨西哥子公司按当前汇率折算外币财务报表,即将那笔以危地马拉格查尔进行支付的应付账款折算为墨西哥比索。第三步,使用现行汇率法将墨西哥比索财务报表(包括折算后的应付账款)折算成美元。

假设该墨西哥子公司的主要经营货币是美元,即该墨西哥子公司的职能货币也是美元。此时,除了以危地马拉格查尔进行支付的应付账款,该子公司以墨西哥比索记录的会计金额都被确认为外币余额(因为其不是按照该子公司的职能货币美元计量)。假设该子公司使用美元记录会计信息,那么危地马拉格查尔货币账户以及每一个墨西哥比索账户都要转换成美元。以墨西哥比索现值计量的资产和负债按即期汇率折算成美元,而以墨西哥比索历史成本计量的资产和负债则按历史汇率折算成美元。完成这一步后,该墨西哥子公司的财务报表就变为以美元为单位,即美元既是该子公司的职能货币,又是母公司的呈报货币。这时就无须启用第三个步骤了。

(一)外币作为职能货币的折算

在很多情况下,国外子公司一般以其所在国货币为主要经营货币,而该货币与母公司财务报表使用的货币不同。例如,法国母公司的日本子公司一般将日元作为职能货币,而法国母公司编制合并财务报表时以欧元为单位。当国外子公司的职能货币和母公司的呈报货币不同时,该国外子公司的外币财务报表就要按以下流程转换为母公司的呈报货币：

第一，所有的资产和负债均按资产负债表日的即期汇率折算。

第二，所有者权益按历史汇率折算。

第三，收入和费用按产生该收入和费用的交易发生时的汇率折算，一般是交易当日的近似汇率，如当日的平均汇率。

以上流程基本解释了现行汇率法的使用流程。

根据IAS21和SFAS52，使用现行汇率法时，累积的货币折算调整应保持折算后资产负债表的平衡，并且作为所有者权益的独立部分予以披露。现行汇率法的逻辑是所有对国外子公司的投资都会遭遇汇兑损益。因此，所有资产和负债均应在资产负债表日重新估值，但是产生的净折算损益是未实现的，只有当出售子公司时才能实现。同时，未实现的折算损益将随着时间而累积，直至在资产负债表日按所有者权益的独立项目予以披露。当售出一家国外子公司时，关于该子公司累积的货币折算调整将记入净利润中的已实现损益项目。

现行汇率法将会产生资产负债表净资产敞口（除了一些极端的特殊情况，如该公司的所有者权益为负）。当外币价值上升（升值）时，使用现行汇率法将使体现于所有者权益中正的累积的货币折算调整增加（或使负的累积的货币折算调整减少）。当外币价值下跌（贬值）时，使用现行汇率法将使体现于所有者权益中正的累积的货币折算调整减少（或使负的累积的货币折算调整增加）。

（二）母公司呈报货币为职能货币的折算

在某些情况下，国外子公司可能将母公司的呈报货币作为其职能货币。例如，一个德国制造商可能在瑞士拥有一家全资子公司，该子公司在其日常经济业务中使用的货币是欧元。但是作为一家位于瑞士的公司，该子公司被要求使用瑞士法郎来记录其经济业务，并以此登记会计账簿。在此情况下，该子公司瑞士法郎财务报表必须折算成欧元，使得其看似原先就以欧元记录经济业务。SFAS52指出，该过程叫作重新度量。IAS21中虽然未说明该过程是"重新度量"，但其将这种情况描述为"以职能货币报告外汇"。当子公司的经济业务以该货币记录时，为了将其折算成母公司的呈报货币，使用时态法的流程如下：

第一，货币性资产和货币性负债按当前汇率折算；非货币性资产和非货币负债按历史成本计量的，按历史汇率折算；非货币性资产和非货币负债按现值计量的，按即期汇率折算。

第二，所有者权益按历史汇率折算。

第三，收入和费用，不包括关于非货币性资产的其他费用，按产生收入和费用的交易发生时的汇率折算（考虑到现实因素，一般使用平均汇率）；关于非货币性资产的费用，如商品的销售成本（存货）、固定资产减值和无形资产摊销，都按折算相关资产当日的汇率换算。

时态法下，因为非货币性资产（一般以历史成本计量）按历史汇率折算，所以公司要记录获得非货币性资产(存货、预付费用、固定资产和无形资产)时的历史汇率。现行汇率法下则没有必要保存这些资产的历史汇率。

时态法下,折算存货(和货物的销售成本)时使用的历史汇率可能是不同的,这由存货计量时的"成本流"假设决定,即考虑是采用先进先出法、后进先出法还是加权平均成本法。资产负债表上披露的经折算的期末存货,是指在资产负债表日公司依然持有的存货。假如使用先进先出法,则期末存货由最近购进的存货组成,因此存货按近期汇率折算。假如使用后进先出法,则期末存货由最早购进的存货组成,因此存货按早期汇率折算。当存货按加权平均成本法计量时,则应使用当年加权平均汇率折算。同样,商品的销售成本是按已销售货物(使用先进先出法或后进先出法)销售实现时的汇率折算的。假如存货按加权平均成本法计量,则商品的销售成本按销售实现时的加权平均汇率折算。

在 IAS21 和 SFAS52 下,当使用时态法时,为使资产负债表保持平衡,货币折算调整应计入净利润的损益项目,即汇兑损益在净利润中予以确认。支持该做法的理由是,假如国外子公司使用母公司的呈报货币开展日常经济业务,则以外币计量的货币性项目会使得汇兑损益在将来实现,因此必须反映在当前净利润中。

时态法下是否产生资产负债表净资产或净负债敞口,取决于按当期汇率折算的资产[也就是说,在资产负债表日按现值计量的货币性资产和非货币性资产(资产头寸)]是大于还是小于按当期汇率折算的负债[也就是说,在资产负债表日按现值计量的货币性负债和非货币性负债(负债头寸)]。

大多数负债是货币性负债;只有现金和应收账款是货币性资产,非货币性资产一般按历史成本计量。因此,按当期汇率折算的负债(负债头寸)通常大于按当期汇率折算的资产(资产头寸),导致产生资产负债表净负债敞口。

三、恶性通货膨胀经济的处理

当公司处于恶性通货膨胀经济环境中时,该公司的职能货币与其外币财务报表如何折算成母公司的呈报货币无关。IAS21 要求对国外子公司的财务报表进行折算时,应按照《IAS29——在恶性通货膨胀经济中的财务报告》的流程,根据当地通货膨胀的情况对其财务报表进行重述;然后,再按当期汇率将重述的外币财务报表折算成母公司的呈报货币。

美国 GAAP 提供了一个迥异的方法用于折算处于恶性通货膨胀经济环境中公司的外币财务报表。SFAS52 并没有要求对恶性通货膨胀进行重述,而是要求用时态法折算恶性通货膨胀经济环境下的财务报表。然而,尽管使用时态法,所产生的货币折算调整也要计入净利润中的损益项目。

SFAS52 将恶性通货膨胀经济定义为三年累积通货膨胀率超过100%的经济体,平均每年的通货膨胀率为26%。IAS21 对高通货膨胀做出了明确定义,但在 IAS29 中指出,"三年累积通货膨胀率达到或超过100%则表明发生了恶性通货膨胀"。假如国外子公司所在国被确认为发生了恶性通货膨胀,则该子公司的职能货币必须予以确认,并以合适的方法折算外币财务报表。

FASB最初提议公司对通货膨胀进行重述后再折算外币财务报表,但该提议遭到美国跨国企业的强烈反对。在高通货膨胀国家使用现行汇率法会导致"大量资产消失"问题,SFAS52则通过要求使用时态法使公司避免发生"大量资产消失"。在恶性通货膨胀经济环境下,假如当地货币在该国失去购买力,则其相对于其他货币的价值也会趋于贬值。按日益下跌的汇率折算以历史成本计量的资产,如土地和房屋,将使这些资产从母公司合并财务报表上逐渐消失。下面的案例向我们展示了在恶性通货膨胀经济环境下使用三种不同的折算方法对会计账目的不同影响。

例如,土耳其是21世纪初少数处于恶性通货膨胀的国家之一。2000—2002年土耳其年通货膨胀率及土耳其里拉与美元之间的汇率如表3-9所示。

表3-9 2000—2002年土耳其年通货膨胀率及土耳其里拉与美元之间的汇率

日期	汇率	年份	通货膨胀率(%)
2000年1月1日	542 700里拉=1美元		
2000年12月21日	670 800里拉=1美元	2000	38
2001年12月31日	1 474 525里拉=1美元	2001	69
2002年12月31日	1 669 000里拉=1美元	2002	45

假设一家美国公司于2000年1月1日在土耳其设立子公司。2000年1月1日,该美国母公司拨出1 000美元给子公司,用于购买价值5.427亿里拉的一块土地(542 700×1 000=542 700 000)。该子公司没有其他资产和负债。在三种不同折算方法下,年通货膨胀率和累计汇兑损益分别是多少?

1. 使用现行汇率法进行折算

以历史成本计量的土地按当期汇率折算,在每一资产负债表日将产生新的汇兑损益,结果如表3-10所示。

表3-10 使用现行汇率法折算表

日期	账面价值(里拉)	当期汇率	折算总额(美元)	年度汇兑损益(损失)(美元)	累计汇兑损益(损失)(美元)
2000年1月1日	542 700 000	542 700里拉=1美元	1 000	N/A	N/A
2000年12月21日	542 700 000	670 800里拉=1美元	809	(191)	(191)
2001年12月31日	542 700 000	1 474 525里拉=1美元	368	(441)	(632)
2002年12月31日	542 700 000	1 669 000里拉=1美元	325	(43)	(675)

在第三年年末,最初用1 000美元购买的土地在母公司合并资产负债表上的折算金额为325美元(土地是无折旧资产)。2002年12月31日,675美元的累计汇兑损失将单

独作为所有者权益的一部分予以披露。这种方法虽然反映了汇率变化,却没有反映土地的当地货币价值变化,也并没有准确反映真实的经济状况。这是 IFRS 和美国 GAAP 都未采纳这种方法的主要原因。

2. 使用时态法进行折算

以历史成本计量的土地按历史汇率折算,则其在每个资产负债表日的折算金额均相同(见表 3-11)。使用这种方法,在母公司每年合并报表上披露的土地折算金额依然是最初的 1 000 美元。资产负债表上相关项目的折算并不会产生汇兑损益。SFAS52 采纳了这种方法,确保了非货币性资产不会在折算表上消失。

表 3-11 使用时态法折算表

日期	账面价值(里拉)	历史汇率	折算总额(美元)	年度汇兑损益(损失)(美元)	累计汇兑损益(损失)(美元)
2000 年 1 月 1 日	542 700 000	542 700 里拉 = 1 美元	1 000	N/A	N/A
2000 年 12 月 21 日	542 700 000	542 700 里拉 = 1 美元	1 000	N/A	N/A
2001 年 12 月 31 日	542 700 000	542 700 里拉 = 1 美元	1 000	N/A	N/A
2002 年 12 月 31 日	542 700 000	542 700 里拉 = 1 美元	1 000	N/A	N/A

3. 对通货膨胀进行重述后,再使用现行汇率法进行折算(IAS21)

以历史成本计量的土地按一般物价指数重述后,再按当期汇率折算,结果如表 3-12 所示。

表 3-12 对通货膨胀进行重述后折算表

日期	通货膨胀率(%)	重述账面价值(里拉)	当期汇率	折算总额(美元)	年度汇兑损益(损失)(美元)	累计汇兑损益(损失)(美元)
2000 年 1 月 1 日	N/A	542 700 000	542 700 里拉 = 1 美元	1 000	N/A	N/A
2000 年 12 月 21 日	38	748 926 000	670 800 里拉 = 1 美元	1 116	116	116
2001 年 12 月 31 日	69	1 265 684 940	1 474 525 里拉 = 1 美元	858	(258)	(142)
2002 年 12 月 31 日	45	1 835 243 163	1 669 000 里拉 = 1 美元	1 100	242	100

在这种方法下,2002 年 12 月 31 日在母公司合并资产负债表上的土地折算金额为 1 100 美元,包括未实现汇兑收益 100 美元。尽管在 2002 年 12 月 31 日累计汇兑收益是未实现的,但在以下条件下可以实现:①按照当地通货膨胀率,以土耳其里拉计价的土地价值有所上涨;②该土耳其子公司将土地以 1 835 243 163 里拉的价格出售;③2002 年

12月31日,获得的销售现金按当期汇率折算成1 100美元。IAS21采纳了这种方法,这种方法也许是最能反映经济现实的方法,因为其既能反映土地的本地货币价值变化情况,又能反映实际汇率变化情况。

本章小结

1. 世界环境的变化已经使得各国(地区)有意识地进行统一的会计行动,减少各国(地区)会计准则之间的差异,寻求各国(地区)会计准则的共性,提高会计信息在不同国家和不同地区之间的可比性。

2. 国际财务报告准则(IFRS)是国际会计准则理事会(IASB)颁布的一项国际通用的会计制度。2016年,IASB发布了147个国家或地区的IFRS使用情况介绍文件,其中有122个国家或地区(83%)已要求所有或大部分国内公众受托责任实体(上市公司和银行)采用IFRS。

3. 自2003年起,欧盟要求其成员境内上市公司按照IASB发布的IFRS编制其合并财务报表,但在采用之前需要经过一些欧盟内部程序。

4. 澳大利亚目前的会计准则有三个系列:AASB1-8是以IFRS编号的国际财务报告准则,AASB101-14是以IAS编号的国际财务报告准则,AASB1004-1052则是原澳大利亚准则(IFRS未涵盖的)。

5. 2009年12月,日本金融厅发布了一套经修订的内阁办公室条例。这套条例是在日本商业会计理事会(BAC)2009年发布的《国际财务报告准则在日本的应用(中期报告)》(即日本的"趋同路线图")基础上形成的正式法规。

6. 2009年9月,中国财政部发布了《中国企业会计准则与国际财务报告准则持续全面趋同路线图(征求意见稿)》,并于2010年4月发布了正式路线图,提出了中国企业会计准则与IFRS全面趋同的目标。

7. 自2001年起,IASB执行新的准则制定程序,一方面对原制定的准则进行修改和补充,另一方面将新制定的准则改称为国际财务报告准则。

8. 美国GAAP是以规则为导向制定而成的。美国证券交易委员会(SEC)2007年做出决定,自2008年起,允许在美国上市的海外公司按照IFRS编制向SEC提交的财务报告,而不再需要按照美国GAAP进行调整。

9. 多年来,在中国会计准则制定的过程中,会计国际化因素始终对中国会计准则的制定产生十分重大而深远的影响,中国会计准则的制定尽可能地向国际标准靠拢。

10. 跨国企业合并财务报表最突出的三个难题是合并报表、外币折算和通货膨胀会计处理。IFRS为解决三大难题提供了指导原则,如IFRS10、IAS21和IAS29。

11. IFRS和美国GAAP均要求母公司编制合并财务报表时将国内外子公司的资产、负债、收入及费用都计入母公司的财务报表。母公司必须将国外子公司使用外币编制的财务报表以母公司的呈报货币折算。

12.《IAS29——在恶性通货膨胀经济中的财务报告》规定,来自发生恶性通货膨胀的国家或地区境外经营的财务报表,应当按照一般物价指数进行重述,再按重述后的报表进行折算。

本章习题

1. 满天公司在美国的子公司有风险资产 3 000 万美元,风险负债 2 200 万美元。

请问:

(1) 如果美元汇率由 1 美元 = 6.7 元人民币上升到 1 美元 = 6.8 元人民币,则公司的风险净资产是多少?当年由美元升值所引起的折算利得或折算损失是多少?

(2) 如果美元汇率由 1 美元 = 6.7 元人民币下降到 1 美元 = 6.5 元人民币,则由美元贬值所引起的折算利得或折算损失是多少?

2. 繁星公司是中国公司在美国的子公司,其资产负债表如下表所示。

资产负债表 单位:美元

资产	金额	负债和股东权益	金额
货币资金	56 000	应付账款	75 000
应收账款	124 000	其他流动负债	162 000
存货	243 000	长期负债	220 000
固定资产净值	422 000	股东权益	388 000
资产总计	845 000	负债和股东权益总计	845 000

要求:假定人民币汇率由现行汇率 1 美元 = 6.5 元人民币贬值为 1 美元 = 6.76 元人民币,请分别按照货币/非货币法和现行汇率法计算公司的折算利得或折算损失(保留整数)。

3. 中国某跨国企业在美国的子公司 E 的职能货币为美元。根据汇率预测,在未来的一年内,人民币对美元汇率将由年初的 1 美元 = 8.05 元人民币上升到 1 美元 = 7.80 元人民币。根据预测,2019 年年末子公司 E 预计风险资产和风险负债情况如下表所示。

要求:

(1) 分别使用现行汇率法和时态法计算确认风险净资产。

(2) 讨论在现行汇率法下可以使用哪些避险方法降低折算风险。

子公司 E 预计风险资产与风险负债情况 单位:万美元

项目	资产负债表 各项目金额	现行汇率法 下的风险	时态法 下的风险
资产			
现金——美元	84		
——人民币	69		

单位:万美元(续表)

项目	资产负债表各项目金额	现行汇率法下的风险	时态法下的风险
应收账款——美元	75		
——人民币	42		
存货(按成本)	200		
固定资产(净值)	430		
资产总计	900		
风险资产			
负债和股东权益:			
应付账款——美元	100		
——人民币	50		
其他流动负债	75		
长期借款	125		
实收资本	400		
留存收益	150		
负债和股东权益总计	900		
风险负债			
风险净资产			
期末汇率			
期初汇率			
折算风险			

参考文献

1. 怀特,等.财务报表分析与应用[M].李志强,等,译.北京:中信出版社,2008.

2. 苏布拉马尼亚姆.财务报表分析(第11版)[M].宋小明,译.北京:中国人民大学出版社,2014.

3. 陆建桥.国际财务报告准则2017年发展成效与未来展望[J].财务与会计,2018,554(02):12—14.

4. 姚立杰,程小可.国际财务报告准则研究的回顾与展望[J].会计研究,2011(6):25—31.

第二部分

汇率行为与汇率风险管理

第四章

汇率与外汇交易类型

本章首先介绍汇率和外汇市场的相关概念及分类,在此基础上阐述汇率的标价方法及相关计算,最后详细介绍外汇市场主要的基础交易工具和衍生品交易工具的基本概念及原理,包括即期外汇交易、远期外汇交易、套汇交易以及外汇期货和期权交易。外汇交易是进行国际贸易与投资活动必不可少的部分,汇率和外汇市场也是交易者关注的焦点。外汇市场为跨国企业套期保值提供了充分手段,同时也为各类经济主体无风险及有风险套利提供了平台。

第一节 汇率的形成与市场报价

随着经济全球化的迅速发展,各国之间的经济往来越来越密切,国际贸易和国际投资活动在各国经济中所占的比重越来越大。在一国国内进行的商品和服务贸易活动,计价货币和清算货币都是本国货币,不存在货币兑换问题,而当进行国际贸易和国际投资活动时,涉及的计价货币和清算货币可能就不再是本国货币,而是贸易国货币或其他第三国货币,这必然涉及货币之间的兑换。因此,对于各种外汇收入者及支出者而言,汇率是直接关系到其收益的关键因素。

一、外汇的含义

外汇(Foreign Exchange)是国际汇兑的简称。外汇有动态和静态两种含义。动态的外汇是指人们将一种货币兑换成另一种货币,清偿国际债权债务关系的行为。这一定义主要是指国际结算行为。静态的外汇广义上泛指一切以外币表示的资产,狭义上指以外币表示的可用于国际结算的支付手段。人们通常使用的是狭义的外汇概念。

《中华人民共和国外汇管理条例》所称外汇,是指以外币表示的可以用作国际清偿的支付手段和资产,包括:①外币现钞,包括纸币、铸币;②外币支付凭证或者支付工具,包括票据、银行存款凭证、银行卡等;③外币有价证券,包括债券、股票等;④特别提款权

(SDRs)；⑤其他外币资产。

外币与外汇并非等同的概念，因为并非所有的外币都可以被称为外汇，一种外币要成为外汇必须具备三个条件：①自由兑换性，即外汇必须能够自由兑换成其他国家的货币或购买其他信用工具以进行多边支付；②普遍接受性，即外汇能够为各国所普遍承认和接受；③可偿性，即外汇是在国外能够得到偿付的货币债权。只有具备了这三个条件，一种外币才成为外汇。

二、汇率的概念及其形成

汇率是基于国际贸易活动产生的，国际贸易活动会产生不同国家（地区）之间和不同国家（地区）的交易者之间的债务债权关系以及货币支付，比如出口商要将出口获得的外汇收入兑换成本币以进行会计核算，进口商在进口商品时需要将本币兑换成相应的外币进行支付，这些国际结算需要通过外汇的买卖来实现，这就产生了不同货币之间的兑换价格，也就是汇率。汇率（Exchange Rate）又称汇价，是指两种货币兑换的比率，也就是一种货币用另一种货币表示的价格。

三、汇率的标价方法

两种货币折算时，首先要确定是以本币还是以外币为标准来表示两种货币的相对价格，因选择标准不同，标价方法也有所不同。汇率的标价方法有直接标价法、间接标价法和美元标价法。

（一）直接标价法

直接标价法（Direct Quotation System）是指以一定单位（1或100、10 000等）的外币为标准，折算成若干数量的本币来表示汇率的方法，也就是以本币表示的外币的价格，又称应付标价法（Giving Quotation System）。包括中国在内的大多数国家都使用这种标价法表示货币兑换的价格。

在直接标价法下，外币数额是固定不变的，本币数额是变化的，本币数额的变化反映了本币的汇率变动，一定单位的外币折算的本币数量增加，则说明外币币值上升，或本币币值下降。

例如，某月中国外汇市场汇率为：

月初 USD1 = CNY7.6500—7.7200

月末 USD1 = CNY7.6265—7.7189

在中国外汇市场上，人民币是本币，美元是外币。月末1美元折算成人民币的数量比月初有所下降，说明外币贬值，本币升值。

（二）间接标价法

间接标价法（Indirect Quotation System）是指以一定单位的本币为标准，折算成若干数额的外币来表示汇率的方法，也就是以外币表示的本币的价格，又称应收标价法

(Receiving Quotation System)。使用间接标价法的货币主要有欧元、英镑、新西兰元、澳元等。

在间接标价法下,本币数额是固定不变的,外币数额是变化的,外币数额的变化反映了本币的汇率变动。一定单位的本币折算的外币数量增加,则说明外币币值下降,或本币币值上升。

例如,某月伦敦外汇市场汇率为:

月初 GBP1 = USD1.9653—1.9702

月末 GBP1 = USD1.9830—1.9880

本币与外币的划分是相对的而不是绝对的,一般把外汇市场所在地国家的货币视为本币。在本例中,外汇市场在伦敦,则英镑是本币而美元是外币,月末1英镑折算成美元的数量增加,说明美元币值下降,英镑币值上升。

（三）美元标价法

美元标价法是以一定单位的美元为标准来计算应兑换多少其他货币的汇率表示方法。该法由美国在1978年9月1日制定并执行,目前是国际金融市场上通行的标价法。

在国际金融市场上,各外汇银行从事跨国经营活动和多种货币的买卖业务,对于银行而言,已经不存在本币和外币的概念划分。第二次世界大战以后,美国成为世界上经济实力最强的国家,美元也因此成为国际经济交往中最主要的结算货币,许多商品如石油、咖啡、黄金等都是以美元交易结算的,外汇市场中美元交易占很大比例,所以世界上许多金融中心都采用美元标价法。例如,瑞士苏黎世某银行的报价为:

USD1 = CHF5.5520—5.5550

USD1 = CAD1.2860—1.2890

GBP1 = USD1.8160—1.8195

四、外汇汇率的种类

按照不同的标准,外汇汇率有许多不同的分类方法。

（一）从银行买卖外汇的角度划分

银行进行外汇买卖是以盈利为目的的,所以对于外汇交易,银行总是贱买贵卖。在外汇市场上,银行报价通常采用双向报价(Two-way Price),即同时报出买入价和卖出价。从银行买卖外汇的角度,汇率可以划分为买入汇率、卖出汇率、中间汇率、现钞汇率和买卖差价率。

1. 买入汇率

买入汇率(Buying Rate or Bid Rate)是指银行从其他银行或客户手中买入外汇的价格,也称买入价。例如,中国银行的美元买入价为7.7600元/美元,其含义是银行从客户手中买入1美元愿意支付人民币7.7600元。银行的美元买入价也就是客户的美元卖出价。

2. 卖出汇率

卖出汇率(Selling Rate or Ask Rate)是指银行向其他银行或客户卖出外汇的价格,也称卖出价。例如,中国银行某日的美元卖出价为 7.7800 元/美元,其含义是银行卖出 1 美元要求客户支付人民币 7.7800 元。银行的美元卖出价也就是客户的美元买入价。

因此,在直接标价法下,单位外币折算成本币较少的汇率是汇率买入价,较多的是汇率卖出价。在间接标价法下,单位本币折算成外币较多的汇率是汇率买入价,较少的是汇率卖出价。

3. 中间汇率

中间汇率(Middle Rate)是指买入汇率和卖出汇率的算术平均值。例如,上例中中国银行的人民币兑美元中间汇率 =(7.7600+7.7800)/2 = 7.7700。一般情况下,中间汇率并没有什么实际意义,只是经常在报道外汇行情时使用。

4. 现钞汇率

银行买卖外汇时还有现钞价格。现钞汇率是指银行与客户买卖某种货币现钞时所使用的兑换率。现钞交易也有买卖差价,而且差价比一般外汇买卖差价要大。例如,中国银行某日现钞汇率为人民币 7.7300—7.7800 元/美元。银行卖出美元现钞价格与一般汇率相同,而买入美元现钞价格比一般汇率要低,原因是银行买进美元现钞没有利息收入,同时要支出保管成本,而且承担了汇率波动风险。

5. 买卖差价率

银行进行外汇买卖是以盈利为目的的,所以银行在外汇买卖中贱买贵卖,外汇的卖出价必然高于其对外汇的买入价。这个差价就是银行经营外汇买卖的收益。一般情况下,银行买入价与卖出价之间的差价率为 1‰—5‰。买卖差价率的计算公式为:

$$买卖差价率 =(卖出汇率-买入汇率)/买入汇率 \times 100\%$$

例如,假设某银行的外汇买入价为 GBP1 = USD1.52,卖出价为 GBP1 = USD1.60,则买卖差价率 =(1.60-1.52)/1.52 = 5.26%。

一般说来,在国际贸易活动中使用越少的货币其买卖差价率越高,而使用越频繁的货币其买卖差价率越低。另外,在银行同业之间以及大公司之间的交易中,零售交易的买卖差价率往往比批发交易的买卖差价率要高。

(二)按照制定汇率的方法不同划分

按照制定汇率的方法不同,汇率可以划分为基本汇率和套算汇率。

1. 基本汇率

基本汇率(Basic Exchange Rate)是指本币与关键货币之间的汇率。关键货币是指与本国对外往来关系最为紧密的货币。各国在制定汇率时,必须选择一种货币作为主要参考货币,也就是关键货币,它应该是在本国的国际贸易收支中使用最频繁、在外汇储备中所占比重最大、可以自由兑换、能被国际上普遍接受的货币。现实中,美元是许多国家

（包括中国）制定汇率的关键货币，这些国家通常把对美元的汇率作为基本汇率。

2. 套算汇率

套算汇率（Cross Exchange Rate）又称交叉汇率，是指参考主要外汇市场行情，通过第三国货币作为中介，推算出的本币与非关键货币之间的汇率。

由于标价方法不同，计算套算汇率的方法也不尽相同。从基本汇率计算套算汇率的规则是标价方法相同时交叉相除，标价方法不同时同边相乘。

［例1］某日中国外汇市场和伦敦外汇市场的报价如下：

上海 USD1 = CNY7.7505—7.7615

伦敦 GBP1 = USD1.8870—1.8890

人民币和英镑使用的标价方法不同，人民币使用直接标价法，而英镑则使用间接标价法。标价方法不同则同边相乘。

GBP1 = USD1.8870—1.8890 = CNY1.8870×7.7505—1.8890×7.7615

= CNY14.6252—14.6615

即人民币与英镑之间的汇率为：GBP1 = CNY14.6252—14.6615。

［例2］某日纽约外汇市场的报价如下：

USD1 = CHF1.4700—1.4710

USD1 = HK7.7780—7.7783

瑞士法郎和港元使用的都是美元标价法，标价方法相同则交叉相除。

$$CHF1 = HK\frac{7.7780}{1.4710} - \frac{7.7783}{1.4700} = HK5.2876—5.2914$$

即瑞士法郎和港元之间的汇率为：CHF1 = HK5.2876—5.2914。

（三）按照外汇买卖的交割期限不同划分

交割（Delivery）是指买卖双方履行交易契约，进行货币交付的行为。同其他交易一样，交割期限不同，外汇买卖价格也不同。按照外汇买卖的交割期限不同，汇率可以划分为即期汇率和远期汇率。

1. 即期汇率

即期汇率（Spot Rate）又称现汇汇率，是指外汇买卖双方在成交日当天或成交后两个营业日（Working Day）内办理外汇交割所使用的汇率。例如，2007年3月1日（周四），中国银行人民币对美元的即期报价为USD1 = CNY7.7505—7.7615。花旗银行从中国银行买入100万美元，双方用电话确认交易。9月3日（周一），中国银行和花旗银行分别将卖出的货币划入双方指定账户，交割成功。

2. 远期汇率

远期汇率（Forward Rate）又称期汇汇率，是指外汇买卖双方成交时，约定在未来某一时间进行交割所使用的汇率。远期汇率可以由买卖双方商定，到了约定的交割日期无论即期汇率如何变化，都必须按照事先约定的远期汇率进行交割。远期汇率的期限一般按月计算,银行也会制定1个月、3个月、6个月、12个月的远期汇率,同当日的即期汇率一同挂牌公布。超过12个月的远期汇率由买卖双方协商确定。一般而言,期汇的买卖差价要大于现汇的买卖差价,以体现资金的时间价值。

(四) 按照经济分析目的的不同划分

按照经济分析目的的不同,汇率可以划分为名义汇率、实际汇率和有效汇率。

1. 名义汇率

名义汇率(Nominal Exchange Rate)是指现实中的货币兑换比率,它可能由市场决定也可能由官方制定。

2. 实际汇率

实际汇率(Real Exchange Rate)是指经通货膨胀调整后的名义汇率。

实际汇率表示为:

$$q = e \times \frac{p^*}{p}$$

式中,q表示实际汇率,e表示名义汇率,p^*表示外国物价指数,p表示本国物价指数。不同国家的物价水平存在差异,货币的实际购买力不同,本国产品的竞争力也不同。实际汇率不仅反映了名义汇率偏离购买力平价的程度,而且反映了本国产品的国际竞争力水平。

3. 有效汇率

有效汇率(Effective Exchange Rate,EER)是一种贸易加权平均汇率,又称汇率指数。其权重取决于各国对该国经济往来的密切程度(例如各国与该国的贸易额占该国总贸易额的比重)。有效汇率也可以区分为名义有效汇率和实际有效汇率。

名义有效汇率(NEER)是对名义汇率的贸易加权平均值。其计算公式如下:

$$A\text{国货币的 NEER} = \sum_{i=1}^{n} A\text{国货币对}i\text{国货币名义汇率} \times \frac{A\text{国对}i\text{国的出口贸易额}}{A\text{国总出口贸易额}}$$

实际有效汇率(REER)是对实际汇率的贸易加权平均值。其计算公式如下:

$$A\text{国货币的 REER} = \sum_{i=1}^{n} A\text{国货币对}i\text{国货币实际汇率} \times \frac{A\text{国对}i\text{国的出口贸易额}}{A\text{国总出口贸易额}}$$

对于权重的确定各国有所不同,有的将出口额的比重作为权重,有的将总贸易额的比重作为权重。汇率指数能够准确地反映出国际贸易中外汇的实际供求关系,说明货币汇率的长期走势。

美元指数(US Dollar Index,USDX)是美元对一揽子货币贸易加权平均名义汇率。该指数由纽约棉花交易所(NYCE)创设,参照1973年3月6种货币(欧元、英镑、日元、加元、瑞典克朗、瑞士法郎)对美元汇率变化的几何平均加权值计算,并以100.00点为基准来衡量其价值。该指数用来衡量美元的强弱程度,从而间接反映美国的出口竞争能力和进口成本的变动情况。

第二节　外汇市场与基本外汇交易

在国际经济活动中,交易者离不开外汇市场,因为他们总是需要进行外汇兑换,外汇收入者需要将外汇兑换成本币,而外汇支出者则需要将本币兑换成外汇。在外汇市场上,存在各种各样的交易工具和交易方式,交易者可以根据不同的需求与目的选择不同的交易工具和交易方式。

一、外汇市场概况

外汇市场(Foreign Exchange Market)是指各种机构和个人进行外汇买卖或货币兑换的场所或交易网络。按照市场组织形式,外汇市场分为有形外汇市场和无形外汇市场。有形外汇市场主要是指专门的外汇交易所,交易者在规定的交易时间内,集中在外汇交易所进行外汇交易。而无形外汇市场没有具体的交易场所,也没有固定的交易时间,交易者通过电报、电话、电传和计算机网络等现代化通信手段进行交易。随着通信技术的迅速发展,与有形外汇市场相比,无形外汇市场的交易规模越来越大。

随着国际贸易的飞速发展以及全球经济一体化进程的加快,外汇市场交易规模越来越大。外汇市场是全球金融市场中规模最大的市场。伦敦、纽约和东京是世界三大外汇交易中心,除此之外,世界上主要的外汇市场还有悉尼、新加坡和法兰克福等。这些外汇市场形成了一个全球24小时不间断的外汇市场。外汇交易者可以通过迅速发展的现代化通信手段和计算机网络,远隔重洋进行24小时的全天候交易。全球主要外汇市场开、收盘时间如表4-1所示。

表 4-1　全球主要外汇市场开、收盘时间表

市场	当地时间	北京时间(11—3月)	北京时间(4—10月)
惠灵顿	09:00—17:00	04:00—12:00	05:00—13:00
悉尼	09:00—17:00	06:00—14:00	07:00—15:00
东京	09:00—15:30	08:00—14:30	08:00—14:30
香港	09:00—16:00	09:00—16:00	09:00—16:00
新加坡	09:30—16:30	09:30—16:30	09:30—16:30
法兰克福	09:00—16:00	15:00—22:00	14:00—21:00
伦敦	09:30—15:30	16:30—(次日)00:30	15:30—23:30
纽约	08:30—15:00	21:30—(次日)04:00	20:30—(次日)03:00

资料来源:根据相关文献整理绘制。

注:由于夏时制,部分主要外汇市场的开、收盘时间提前一个小时。具体的夏时制时间起始日期与结束日期请参照该国当时的具体规定。

二、外汇市场的交易主体

外汇市场交易既包括本币与外币之间的交易,又包括不同外币之间的交易。在外汇市场上进行外汇交易是为了便利国际贸易及国际金融活动的顺利进行。外汇市场的交易主体也就是外汇市场的主要参与者,包括外汇银行、客户、外汇经纪人和中央银行等。

(一) 外汇银行

外汇银行(Foreign Exchange Bank)又称外汇指定银行(Foreign Exchange Specialized Bank),是指专营或兼营外汇的本国商业银行和外国商业银行分支机构。外汇银行是外汇市场中最重要的交易主体。一方面,外汇银行应客户的要求买卖外汇,充当外汇供求的核心机构;另一方面,外汇银行又通过与中央银行或其他外汇银行之间的外汇交易,平衡外汇头寸。外汇银行是外汇市场的主要参与者,全球前20位的银行掌握着外汇市场大约50%的交易量。在美国外汇市场上,设在纽约的十几家以及设在其他主要城市的几十家大型商业银行,实际上充当着"造市者"(Market Maker)的角色。由于它们经常在外汇市场上进行各种大规模的外汇买卖,使得外汇市场得以形成并顺利运转。

(二) 客户

在外汇市场上,凡是与外汇银行有外汇交易关系的企业或个人,都是外汇银行的客户,他们是外汇市场上的主要供求者,是地位仅次于外汇银行的外汇市场交易主体。外汇市场上的客户包括交易性买卖者、保值性买卖者和投机性买卖者。交易性买卖者是指为了达成某项经济交易而买卖外汇的交易者,比如从事国际贸易的进出口商、到国外投资的跨国企业、发行国际债券或筹借外币贷款的国内企业等;保值性买卖者主要利用外汇市场规避汇率风险,实现保值;投机性买卖者主要是在不同国家的外汇市场上赚取利差、汇差等的交易者。此外,还有其他小额外汇供求者,比如出国留学生、国际旅游者、汇出或汇入侨汇者、提供或接受外币捐赠的组织和个人等。跨国企业在实施其全球经营战略时涉及多种外汇的巨额收入和支出,所以跨国企业非常频繁地进出外汇市场。

(三) 外汇经纪人

外汇经纪人(Foreign Exchange Broker)是介于外汇银行之间、外汇银行与其他外汇市场交易主体之间,为买卖双方联系接洽外汇买卖,从中赚取佣金(Brokerage)的经纪公司或个人。外汇经纪人的主要作用是提高外汇市场交易效率,因为外汇经纪人与外汇银行和客户之间联系密切,了解各种信息并能及时把握外汇市场行情,所以在接受客户的委托之后,外汇经纪人一般总能在较短的时间内为客户找到合适价格上的交易对象。

(四) 中央银行

中央银行是外汇市场上的另一个重要交易主体。中央银行行使金融管理和监督职能,如进行公开市场操作以稳定汇率。各国的中央银行都持有相当数量的外汇作为国际储备的重要组成部分,同时承担着维持本国货币金融稳定的职责。所以,中央银行经常通过购买或抛出某种外汇的方式来对外汇市场进行干预,从而实现本国货币汇率政策的意图。一般情况下,中央银行在外汇市场上的交易数额并不是很大,但是其影响非常广泛。因为外汇市场的参与者都密切关注着中央银行的一举一动,以便能及时获取政府宏观经济决策的有关信息,所以中央银行在外汇市场上的一个微小举措,都会对一国货币汇率产生重大影响。有时,几个国家的中央银行甚至会联手对外汇市场进行干预,此时的效果就会更为明显。

三、外汇市场的结构

外汇市场是一个特殊商品的特殊交易市场,有其特有的结构或层次。根据外汇交易主体的不同,可以将外汇市场划分为三个层次:零售市场、同业市场和公开操作市场。

(一)零售市场

零售市场是外汇市场的第一个层次,是指外汇银行与客户之间的外汇交易市场。外汇银行在与客户的交易中成为外汇供求的中介,一方面外汇银行从客户手中买入外汇,另一方面又将外汇卖给客户,从中赚取买卖差价。

(二)同业市场

同业市场是指外汇银行同业之间的外汇交易市场。外汇银行同业之间的外汇交易额度比外汇银行与客户之间的交易额度要大得多,所以同业市场也叫批发市场。外汇银行在与客户进行外汇交易的过程中,会形成各种外汇敞口头寸(Open Position),如多头(Long Position)或空头(Short Position)。外汇银行借助与其他外汇银行之间的外汇交易,将多头抛出、空头补进,及时进行外汇调拨,轧平各种敞口,以规避或减小存在敞口情况下所承担的汇率风险。通常,同业之间的外汇买卖差价小于外汇银行与客户之间的买卖差价。

(三)公开操作市场

公开操作市场是外汇市场交易的第三个层次,是指中央银行与外汇银行之间的外汇交易市场。各国中央银行都持有相当数量的外汇作为国际储备的重要组成部分,为了使本国货币汇率稳定在期望的水平上,中央银行会通过抛出或购入某种国际性货币来干预外汇市场。如果中央银行认为某种外币对本币的汇率高于期望水平,就会抛出这种外币,增加外币的供应量,以降低外币对本币的汇率。

四、外汇交易的结算机制

外汇市场上的外汇交易均涉及货币的国际结算,不同货币的国际结算通常在结算货币国进行,比如美元在国际上的支付,无论是贸易、投资还是外汇买卖,最终都是通过美国银行间各清算账户数额的变动来实现的。也就是说,外汇银行要进行美元交易,必须在美国的银行中有一个对应账户,这个账户就叫作清算账户。在外汇交易的结算日,清算账户将根据交易指令进行相应的借贷操作。

随着计算机通信技术的迅速发展,国际资金结算开始普遍使用电子资金支付系统。

国际结算中主要的电子资金支付系统分别是：环球同业银行金融电讯协会的SWIFT系统、纽约清算所银行同业支付系统（CHIPS）和伦敦票据交换所自动收付系统（CHAPS）。SWIFT是由总部设在布鲁塞尔的环球同业银行金融电讯协会在1977年建立的一个环球同业银行金融信息系统。它通过连接全球各国银行的金融数据通信计算机网络来实现银行外汇交易处理电子化。SWIFT系统为会员银行间多种货币的资金调拨、外汇交易、托收托付、信用证和有价证券交易等业务提供迅速、标准、低成本和安全的服务。SWIFT系统是金融机构国际互联网络，只负责提供金融数据处理服务，不具备资金清算功能。清算通过另外的通汇银行系统进行，例如美国的Fedwire系统、CHIPS系统，英国的CHAPS系统，中国的中国国家金融网络（CNFN）、大额实时支付系统（HVPS）等银行间跨行联网清算系统。而SWIFT系统则把这些不同国家的银行清算系统联系起来，实现国际结算。中国银行在1983年成为SWIFT系统的用户。

例如，中国银行要从法国里昂银行用100万美元按照协议价格USD1=EUR1.100购买欧元，假设中国银行在纽约的清算账户开在美国大通曼哈顿银行。那么，中国银行需要通过其在大通曼哈顿银行的账户拨款至里昂银行在花旗银行的账户。首先，中国银行用SWIFT系统通知大通曼哈顿银行从其账户中拨出美元款项到花旗银行的里昂银行账户。然后，大通曼哈顿银行贷减中国银行资金账户，并通过美国的CHIPS系统进行资金清算，将款项划入花旗银行账户。由于CHIPS系统采用的是当日全部交易由网络抵差的方法，通过美国联邦储备银行的Fedwire系统进行转账清算，因此直到第二日，该笔由大通曼哈顿银行发出的美元款项才能到达花旗银行的里昂银行账户，并由花旗银行用SWIFT系统通知里昂银行到账。清算过程如图4-1所示。

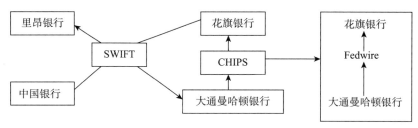

图4-1 外汇清算过程流程示例

五、基本外汇交易

根据交易的本质和实现类型，外汇市场上的交易可以分为基本产品交易和衍生品交易。根据外汇交易交割日期的不同，基本产品交易又可以分为即期外汇交易和远期外汇交易。

（一）即期外汇交易

即期外汇交易（Spot Exchange Transaction）又称现汇交易，是指买卖双方成交后，在两个营业日内办理交割手续的外汇交易。即期外汇交易是外汇市场上最常见、最普遍的交易形式。

1. 即期外汇交易的报价

即期外汇交易的汇率是即期汇率。按照即期外汇市场的报价惯例,通常用五位数表示买卖价,例如某日纽约市场的报价为:

USD1=JPY119.31—119.41(前一个是买入价,后一个是卖出价)

报价的基本单位(市场称基本点)是标价货币最小单位的1%。如日元的最小单位币值为0.01日元,则美元兑日元汇率价中1个基本点为0.0001日元。如果美元兑日元汇率从119.31—119.41上升到119.41—119.51,则市场称该汇率上升了100个基本点或简称为100个点。

通常,各银行的交易员在报价时只取最末两位数,因为前几位数只有在外汇市场发生剧烈动荡时才会发生变化,一般情况下频繁变动的只是最末两位数,比如汇率为138.75—138.85时,就报75/85。

2. 交易与清算过程

银行与客户之间经过询价和报价,确定交易价格和数量,在交易当天或第二天进行即期交易交割,通常这种交割是通过银行账户间的转账完成的。

例如,2005年9月15日,东京外汇市场上,美元与英镑之间的汇率报价为USD1=GBP0.5210—0.5220。中国A公司向美国B银行出售100万美元换取52.1万英镑。该交易要在货币发行国之间完成转账。中国A公司委托美国A银行将其在该银行账户上的100万美元转入美国B银行,B银行在英国的分支机构再将52.1万英镑转入A银行在英国的分支机构,这样就完成了A公司用100万美元换取52.1万英镑的交易全过程。最终,A公司在A银行的美元账户减少了100万美元,英镑账户增加了52.1万英镑。

3. 即期外汇交易的方式

即期外汇交易可分为电汇、信汇和票汇三种方式。

(1)电汇。电汇即汇款人用本币向外汇银行购买外汇时,该行用电报或电传方式通知国外分行或代理行立即付出外汇的即期外汇交易方式。电汇方式下,银行在国内收进本币与在国外付出外汇的时间相隔不过一两天。由于银行不能利用客户的汇款谋利,而国际电报费又很贵,因此电汇汇率最高。

(2)信汇。信汇是指汇款人用本币向外汇银行购买外汇时,由银行开具付款委托书,用航空邮寄的方式通知国外分行或代理行办理付出外汇业务的即期外汇交易方式。信汇方式下,由于付款委托书的传递时间较长,银行有机会利用这部分资金谋利,因此其汇率比电汇汇率低。

(3)票汇。票汇是指外汇银行开立由国外分行或代理行付款的汇票交给购买外汇的客户,由其自带或寄给国外收款人办理结算的即期外汇交易方式。由于票汇也需要花费邮寄时间或旅行时间,银行同样可占用客户的资金,因此其汇率也比电汇汇率低。

随着电子计算机的广泛应用和国际通信的网络化,邮期大为缩短,几种即期外汇交易方式之间的差别正在逐渐消除。目前,电汇汇率已成为外汇市场的基本汇率,其他汇率都以电汇汇率为计算标准。

(二) 远期外汇交易

远期外汇交易(Forward Transaction)又称期汇交易,是指买卖双方成交时,约定在未来某一时间按约定汇率进行交割的外汇交易。远期外汇交易很少超过一年,因为期限越长,交易的不确定性即风险就越大。

1. 远期外汇交易的目的

(1) 套期保值。套期保值(Hedging)是指外汇交易者预计将来某一时间要支付或收入一笔外汇时,买入或卖出同等金额的远期外汇,以避免因汇率变动而造成经济损失的行为。在国际贸易中,从签订合同到清算之间可能有一段较长的时间,在这段时间内,进出口商可能因所使用计价货币的汇率变动而遭受损失,为了避免这种损失,进出口商可以事先向银行买入或卖出远期外汇,到支付或收进货款时,按照原先约定的汇率进行交割。而拥有外币债权或债务的人也可能在收回或偿还资金时因计价货币的汇率变动而遭受损失,因此,他们也可以在贷出或借入资金时,相应地卖出或买入相同期限、相同金额的远期外汇,以规避汇率风险。

套期保值可以分为买入套期保值和卖出套期保值,前者是指将来有一定外汇支出的债务者,先在外汇市场上买入与该外汇负债金额相等、期限相同的远期外汇,以避免因债务的计价货币汇率上升、负债成本增加而造成实际损失的交易行为;后者是指将来有一定外汇收入的债权者,先在外汇市场上卖出与该外汇资产金额相等、期限相同的远期外汇,以防止因债权的计价货币对本币贬值而蒙受汇率损失的交易行为。

例如,我国某出口商出口1 000万美元货物,2006年9月1日双方签订买卖合同,约定三个月后收款。2006年9月1日,外汇市场上美元与人民币的即期汇率为USD1 = CNY7.9800,到2006年12月1日,外汇市场上的即期汇率为USD1 = CNY7.9000。在不采取套期保值措施的情况下,若买方在9月1日收款,则出口商可以得到人民币1 000 × 7.9800 = 7 980(万元),而由于三个月后才收款,12月1日人民币汇率上升,则出口商只能得到人民币1 000 × 7.9000 = 7 900(万元),遭受了80万元的损失。而如果该出口商采取套期保值措施,在9月1日订立合同时,按三个月远期汇率USD1 = CNY7.9600卖出1 000万美元,则到12月1日清算时,一方面收回货款1 000万美元,另一方面通过远期外汇市场到期交割将这1 000万美元按照USD1 = CNY7.9600的价格卖出,得到人民币1 000 × 7.9600 = 7 960(万元)。由于采取了套期保值措施(卖出套期保值),该出口商的损失减少了60万元。

另外,外汇银行为平衡其远期外汇头寸也会进行远期外汇买卖。进出口商及外币资金借贷者为规避汇率风险而进行远期外汇交易,实质上就是把汇率变动的风险转嫁给了外汇银行。外汇银行为满足客户的要求进行外汇交易时,难免会出现同一货币、同一交割期限或不同交割期限的超买或超卖,这样一来,外汇银行就处于汇率变动的风险之中。因此,外汇银行要设法平衡其远期外汇头寸,将不同期限、不同货币头寸的余缺进行抛售或补进,以求得远期外汇头寸的平衡。

(2)外汇投机。投机(Speculation)是交易者根据对汇率变动的预期,有意持有某种外汇的多头或空头,希望从汇率变动中获取风险利润的外汇交易。外汇投机既可以在即期外汇市场上进行,又可以在远期外汇市场上进行。二者的区别在于,由于现汇市场要求马上交割,投机者必须持有足够的外汇,而期汇市场无须马上交割,投机者不必持有巨额资金就能进行交易,所以,期汇投机比较容易操作,成交金额比较大,风险也更高。

外汇投机有两种形式:一种是卖空(Sell Short)或空头(Bear),即先卖后买,投机者预期某种外币汇率将下跌时,就会在外汇市场上以高价预先卖出这种货币的期汇,如果到期时汇率如期下跌,则投机者就可以按照下跌的汇率低价补进现汇,交割远期合约,从而赚取差价利润。另一种是买空(Buy Long)或多头(Bull),即先买后卖,投机者预期某种外汇汇率将上升时,就会在外汇市场上以低价预先买进这种外币的期汇,如果到期时汇率如期上升,则投机者就可以按照上升的汇率卖出这种货币的现汇,交割远期合约,从而获取投机利润。

2. 远期汇率的报价与计算

远期汇率(Forward Exchange Rate)是指远期外汇交易价格,其报价方法有两种,一种是直接标出远期汇率的实际价格;另一种是标出远期汇率与即期汇率的差价,即远期差价(Forward Margin),又称掉期率(Swap Rate)或远期汇水。远期差价分为升水、贴水和平价三种情况。升水(Premium)表示期汇比现汇贵,贴水(Discount)表示期汇比现汇便宜,平价(At Par)表示二者相等。就两种货币而言,一种货币升水,则另一种货币贴水。其计算方法为:

$$远期升(贴)水率 = \frac{远期汇率 - 即期汇率}{即期汇率} \times 100\% = \frac{f-e}{e} \times 100\%$$

$$远期升(贴)水年率 = \frac{远期汇率 - 即期汇率}{即期汇率} \times \frac{360}{T} \times 100\%$$

或

$$= \frac{远期汇率 - 即期汇率}{即期汇率} \times \frac{12}{远期月数} \times 100\%$$

$$= \frac{f-e}{e} \times \frac{12}{远期月数} \times 100\%$$

汇率的标价方法不同,按远期差价计算远期汇率的方法也不同。直接标价法下,远期汇率=即期汇率+升水值,或远期汇率=即期汇率-贴水值;间接标价法下,远期汇率=即期汇率-升水值,或远期汇率=即期汇率+贴水值。

如果报价中将买、卖价全都标出,且远期汇水也有两个数值,则不考虑标价方法的区别,可掌握下列规则:

(1)若远期汇水前大后小,则表示单位货币远期贴水,计算远期汇率时应用即期汇率减去远期汇水值。

例如，伦敦某外汇银行报价为：即期汇率 GBP1＝USD1.6040—1.6050，三个月远期汇水为 80/64，则远期汇率为：

GBP1＝USD1.6040－0.0080—1.6050－0.0064

所以，三个月远期汇率为 GBP1＝USD1.5960—1.5986。

（2）若远期汇水前小后大，则表示单位货币远期升水，计算远期汇率时应用即期汇率加上远期汇水值。

例如，巴黎某外汇银行报价为：即期汇率 ERO1＝USD1.3300—1.3600，三个月远期汇水为 20/30，则远期汇率为：

ERO1＝USD1.3300＋0.0020—1.3600＋0.0030

所以，三个月远期汇率为 ERO1＝USD1.3320—1.3630。

通常，重要财经媒体会对某些外汇市场前一日的收盘价进行报道。

3. 远期外汇交易的方式

远期外汇交易的方式有两种，即固定交割日的远期外汇交易和选择交割日的远期外汇交易。

（1）固定交割日的远期外汇交易（Fixed Maturity Date Forward Transaction）即交易双方事先约定在未来某个确定的日期办理交割手续的远期外汇交易。这是实际中比较常用的一种远期外汇交易方式，但是缺乏灵活性和机动性。

（2）选择交割日的远期外汇交易（Optional Maturity Date Forward Transaction）即主动请求交易的一方可以在成交日的第三天起到约定日期期限内的任何一个营业日，要求交易的另一方按照事先约定的远期汇率办理交割手续的远期外汇交易。

4. 无本金交割远期外汇交易

无本金交割远期外汇交易（Non-deliverable Forward Contract, NDF）是指交易双方在签订买卖合同时，不需要交付资金凭证或保证金，合同到期时亦不交割本金，只需就双方议定的汇率与到期日即期汇率间的差额进行清算并收付的一种交易工具。它是一种衍生性质的金融交易工具。由于发展中国家的本国货币不能自由兑换，但有时使用广泛，因此为了满足其避险等需要便产生了这种交易方式。

例如，一家日本公司向中国客户供货，货款人民币 1 000 万元，如果 6 个月后人民币贬值，则 1 000 万元人民币可兑换的美元将减少，日本公司会得到较少的美元，从而产生汇率风险。为了锁定风险，这家日本公司卖给汇丰银行无本金交割的远期合约，金额为人民币 1 000 万元，期限为 6 个月，汇率为 USD1＝CNY8.35，如此计算，这笔钱应该是 119.7605 万美元。6 个月后，如果人民币贬值，则差额由汇丰银行支付，若贬值到 USD1＝CNY8.5，则该公司可以从汇丰银行获得其在现汇市场上损失的差额 2.1134 万美元。但是 6 个月后，如果人民币升值，则该公司应向汇丰银行支付差额。

由于 NDF 不需要有真实的贸易背景，因此投资者可以利用 NDF 进行投机，炒作 NDF

并从中谋取暴利。NDF业务允许提前交割或平仓,投资者可以根据自己的预期、判断提前进行交割以获利。例如,某台商与开办NDF业务的荷兰银行上海分行签订了一份在境外操作NDF业务的合同,并缴纳了一定金额的外汇担保(一般是美元),该银行就可以代理客户在香港市场上操作人民币NDF业务了。银行从该业务中收取一定比例的手续费。台商交给银行的外汇担保无须汇到境外,只需荷兰银行上海分行通知荷兰银行香港分行操作NDF业务即可,赚取的利润存入境外银行账户。所以NDF业务不涉及本、外币资金跨境流动的问题。

目前,中资企业还不允许从事NDF业务,但是对于"走出去"的企业,即对外投资的企业,其避险保值十分需要从事境外NDF业务。随着中资企业对外投资的增加,NDF业务在中国可能会逐步走向合法化。

(三)套汇交易

套汇(Arbitrage)是指利用不同外汇市场上不同种类和不同交割期限的货币在汇率上的差异,在不同市场上进行低买高卖,从而赚取差价利润的交易行为。按照汇率差异,套汇交易可以分为两种,一种是时间套汇,另一种是地点套汇。

1. 时间套汇

时间套汇(Time Arbitrage)又称掉期交易(Swap),是指将货币相同、金额相等、方向相反、交割期限不同的两笔或两笔以上的外汇交易结合进行的套汇交易。其实质也是一种套期保值。

(1)按照交割期限的不同,可以把掉期交易分为即期对远期的掉期交易、明日对次日的掉期交易和远期对远期的掉期交易。①即期对远期(Spot Against Forward)即在买进或卖出一笔现汇的同时,卖出或买进相等金额的同种货币的期汇。交割期限大都为1星期、1个月、2个月、3个月、6个月。这是外汇市场上最常见的掉期交易形式。②明日对次日(Tomorrow-Next or Rollover)即在买进或卖出一笔现汇的同时,卖出或买进同种货币的另一笔现汇,但两笔即期交易交割日不同,一笔是在成交后的第二个营业日(明日)交割,另一笔反向交易是在成交后的第三个营业日(次日)交割。这种交易常常用于银行同业间的隔夜拆借。③远期对远期(Forward to Forward)指同时买进并卖出两笔金额相等,但是交割期限不同的期汇。这种掉期交易主要被转口贸易中的中间商使用。

(2)掉期交易的作用:①调整起息日(交割日)。例如,一家美国公司1月份预计4月份将收到一笔英镑货款,为防范汇率风险,公司按远期汇率同银行续做了一笔三个月远期外汇交易,买入美元,卖出英镑,起息日为4月1日。但到了3月底,公司得知对方将推迟付款,在5月1日才能收到货款,于是,公司可以通过一笔即期对远期的掉期交易(即期买入英镑,远期卖出英镑),将4月1日的头寸转换至5月1日。②套期保值,防范汇率风险。例如,一家日本公司向美国出口产品,收到货款500万美元,该公司需要将货款兑换成日元用于支出,同时需要从美国进口原材料,并将于三个月后支付500万美元的货款。此时,公司可以采取以下措施:续做一笔三个月的美元对日元的掉期交易,即期卖出 500 万美元,买入相应的日元;三个月远期买入 500 万美元,卖出相应的日元。通过上述交易,公司可以轧平其资金缺口,达到规避汇率风险的目的。

2. 地点套汇

地点套汇(Space Arbitrage)是指利用同一时间不同外汇市场上的汇率差异,在低价市场上买进外汇,在高价市场上卖出外汇,从中赚取差价的一种套汇交易。地点套汇可以分为两角套汇和三角套汇。

(1) 两角套汇又称直接套汇,是指利用同一时间两个外汇市场上的汇率差异,一买一卖获得利润的行为。例如,同一时间,纽约外汇市场上英镑对美元的汇率报价为 GBP1 = USD1.90,而伦敦外汇市场上英镑对美元的汇率报价为 GBP1 = USD1.98。两个外汇市场上的汇率报价不同,于是套汇机会出现,套汇者便会在纽约外汇市场上买进英镑,同时在伦敦外汇市场上卖出英镑。在不考虑交易费用的情况下,该套汇者每英镑买卖可以获得 0.08 美元的利润。套汇机会的出现将引起众多套汇者参与套汇,从而导致两个外汇市场的汇率相等。例如上例中,纽约外汇市场和伦敦外汇市场的这种汇率差异,将会吸引许多套汇者在纽约外汇市场上买进英镑,同时在伦敦外汇市场上卖出英镑,这样会使得纽约外汇市场上英镑的需求量增大,而伦敦外汇市场上英镑的供给量增大,受到这种供求变化的影响,英镑在纽约外汇市场上的价格将上升,而在伦敦外汇市场上的价格将下降,直到两个市场汇率相等,不存在套汇机会(不考虑交易费用)。

(2) 三角套汇又称间接套汇,是指利用同一时间三个不同外汇市场上出现的两种货币套算汇率与实际汇率的差异,在三地进行外汇买卖,获得差价利润的行为。例如,同一时间,纽约、东京、香港三个外汇市场上的汇率报价如下:

纽约外汇市场 USD1 = HKD7.81

东京外汇市场 USD1 = JPY118.00

香港外汇市场 HKD1 = JPY15.86

根据纽约外汇市场 USD1 = HKD7.81 和东京外汇市场 USD1 = JPY118.00 可以套算出日元对港币的交叉汇率为 HKD1 = JPY15.11(HKD7.81 = JPY118.00,从而 HKD1 = JPY $\frac{118.00}{7.81}$ = JPY15.11),而在香港外汇市场上的实际报价为 HKD1 = JPY15.86,即套算汇率与实际汇率不相等,套汇机会出现。套汇者可以以图 4-2 中三角形任意一点为起点,按照箭头标注的方向进行套汇。比如,套汇者可以从香港开始,在香港外汇市场上用 1 港元兑换 15.86 日元,再在东京外汇市场上用这 15.86 日元兑换大约 $\frac{15.86}{118.00}$ 美元,最后在纽约外汇市场上用这些美元兑换港元,可以得到 $\frac{15.86}{118.00} \times 7.81 \approx 1.0497$ 港元。在不考虑交易费用的情况下,该套汇者每港元买卖可获得 0.0497 港元的利润。

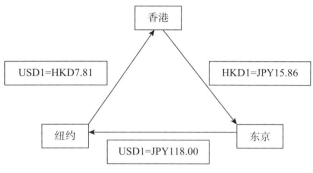

图 4-2 三角套汇过程示例

那么,如何判断市场上是否存在套汇机会呢?有两种方法可以选择,一种是先根据两个外汇市场上的报价套算出两种货币的套算汇率,然后与第三个外汇市场上的实际报价相比较,如果二者存在差异,则存在套汇机会(不考虑交易费用),否则,不存在套汇机会。另一种是连续乘积法,也是比较常用的方法,即将三个外汇市场上的有关汇率按照同一标价方法(都用直接标价法或都用间接标价法)表示,然后将其相乘,如果乘积等于1,则不存在套汇机会,如果乘积不等于1,则存在套汇机会。

需要注意的是,只要有足够数量的套汇资金在国际市场上自由流动,套汇活动就会使不同市场、不同货币之间的汇率趋于一致,因为套汇者的套汇行为会使不同市场上有关货币的供求关系发生变化,从而使在某外汇市场上被高估的货币趋于贬值,被低估的货币趋于升值。

第三节 外汇衍生品交易

随着国际金融市场的不断发展和交易者需求的不断多样化,外汇市场上产生了对外汇衍生品的需求,推动外汇衍生品的不断发展和创新。外汇衍生品交易主要包括外汇期货交易和外汇期权交易。

一、外汇期货交易

外汇期货(Foreign Exchange Future)又称货币期货(Current Future),是指交易双方在未来某一规定的时间,依据合约规定的汇率,以一种货币交换另一种货币的标准化合约。

(一)外汇期货交易的特点

1. 合约单位标准化

外汇期货交易与商品指数期货、股票指数期货、黄金期货和利率指数期货交易一样,都是场内交易,是在期货交易所内进行的标准化合约交易。合约单位一般用一定数量的货币单位来表示,但不同的币种,其合约单位也有所不同。另外,期货合约月份也是标准化的,有 3 月份合约、6 月份合约、9 月份合约和 12 月份合约等。各种货币的期货合约均用美元标价交易,标价方法适用美元标价法。英镑、欧元、日元的合约单位如表 4-2 所示。

表 4-2　国际主要货币期货合约单位

货币	单位
英镑	62 500
欧元	125 000
日元	12 500 000

资料来源:根据相关文献整理绘制。

注:其他货币的期货合约单位:澳大利亚元 100 000,巴西雷亚尔 100 000,加拿大元 100 000,墨西哥比索 500 000,新西兰元 100 000,俄罗斯卢布 500 000,南非兰特 500 000,瑞士法郎 125 000。

2. 每日价格波幅限制

外汇期货交易与其他期货交易一样,存在每日价格上下浮动的限额,它以上一个交易日的收盘价为基准制定上限额和下限额。各交易所为保证期货交易的顺利进行,防止出现混乱,都规定有"停板额",即当日价格的最大波动限额,一旦价格超过这个限额,交易所即停止交易。

3. 高杠杆性

期货交易的参与者既有投机者又有避险者,但投机者通常多于避险者,因为期货交易具有很高的杠杆性,可以以小博大,客户只要缴纳相当于合约金额 5%—15% 的初始保证金,就可以参与交易。

4. 交易了结

外汇期货交易的了结方式有两种:合约对冲和实物交割。通常情况下,外汇期货交易了结采用合约对冲方式,不进行实物交割。合约对冲就是对持有的外汇期货合约进行相同数量的反向操作,如先买后卖或先卖后买。如果持有外汇期货合约的公司在合约交割日之前不打算继续持有该合约头寸,则其可以在外汇市场上通过卖出相同合约实现头寸的对冲。合约前后的买卖价格将决定其是否盈利。

5. 期货合约价格

期货合约的价格波动与现货合约的价格波动具有趋同性,并且与人们对合约交割日现货合约价格的预期相一致。如果现货合约的价格在一个月内上涨幅度很大,则期货合约的价格也很可能以相同的幅度上涨,在这种情况下,在期货市场上先买后卖将实现盈利;相反,现汇合约价格的下跌也将使期货合约的价格下跌,在这种情况下,在期货市场上先买后卖将导致亏损。当然,在这种情况下,如果期货合约的买方决定不将合约头寸进行对冲,则随着时间的推移,该合约头寸产生的亏损将会增加。

(二) 外汇期货交易和远期外汇交易的区别

1. 交易场所和时间不同

外汇期货交易在固定的交易场所(期货交易所)和规定的交易时间内,通过公开竞价进行,交易的竞争性很强。而远期外汇交易是一个柜台交易(Over-the-Counter Transaction),没有固定的交易场所和交易时间,是在银行同业之间、银行与经纪人之间,以及银行与客户之间通过通信工具直接进行的交易。

2. 标准化程度不同

外汇期货交易对交易币种、合约金额、交割月份、交割方式、交割地点以及合约价格波动的上下限等都有规定。外汇期货交易的标准化特征,既简化了交易手续、降低了交易成本,又防止了因交易双方对合约条款的不同理解而可能出现的争议和纠纷,同时也提高了合约的流动性。相比之下,远期外汇交易则由交易双方根据其需要自行商定交易细节,缺乏流动性。

3. 避险效果不同

在期货市场上不一定能实现完全避险。如果即期汇率的变动对企业不利,则期货交易应获利。但是,期货市场上的获利可能并不能抵补企业在即期外汇市场上蒙受的汇率损失。因此,为了实现期货完全避险,有必要对期货最佳避险比率进行估计。而远期外汇交易可以使客户在将来按照某一个固定价格进行交割,因此,它可以实现完全避险。

4. 保证金要求不同

外汇期货交易的买方和卖方在交易时需要缴纳一定比例的保证金(Margin),但不必按合约规定金额全部付清,因此外汇期货交易实际上是一种买卖保证金的交易行为。远期外汇交易不需要缴纳保证金,只要在规定的时间内进行交易,按约定的金额一次性交割即可,但由于不缴纳保证金,需要对交易者的信誉进行评估,并控制其风险。每一份外汇期货合约的初始保证金一般在1 000美元到2 000美元之间,因此,外汇期货交易具有很高的杠杆性。

5. 交易成本不同

外汇期货交易总是涉及佣金支付,并且发生在期货合约对冲和实物交割之时。而远期外汇交易的成本都包含在远期汇率中,因此不涉及佣金支付。

6. 结算制度和保证措施不同

进行外汇期货交易的买方和卖方不直接进行交易,而是通过经纪人间接进行,并且分别与清算机构进行结算。清算机构根据每日结算价格计算盈亏并划账,具体反映在保证金的增减上,盈余则保证金金额增加,可以提取;亏损则保证金金额减少,需予以补足。外汇期货交易的这种结算制度被称为"逐日盯市"(Marking to the Market)的结算原则。清算机构是交易双方共同的第三方,对买方和卖方的履约进行担保,买卖双方之间没有信用风险。远期外汇交易的交易双方则直接进行交易,没有清算机构,交易双方的履约没有保障,存在信用风险。

7. 交割方式不同

外汇期货合约到期后通常不进行交割,如果持有外汇期货合约的公司在合约交割日之前不打算继续持有该合约头寸,则其可以在外汇市场上通过卖出相同合约实现头寸的对冲。远期外汇合约到期后大多需要进行交割。

(三) 外汇期货交易的策略

1. 外汇期货套期保值

在国际贸易活动中,债权人和债务人为了防止其将要收回的债权或将要支付的债务因计价货币升值或贬值而遭受损失,将汇率风险控制在一定范围内,会在外汇期货市场上续做一笔与现货头寸相反、期限对称、金额相等的外汇期货交易,以达到保值的目的。这种保值性交易可以分为多头套期保值(Long Hedge)和空头套期保值(Short Hedge)。

(1) 多头套期保值是指买入外汇期货合约为外汇支付避险,即在即期外汇市场上处于空头地位(即拥有外币负债)的交易者,为了防止将来偿付外币时汇价上升使外币债务的本币成本上升,而在外汇期货市场上做一笔相应的买进交易。

例如,一家美国公司从德国进口货物,将在一个月后支付 26 万欧元,该公司希望利用期货交易规避欧元升值风险。假设当前外汇市场上的即期汇率为 EUR1 = USD1.2221,所选择的期货合约的价格为 EUR1 = USD1.2247;一个月后即期汇率为 EUR1 = USD1.2351,而相同期货合约的价格为 EUR1 = USD1.2367。

根据上述条件分析如下:

第一,公司买入两份(每份 12.5 万欧元)欧元期货合约,一个月后再将期货合约卖出实现对冲,期货交易赚得的利润(忽略佣金税收等成本)为:

$$(1.2367 - 1.2247) \times 125\,000 \times 2 = 3\,000(美元)$$

第二,一个月后如果从即期外汇市场买进欧元,则因汇率升值而多支付的美元成本为:

$$(1.2351 - 1.2221) \times 260\,000 = 3\,380(美元)$$

这里,外汇期货避险的利润没有实现完全抵补公司在即期外汇市场上蒙受的汇率损失,原因有两个:一是合约的标准化使公司有 1 万欧元没有规避风险,由此造成 130 美元的额外损失[(1.2351-1.2221)×(260 000-250 000)];二是基差风险,即期货合约的价格虽然与即期外汇市场的价格波动是同向的,但变动幅度不同,由此造成 250 美元的额外损失[(0.013-0.012)×125 000×2]。

(2) 空头套期保值是指卖出外汇期货合约为外汇收入避险,即在即期外汇市场上处于多头地位(即拥有外币资产)的交易者,为了防止将来外币的汇价下跌,而在外汇期货市场上做一笔相应的卖出交易。

例如,一家英国公司在不久的将来有一笔出口收入,但预期该出口计价货币将贬值,该公司当前可以在期货市场上卖出期货合约。如果该公司结算出口收入时该计价货币贬值,则它可以将期货合约对冲所实现的利润抵补或部分抵补其因在即期外汇市场上卖出该货币所实现的本币收入的减少。当然,进行期货合约的实物交割也可以达到同样的目的。

2. 外汇期货投机

期货交易具有高杠杆性,可以以小博大。根据对外汇市场走势的预期和判断,投机者可以通过买卖外汇期货合约,从中赚取买卖差价。当然,一旦投机者的预期是错误的,其将承担投机损失。

例如,假设 7 月 7 日,合约单位为 500 000 墨西哥比索的 9 月份期货合约的价格为 MXN1 = USD0.09,在这一天,投机者预期墨西哥比索将贬值并卖出墨西哥比索的期货合约。到了 9 月 17 日(结算日),如果墨西哥比索的即期汇率为 MXN1 = USD0.08,则立即按照即期汇率买入墨西哥比索可使投机者获得 5 000 美元的收益(卖出墨西哥比索所收入的 45 000 美元与即期外汇市场上买入墨西哥比索所支付的 40 000 美元之差)。如果不考虑初始保证金,则具体交易步骤为:

第一步,7 月 7 日卖出期货合约,到结算日将得到 45 000(= 0.09×500 000)美元;

第二步,9 月 17 日买入现货墨西哥比索,即期支付 40 000(= 0.08×500 000)美元;

第三步,9 月 17 日结算期货合约,即卖出墨西哥比索并收入 45 000 美元。

如果不考虑初始保证金,则投机者获得的收益 = 45 000 - 40 000 = 5 000(美元)。

二、外汇期权交易

外汇期权(Foreign Exchange Option)是指期权的买方在向卖方支付了一笔不可退回的期权费(Premium)之后,便得到按照协议价格(Exercise Price)买入或卖出规定数量的某种货币的权利,买方也可以放弃其权利。对于期权买方而言,其所承担的最大损失是事先支付的期权费,而其可能实现的收益却是无限的。对于期权卖方而言,其在期权交易中的收益是期权费,为出售期权而承担的风险却是无限的。

(一)期权的种类

1. 按照期权合约赋予期权购买者的权利不同划分

按照期权合约赋予期权购买者的权利不同,期权可以划分为看涨期权(Call Option)和看跌期权(Put Option)。

看涨期权是期权买方在期权合约到期时或在到期日之前按照敲定价买入某种货币的权利,即买权。通常,有未来外币支付的债务人会买入看涨期权以规避计价外币升值的风险。

看跌期权是期权买方在期权合约到期时或在到期日之前按照敲定价卖出某种货币的权利,即卖权。通常,有未来外币收入的债权人会买入看跌期权以规避计价外币贬值的风险。

2. 按照期权买方可以执行期权的时限不同划分

按照期权买方可以执行期权的时限不同,期权可以划分为美式期权(American Style Option)和欧式期权(European Style Option)。

美式期权是一种允许期权买方在到期日之前的任何交易日宣布执行或放弃交易的期权。

欧式期权是只能在到期日宣布执行或放弃交易的期权。

3. 按照交易地点不同划分

按照交易地点不同,期权可以划分为场内期权(Exchange Traded Option)和场外期权(OTC Option)。

场内期权一般在交易所内进行交易。而场外期权则是银行与客户在柜台前或通过电信手段完成交易的。

(二) 期权价格及其影响因素

期权价格也就是买入期权所需支付的费用。期权价格取决于两个因素:内在价值(Intrinsic Value)和时期价值(Time Value)。

1. 期权的内在价值

期权的内在价值是指期权合约持有者立即行使期权合约所产生的资产增值或利润,表现为即期市场价格与协定价格之差。在看涨期权中:

$$I_c = \max(S_T - X, 0)$$

式中,I_c 为看涨期权的内在价值,S_T 为即期市场价格,X 为执行价格,即看涨期权的内在价值是即期市场价格高于执行价格的那部分价值,也就是凭借期权可以低价买进所获得的收益。在看涨期权中,执行价格越低,期权的内在价值越高,反之越低。当即期市场价格等于或低于执行价格时,期权的内在价值等于零。内在价值最小为零,不可能为负,因为期权买方可以放弃执行期权。

在看跌期权中:

$$I_p = \max(X - S_T, 0)$$

式中,I_p 为看跌期权的内在价值,S_T 为即期市场价格,X 为执行价格,即看跌期权的内在价值是即期市场价格低于执行价格的那部分价值,也就是凭借期权可以高价卖出的收益。在看跌期权中,执行价格越高,期权的内在价值越高,反之则越低。当即期市场价格等于或高于执行价格时,期权的内在价值为零。

期权的内在价值分为三种状态:实值期权(In the Money)、虚值期权(Out of the Money)和平价期权(At the Money)。对于看涨期权来说,当即期市场价格高于执行价格时就是实值期权,当即期市场价格低于执行价格时就是虚值期权,当即期市场价格等于执行价格时就是平价期权。对于看跌期权则相反。总之,当合约处于实值状态时,期权的内在价值为正。

2. 期权的时期价值

期权的时期价值是指期权因市场汇率存在向有利价格方向变化的可能性而具有的价值,表现为期权总价值与内在价值的差额,即期权的时期价值=期权总价值-内在价值。

如表4-3所示,影响期权时期价值的因素有:

(1) 即期汇率与协定汇率的差值。也就是期权的内在价值,该差值越大,时期价值越低,即陷得越深,实值、虚值之间反转的可能性越小。当内在价值为零时,时期价值最高。

(2) 距到期日的时间。距到期日的时间越长,时期价值就越高,期权费也就越高。在到期日那一天,时期价值最低,为零。

(3) 价格(汇率)的波动性。价格(汇率)波动越大,期权的时期价值越高。

(4) 无风险利率。利率是对机会成本及风险的补偿,其中对机会成本的补偿部分即为无风险利率,一般同期的国债利率代表对机会成本的补偿。无风险利率越高,期权的时期价值越高;反之,无风险利率越低,期权的时期价值越低。

表 4-3 影响期权时期价值的因素

因素	欧式期权		美式期权	
	看涨期权	看跌期权	看涨期权	看跌期权
即期汇率	正	负	正	负
协定汇率	负	正	负	正
距到期日的时间	不确定	不确定	正	正
价格(汇率)波动	正	正	正	正
无风险利率	正	负	正	负

(三) 外汇期权交易的策略

外汇期权交易可以为交易者提供一种风险保护,同时也可以作为一种盈利手段。因此,对于跨国企业和银行来说,外汇期权交易有两个主要用途,即抵补外汇风险和盈利。对于利用外汇期权交易进行投机的投机者来说,若其预期外币将升值,则其会买进外币看涨期权,反之则会买进外币看跌期权。

1. 外汇期权套期保值

如果企业有将来应付、应收款,或在国际投标中存在外币开支不确定性,或计划兼并外国公司成本存在不确定性,那么其都可以利用外汇期权进行套期保值,以降低汇率风险。未来有外币支付的进口商为防止计价货币升值可以在外汇期权市场上买入这种货币的看涨期权,若未来该货币真的升值,则该进口商可以按照低于即期汇率的敲定价购买外币用于支付,从而规避汇率风险。

例如,一家美国公司已经对一份合同报出欧元价格,如果合同顺利成交,则它将在两个月后收到220万欧元的项目款,随后这笔收入会在即期汇率市场上立即兑换成美元。当前的即期汇率为EUR1=USD1.35,虽然当前欧元表现出强劲的攀升势头,但公司依然担心欧元会有悖于预期走势而疲软,导致汇率大幅度下跌。因此,公司决定买进欧元看跌期权,协定价格为EUR1=USD1.30,期权费为每欧元0.04美元,合约金额为220万欧元,期限为两个月。根据上述条件分析如下:

该公司购买期权必须支付的期权费为0.04×220=8.8(万美元)。无论将来是否行使期权,公司都必须支付这笔费用,这也是该公司在这笔期权交易中的最大可能损失。假设两个月后可能出现以下三种情况:

第一,欧元汇率并未如预期下跌或下跌幅度非常小,到期汇率高于EUR1=USD1.30,则公司会选择不行使期权,得到的美元收入将多于277.2万美元。假设汇率变为EUR1=USD1.38,则公司将到期收到的220万欧元直接在即期汇率市场上兑换成美元,可以得到220×1.38=303.6(万美元),扣除支付的期权费,公司净收入为303.6-8.8=294.8(万美元)。该公司的净损失为期权费8.8万美元。

第二,欧元贬值,假设汇率变为EUR1=USD1.28,则公司会选择行使期权。通过行使期权,公司可以获得的美元收入为220×1.30=286(万美元),扣除期权费,净收入为286-8.8=277.2(万美元)。如果没有通过期权交易进行套期保值,则公司到期能获得的美元收入为220×1.28=281.6(万美元),因此,公司有4.4(=281.6-277.2)万美元的净损失。通过行使期权,公司降低了净损失。

第三,欧元汇率如预期大幅度下跌,假设为EUR1=USD1.25,则公司会选择行使期权,到期获得的美元收入为220×1.30=286(万美元),扣除期权费用,净收入为286-8.8=277.2(万美元)。如果没有通过期权交易进行套期保值,则公司到期获得的美元收入为220×1.25=275(万美元),因此,公司通过行使期权,获得2.2(=277.2-275)万美元的净收益。将上述过程用表4-4表示如下。

表4-4 套期保值者买入欧元看跌期权为应收款套期保值的结果

到期即期汇率	买方是否行使期权	卖方的美元收入（万美元）		买方的净收益（万美元,负值表示亏损）
$e^f \geq e^0$	不行使	8.8	-8.8	$R_1 = -8.8$
$1.26 < e^f < e^0$	行使	$8.8 - 220 \times$ $(e^0 - e^f)$	$(e^0 - e^f - 0.04) \times 220$	$-8.8 < R_2 < 0$
$e^f \leq 1.26$	行使			$R_3 > 0$

注:e^f表示到期的即期汇率,e^0表示执行价格,R_i表示第i种情况下的看涨期权买方收益。

2. 外汇期权投机

在外汇市场上,如果投机者预期某种货币未来将升值,则会选择买入这种货币的买权,即看涨期权。对于看涨期权买方而言,如果到期该种货币如预期那样升值,则买方会选择行使该期权,买方收益为正,而卖方收益为负。如果投机者预期某种货币未来将贬值,则其会选择买入这种货币的卖权,即看跌期权。对于看跌期权的买方而言,如果到期该种货币如预期贬值,则买方会选择行使该期权,买方收益为正,而卖方收益为负。

例如,某投机者预期未来英镑将升值,其遂买入一份英镑的看涨期权。假设当前即期汇率为 GBP1=USD1.95,协定价格为 GBP1=USD2.00,期权费为每英镑 0.04 美元,合约金额为 25 000 万英镑,期限为三个月。根据上述条件分析如下:

在购入看涨期权时,该投机者必须支付的期权费为 0.04×25 000=1 000(万美元),这是该投机者的最大可能损失。假设三个月后可能出现以下三种情况:

第一,英镑并未升值,或者升值幅度很小,到期汇率低于 GBP1=USD2.00,则该投机者会选择放弃行使期权,因为该投机者可以在即期外汇市场上以低于协定价格的成本购到英镑。此时,该投机者的收益为负的期权费用,即-1 000 万美元。

第二,英镑升值,到期汇率高于 GBP1=USD2.00,但是低于 GBP1=USD2.04,此时,该投机者会选择行使期权,因为虽然不能获得正的收益,但是可以减少其损失。假设汇率变为 GBP1=USD2.02,投机者行使期权,则以协定价格购买英镑需要支出 2.00×25 000=50 000(万美元),加上事先支付的期权费 1 000 万美元,共支出 51 000 万美元,通过在即期外汇市场上卖出这笔英镑,该投机者可以获得收入 2.02×25 000=50 500(万美元),则其净收益为 50 500−51 000=−500(万美元)。

第三,英镑升值幅度较大,汇率高于 GBP1=USD2.04,则该投机者会选择行使期权,其将获得正的收益。假设汇率变为 GBP1=USD2.06,投机者行使期权,则该投机者以协定价购买英镑需要支出 2.00×25 000=50 000(万美元),加上事先支付的期权费 1 000 万美元,共支出 51 000 万美元,通过在即期外汇市场上卖出这笔英镑,可以获得收入 2.06×25 000=51 500(万美元),则其年收益为 51 500−51 000=500(万美元)。英镑升值幅度越大,该投机者所获得的收益就越大。将上述过程用表 4-5 表示如下。

表 4-5 投机者买入英镑看涨期权的损益

到期即期汇率	买方是否行使期权	卖方的美元收入(万美元)	买方的净收益(万美元,负值表示亏损)	
$e^f \leq e^o$	不行使	1 000	−1 000	$R_1=-1\ 000$
$e^o < e^f < 2.04$	行使	1 000−25 000×(e^f-e^o)	$(e^f-e^o-0.04)\times 25\ 000$	$-1\ 000 < R_2 < 0$
$e^f \geq 2.04$	行使			$R_3 > 0$

注:e^f 表示到期的即期汇率,e^o 表示执行价格,R_i 表示第 i 种情况下看涨期权买方的收益。

本章小结

1. 外汇有静态和动态两种含义,通常所说的外汇是指静态的狭义外汇,即以外币表示的可用于国际结算的支付手段。外汇与外币是不同的概念,一种外币只有具备了必要的条件才能被称为外汇。

2. 汇率又称汇价,是指两种货币兑换的比率,也就是一种货币用另一种货币表示的价格。汇率的标价方法有直接标价法和间接标价法两种。包括我国在内的大多数国家使用的是直接标价法。

3. 按照不同的标准,汇率有不同的分类:买入和卖出汇率、基本和套算汇率、即期和远期汇率,以及名义和实际汇率。

4. 外汇市场是指各种机构和个人进行外汇买卖或货币兑换的场所或交易系统。外汇市场分为三个层次:零售市场、同业市场和公开操作市场。

5. 外汇交易可以分为基本产品交易和衍生品交易,其中,基本产品交易又可以分为即期外汇交易和远期外汇交易。外汇期货交易和外汇期权交易属于衍生品交易。

6. 套汇活动是使全球各地的外汇市场汇率保持一致的主要因素。只要有足够数量的套汇资金在国际上自由流动,套汇活动就会使不同市场、不同货币之间的汇率趋于一致。

7. 若不同外汇市场上的汇率出现差异,则会出现套汇机会。套汇可以分为两角套汇和三角套汇。其中,三角套汇机会可以通过套算汇率识别。

8. 外汇交易会通过影响外汇市场上的货币供求关系从而影响汇率波动,最终导致跨国企业现金流量及资产变化。

本章习题

1. 什么是外汇?外币与外汇的区别是什么?汇率有哪些主要的分类?
2. 什么是外汇市场?外汇市场的层次和外汇市场的交易主体主要有哪些?
3. 套汇和套利的概念是什么?如何判断是否存在套汇和套利机会?
4. 假设某外汇市场上报价如下:

    GBP1 = USD1.9825—1.9835

    USD1 = JPY120.1292—120.1304

请通过上述外汇市场报价计算英镑与日元之间的汇率。

5. 假设人民币与美元之间的即期汇率报价为:

    USD1 = CNY7.8067—7.8078

三个月远期汇率报价为:

    USD1 = CNY7.7336—7.7351

请计算外汇市场报价的买卖差价率以及人民币对美元的升(贴)水率。

6. Holt获得了泰国两家银行(均位于曼谷)的即期汇率报价。两家银行的报价如下表所示:

银行报价

	Minzu 银行	Soh-at 银行
买入价	THB1 = USD0.0224	THB1 = USD0.0228
卖出价	THB1 = USD0.0227	THB1 = USD0.0229

请判断这些外汇报价是否合适。若不合适,请判断通过从布雷德公司支票账户中抽出 10 万美元,在汇率调整之前进行投机活动所能产生的收益。

另外,Minzu 银行提供的美元和日元报价如下:

Minzu 银行美元、日元报价

	买入价	卖出价
日元的美元价值	JPY1 = USD0.0085	JPY1 = USD0.0086
泰铢的日元价值	THB1 = JPY2.69	THB1 = JPY2.70

请判断泰铢和日元之间的交叉汇率是否贬值。若贬值,请判断从布雷德公司支票账户中抽出 10 万美元,在汇率调整之前进行三角套汇所产生的收益。

7. 某公司正在考虑从费城交易所购买三个月期的英镑看涨期权,金额为 250 000 英镑。协定价格为 GBP1 = USD1.51,期权费为每英镑 0.03 美元。假设当前的即期汇率为 GBP1 = USD1.48,三个月远期汇率为 GBP1 = USD1.51。该公司预测三个月后即期汇率最高为 GBP1 = USD1.57,最低为 GBP1 = USD1.44,最可能的汇率为 GBP1 = USD1.52。

要求:

(1) 计算盈亏平衡点价格;

(2) 用图表表述该公司是否行使期权;

(3) 计算在预期范围内,该公司的收益或损失。

参考文献

1. 瓦尔德斯,莫利纽克斯.国际金融市场导论(第六版)[M].郎金焕,译.北京:中国人民大学出版社,2014.

2. 姜波克,李天栋.人民币均衡汇率理论的新视角及其意义[J].国际金融研究,2006(04):61—67.

3. 张碧琼.国际金融管理学[M].北京:中国金融出版社,2007.

4. 徐奇渊,杨盼盼,刘悦.人民币有效汇率指数:基于细分贸易数据的第三方市场效应[J].世界经济,2013,36(5):37—51.

5. 谭小芬,高志鹏.中美利率平价的偏离:资本管制抑或风险因素?——基于2003—

2015年月度数据的实证检验[J].国际金融研究,2017(4):86—96.

6. BLANCHARDO, et al. The U.S. current account and the dollar[R]. NBER Working Paper Series, No. 11137, 2005.

7. DOBSON W, MASSON P R. Will the renminbi become a world currency?[J]. China Economic Review, 2009, 20(1): 124-135.

8. EICHENGREEN B. The irresistible rise of the renminbi[EB/OL]. (2009-11-23)[2020-09-13]. www.project-syndicate.org/commentary/the-irresistible-rise-of-the-renminbi.

第五章

套利与国际平价关系

本章首先介绍购买力平价理论,揭示通货膨胀、价格和汇率之间的关系;然后阐述利率平价理论,说明抵补套利和未抵补套利的条件,并解释费雪效应;最后介绍汇率预测方法并对其预测效果进行评价,包括技术预测法、基本面预测法、市场预测法和混合预测法。理解汇率形成机制,是科学地预测汇率,以及有效地进行外汇套利和外汇风险管理的前提。

第一节 套利与购买力平价

当一国通货膨胀率相对于另一国上升时,该国出口减少、进口增加,该国本币实际贬值。弄清通货膨胀和利率对汇率的影响,对了解汇率决定机制具有重要意义。本节将通过购买力平价理论解释通货膨胀、价格和汇率之间的关系,并区分名义汇率和实际汇率,这对外汇风险的度量和管理也是非常重要的。

一、套利与一价定律

现实中,预期通货膨胀率与货币即期汇率变动率之间存在一种内在联系,其均衡状态在某种程度上是靠国际商品套利活动来实现或维持的。国际商品套利是指利益主体利用两国物价水平之间的差异,持续将商品从相对价格较低的国家转移到相对价格较高的国家销售,从而赚取价差的交易,这也是国际贸易得以持续的源泉。

国际商品套利持续进行将推动国际商品市场的均衡,即一价定律成立。一价定律(One Price Law)是指在不考虑交易成本的情况下,同种贸易品在世界各地以同一货币表示时,其价格相同。若用公式表示,则一价定律为:

$$P = eP^*$$

式中,P 代表商品的国内价格,P^* 代表商品的国外价格,e 代表直接标价法下的本币汇率。贸易品是指地区间价格差异可以通过套利活动消除的商品;非贸易品是指不可移动或套利成本无限高的商品,如不动产和个人劳务。如果一价定律成立,则商品市场在不同国家之间没有差异,国际贸易或国际商品套利活动就会停止。但现实中,就某一种商品而言,一价定律很难成立,因此国际商品套利活动一直存在。

例如,美国 1 公斤小麦的价格为 6 美元,表示为 $P_A=6$,英国 1 公斤小麦的价格为 3 英镑,表示为 $P_B=3$,两国即期汇率为 1 英镑=1.8 美元。在固定汇率制度下,套利活动带来物价水平的调整,使一价定律成立,英国出口小麦,直到价格调整使 $P_A=P_B\times1.8$ 成立,套利活动才停止;在浮动汇率制度下,套利活动导致外汇市场供求发生变化,进而引起汇率调整,使一价定律成立,英国出口小麦,直到汇率调整使 1 英镑=2 美元成立,套利活动才停止。

一价定律成立是建立在一定假设基础之上的,包括国内外商品完全同质、不考虑交易成本、存在完全竞争的国际市场。这就意味着,国际贸易是完全自由的,厂商是价格的接受者,国内商品和国外商品之间完全可替代等。商品完全同质假设不仅对一价定律成立是重要的,而且对商品期货市场定价也是至关重要的。如果将交易成本考虑进去,则一价定律的公式就变成:

$$P = eP^* + C$$

式中,C 代表从国内某市场将该种商品运到国外某市场时所需要的交易成本。

二、购买力平价理论

购买力平价(Purchasing Power Parity,PPP)理论是现代汇率理论中最有影响力的理论之一。一价定律是商品市场的无套利定价原理,也是购买力平价理论成立的基础条件。在各国放弃金本位制的情况下,购买力平价理论以一国国内外相应物价的对比为汇率决定的依据,一国货币的对外价值也是货币对内价值的体现,货币对内贬值必然引起货币对外贬值,从而较合理地揭示了货币汇率变动的长期原因。其基本思想是:国家之间的预期通货膨胀率与货币即期汇率变动率之间存在一种内在联系,只有使两国货币在国内外购买力相等时的汇率,才是两国货币的均衡价格,其均衡状态在某种程度上需要靠商品套利活动来实现或维持。购买力平价包括绝对购买力平价(Absolute PPP)和相对购买力平价(Relative PPP)两种形式。前者说明了在某一时点上汇率决定的基础,后者则解释了在某一时段里汇率变动的原因。

(一)绝对购买力平价

绝对购买力平价理论认为,商品套利活动引起汇率水平调整,使两国货币汇率等于两国物价水平或购买力的比值,即两国贸易品加权平均价格的比值。如果两国均实行自由贸易,则应当以贸易均衡状态下的汇率为计算商品价格的基础,同时考虑相关国家的通货膨胀问题,以确保汇率能真实反映两国物价变化状况。商品套利活动是使一价定律得以实现或维持的内在市场调节机制,是有关国家的货币之间保持绝对购买力平价的基础。

根据绝对购买力平价的观点,一国之所以需要外币是因为它可用来购买外国的商品、技术或劳务。或者说,本国居民之所以需要外币,是因为外币在其本国市场上具有对一般商品的购买力。因此,以本币交换外币,实质上就是用本国的购买力去交换外国的购买力,而汇率反映的就是两国货币在各自国家所具有的购买力的对比。通常情况下,一国货币购买力的大小是通过该国物价水平的高低反映出来的,即购买力指数是某一时期物价指数的倒数。

假定一价定律对所有贸易品均成立,则绝对购买力平价条件下的货币汇率可以从一组贸易品价格中推断出来。如果两国物价指数编制中各贸易品权重相等,则两国由贸易品加权形成的物价水平与汇率之间存在以下关系:

$$\sum_{i=0}^{n} a_i P_i = e \sum_{i=0}^{n} a_i P_i^*$$

此时,两国货币汇率表达式为:

$$e = \frac{\sum_{i=0}^{n} a_i P_i}{\sum_{i=1}^{n} a_i P_i^*} = \frac{本国贸易品的加权平均价格}{外国贸易品的加权平均价格}$$

式中,P_i 和 P_i^* 分别代表本国与外国第 i 种贸易品的价格,a_i 为两国第 i 种贸易品占总贸易品的权重,e 为直接标价法下的名义汇率。该公式表明商品套利活动引起汇率调整,使两国货币汇率等于两国贸易品加权平均价格或购买力的对比。

现实中,由于存在产品差异、贸易障碍、信息成本、交货滞后、推销和服务等,难以满足一价定律的假设条件,因此,绝对购买力平价在现实中也很难成立。例如,以2000年某日汇率将麦当劳公司的巨无霸产品在不同国家的价格折算成美元,差异很大(见表5-1)。同期,在奥地利是4.2美元,而在中国是1.05美元。

表 5-1 麦当劳公司的巨无霸产品在不同国家的价格比较

国家	当地巨无霸产品的价格	折算成美元的价格	购买力平价预测的汇率	市场汇率
奥地利	39.00 先令	4.20	16.81	9.27
加拿大	2.77 加元	1.99	1.19	1.39
中国	9.00 元人民币	1.05	3.88	8.54
日本	391.00 日元	4.64	168.53	84.20
泰国	48.00 泰铢	1.95	20.69	24.60

资料来源:根据相关文献整理绘制。

(二)相对购买力平价

一个更普遍的观点认为,不同国家货币购买力之间的相对变化,是汇率变动的决定性因素。具体来说,如果一开始两国的即期汇率处于均衡状态,则两国通货膨胀率差异的任何变化都将在未来很长的时间内由即期汇率反向等同大小的变化来抵消。例如,如果美国的通货膨胀率为5%,日本为1%,则日元应该升值4%,从而使两国商品的价格达成一致。因此,预期汇率变动由两国相对通货膨胀率决定。如果本国价格上升快于外国,则预期本币贬值;否则,预期本币升值。

以 e_1 和 e_0 分别表示当期与基期汇率,则根据相对购买力平价有:

$$e_1/e_0 = (P_{h1}/P_{f1}) \div (P_{h0}/P_{f0})$$

即

$$e_1/e_0 = (P_{h1}/P_{h0}) \div (P_{f1}/P_{f0}) = P_h/P_f$$

式中,$P_h = 1 + \pi_h$ 为本国物价水平;$P_f = 1 + \pi_f$ 为外国物价水平;π_h 为本国通货膨胀率;π_f 为外国通货膨胀率。上式可简化为:

$$e_1/e_0 = (1 + \pi_h)/(1 + \pi_f)$$

如果式中 e_0 为当前的即期汇率,则 e_1 为由相对购买力平价决定的预期汇率,其中预期汇率取决于即期汇率以及两国通货膨胀率的对比。

例如,如果预期美元与欧元区的年通货膨胀率分别为5%和3%,且即期汇率为1欧元=1.07美元,那么根据相对购买力平价进行预期,一年后的汇率:

$$e_1 = 1.07 \times (1.05/1.03) = 1.0908(美元)$$

为了进一步分析的需要,我们将上述等式两边减1,得到预期汇率变化率 Δe 为:

$$\Delta e = \frac{1 + \pi_h}{1 + \pi_f} - 1 = \frac{\pi_h - \pi_f}{1 + \pi_f} \approx \pi_h - \pi_f$$

该式表明,某一时期内预期汇率的变动约等于同一时期内两国预期通货膨胀率之差,相较于低通货膨胀率的货币,高通货膨胀率的货币应该贬值。换言之,如果 $\pi_h > \pi_f$,$\Delta e > 0$,即外币资产升值,则投资外币存款收益高于投资本币存款收益;如果 $\pi_h < \pi_f$,$\Delta e < 0$,即外币资产贬值,则投资外币存款收益低于投资本币存款收益。

如图5-1所示,纵轴表示预期汇率变动的百分比,横轴表示预期国内外通货膨胀率之差。购买力平价线上的所有点均满足预期汇率变动的百分比与国内外通货膨胀率之差相等,并达到均衡状态。例如,在A点,国内与国外通货膨胀率之差为3%,正好被外币相对于本币升值3%抵补。而购买力平价线外的点,如B点描述的则是不均衡的状态,3%的国内外通货膨胀率之差大于外币相对于本币的升值幅度1%,此时便会发生套利。在固定汇率制度下,套利活动带来物价水平的调整,直到通货膨胀率之差降为1%,套利活动才停止;在浮动汇率制度下,套利活动引起外汇市场供求发生变化,进而引起汇率调整,使外币相对于本币更大幅度升值,直到升值幅度差为3%时,套利活动才停止。

在国际上普遍实行浮动汇率制的今天,这一汇率理论在一定程度上符合汇率变动的现实,因此,无论是在实际操作中还是在理论研究中均具有较强的参考价值。在现实中,最能验证购买力平价条件的事实是:如果一个国家的通货膨胀率比其主要贸易伙伴国都要高,而其汇率并不发生变化,则其出口的商品和服务与其他地区同类商品和服务相比缺乏竞争力。相反,来自国外的进口商品和服务也将在价格上具有更大的竞争优势。

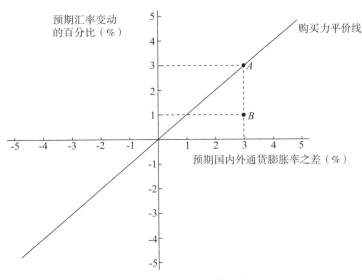

图 5-1 购买力平价条件

实证检验表明,用相对购买力平价理论来解释长期汇率的变动比解释短期汇率的变动更为准确。换言之,随着分析时段的拉长,相对购买力平价理论的预测性不断得到改善。另外,由于该理论仅基于货币性经济变量,因而它更适合解释由货币性经济因素冲击而引起的汇率变动(特别是在发生恶性通货膨胀时期),而在一国经济遭受实际性经济因素冲击的情况下,用该理论解释汇率变动的适用性则比较差。

购买力平价学说的主要局限有:第一,忽视了贸易成本和贸易壁垒。第二,只考虑贸易品,而没有考虑非贸易品。第三,没有考虑到越来越庞大的资本流动对汇率产生的冲击。第四,存在一些技术性问题。比如,经济学家通常会选择居民消费价格指数(CPI)来代表一般物价水平,但两国的 CPI 可能包含不同的商品样本,这样就容易造成计算上的偏差并导致结果存疑。第五,过分强调物价对汇率的作用,但这种作用不是绝对的,汇率变化也会受其他因素的影响,并且在某些情况下物价作用于汇率的机制受某些因素干扰很大。

三、实际汇率和名义汇率

购买力平价理论给了我们一个重要启示,如果不经过通货膨胀率的调整,那么某一年的物价和另一年的物价则不具有可比性,汇率的变化只表示各国之间实际通货膨胀率的不同。实际上,按照购买力平价理论,汇率的变动将会抵消国外物价水平相对于国内物价水平的变动,当完全抵消时则对国内和国外公司的相对竞争力没有任何影响。因此,就汇率变动对相对竞争力的影响而言,考察的重点应是一种货币相对于其他货币实际购买力水平的变化而非名义汇率的变化,用名义汇率的变化来考察汇率变动对公司和国家经济的真实影响是没有任何意义的。这里,我们必须考虑实际汇率的概念。

实际汇率是指从某一基期开始,根据每种货币的相对购买力水平变化进行调整后的

名义汇率。严格地说,相对于基期的汇率 e_0,时间 t 的实际汇率 q_t 可定义为:

$$q_t = e_t \times \frac{P_f}{P_h}$$

式中,P_f 和 P_h 分别表示在时间 t 国外的物价水平和国内的物价水平,e_t 表示在时间 t 的即期汇率。在时间 0,国内外的物价水平均为 100,将基期物价水平用 100 表示,则 P_f 和 P_h 的比值所反映的是自时间 0 以来相对购买力的变化。注意:国外物价水平的上升和外币的贬值对实际汇率的影响是相互抵消的。同样,国外物价水平的降低和外币的升值也有相互抵消的作用。如果绝对购买力平价成立,则实际汇率=1;实际汇率大于 1 则本币价值被高估,实际汇率小于 1 则本币价值被低估。

另外,可以通过把两国的名义汇率进行自时间 0 以来的通货膨胀的调整,来直接反映这些货币的相对购买力变化,用公式表示如下:

$$q_t = e_t \times \frac{1 + \pi_f}{1 + \pi_h}$$

式中,所有参数的定义同前。若名义汇率的变动完全被两国相对物价水平的变动抵消,那么实际汇率保持不变。具体地说,如果购买力平价成立的话,那么我们可以将相对购买力平价条件 $[e_t/e_0 = (1 + \pi_h)/(1 + \pi_f)]$ 代入上式,结果得到 $q_t = e_0$,实际汇率仍为 e_0 不变。另外,实际汇率的变化等同于名义汇率对购买力平价的偏离。

例如,在 1980—1995 年间,日元/美元汇率从 USD1=JPY226.63 变为 USD1=JPY93.96。在这 15 年间,日本的 CPI 从 91.0 上升到 119.2,而美国的 CPI 从 82.4 上升到 152.4。如果购买力平价条件成立,那么 1995 年的日元/美元汇率应该为:

$$\text{日元/美元购买力平价汇率} = 226.63 \times \frac{119.2/91.0}{152.4/82.4} = \text{JPY}160.51 = \text{USD}1$$

这段时间内,以美元表示的日元的实际价值为:

$$q = \frac{1}{93.96} \times \frac{119.2/91.0}{152.4/82.4} = 0.007538$$

为了解释这一实际汇率的含义,并揭示其自 1980 年以来的变化情况,我们将其与 1980 年的日元实际汇率进行比较,当时的实际汇率为 USD0.004412=JPY1(因为基期的实际汇率和名义汇率相等)。通过比较可得,在 1980—1995 年间,日元实际升值达 (0.007538−0.004412)/0.004412=71%。剔除通货膨胀率的影响,日元的升值幅度依然很大,这给日本的出口商造成了巨大的压力,因为其商品的美元价格远远超过当时美国通货膨胀率所允许的正常范围。

名义汇率与实际汇率的差别对外汇风险的度量和管理也非常重要。若实际汇率保持不变(即购买力平价成立),那么名义汇率变动所产生的汇兑损益将会被相对通货膨胀率差异的影响抵消,从而减少名义上的贬值或升值所产生的净影响。然而,购买力平价的偏离会导致实际汇兑损益。在上例中,日元的实际升值促使日本出口商削减成本,开发不易受价格变动影响的新产品。因此,区分名义汇率与实际汇率是认识购买力平价条件的关键。

第二节 套利与利率平价

当货币的报价和该货币应具有的市场价格不同时,市场就会通过国际套利对汇率进行调整以消除外汇市场上存在的这种差异。套利行为推动货币市场和外汇市场的价格调整,使得抵补套利平价和非抵补套利平价成立,市场达到均衡。本节主要通过利率平价理论(Theory of Interest Rate Parity)来说明利率和汇率之间的关系,进而对抵补套利和未抵补套利的条件及其对利率的调整进行阐述,并详细介绍国际费雪效应。

一、国际货币市场套利模式

套利(Interest Arbitrage)是指利益主体利用两国货币市场短期利率之间的差异,将资金从低利率国家转移到高利率国家以赚取利息差额的行为。例如,某个时期,在美国货币市场,美元三个月期定期存款的年利率为2%,在英国货币市场,英镑三个月期定期存款的年利率为6%,又假定英镑对美元的汇率在这三个月内保持不变,则投资者就会将资金从美国转移到英国套取利差。根据投资者风险态度的不同,套利分为抵补套利和非抵补套利两种模式。

(一)抵补套利模式

假定不存在交易成本,资本流动没有障碍,套利资本规模是无限的,则市场参与者的理性(风险厌恶假设)行为最终使国内外利率水平与即期汇率、远期汇率之间保持一种均衡关系,即外汇市场上的远期升(贴)水幅度约等于货币市场上国内外利率的差额。风险厌恶假设是指当预期收益率相同时,投资者偏好于低风险的资产,而当资产风险相同时,则偏好于高预期收益率的资产。

举例说明:假设美国纽约市场的存款利率为年利率1.25%,英国伦敦市场的存款利率为年利率2.35%,则人们把资金从纽约转存入伦敦,可多获得1.1%的利息收入(在汇率不变的前提下)。假设美国某投资者拥有100万美元资金,则他把这笔资金存入纽约银行,一年后的本息收入为100+100×1.25% = 101.25(万美元)。但是如果纽约外汇市场1英镑=1.8000美元,则该投资者将100万美元兑换成英镑存入伦敦银行,一年后可获得本息共100/1.8×(1+2.35%) = 56.86(万英镑),换成美元为102.35万美元,多获利1.1万美元。这就是套利。

但如果一年后英镑对美元贬值到一定程度,则投资者不仅不会获利,还可能亏损。再假设英镑一年期远期贴水0.002美元,即英镑对美元的远期汇率为1英镑=1.7980美元。投资者为了规避汇率风险,可进行以下交易:做一笔美元对英镑的即期交易,即以1英镑=1.8000美元的即期汇率购进55.56万英镑,将其存入伦敦银行,同时按照1英镑=1.798美元的远期汇率出售一年期的远期英镑56.86万英镑,换回美元,则一年后套利者的美元盈利为 55.56×(1+2.35%)×1.7980-100×(1+1.25%)≈0.99(万美元)，即在消除了汇率风险后，套利者可以净获利 0.99 万美元，较前面所述未抵补套利所得的 1.1 万美元减少了 0.11 万美元，这 0.11 万美元即是套利者因英镑远期贴水而导致的汇率损失。

（二）非抵补套利模式

同样，假定不存在交易成本，资本流动没有障碍，则套利资本规模是无限的，但市场参与者属风险中性。根据现代组合理论，风险中性假设是指投资者不关心风险，当资产的期望损益以无风险利率进行折现时，他们对风险资产和无风险资产具有同样的偏好。

非抵补套利是指单纯将资金从利率低的货币转向利率高的货币，从而谋取利率差额收入的交易。这种交易不必在外汇市场同时进行反方向交易轧平头寸，因此要承受高利率货币贬值的风险。之所以进行非抵补套利，是因为有些套利者对未来汇率走势的估计和市场上的远期汇率有所不同，认为不进行抵补对自己更为有利。不规避汇率风险的单纯套利交易，具有投机的性质。

承上例，假设一年后英镑对美元的远期汇率变为 GBP1 = USD1.7990。如果套利者不对汇率风险进行抵补，则一年后其英镑盈利变为 55.56×(1+2.35%)×1.7990-100×(1+1.25%)≈1.05(万美元)，较前面所述抵补的套利所得 0.99 万美元增加了 0.06 万美元。

由于套利活动的存在，各国间利率的微小差异都会迅速引起资金在国家间的流动，各国的利率因而会趋于一致。套利活动的这一作用对于各国经济政策（特别是货币政策和国际收支政策）的制定具有极其重要的意义，它使得各国政府可以通过对利率的调控来影响资本的流动，从而调节本国的国际收支和国内经济。

二、利率平价理论

利率平价理论是有关货币市场与外汇市场均衡的理论。假定在各国货币能够自由兑换、国际资本能够自由流动的条件下，市场参与者的理性活动最终能促使国内外利率水平与即期汇率、远期汇率、预期未来汇率之间保持一种均衡关系。当这种利率平价不能成立或者得不到满足时，以赚取无风险利差收益为目的的套利活动就会大规模展开，直至货币市场与外汇市场重新恢复均衡。此时，在国内投资与在国外投资的收益应该是无差异的。两种套利模式下分别存在抵补套利平价(Covered Interest Arbitrage Parity)和非抵补套利平价(Uncovered Interest Arbitrage Parity)。

（一）抵补套利平价

抵补套利活动带来汇率调整，使得外汇市场上的远期升（贴）水幅度约等于货币市场上国内外利率的差额，并且高利率国货币在外汇市场上必定贴水，低利率国货币在外汇市场上必定升水。在两国利率存在差异的情况下，资金通常从低利率国流向高利率国，以获得较高的利润。但套利者在比较金融资产的收益率时，不仅要考虑两种资产利率所提供的收益率，还要考虑两种资产由于汇率变动所产生的收益变动。因此，风险厌恶套利者一般进行抵补套利活动,从而规避汇率风险。随着抵补套利活动的不断进行,远期差价会不断减小,直到两种资产所提供的收益率完全相等,远期差价正好等于两国利率之差,即利率平价成立,抵补套利活动停止。

假设 e_0 为当前的即期汇率,f_1 为期末的远期汇率,i_h 和 i_f 分别为本国和外国的利率,那么在本国投资 1 单位的本币期末可得到 $1+i_h$ 单位本币,而将 1 单位本币投资于外国期末可得到 $(1+i_f)f_1/e_0$ 单位本币。这一结果可以通过下面的步骤得出:将 1 单位本币兑换为 $1/e_0$ 单位外币,并以 i_f 利率进行投资,则在期末可得到 $(1+i_f)/e_0$ 单位外币,通过期末同时出售 $(1+i_f)/e_0$ 单位远期外币,在投资结束时可得到 $(1+i_f)f_1/e_0$ 单位本币。

通过上面的分析可得,资金由本国流向外国的充分必要条件是:

$$(1+i_h) < \frac{(1+i_f)}{e_0}$$

资金由外国流向本国的充分必要条件是:

$$(1+i_h) > \frac{(1+i_f)}{e_0}$$

同时,我们注意到,当抵补套利平价条件成立时,不存在抵补套利机会,此时市场达到均衡状态。抵补套利平价成立的条件可以用公式表示为:

$$\frac{1+i_h}{1+i_f} = \frac{f_1}{e_0}$$

将上述公式稍做变化,两边减 1 得汇率变化率,即远期升(贴)水率 $\Delta e = (f-e)/e$,将其用 ρ 表示,计算可得:

$$\rho = (1+i_h)/(1+i_f) - 1 = (i_h - i_f)/(1+i_f)$$

即

$$\rho + \rho_{if} = i_h - i_f$$

由于 ρ_{if} 价值相对较低,可以忽略不计,因此公式可简化为:

$$\rho \approx i_h - i_f$$

从该公式中可以看出,两国利率之差近似等于两国货币汇率的预期升值幅度或贬值幅度。当 $\rho > i_h - i_f$ 时,投机者预期未来的即期汇率高于目前市场上的远期汇率,则投机者就可能认为非抵补套利优于抵补套利。投机套利活动引起汇率水平的调整,使预期汇率变化率等于两国利率之差,市场达到均衡状态。当实现非抵补套利平价时,如果 $i_h > i_f$,即 $\rho > 0$,则持有外币资产升值,投资外币存款收益高于本币存款;如果 $i_h < i_f$,即 $\rho < 0$,则持有外币资产贬值,投资外币存款收益低于本币存款。

即期汇率、远期汇率和利率之间在自由市场中的关系如图 5-2 所示,图中纵轴表示对本国有利的两国利率之差,横轴表示外币相对于本币的远期升水(为正)或贴水(为负),远期汇率与两国利率之间的均衡点连成的线就是利率平价线,也就是说,当两国利率之差大致等于远期升(贴)水之差时,利率平价条件成立。例如,外国的利率高出本国 2%,那么该国货币必须按远期汇率贴水 2% 出售才能达到均衡。

图中的 G 点表示不均衡的情况,在这种情况下,两国利率之差为 2%,外币远期升水 3%,套利者在抵补了汇率风险的同时将资金投资到外国可获得额外的年收益 1%;而在 H 点的情况则正好相反,在这种情况下,外币的远期升水仍然为 3%,利率之差增加到 4%, 4% 的利率之差大于在远期交易上 3% 的损失,资金反向流动会获利,套利者可获得额外的年收益 1%。

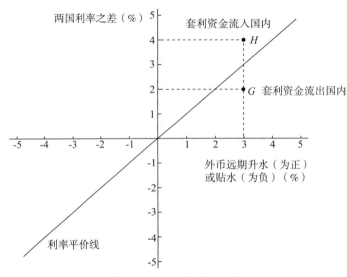

图 5-2 非抵补套利平价

现实中,即期和远期合约中规定的外汇买卖汇差及证券买卖中支付给经纪人的佣金会形成交易成本,使实际收益率低于名义收益率,从而导致利率平价线呈带状。例如,若交易成本为 0.75%,而抵补的收益之差只有 0.5%,就不足以吸引资金进行套利活动。只有当抵补的收益之差超过所涉及的交易成本时,套利才会发生。

(二) 非抵补套利平价

假设 $E(e_f)$ 为预期的未来即期汇率,e 为现在的即期汇率,其他参数定义同前,则国内投资的预期本币收益为 $1+i_h$,国外投资的预期本币收益为 $\dfrac{E(e_f)}{e}(1+i_f)$。根据非抵补套利模式,非抵补套利平价成交的条件可以写成:

$$1 + i_h = \frac{(1+i_f)E(e_f)}{e}$$

可将其变换为:

$$\frac{1+i_h}{1+i_f} = \frac{E(e_f)}{e}$$

将等式两边减 1,可得非抵补套利平价的简单表达式:

$$\Delta e = \frac{E(e_f) - e}{e} \approx i_h - i_f$$

该式表明：预期未来汇率的变化约等于两国利差。如果现在本国利率高于外国利率1%，则本币将相对外币贬值1%。

利率平价学说从资金流动的角度指出了汇率与利率之间的密切关系，有助于正确认识现实外汇市场中的汇率形成机制，有特别的实践价值，它主要应用于短期汇率的决定。利率平价学说的缺陷是：第一，忽略了外汇交易成本；第二，假定不存在资本流动障碍，实际上，资本在国际上流动会受到外汇管制和外汇市场不发达等因素的阻碍；第三，假定套利资本规模是无限的，但这在现实中很难成立；第四，人为地假定投资者追求在两国的短期投资收益相等，但现实中有大批热钱追求汇率短期波动带来的巨大超额收益；第五，假定投资者属风险厌恶或风险中性，而现实中存在风险追求者，他们通常主动追求风险，喜欢收益的动荡胜过喜欢收益的稳定，他们选择资产的原则是当预期收益相同时，选择风险较大的，因为这会给他们带来更大的效用。

三、国际费雪效应

（一）费雪效应

各国国内货币市场以及国际货币市场上的利率都是名义利率。由于借贷活动中的利息都是以货币额来定值和收付的，而货币购买力作为一国物价指数的倒数，其本身的价值也经常发生变动，这必然影响到利息收益的真实价值，于是，投资者要求在利息收益中包括对预期通货膨胀的补充，特别是在通货膨胀已成为世界经济经常现象的情况下，这种做法更为普遍。目前，各国的名义利率都在一定程度上包含了对预期物价变动的补偿，一国的名义利率只有在扣除了对物价上涨的补贴或者对当地的通货膨胀率做出调整之后才能够代表借款人因借用资金而实际支付的真实成本或投资者的预期实际收益，即实际利率。

费雪效应（Fisher Effects）是以经济学家欧文·费雪的名字命名的。该理论认为，每个国家的名义利率应等于投资者要求的实际收益率加上该国的预期通货膨胀率。其公式为：

$$i = (1 + \pi)(1 + r) - 1 = r + \pi + r\pi$$

式中，i 为名义利率；r 为投资者要求的实际收益率；π 为贷款期间的预期通货膨胀率；$r\pi$ 为修正量，由于其价值相对较低，因此很少受到人们的重视。费雪效应也由此被简化为：

$$i = r + \pi$$

值得注意的是，式中的 π 是指预期通货膨胀率，而不是历史通货膨胀率。但要预测未来通货膨胀率本身就是一件非常棘手的事情。

根据费雪效应，如果投资者要求的实际收益率为3%，预期通货膨胀率为10%，则名义利率约等于13%（精确值为13.3%）。这一结果背后的逻辑关系是，一年以后1美元的购买力只相当于现在0.90美元的购买力。因此，借款人除须支付贷款人0.03美元以满足3%的实际收益率外，还须支付0.103美元以补偿1.03美元（本息合计）损失的购买力。

费雪效应的通用形式认为，套利活动使各国的实际收益率相等，即 $r_h = r_f$，其中下标 h 和 f 分别指本国和外国。如果预期一种货币的实际收益率高于另一种货币的实际收益率，那么资本就会从第二种货币流向第一种货币。只要政府不加以干涉，这种套利活动就会持续进行，直到预期实际收益率相等。

在没有政府干预的情况下，均衡时的名义利率之差大致等于两种货币的预期通货膨胀率之差，即

$$i_h - i_f = \pi_h - \pi_f$$

这一关系的精确表达式为：

$$\frac{1 + i_h}{1 + i_f} = \frac{1 + \pi_h}{1 + \pi_f}$$

费雪效应的通用形式表明，相较于低通货膨胀率的货币，高通货膨胀率的货币名义利率水平应较高。例如，如果美国和英国的通货膨胀率分别为 4% 和 7%，那么根据费雪效应，英国的名义利率水平应比美国高 3%。这可用图 5-3 来表示。图中，横轴表示国内外的通货膨胀率之差，纵轴表示同期国内外的利率之差，所有能使等式 $i_h - i_f = \pi_h - \pi_f$ 成立的点即构成了平价线。图中，点 C 是一个均衡点，外币较本币高出的 2% 的通货膨胀率（$\pi_h - \pi_f = -2\%$）正好被本币较外币低的 2% 的利率（$i_h - i_f = -2\%$）抵消。而在点 D，国内外的通货膨胀率之差为 2%，而利率之差为 3%，国内的实际收益率比国外的实际收益率低 1%，资金会从国内流向国外以获取更高的实际收益，这一流动会一直持续，直到两国的预期实际收益率相等。

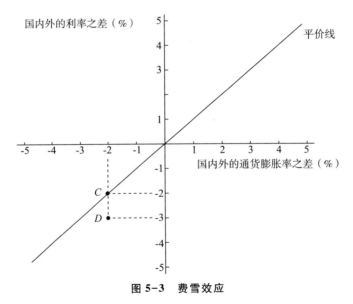

图 5-3 费雪效应

（二）国际费雪效应

要理解国家间名义利率的相对变化对某国货币价值的影响，关键在于理解购买力平价理论和通用形式的费雪效应的内涵。购买力平价理论告诉我们，汇率的变动将会抵消

通货膨胀差异的变化。因此,本国的通货膨胀率相对外国的通货膨胀率上升,则意味着本币贬值,同时也意味着本国利率相对于外国利率上升。将这两个条件综合起来,就得到了国际费雪效应(International Fisher Effects)。

国际费雪效应也即费雪敞口效应,是指在一定时间内即期汇率朝两国利率差异做大小相等、方向相反的变化。用公式表示为:

$$\frac{1+i_h}{1+i_f} = \frac{E(e_f)}{e}$$

式中,$E(e_f)$ 为预期汇率,其他参数定义同前。将上述等式两边减 1,若 $e_{if} = \Delta e \cdot i_f$ 相对较小可忽略不计,则国际费雪效应可以近似表示为:

$$i_h - i_f = \frac{E(e_f) - e}{e} = \Delta e$$

$$\Delta e \approx i_h - i_f$$

$$i_h \approx i_f + \Delta e$$

如图 5-4 所示,纵轴为以本币表示的外币价值的预期变动,横轴为同期国内外的利率之差。平价线上的所有点都符合国际费雪效应恒等式。例如,点 E 在平价线上,是均衡状态,本国利率比外国高出的 4% 正好被外币相对本币预期升值 4% 抵消。而 F 点是非均衡状态,以本币表示的外币预期升值 3%,但本国利率比外国仅高出 2%,则资本将会从本国流向外国,以利用外国较高的经汇率调整后 1% 的收益率差获利,这一资本流动将会持续,直到经汇率调整后的国内外投资收益率相等。

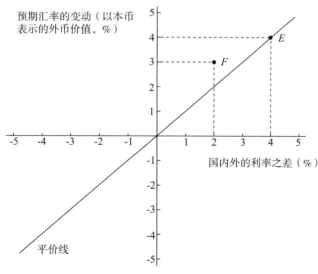

图 5-4 国际费雪效应

以国际资本流动为主要形式的套利活动,使得两国的利率差可作为未来即期汇率变动的无偏估计量。但这并不意味着利率差是一个特别精确的估计量,仅说明从长期来看,估计偏差可以互相抵消。表 5-2 说明,如果企业投资高利率货币,则其收益是否高于投资本国货币是不确定的,因为各国的通货膨胀率不同。基于表中所示的情形,投资者在日本、美国或加拿大投资,其实际收益率都是2%。

表 5-2　国际费雪效应的运用　　　　　　　　　　　　　　　　　　　单位:%

投资者	计划投资地点	i_h	i_f	Δ_e	本币收益	π_h	实际收益
日本	日本	5	5	0	5	3	2
	美国	5	8	−3	5	3	2
	加拿大	5	13	−8	5	3	2
美国	日本	8	5	3	8	6	2
	美国	8	8	0	8	6	2
	加拿大	8	13	−5	8	6	2
加拿大	日本	13	5	8	13	11	2
	美国	13	8	5	13	11	2
	加拿大	13	13	0	13	11	2

综上所述,套利在国际金融中具有特殊的重要性,它涉及国内和国际金融市场、汇率、利率以及通货膨胀率等众多变量之间的复杂关系,并使这些关系具有一定的规律性。的确,套利是市场全球化的基础。在浮动汇率制度下,未来预期的即期汇率、通货膨胀率、利率差异和远期汇率升(贴)水率相互影响、相互制约。其中一个变量的变化,必将引起其他变量的相应变化。利用平价条件可以有效地解释和预测长期汇率的变化趋势,这一点不仅在学术界存在共识,在实际中也被广泛运用于汇率预测。

第三节　汇率的预测方法

汇率预测是投资与外汇风险管理的重要环节,甚至已经成为跨国企业财务经理职业风险来源之一。时而发生的、不可预测的政府干预使对汇率做出准确的预测更加困难,但这并没有降低人们对汇率预测的热情,也没有动摇经济学家提供汇率预测技术和方法的意愿。汇率预测者至少要达到以下要求:一是拥有有效的预测模型;二是先于其他投资者获取最新信息;三是能够敏锐地发现偏离均衡的短暂、微小的机会;四是能够预测政府干预外汇市场的行为。简单地说,如果能够猜透市场的意图,那么长期持续的获利预测是可能的。

一、影响汇率变化的因素

根据供求均衡原理,均衡汇率是指外汇需求等于供给时的汇率水平。当外汇需求增加而供给不变时,外汇的价值上升;当外汇需求不变而供给增加时,外汇的价值下跌。如果在某个时期某个影响外汇供求的因素发生变化,使得外汇供给曲线和外汇需求曲线发生移动,则均衡汇率会相应调整。影响外汇供求的因素主要包括以下八个方面：

1. 国际收支状况

国际收支是一国对外经济活动的综合反映,它对一国汇率的变动有着直接的影响。而且,从外汇市场的交易来看,国际商品和劳务的贸易构成外汇供求与交易的基础,因此它们也决定了汇率的基本走势。仅以国际收支经常项目的贸易部分来看,当一国的经常项目出现逆差时,该国对外币产生额外的需求,从而使得在外汇市场上外币升值,本币贬值;反之,当一国的经常项目出现顺差时,就会引起外国对该国货币需求的增加与外汇供给的增长,从而使得在外汇市场上本币升值,外币贬值。例如,从20世纪80年代中后期开始,美元在国际经济市场上长期处于贬值状态,而日元则正好相反,一直不断升值。其主要原因就是美国长期以来国际收支逆差,而日本则持续出现巨额顺差。

2. 国内外通货膨胀率差异

通货膨胀是影响汇率变动的一个长期而又有规律性的因素。在纸币流通条件下,两国货币之间的比率,从根本上说是由其所代表的价值量的对比关系决定的。因此,在一国发生通货膨胀的情况下,该国货币所代表的价值量就会减少,其货币的实际购买力就会下降,于是其对外交换的比价也会下跌。当然,如果对方国家也发生了通货膨胀,并且幅度恰好一致,则两者会相互抵消,两国货币间的名义汇率可以不受影响。然而这种情况毕竟少见,一般来说,两国通货膨胀率是不一样的,通货膨胀率高的国家货币预期贬值,通货膨胀率低的国家货币预期升值。

3. 国内外经济增长率差异

在其他条件不变的情况下,一国实际经济增长率相较于外国上升,会引起收入增加从而使该国对外国商品和劳务的需求增加,则该国对外汇的需求相较于其可得到的外汇供给趋于增加,最终导致该国货币贬值。不过在这里要注意两种特殊情形:一是对于出口导向型的国家来说,如果经济增长是由出口增加推动的,那么经济较快增长往往伴随着出口的高速增长,此时出口增加往往超过进口增加,导致其货币汇率不跌反升;二是如果国内外投资者把该国经济增长率较高看成经济前景看好和资本收益率提高的反映,那么就可能扩大对该国的投资,增加该国的资本流入,抵消经常项目赤字,这时该国货币汇率亦可能不是贬值而是升值。

4. 国内外利率差异

利率高低影响一国金融资产的吸引力。一国利率的上升,会使该国的金融资产对本国和外国的投资者更有吸引力,从而导致资本内流,该国货币升值。当然这里也要考虑一国利率与别国利率的相对差异,如果一国利率上升,但别国利率也同幅度上升,则汇率一般不会受到影响;如果一国利率虽有上升,但别国利率上升更快,则该国利率相对来说反而下降了,其货币也会趋于贬值。另外,考察利率变化对资本国际流动的影响还要考虑到汇率预期变动因素的作用,只有当外国利率加上汇率预期变动率之和大于本国利率时,把资金移往外国才会有利可图。最后,一国利率变化对汇率的影响还可通过贸易项目发生作用。当一国利率上升时,意味着该国居民消费的机会成本提高,导致该国居民的消费需求下降,同时也意味着资金利用成本上升,国内投资需求下降,国内有效需求总水平下降会使出口扩大,进口缩减,从而增加该国的外汇供给,减少其外汇需求,使其货币升值。

5. 财政收支状况

政府的财政收支状况常常也被作为一国货币汇率预测的主要指标之一。当一国出现财政赤字时,其货币汇率是升还是降主要取决于该国政府所选择的弥补财政赤字的措施。一般来说,政府可采取四种措施弥补财政赤字:一是通过提高税率来增加财政收入。一方面,税率提高会降低个人的可支配收入,从而使个人消费需求降低;另一方面,税率提高会降低企业的投资利润率,从而使企业投资积极性下降,投资需求降低。消费和投资需求降低导致该国资本品、消费品进口减少,出口增加,进而使其货币升值。二是减少政府公共支出。这会通过乘数效应使该国居民收入减少,进口需求降低,促使该国货币升值。三是增发货币。这会引发该国通货膨胀,导致该国货币相对外币贬值。四是发行国债。从长期来看,这将导致更大幅度的物价上涨,也会引起该国货币相对外币贬值。在这四种措施中,各国政府比较有可能选择的是后两种,尤其是最后一种,因为发行国债最不容易使本国居民产生对抗情绪,相反,由于国债素有"金边债券"之称,收益高,风险低,为投资者提供了一种较好的投资机会,深受民众欢迎。因此,在各国财政出现赤字时,其货币汇率往往是预期贬值的。

6. 心理预期

在外汇市场上,人们是买进还是卖出某种货币,同交易者对今后情况的看法或预期有很大关系。当交易者预期某种货币的汇率在今后可能下跌时,他们为了避免损失或获取额外的好处,便会大量地抛出这种货币;而当他们预期某种货币的汇率在今后可能上涨时,则会大量地买进这种货币。国际上一些外汇专家甚至认为,外汇交易者对某种货币的心理预期是决定这种货币市场汇率变动的最主要因素,因为投资者会在这种心理预期的支配下进行交易,转瞬之间就可诱发资金的大规模运动,同时伴随汇率的剧烈波动。

外汇交易者心理预期的形成大体上取决于对一国的经济增长率、货币供应量、利率、国际收支和外汇储备状况、政府经济改革、国际政治形势及一些突发事件等复杂因素的趋势或变动的判断。因此,心理预期不但对汇率的变动有很大影响,而且有捉摸不定或变化无常的特点。自1973年全球普遍实行浮动汇率制以来,外汇市场的投机活动活跃。适当的投机活动有助于活跃外汇市场,但过度的投机活动则加剧了外汇市场的动荡,阻碍了正常的外汇交易,扭曲了外汇市场的供求关系。历史上发生的多次货币危机中,投机者常利用市场顺势对某一币种发动攻击,使各国央行甚至20国集团央行联手干预外汇市场也难以阻挡。

此外,外汇市场的参与者和研究者,包括经济学家、金融专家和技术分析员、资金交易员等每天致力于外汇市场走势的研究,他们对市场的推断和对市场交易人员心理的影响以及交易者自身对市场走势的预期都是影响汇率短期波动的重要因素,这些因素被称为投资者的异质性。当市场预期某种货币的汇率趋于下跌时,交易者便会大量地抛出这种货币,造成该种货币汇率下浮的事实;反之,当交易者预期某种货币的汇率趋于坚挺时,又会大量地买进这种货币,使其汇率上扬。基于心理预期进行投机所形成的羊群效应,加剧了汇率短期波动的振荡。

7. 政府干预

由于汇率波动会对一国经济产生重要影响,因此目前各国政府(央行)为稳定外汇市场,维护经济的健康发展,经常对外汇市场进行干预。政府干预的途径主要有以下四种:①直接在外汇市场上买进或卖出外汇;②调整国内货币政策和财政政策;③在国际范围内发表表态性言论以影响市场心理预期;④与其他国家联合,进行直接干预或通过政策协调进行间接干预等。在某种程度上,政府干预尤其是国际联合干预可以影响整个市场的心理预期,进而使汇率走势发生逆转。因此,政府干预虽然不能从根本上改变汇率的长期趋势,但在不少情况下,它对平滑汇率短期波动具有很大作用。

8. 各种政治与突发事件

由于资本首先具有追求安全的特性,因此政治及突发事件对外汇市场的影响是直接和迅速的。政治与突发事件因素包括政局的稳定性、政策的连续性、政府的外交政策以及战争、经济制裁和自然灾害等;另外,西方国家大选也会对外汇市场产生影响。政治与突发事件因其突发性及临时性,使市场难以预测,故容易对市场造成冲击,而一旦市场对消息做出反应并将其消化后,原有消息的影响力就会大为削弱。例如,2016 年 6 月 24 日,英国"脱欧"公投结果揭晓,多数投票者赞成英国脱离欧盟。受此影响,英镑/美元汇率自前日的 GBP1.5000=USD1 关口直线暴跌逾 10%。英国媒体称,英镑创有史以来最大单日跌幅,足以与 1992 年"黑色星期三"和 2008 年美国雷曼兄弟公司倒闭时的表现相提并论。

综上所述,影响汇率的因素是多种多样的,并且这些因素的影响机制错综复杂。有时这些因素同时起作用;有时个别因素起作用;有时甚至起互相抵消的作用;有时这个因素起主要作用,另一因素起次要作用。但是从中长期来看,国际收支状况、通货膨胀率差异和经济增长率差异制约着汇率的变化,因而成为决定汇率变化的中长期基本因素。从短期来看,汇率受心理预期、利率差异及其他金融政策因素的影响更大。当然,这些短期因素,也有增强或削弱长期因素影响的作用。

二、有效外汇市场假说

有效市场假说(Efficient Markets Hypothesis,EMH)是现代微观金融理论的分析基础。有效市场假说起源于 20 世纪初,其奠基人是法国数学家路易斯·巴舍利耶,他把统计分析的方法应用于股票收益率的分析,发现其波动的数学期望值总为零。1970 年,美国芝加哥大学金融学教授尤金·法玛对该理论进行了深化,并提出有效市场假说。该假说认为，当金融资产的价格已经包含所有的信息时，金融市场是有效市场，可以把金融资产的价格视为理性价格。若市场能够使交易者获得超额收益，则它就不是有效市场。

(一) 有效市场假说及检验

有效市场需要满足以下几个条件：①它应该是一个竞争性市场，因为各种垄断权利都可能给交易者带来超额收益。②资本供给充裕，因为供求失衡会带来超额收益。③交易成本极低，因为交易成本可能构成市场准入障碍。④信息透明，交易者可自由、公开、及时地获取各种信息，否则交易者可凭借对信息资源的垄断获取超额收益。⑤所有交易者具有理性且风险中立的特征。有效市场包括三种形式：弱式有效市场、半强式有效市场和强式有效市场。

1. 弱式有效市场假说及检验

弱式有效市场假说认为：现行的市场价格充分反映了包含在过去价格中的所有信息，投机者不可能通过分析过去的价格信息获得超额收益。

弱式有效市场假说检验原理：技术分析对于价格（收益）预测是否有用，若有用，则弱式有效市场不成立。检验方法：①序列自相关分析。若股票或外汇收益率存在时间上的自相关，即以前的收益率能影响现在的收益率，则技术分析有用，弱式有效市场不成立。②滤嘴法则。给出一个股票买卖的"滤嘴"，即比阶段最低点高时买入，比阶段最高点低时即卖出，观察是否比买入并持有策略收益率更高。

2. 半强式有效市场假说及检验

半强式有效市场假说认为：现行的市场价格不仅反映了过去的价格信息，而且反映了所有当前的公开信息，投资者不可能通过分析财务报表、红利分配、货币供给量、收入水平等当前的公开信息获得超额收益。

半强式有效市场假说检验原理：基本面分析是否有用。检验方法：事件检验法，即检验与公司基本面有关的事件发生时，股价能否快速反应。若能快速反应，则投资者不能通过新的公开信息获得超额收益，基本面分析失灵，半强式有效市场成立。

3. 强式有效市场假说及检验

强式有效市场假说认为：现行的市场价格充分反映了所有的信息，任何人都不能通过对信息的垄断获得超额收益。现实中不可能存在这种强式有效市场。

强式有效市场假说检验原理：内幕消息是否有用。检验方法：检验基金或有可能获得内幕消息人士的投资绩效评价，若被评价者的投资绩效确实优于市场平均水平，则强式有效市场不成立。

(二) 有效外汇市场假说及检验

有效外汇市场假说认为，价格变动是随机的，对一个有效外汇市场来说，汇率反映了所有相关的重要信息，汇率不可预测，投资者不可能因得到信息而获得超额收益。有效外汇市场同样存在三种形式，即弱式有效外汇市场、半强式有效外汇市场和强式有效外汇市场。

可以运用技术预测法或基本面预测法进行成功的汇率预测与有效市场假说是不相符的。因为有效市场本身具有前瞻性，汇率在市场参与者对最新信息不断做出评估和反应的作用下会随机波动。因此，汇率波动是不可预测的，否则就会产生套利机会。问题是外汇市场究竟是不是这样一个强有效市场。

自法玛提出有效市场假说以来，人们对有效外汇市场假说进行了大量研究。研究显示，外汇市场为弱式有效或半强式有效市场。另外，通过对14家预测咨询机构的研究，发现基于预测所获得的收益似乎不能简单地归因于运气。当然，承担风险的投机者应该得到较高的回报。但是，把超出30%的年收益率差异归因于风险溢价是令人难以置信的，因为据估计同期美国股票市场的风险溢价仅约为8%。

不管外汇市场是不是半强式有效市场，跨国企业都有必要进行汇率预测，因为它们的目的在于，估计出一年、两年或者更长时间后的汇率各种可能的波动范围，以评价企业经营业绩受其影响的程度并制定相应的战略规划。

三、汇率的预测方法

汇率波动是汇率预测存在的前提和基础。在固定汇率制度下，预测者应着眼于政府的决策机制，因为某一时间汇率的升值或贬值决定都是带有政治目的的。在这种情况下，汇率预测的基本方法是首先判断该国货币是存在升值还是贬值压力，这可以从外汇黑市价格与官方价格的差异入手进行研究，然后预期该国决策者能够并愿意维持这种不均衡状态的时间。自各国普遍采用浮动汇率制度以来，汇率的波动频繁且剧烈，这就使得各国政府、金融机构、进出口企业和外贸公司不得不从各自的需要出发，对有关汇率进行预测。预测汇率的方法主要包括技术预测法（Technical Forecasting）、基本面预测法（Fundamental Forecasting）、市场预测法（Market-based Forecasting）和混合预测法（Mixed Forecasting）。

（一）技术预测法

技术预测法是指通过分析市场行为本身来预测市场价格变化方向的方法。技术预测的假说包括三点：一是市场行为反映一切。只要研究市场行为就能了解市场状况。二是价格呈趋势变动。根据物理学的动力法则，趋势的运行将会继续，直到有反转的现象出现。三是历史会重演。过去价格的变动方式在未来可能不断发生，值得投资者研究，并且通过统计分析的方法可以从中发现一些规律。

汇率的技术预测法是用历史的汇率数据来预测未来的汇率。例如，某种货币连续4天价值上升的事实可能表明它在第5天将如何表现。在某些情况下，较复杂的统计预测方法可应用于技术预测。例如，可开发计算机程序来预测历史趋势，还可用时间序列模型来预测汇率的移动平均值，从而发现汇率变动的规律。比如，在连续三期内移动平均值上升后，货币价值趋于下降。通常，使用此方法的咨询人员不会透露他们特有的预测方法。如果透露，则他们的潜在客户有可能自己使用这些方法进行汇率预测，从而使他们没有业务可做。

汇率的技术预测法同股票价格的技术预测法很类似,但若货币价值是随机游走的,则技术预测法不再适用。除非确有历史趋势,否则过去变动对未来预测是无效的。事实上,研究者发现,汇率行为是这样的一个过程:①汇率的变化在任何一个时点上都服从正态分布;②在每一个时点上,汇率变化的方差取决于最近一个时点上汇率变化的大小。展示这种行为的时间序列模型被称为自回归条件异方差模型(Generalized Autoregressive Conditional Heteroskedasticity,即GARCH模型)。"自回归条件异方差"这一统计学术语用通俗的语言表述就是"当期的方差取决于最近的汇率变化"。

在时点 t 上的 GARCH(p,q) 过程的方差表达式如下:

$$\sigma_t^2 = a_0 + \sum_{i=1}^{p} a_i \sigma_{t-i}^2 + \sum_{j=1}^{q} b_j r_{t-j}^2$$

式中,a_0,a_i 和 b_j 对于所有的 i 和 j 是常数;σ_{t-i}^2 表示从 $t-i$ 期开始计算汇率的方差,i 从 1 到 p;r_{t-j}^2 表示 $t-j$ 期汇率变化百分比的平方,j 从 1 到 q。

在每一个时点上,该 GARCH 过程服从方差为 σ_t^2 的正态分布,方差 σ_t^2 取决于最近一期的 σ_{t-i}^2 和 r_{t-j}^2。变量 p 和 q 分别表示影响 σ_{t-i}^2 和 r_{t-j}^2 的最大时滞。

随机游走过程事实上是 GARCH 过程的一个特例,这时汇率变化的均值为零,参数在任何时滞上都为零,方差 σ_t^2 恒等于 a_0。但是,汇率变化是自相关的,认识到这一点更为重要。

技术预测法在不同时期的外汇市场上曾帮助过一些投资者,然而,在某个期间起作用的方法不见得会在另一个期间起作用。许多外汇买卖的参与者认为,即使某一技术预测法被证明总能产生投资利润,但其他参与者一旦也使用时,这一方法就不会再有用,依据其所推动的外汇买卖会立即将货币价值推向新的价位,而频繁买卖会使利用技术预测法的投资者产生较大的交易成本。此外,监测货币走向以寻找币值变动的系统模式会消耗掉大量的时间。需要注意的另一点是,投资者需要有足够的资本以承受可能发生的损失。

(二)基本面预测法

基本面分析者认为,货币的强弱反映该国经济状况的好坏,其强弱虽可能受其他非经济因素的干扰而有暂时的波动,或产生与经济趋势相反的短期走势,但就长期而言,其价值终将回归到与经济状况相称的状态。基本面预测是根据经济变量同汇率间的基本关系进行的预测。这些经济变量可能包括两个或两个以上国家的国际收支状况(比如经常账户和预算盈余/赤字)、储蓄率、货币供给的增长、通货膨胀率、零售额、工业产量、资本利用率以及消费者信心等。基本面预测法通常要用到计量经济模型,具体包括定性分析、数学模型分析和德尔菲分析三种常见类型。

1. 定性分析

定性分析不考虑经济变量与汇率之间的数量关系,只是根据特定的理论或经验对汇率的大致走势做出判断。比如,在其他条件不变的前提下,本国利率上升会导致该国货币的汇率上升。由于定性分析并不试图确定各种变量之间的数量关系,因此它可以将一些难以量化的经济变量纳入分析框架。

在汇率预测中,定性分析是人们较普遍使用的预测方法。一方面,该方法容易掌握,其基本理论不涉及高深的数学、经济模型和统计技术等方面的知识;另一方面,该方法对预测精确度要求较低,从而在信息搜集和加工等过程中付出的成本也较低。此外,人们在外汇交易中,最需要了解汇率的变动方向,它直接关系到人们买进或卖出某种金融工具的决策,定性分析可以满足人们的这种基本需求。

2. 数学模型分析

数学模型分析即利用数学模型来预测汇率的走势。其基本步骤是:首先,在一定的假设条件下建立起反映各经济变量与汇率之间关系的方程式。比如,货币主义模型、购买力平价模型、利率平价模型、柔性价格货币分析模型、多恩布什汇率超调模型等,这些模型都有若干公开或隐含的假设条件,从而可以简化分析,使预测具有可操作性;其次,搜集有关经济信息并确定模型的参数,同时根据以往的汇率资料对已建立的数学模型进行检验;最后,利用数学模型对汇率进行预测,如果预测结果不能令人满意,那么就要修正参数或改变模型的假设条件。下面简单介绍一下加入理性预期的货币主义模型。

如果国内外短期资本是完全替代的,即假定完全的国际资本流动,则瞬时的资本市场调整使国内外利差总是等于预期的贬值率或预期的升值率。均衡的即期汇率依赖于本国的货币供给和货币需求,也依赖于对下期汇率的预期。在理性预期条件下,市场主体对未来汇率的预期依赖于其对未来货币市场条件的预期,即对将来影响两国货币供给和货币需求的因素的预期(如实际收入)。

假定完全的国际资本流动,非抵补套利平价成立,即有:

$$Ee_{t+1} - e_t = (i_h - i_f)_t$$

式中,Ee_{t+1} 表示对 $t+1$ 期汇率的预期,e_t 表示 t 期的汇率。

汇率决定的货币主义模型表达式为:

$$e_t = (m_h - m_f) - a(y_h - y_f) + \beta(Ee_{t+1} - e_t)$$

如果定义 $z_t = (m_h - m_f) - a(y_h - y_f)$,则有:

$$e_t = [1/(1 + \beta)]z_t + [\beta/(1 + \beta)]Ee_{t+1}$$

若进一步引进理性预期,则有:

$$Ee_{t+1} = E(e_{t+1}/I_t) = E_t e_{t+1}$$

式中,$E_t e_{t+1}$ 表示在 t 期信息 I_t 条件下对 $t+1$ 期汇率的预期值,对上述等式进行整理,可得:

$$e_t = [1/(1 + \beta)]z_t + [\beta/(1 + \beta)]E_t e_{t+1}$$

因此有:

$$E_t e_{t+1} = [1/(1 + \beta)](E_t z_{t+i} + \beta Ee_{t+i+1})$$

将此式代到上式,递推得到:

$$e_t = \frac{2}{1+\beta} \sum_{i=0}^{\infty n} \left(\frac{\beta}{1+\beta}\right)^j E_t z_{t+j}$$

在外国 m_f 和 y_f 不变的条件下,汇率由本国外生变量 m_j 和 y_h 的将来预期值决定。离当期越远,m_j 和 y_h 的预期值对汇率的影响就越小。通过检验这一引入理性预期的货币主义模型,可以判断基本经济因素如货币供给和收入变动等对汇率变化的影响程度,从而根据基本变量对汇率进行预测。

与定性分析相比,数学模型分析在反映变量相互关系方面更加严格,它能够给出明确的定量结论,人们也可以对其预测进行检验。但目前外汇交易者一般不采用数学模型分析方法进行预测,它仍然处于经济学家进行探索的阶段。这首先是因为数学模型较复杂,难以被外汇交易者理解和操作;其次,数学模型的建立需要一定的假设条件,会在一定程度上脱离现实;最后,数学模型往往将一些难以量化的经济变量排除在考察范围之外。

3. 德尔菲分析

德尔菲分析是指通过对专家进行滚动式问卷调查的方式进行汇率预测的方法。为了使专家能够独立地发表自己的见解,组织者通常采用背对背的征询问卷方式。组织者在得到专家的判断后,会将经过处理的意见反馈给各位专家进行第二轮征询,经过这样的组织者数次反馈,得到基本一致的结论。专家们也可不断地根据新的信息,修正自己的预测。

问卷包括问卷说明、预测指标和预测说明三方面的内容。组织者一般指定经济变量的种类,以便于归纳和总结。这种方法集中了多名专家的知识、智慧和经验,能够提高预测质量。一般来说,在高等院校和科研部门工作的专家比较适合长期预测,因为他们对模型和基础理论比较熟悉;在银行和企业工作的专家比较适合短期预测,因为他们对新信息更加敏感。此外,从滚动式的多次问卷调查中,组织者可以不断地了解每位专家的预测能力,并通过人员调整来提高征询对象的素质以保证预测准确度。

上述三种方法在汇率预测上各有利弊,也各有其存在的价值,数学模型分析方法比较有发展前景,而定性分析和德尔菲分析方法在目前更有实用价值。

基本面预测法在实践中应用得非常广泛,各国银行、非银行金融机构、跨国企业、进行国际投资或跨国融资的企业或个人、从事外汇投资或投机的人士等,都把基本面预测法作为分析和预测汇率变动的主要工具。在预测汇率的长期走势方面,基本面预测法的准确度通常比较高,但在判断汇率变化的具体时间以及预测短期汇率变化方面,其效果并不十分理想,因为短期内的汇率走势经常受一些偶然性因素的影响。

(三) 市场预测法

市场预测法是指从市场指标中获取汇率预测值的方法。这种方法的预测成本非常低,如果对预测的精度要求不严格,则可以采用这种方法进行预测。市场预测法通常依据即期汇率和远期汇率进行预测。

1. 即期汇率预测法:随机游走模型

如果某种货币的汇率波动比较小,外汇市场比较平稳,则在预测该货币的短期汇率时,可以认为当期的即期汇率就是下一期的即期汇率。在市场有效、无偏和理性预期的假设条件下,人们在运用统计学手段研究汇率运动规律时发现,即期汇率是按照随机游走方式运动的,用数学公式表示为:

$$e_{t+1} = e_t + u_{t+1}$$

式中,e_{t+1} 为 $t+1$ 时刻的即期汇率,e_t 为 t 时刻的即期汇率,即期汇率 e 为自然对数的形式,u_{t+1} 为序列不相关的随机误差项,即 $E(u_t)=0$。该公式表明,未来的即期汇率等于当前的即期汇率加上一个随机误差项。

但是,该方法只适用于市场较为稳定的情况,也就是说,各国经济波动相对平稳,而且没有出现重大的政策改变,同时,国际游资的炒作力量也不活跃的情况。在这种情况下,使用即期汇率预测法较为稳妥。然而事实却往往并非如此,在多数情况下,即便各个因素相对稳定,汇率仍会出现小幅波动,因此不能在毫无根据的情况下,随意相信即期汇率预测法的可靠性。

2. 远期汇率预测法:无偏性假说

主要的国际货币通常都有发达的远期外汇市场或期货市场,远期汇率反映了当前市场主体对货币未来即期汇率的一致看法,而且在国际金融市场套利机制的作用下,远期汇率应该是未来即期汇率的无偏估计,即满足无偏性假说。用数学公式表示为:

$$e_{t+1} = f_t + u_{t+1}$$

式中,f_t 为 t 时刻的远期汇率,u_{t+1} 为序列不相关的随机误差项。该公式表明,远期汇率等于未来即期汇率加上一个随机误差项。

远期汇率预测法使用起来比较简单而且有效,在汇率预测中较为常用。根据美国一些投资机构的实证研究,远期汇率在预测未来即期汇率时有效性相对较强,在数十种货币汇率预测方法中准确度大约为 85%。但是,远期汇率除受经济本身的影响外,还取决于市场中的买卖力量对比。如果外汇市场上需求量相对较大,则远期汇率会高于实际汇率;反之,如果外汇市场上供给量相对较大,则远期汇率可能被低估。由于在运用远期汇率进行预测时,无法通过先验信息来判定未来外汇市场的供求状况,因此很难避免预测误差。

(四) 混合预测法

由于还没有发现哪种预测法一直好于其他预测法,因此一些跨国企业会综合运用不同的预测法进行汇率预测,即混合预测法。混合预测法运用不同的预测法得出某一外币价值的不同预测值。预测时,给不同的方法分配权重,较可靠的方法给予较高的权重。这样,跨国企业的实际预测便成了各种预测值的加权平均值。

四、汇率预测效果的评价

当然,如果你取一个特定的样本数据并对其进行所有可能的回归,你会找到一个最成功的预测模型,但这并不意味着它是一个可靠的未来向导,你还要做一些样本以外的预测检验,以评价预测的效果。进行汇率预测的跨国企业必须不断评价其效果,以确定预测程序是否令人满意,而要做到这一点,就需要计量预测误差。预测效果的评价方法主要有误差百分比法、误差绘图观察法和误差统计检验法。

1. 误差百分比法

最简单的预测效果评价方法是误差百分比法,其中误差百分比的计算方法为:

$$误差百分比 = (预测值 - 实际值) \div 实际值$$

一般情况是,误差百分比越大,预测的准确性越低。如果多考察几个期间,将每一期的误差百分比估计出来并求得这些期间的平均误差,那么跨国企业在衡量预测误差方面的准确性会更高。

误差百分比可以采用绝对值和相对值两种方式,采用绝对值可以避免正负相抵,采用相对值则便于在不同外币间进行预测效果的比较。表5-3对比了不同货币汇率在1974—1998年间分三个阶段的绝对误差百分比。从表中可以看出,加元汇率相对稳定,预测的绝对误差百分比最小,反映了其预测效果较好。

表5-3 分货币分阶段汇率预测绝对误差百分比 单位:%

货币对儿	1974—1998 年	1974—1984 年	1985—1998 年
英镑/美元	4.61	5.06	4.21
美元/加元	1.73	1.70	1.75
美元/日元	5.60	5.22	5.93
美元/瑞郎	5.69	5.81	5.58

资料来源:马杜拉.国际财务管理(第9版)[M].张俊瑞,田高良,李彬,译.北京:北京大学出版社,2009。

2. 误差绘图观察法

将每个时点作为横轴,各时点上预测汇率与实际汇率之间的差额作为纵轴,可以绘图表示出预测误差的时间序列特征。其中,负值表示汇率被低估,正值表示汇率被高估。若误差在一段时间内一直为正或为负,则说明预测方法有问题。图5-5是1975—2000年英镑对美元汇率预测误差图。从图中可以看出,远期汇率对未来即期汇率的预测效果明显,尤其是1985年以后,预期汇率与交割日即期汇率线接近重合,反映了预测效果较好。

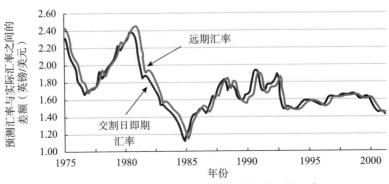

图5-5 英镑对美元远期汇率预测未来即期汇率

各种货币汇率的预测准确度和精度是不尽相同的。有些货币的汇率长期波动较小，如加元，故预测效果较好；相反，有些货币的汇率长期波动较大且很频繁，则预测效果就差一些。这对于跨国企业来说非常重要，因为它将影响到企业对待不同货币的交易风险管理策略。

3. 误差统计检验法

根据国际平价条件，远期汇率应该是未来即期汇率的无偏估计值。但是如果存在对远期平价的系统性和持续性的偏离，那么这种偏离可以被用来改进预测工具。远期平价的回归检验可表示为：

$$E(e_{t+1}) = \alpha + \beta f_t + u_t$$

如果远期平价成立，则 $\alpha = 0$，$\beta = 1$。有人对1986—1995年间日元对美元的三个月远期进行了检验，其中 $\alpha = -0.008$，$\beta = -0.002$。有学者用上述回归公式进行了75次实证研究，总结出 β 的均值是-0.88。更加完整的实证分析也表明对远期平价的系统性、持续性的偏离的确存在。

本章小结

1. 套利活动引起汇率水平调整，使两国货币汇率的绝对水平等于两国物价水平或购买力的对比，汇率的变化等于两国通货膨胀率之差。

2. 购买力平价理论包括绝对购买力平价和相对购买力平价两种形式，前者说明了在某一时点上汇率决定的基础，后者则解释了在某一时段内汇率变动的原因。

3. 绝对购买力平价理论认为，本国与外国货币之间的均衡汇率等于本国与外国购买力或物价水平的对比。相对购买力平价理论认为，如果一开始两国的即期汇率处于均衡状态，则两国通货膨胀率差异的任何变化都将在未来很长的时间内由即期汇率反向等同大小的变化来抵消。

4. 判断货币汇率变动对一国商品的相对竞争力的影响，考察的重点是实际汇率。若名义汇率的变动完全被两国相对物价水平的变动抵消，那么实际汇率保持不变。实际汇率的变化等同于名义汇率对购买力平价的偏离。

5. 套利是指利益主体利用两国短期利率之间出现的差异，将资金从低利率国家转移到高利率国家以赚取利息差额的行为。套利分抵补套利和未抵补套利两种。

6. 抵补套利是为了规避汇率风险，将资金从低利率国家转移到高利率国家投资的同时，在外汇市场上卖出远期高利率货币，从而达到套期保值目的的外汇交易。其存在的前提条件是套利成本（贴水率）必须低于两国利差，否则套利者将无利可图。

7. 非抵补套利是不与掉期交易结合而进行单纯套利的交易。这种投机套利活动会引起汇率水平的调整，使持有本币资产的预期收益率等于外币利息率加预期汇率变化率。

8. 凯恩斯通过分析抵补套利所引起的外汇交易提出了利率平价说。其要旨是：利率水平相对较高的国家的货币对其他国家的远期汇率为贴水,利率水平相对较低的国家的货币对其他国家的远期汇率则为升水。

9. 费雪效应认为,每个国家的名义利率应等于投资者要求的实际收益率加上该国的预期通货膨胀率。国际费雪效应也即费雪敞口效应,是指在一定时间内即期汇率朝两国利率差异做大小相等、方向相反的变化。

10. 虽然有效外汇市场说明,汇率是不可预测的,但是为了有效管理汇率风险,跨国企业需尽可能地科学判断汇率走势。汇率预测方法包括技术预测法、基本面预测法、市场预测法和混合预测法。

本章习题

1. 什么是购买力平价?哪些因素导致购买力平价的偏离?购买力平价关系何时适用?

2. 若美元与卢比的汇率是固定的,但印度尼西亚的物价增长速度比美国要快。就实际汇率来讲,印度尼西亚卢比是升值还是贬值?

3. "在高通货膨胀率时期借款是有道理的,因为可用更便宜的外汇如美元还款。"请对此做出评论。

4. Pinot Noir 在美国加利福尼亚和澳大利亚新南威尔士都有生产厂家。同样的一瓶 Pinot Noir 酒在美国的销售价格为 22 美元/瓶,在澳大利亚的销售价格为 34 澳元/瓶。

请问:

(1) 按照购买力平价理论,美元与澳元的即期汇率为多少?

(2) 假设明年 Pinot Noir 酒在美国的销售价格上涨到 27 美元/瓶,同样的可比产品在澳大利亚的销售价格上涨到 44 澳元/瓶,则美元与澳元的一年期远期汇率为多少?

5. 如果美国 6 个月期储蓄存款利率为 8%,日本 6 个月期储蓄存款利率为 5%,预期美国与日本的通货膨胀率分别为 6% 和 3%。请计算美国投资者投资日元和美元的实际收益率。

6. 假设美国 5 年期储蓄存款年利率为 6%,瑞士 5 年期储蓄存款年利率为 4%,利率平价在 5 年内成立。如果瑞士法郎的即期汇率为 1 瑞士法郎 = 0.82 美元。

请计算:

(1) 瑞士法郎 5 年期远期汇率升水或贴水率;

(2) 5 年后瑞士法郎的即期汇率(用远期汇率预测法预测)。

参考文献

1. 奥博斯特弗尔德,若戈夫.高级国际金融学教程:国际宏观经济学基础[M].刘红忠,等,译.北京:中国金融出版社,2002.

2. 林伯强.人民币均衡实际汇率的估计与实际汇率错位的测算[J].经济研究,2002,(12):60—69.

3. 陈雨露,侯杰.汇率决定理论的新近发展:文献综述[J].当代经济科学,2005,27(5):45—52.

4. 王胜,邹恒甫."新开放经济宏观经济学"发展综述[J].金融研究,2006(1):178—187.

5. 张碧琼,高慧清.汇率之谜与汇率理论研究新进展[J].经济学动态,2011(6):125—131.

6. 谭小芬,高志鹏.中美利率平价的偏离:资本管制抑或风险因素?——基于2003—2015年月度数据的实证检验[J].国际金融研究,2017(4):86—96.

7. 孙立坚.外汇市场微观结构理论的原理及其前景[J].国际金融研究,2002(11):13—19.

8. MEESE R A, ROGOFF K. Empirical exchange rate models of the seventies: do they fit out of sample? [J]. Journal of International Economics, 1983(14): 3-24.

9. JOHNSON H G. The monetary approach to the balance of payments: a nontechnical guide[J]. Journal of International Economics, 1977, 7(3): 251-268.

10. OBSTFELD M, ROGOFF K. Exchange rate dynamics redux[J]. Journal of Political Economy, 1995. 103(3): 624-660.

11. LANE P R. The new open economy macroeconomics: a survey[J]. Journal of International Economics, 2001(54): 235-266.

12. ISHFAQ M, QIONG Z B, SHAH S M R. Global macroeconomic announcements and foreign exchange implied volatility [J]. International Journal of Economics and Financial Issues, 2017, 7(5): 119-127.

第六章

汇率风险管理

本章首先分析汇率变动对宏观经济和跨国企业价值的影响以及汇率风险管理的基本原则与战略;然后阐述汇率风险及其质量,包括交易风险、经济风险和折算风险;最后详细介绍三种汇率风险的管理策略。由于汇率的波动具有随机性,因此如何把握汇率随机运动规律并顺势而为,是汇率风险管理的核心。

第一节 汇率风险管理的原则与策略

风险,广义上是指未来收益或损失的不确定性。风险管理是指为规避或减少风险损失而采取的措施。汇率风险是指未预期到的汇率波动对企业资产与负债、收入与支出及由此对未来现金流的影响。风险的承担者包括政府、企业、银行、个人及其他部门。汇率风险管理是指外汇资产和负债持有者通过风险识别、风险测定、风险控制等方法,预防、规避、转移或消除外汇业务经营中的风险的过程。

一、汇率风险管理的原则

汇率风险是涉外经济活动中不可避免的市场风险,其对政府、企业乃至个人涉外经济活动都会产生重大的影响。汇率风险管理的目标是追求企业价值最大化,需要通过采取能够降低汇率波动带来的现金流量不确定性的措施,控制或者消除业务中可能面临的由汇率波动带来的不利影响来实现这一目标。汇率风险管理需遵循以下原则:

(一) 收益最大化原则

收益最大化原则要求涉外企业或跨国企业精确核算汇率风险管理的成本和收益,在确保实现汇率风险管理预期目标的前提下,支出最少的成本,追求最大化的收益。这是企业进行汇率风险管理的基石和出发点,也是企业确定具体的风险管理战略、选择汇率风险管理措施的原则。汇率风险管理本质上是一种风险的转移或分摊,例如采用远期外汇交易、期权、互换、期货等金融工具进行套期保值,都要支付一定的成本,以此为代价来固定未来的收益或支出,使企业的现金流量免受汇率波动的侵扰。一般来说,汇率风险管理付出的成本越小,进行汇率风险管理后得到的收益就越大,企业对其汇率风险进行管理的积极性就越高,反之亦然。

(二)全面重视原则

全面重视原则要求有涉外经济的政府部门、企业或个人对自身在经济活动中面临的汇率风险高度重视,将汇率风险管理贯彻到每一个工作环节。汇率风险有不同的种类,不同的汇率风险对企业的影响是有差异的,有的是有利的影响,有的则是不利的影响,因此涉外企业和跨国企业在进行外汇买卖、国际结算、会计转账、未来资金运营、国际筹资及国际投资等项目时,需要保持清醒的头脑,避免造成重大损失。汇率风险可能带来营运资金和现金流量的损失,影响企业的正常经营和核心竞争力,这需要经营者在头脑中牢固树立汇率风险管理的概念,从管理战略上给予汇率风险管理高度的重视。

(三)管理多样化原则

管理多样化原则要求涉外企业或跨国企业灵活多样地进行汇率风险管理。企业的经营范围、经营特点和管理风格各不相同,外币价格的波动性、外币净头寸、外币之间的相关性、汇率风险的大小都不一样,因此每家企业都要具体情况具体分析,寻找最适合自身风险状况和管理需要的汇率风险管理战略及具体的汇率风险管理方法。实际上,没有一种汇率风险管理方法能够完全消除汇率风险。在选择汇率风险管理方法时,企业需要考虑自身发展战略、风险头寸的规模和结构、涉外业务的范围和性质、相关国家的外汇管理政策、金融市场的发达程度等约束因素。此外,随着时间的推移,外部约束因素会不断变化,因此,企业的汇率风险管理策略也需要相应地更改和调整。

对于不同类型和不同传递机制的汇率风险,应采取不同的适用方法来分类防范。对于交易结算风险,应以选好计价结算货币为主要防范方法,并辅以其他方法;对于债券投资汇率风险,应以各种保值手段为主要防范方法;对于外汇储备风险,则应以储备结构多元化为主要防范方法,并通过适时地进行外汇抛补的方法管理储备币种。

二、汇率风险管理的策略

汇率风险管理的策略是指国际经济交易主体对汇率风险所持的态度,包括要不要防范汇率风险,应防范到什么程度等。能够预测到的汇率变化会被企业决策者事先加以考虑并处理,只有预料之外的汇率变动才会产生汇率风险。根据跨国企业对汇率风险的不同态度,汇率风险管理策略通常分为以下三种:

(一)全面避险的汇率风险管理策略

全面避险的汇率风险管理策略是指企业试图对经营中出现的汇率风险一律进行套期保值,强调绝对安全,不留任何来自汇率方面的不确定性因素。

采取这种策略的企业,属于风险厌恶者,它们是全心全意的生产经营专家,而不是金融或外汇专家,不希望自身的经营业绩受到汇率变动的影响。它们不愿承受汇率变动造成的额外损失,也不想获得汇率变动带来的额外收益,只愿集中精力执行其生产和经营计划。全面避险的汇率风险管理策略使企业实现了风险中立目标,不管汇率朝哪个方向变动,都与企业的现金流量无关。采取全面避险的汇率风险管理策略是企业对外宣布自己经营稳健的一个信号,对维护企业的社会形象和声誉具有特别的意义,对某些需要赢得稳健投资者支持的企业来说,这一策略无疑是最佳的选择。然而,全面避险的汇率风险管理策略的代价是不仅要付出高昂的成本,还会牺牲汇率变动可能带来的收益。

当然,有些企业有条件采取这种策略,因为它们的经营特点决定了它们拥有低成本的风险管理优势。例如,有些外汇币种拥有发达的衍生工具市场,在市场上具有价格优势,有可能把风险管理成本转移到产品销售价格中去。与保有汇率风险的其他对手相比,这些企业不会因完全套期保值而处于不利地位。一般来说,稳健经营要求高的商业银行大多采取了这一策略,基本上实现了汇率风险中立,保有的汇率风险头寸很小。

(二) 消极的汇率风险管理策略

消极的汇率风险管理策略是指企业对面临的汇率风险听之任之,不采取任何措施进行控制或消除,实行"无为而治"的策略。选择消极策略的经营者看似无为,实际上是在谋求50%概率的汇率变动的有利影响。当然,这种策略的弊端是,如果汇率变动对其不利,那么企业就要承受由此产生的所有损失。

采取这种策略的企业一般是风险爱好者,他们的依据是:第一,认为自己获得的信息多,对外汇市场行情的判断比较准确,能够有把握地识别汇率风险对自己有利还是不利,保留汇率风险,尽可能获得额外的风险收益;第二,相信市场机制的作用,如果外汇市场遵守利率平价和购买力平价,市场是高度有效的,那么企业的实际经营和现金流量都与汇率变动无关,采取任何保值或投机措施都是不必要或无效的;第三,汇率风险不大,给企业造成的不利影响很小。如果汇率风险管理花费的成本很高,套期保值的成本超过不进行风险管理的损失,那么企业不如不进行风险管理。

但在现实中,这种策略受到了很大的挑战,因为企业经营不可能与汇率变动无关,特别是从短期来看,汇率变动很少符合利率平价和购买力平价,它不仅引起企业资产名义上的价值波动,还影响营运资产和真实资产的实际价值。因此,除特殊情况外,涉外企业和跨国企业一般较少采取这种消极策略。

(三) 积极的汇率风险管理策略

积极的汇率风险管理策略是指企业积极地预测汇率走势,并根据不同的预测对不同的受险项目分别采取不同的措施的策略。例如,在预期汇率变动对其不利时,企业采取完全或部分避险的管理策略;在预期汇率变动对其有利时,企业承担汇率风险以期获取风险报酬。

采取积极策略的企业可以分为两类:一类是利用汇率变动谋求收益的投机者,另一类是以平衡汇率风险头寸为目标的套期保值者。采取这种策略的企业,一般会把汇率风险管理纳入企业的总体经营管理策略,对汇率风险管理进行周密的安排;此外,企业拥有完整的管理制度和约束机制,并对风险管理水平有较高的要求,否则,由此带来的损失和代价可能远远大于全面避险策略和消极策略。

现实中,大部分企业倾向于选择积极的汇率风险管理策略。不同的企业往往根据自身的经营特点和管理经验,对比汇率风险大小和"允许的"汇率风险承受能力,确定是否需要进行套期保值,以及对哪些币种的汇率风险、多大的金额进行套期保值。这种决策必须建立在精确的成本收益核算基础之上。总之,企业的汇率风险管理策略一定要服务于企业的整体目标,需要结合企业的业务特点和财务状况做出适当的选择。

三、汇率风险管理的方式

汇率风险管理的方式从总体上可以分为以下三类:

(一) 风险控制

风险控制是指通过降低风险发生概率以及风险损失程度(规模)来降低风险成本的各种行为。通常把主要目的为降低风险发生概率的行为称为风险防范,而把主要目的为降低风险损失程度的行为称为风险降低。例如,企业主动减少汇率风险业务,减少企业可能发生的外汇收入及支出,就是典型的风险防范行为;当企业预期汇率将发生波动时,及时采取措施,对汇率风险头寸进行套期保值,锁定收益与成本,就是风险降低行为的例子。风险控制主要包括以下两种方法:

1. 减少汇率风险业务

跨国企业可以通过减少汇率风险业务的数目来降低汇率风险。例如,减少使用外币,或者根本不持有任何外币净头寸。对风险行为的数目加以控制主要是为了降低风险发生的概率。最极端的情况是将风险行为的数目减至零,也就是企业不从事任何与外币有关的业务,或者无论进出口、投融资活动都要求使用本币计价结算。这种方式最大的缺陷是在回避汇率风险业务损失的同时,丧失了汇率风险业务可能带来的收益。

2. 提高汇率风险预防能力

企业根据市场需要和业务发展计划开拓海外业务,不必害怕汇率风险业务数量增多,而应提高汇率风险预防能力,提高汇率风险业务的安全性,从而降低风险发生的概率和损失程度。具体地讲,就是要提高企业汇率风险防范与管理的能力,提高汇率预测的准确度及风险管理方法的有效性。

(二) 风险融资

风险融资也称损失融资(Loss Financing),是指使用各种资金以支付或抵偿汇率风险损失的手段。根据风险补偿的资金来源,风险融资方法可以分为以下三种:

1. 自留措施

自留措施是指企业自己承担部分或全部的汇率风险损失。自留往往被称为自我保险。许多大型跨国企业在其财务与资金管理中，都有一个正式的损失融资计划，例如有的企业建立汇率风险防范基金，有的企业每年按照销售额或汇率风险价值的一定比例提取汇率风险准备金。有的企业并没有上述自留资金计划，而是用自己的资本金弥补经营中的汇率风险。

2. 购买保险

通过购买保险，企业可以把汇率风险损失转嫁给保险公司。国际上有许多保险公司提供与汇率风险有关的保险险种，例如国有化险、汇率波动险和利率波动险，等等。购买相关的保险，对涉外企业而言是一种既省时又省力的好方法。但是，在中国和许多发展中国家，保险市场并不发达，还没有开发出分担企业汇率风险的相关险种，因此不可能运用购买保险的方法来弥补企业的汇率风险损失。

3. 套期保值

远期合约、期货合约、期权合约以及互换合约等衍生金融工具，能够事先将不确定的汇率按照某个远期价格确定下来，企业只承担约定的远期价格与目前即期价格之间的价差风险，交易的对方却要承担约定的远期价格与未来即期价格之间的价差风险，这就意味着汇率风险在企业与套期保值对手之间进行了分摊。

（三）内部风险抑制

内部风险抑制是指企业通过内部业务、管理调整来降低汇率风险的各种手段。内部风险抑制主要包括以下两种方法：

1. 分散化

企业的经营活动充满了各种风险，如果企业在经营活动中注意使用相关性较低的货币，或者使用货币多元化的方式来分散风险，那么企业整体的风险头寸波动现象就会明显减少。因此，企业可以通过持有各种外汇头寸的方式从内部降低风险。这种分散化是广义上的，不仅包括国别、币种的分散，还包括币种的波动性和相关性的判断。

2. 信息投资

充分占有信息，较强的处理、分析信息的能力，是企业提高汇率风险管理水平的前提条件。绝大多数对外交往比较频繁的企业都会花费一定的人力、物力和财力进行汇率趋势的分析、预测及相关管理工作。通过信息的搜集和研究，企业可以对未来汇率的走势做出比较准确的判断，以此为根据决定自己的外汇头寸，这不仅可以避免汇率波动带来的损失，而且可以从中盈利。

随着人民币汇率波动加强，中国企业汇率风险管理的需要非常迫切。例如，2019年上半年，中国A股有271家企业公布了上半年汇兑损益数据，其中有137家企业在汇率波动中盈利，4家企业不赚也不赔，130家企业因汇率波动产生浮亏。

第二节 汇率风险的度量

汇率风险是由未预期到的汇率波动引起的。根据汇率风险形成的机制不同,可以将汇率风险分为交易风险(Transaction Exposure)、经济风险(Economic Exposure)和折算风险(Translation Exposure)。根据汇率风险形成机制的特点,从各个不同的角度度量汇率风险,才能为规避汇率风险提供更准确的依据。

一、交易风险及其度量

交易风险是指以外币计价结算的国际经济合同自签订之日到债权债务清算日期间因汇率变动而使本币现金流产生变化的风险。它是一种流量风险,产生的原因是名义汇率变动和外币交易敞口不为零。交易风险形成机制简单、直接且数量巨大,是跨国企业最常见的汇率风险,也是汇率风险管理的重点。

(一) 交易风险形成机制

跨国企业的国际经营活动主要涉及进出口贸易、国际投融资及外汇交易。根据跨国企业国际经营活动的不同,产生交易风险的情形可以划分为以下几种:

1. 进出口贸易中的汇率风险

进出口贸易中,如果货币汇率在支付货款时与签订合同时不同,则进出口商的本币支付或收入额就会发生相应的变化,从而出现汇率风险,其来源于跨国企业进出口贸易中以外币计价的应收或应付账款。

例如,中国某公司某年1月1日从日本进口一批价值100万美元的商品,双方签订了6个月的远期支付合同,7月1日进行交割。其间汇率变动如下:

	美元/日元	美元/人民币
1月1日	128.0000	8.1010
7月1日	119.5000	8.1030

由于合同货币为美元,而美元又在半年之内对日元、人民币分别有所贬值和升值,因此对于中、日进出口商双方来说,均面临汇率波动的风险。由此可知,中方因人民币进口成本增加而损失$(8.1030-8.10100)\times 1\,000\,000 = 2\,000$(元);日方因日元出口收入减少而损失$(128.000-119.5000)\times 1\,000\,000 = 8\,500\,000$(日元)。

交易风险可以分为报价风险、存货风险和账单风险三个层次。图6-1展示了进出口贸易中交易风险发生的过程。首先是卖方在t_1时刻向买方以外币报价,由此产生了报价风险,该报价可能是口头形式(如电话报价)的,也可能是书面形式的。t_2时刻买方开始订购货物时,在t_1时刻产生的潜在报价风险便转变成真正的存货风险,因为此时货物还未交付和开出账单。存货风险一直持续到t_3时刻卖方支付货物并开出账单,这时账单风险产生,在t_4时刻卖方收到实际支付的货款时账单风险消除。

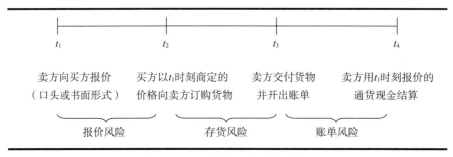

图 6-1 交易风险发生的过程

2. 国际投融资中的汇率风险

在资本流动中,如果外汇汇率在债务债权清算时较债务债权形成时发生变化,则债权人收回的金额或债务人支付的金额也会发生相应的变化。

例如,中国某公司在日本发行 200 亿日元公募武士债券,期限为 10 年,债务形成时市场汇率为 1 美元 = 202.3000 日元,10 年后,债务到期清偿时,市场汇率为 1 美元 = 124.0000 日元,该公司由此借贷产生的本金损失额约为 0.624 亿美元,更不用说每期利息损失额了。

3. 外汇交易中的汇率风险

当交易者进行外汇远期、期货、期权交易或者外汇银行在外汇交易中持有各种货币的未轧平头寸时,也会形成汇率风险。

例如,某投机商预测美元兑日元的汇率呈上升趋势,当时即期市场汇率为 1 美元 = 109.0000 日元。于是以 1 美元 = 120.0000 日元的价格买进价值 500 000 美元的远期合约。但 3 个月后美元的市场汇率出现和预测相反的变化,3 个月后即期市场汇率为 1 美元 = 80.0000 日元。此投机商遭受的外汇净损失为 2 000 万日元。

(二) 交易风险的度量

通常,可以用汇率变化的标准误差度量总体交易风险,标准误差越大,交易风险越大。一般地,度量交易风险需要两个步骤:第一,确定各外币预计的流入量或流出量,计算汇率风险敞口;第二,确定这些货币的总体风险。

在度量交易风险时,度量对象是某一时点的风险敞口头寸,即净现金流量。因为同一种货币的应收款和应付款方向相反,汇率波动对应收款有利时,必然以同样的幅度不利于应付款,反之亦然。只有两者相互抵消后的净额,才是企业真正受到汇率波动影响的部分。

跨国企业的风险敞口头寸=以外币计价结算合同现金流入-以外币计价结算合同现金流出。正值代表净现金流入,负值代表净现金流出。跨国企业一般关注短期(如一年)的交易风险,因为只有在短期内,货币的现金流量才能够被合理、准确地预测。计算净现金流量的要求是:

（1）跨国企业的每一个子公司都要对其业务中所涉及的每一种外币分别计算净现金流量。因为几乎没有两种货币汇率的波动方向、波动幅度完全相同，所以每一种货币的净现金流量有不同的交易风险。

（2）将各子公司净现金流量进行汇总，编制合并现金流量表，得到跨国企业的净现金流量。假设跨国企业子公司 X 的净现金流入量为 500 000 英镑，而子公司 Y 的净现金流出量为 600 000 英镑，合并净现金流量为流出 100 000 英镑。如果在单个现金流量发生前英镑贬值，则会对子公司 X 产生不利影响。理由是当英镑兑换成相应的核算货币时，其价值量减少了。可是，英镑贬值会对子公司 Y 产生有利影响，因为它支付以英镑计价的款项时不需要那么多核算货币了。不过，从跨国企业的角度来看，英镑贬值对跨国企业总体的影响比较小，因为子公司 X 和子公司 Y 净现金流量中的绝大多数可以相互抵消，真正承担英镑贬值风险的头寸只有 100 000 英镑。当然，编制合并现金流量表只能冲减一部分风险头寸，因为各子公司通常是自主选择货币进行经营活动的，如果大多数子公司未来都有英镑流入，那么英镑贬值就可能给跨国企业造成巨大损失。

总之，在度量跨国企业的交易风险时，估计合并的净现金流量是非常有价值的一步，因为它有助于确定跨国企业在每种货币中的总风险头寸。

二、经济风险及其度量

经济风险又称经营风险，是指非预期的汇率变化导致企业所有未来现金流量本币价值发生变化的风险。这里之所以指出是非预期的汇率风险，主要是因为企业在决策时已经对预期到的汇率风险进行了相应的处理，因此意料之中的汇率变动对企业而言不存在不确定性。交易风险也属于经济风险的范畴。

（一）经济风险形成机制

一般来说，货币实际汇率的升值会降低本国出口企业的产品竞争力，使出口企业利润下降；反之，则提高本国出口企业的产品竞争力。由于跨国企业的业务种类不同，有些业务的现金流量有较大的经济风险，而有些业务的现金流量不存在什么经济风险，因此首先需要界定哪些业务可能出现经济风险。

表 6-1 列出了跨国企业一些典型的有经济风险的国际业务，以及汇率变动对这些业务现金流量的影响。这些国际业务的经济风险，有的是由货币兑换的交易风险引起的，例如以外币标价的出口和对外投资的利息收入、以外币标价的进口和借贷外国资本应付的利息等；有的业务不需要进行货币兑换，其经济风险不是由交易风险引起的，而是由汇率变动间接带来的，例如以本币标价的进口、以本币标价的出口，汇率变动对这些业务现金流量的影响，并不亚于对前类业务现金流量的影响。以汇率变动对本币销售额的影响为例，如果本币升值，则本国出口企业的产品在国际市场上会显得比较昂贵，竞争力下降，进而导致出口减少，其以本币标价的销售额也会减少；如果本币贬值，则反之。

表 6-1　跨国企业经济风险分析

国际业务		汇率变动对国际业务现金流量的影响	
		本币升值	本币贬值
影响跨国企业本币现金流入量的交易	本地销售	减少	增加
	以本币标价的出口	减少	增加
	以外币标价的出口	减少	增加
	对外投资的利息收入	减少	增加
影响跨国企业本币现金流出量的交易	以本币计量的进口	无变化	无变化
	以外币计量的进口	减少	增加
	借贷外国资本应付的利息	减少	增加

例如，20 世纪 70 年代末，全球对瑞士法郎的需求大增导致瑞士法郎的实际汇率上升，结果使得瑞士的手表生产商苦不堪言，因为面对日本同行的竞争，他们不得不保持出口到美国的手表的美元价格不变，而同时他们又不能降低瑞士工人的工资，从而使换算成美元后的生产成本因瑞士法郎的升值而上升。或者从瑞士法郎的角度来看，由于美元价格不变导致瑞士法郎收入降低，生产成本因以瑞士法郎计价而不变，我们得出同样的结论，即瑞士手表生产商的利润将减少。

（二）间接经济风险

本币汇率变动往往对一些业务的现金流量并不产生直接的影响，但是它会通过一些渠道对跨国企业的业务产生间接的影响，导致这些业务的现金流量偏离预期水平。例如，美国一家企业从加拿大进口木材，假设进口的木材以美元计价，如果美元贬值，则该美国企业的进口货款不会增加，因为不涉及美元兑换加元的问题。然而，加拿大出口商在收到美元货款后，需要将其兑换成加元，以实现利润。由于美元贬值，加拿大出口商以加元表示的出口收入将减少。为了抵消美元贬值对其收入带来的风险，加拿大出口商很可能提高木材的销售价格，从而增加了美国企业的进口成本，增大了其以美元计价的进口的现金流出量。在这里，本币贬值通过外国交易对手的提价行为，间接地影响了美国企业进口所需支付的现金流量。

此外，纯粹的国内企业也会受到本币汇率变动带来的间接影响。例如，中国一家钢铁制造商，其生产的组织与销售全部在国内，该企业在国内购买所有的原材料，从银行获得流动资金和技术改造资金，在国内市场销售所生产的产品。表面上看，该企业的所有业务活动仅以本币进行交易，人民币对外升值或贬值对其现金流量没有什么直接影响，不存在直接的经济风险。然而，中国市场上有大量的进口钢铁产品，还有中外合资钢铁制造商，一旦人民币升值，则该企业产品原来的购买者就可能因价格优势转而购买进口钢铁产品或以外国原材料为主的中外合资钢铁制造商的产品，结果可能导致纯国内企业的钢铁产品销量下降,净现金流入量减少。此例说明了这样一个问题:为什么有的企业没有交易风险却有经济风险。

例如,2019年上半年,人民币对美元平均汇率为6.7808,同比贬值6.04%。其中,一季度为6.7468,同比贬值5.69%,环比升值2.51%;二季度为6.8137,同比贬值6.38%,环比贬值0.98%。由于人民币贬值,我国交通运输(航空运输)、钢铁、化工(化学纤维)等行业可能会承受较多的汇兑损失。而家电、通信、电气设备、机械设备、建筑装饰等行业则会受益于人民币贬值带来的汇兑收益,特别是家电、通信、电气设备、建筑装饰等行业实现的汇兑收益会更高。

(三)经济风险预测方法

度量经济风险时,首先要确定企业在不同汇率水平下的各期现金流量状况。如果现实的经营活动所产生的现金流量现值与企业的经营预算相吻合,则不存在经济风险;反之,则存在经济风险。也就是说,经济风险的准确度量要依靠事后的结果,但我们可以进行事前的风险预测。通常经济风险的预测方法主要有扣除法、计量分析法和风险价值法。

1. 扣除法

扣除法是预测经济风险最主要的方法。其步骤是:首先对未来现金流量进行贴现,加总计算企业的经济价值;然后从企业经济价值中扣除可以预期的汇率变化所影响的部分,剩余部分即不可预测部分则为经济风险。我们通过以下简单案例说明扣除法的运用。

例如,A公司为一家美国跨国企业在中国的子公司,其20%的产品在中国当地销售,每件售价34元,80%出口,每件售价4美元;劳动力来自当地;原材料一部分进口,单价2美元,一部分在当地购买,单价15元;每年固定资产折旧100万元;有银行借款400万元,利息为5%,三年后到期。假设营运资金变化量=销售收入变化量×20%+生产成本变化量×30%;期间费用为销售收入的25%;所得税税率为30%。

假设中美两国的通货膨胀率始终为0,于是美国母公司的资金成本率可以保持不变,设为10%,且由于通货膨胀率为0,因此名义汇率的变化必然导致实际汇率的变化。需要注意的是,进行预测时,应用实际汇率变化预测未来现金流量变化,而未来现金流量的预测值一经确定,就应用名义汇率进行折算。在本例中,A公司根据远期汇率预测未来三年的名义汇率均为CNY7.5=USD1,并得出公司未来三年经营活动现金流量预测值,如表6-2所示。

表6-2 A公司未来三年经营活动现金流量预测值

项目	单位	数量(万)	单价(元)	合计(万元)
销售收入:				3 000
国内	件	20	30	600
出口	件	80	30	2 400

（续表）

项目	单位	数量（万）	单价（元）	合计（万元）
生产成本：				1 240
工资	人时	5	8	40
国内原材料	件	60	15	900
进口原材料	件	20	15	300
期间费用：				750
利息（本金 400 万元）				20
折旧				100
税前利润				1 010
所得税				303
净利润				707
折旧				100
人民币税后现金流量				807
美元净现金流量			（预测汇率 CNY7.5 = USD1）	107.6

如果未来三年的实际名义汇率为 CNY7 = USD1，则会产生经济风险。假设人民币价格保持不变，则人民币升值将使外币价格提高，其他经营变量不变。若 A 公司在出口市场上拥有垄断权，则其可以同时保持人民币价格不变且销量不减。这时人民币现金流量不变，美元现金流量增加。由此，很容易得到人民币对美元升值后的现金流量：第 1 和第 2 年为 115.286 万美元；第 3 年为 110.775 万美元；而第 3 年公司要偿还债务本金 400 万元人民币，人民币升值导致还债增加 400/7－400/7.5＝4.511（万美元）。其影响如表 6-3 所示。

表 6-3　人民币升值对 A 公司经营活动现金流量的影响

年份	升值后现金流量（万美元）	与升值前相比差额（万美元）	贴现系数（10%）	现金流量差额现值（万美元）
1	115.286	7.686	0.909	6.987
2	115.286	7.686	0.826	6.349
3	110.775	3.175	0.751	2.384

加总可得，外汇经济风险为 6.987＋6.349＋2.384＝15.72（万美元）。

2. 计量分析法

跨国企业可采用计量分析法预测经济风险，即运用企业经营的历史资料，说明汇率变化与企业现金流量变化的相关性，用相关性反映经济风险的大小。如果是新成立的企业,则可采用可比性较强的其他企业的数据替代。

以 PV 表示企业的市场价值,e 表示实际汇率,如果 $\Delta PV/\Delta e$ 不等于零,则我们就说该企业暴露于经济风险之下。经济风险的大小可以表示为汇率变化 Δe 引起企业市场价值变化 ΔPV 的大小。这种关系可以用回归分析来计量。最简单的一种回归模型是:

$$\Delta PV_t = \alpha + \beta \Delta e_t + u_t$$

式中,$\Delta PV_t = PV_t - PV_{t-1}$,$PV_t$ 是跨国企业 t 期间现金流量的本币现值;$\Delta e_t = e_t - e_{t-1}$,$e_t$ 是 t 期间的平均实际汇率;u_t 是均值为 0 的随机误差项。

该回归模型使用的是 PV 和 e 的一阶差分,而不是变量本身,因为变量是非平稳的。回归分析可以得出三个重要的参数:①β 系数,它衡量企业市场价值对实际汇率变动的敏感性;②t 统计值,它衡量 β 系数的统计显著性,t 值越大,对 β 估计值的置信度就越高;③R^2 值,它衡量 Δe 对 ΔPV 的解释能力,R^2 值越大,模型的解释能力就越强。如果 β 系数显著为 0,则说明汇率变化并不是影响企业市场价值的最重要因素,企业不值得为了防范汇率风险付出太高的成本。当然,这种预测方法的局限性也是显而易见的,毕竟历史数据不能代表未来,如果企业未来经营将有重大变化,就应该单独考虑这些变化对企业现金流量的影响。

3. 风险价值法

风险价值(Value at Risk,VaR)是指在一定的持有期和给定的置信水平下,利率、汇率等市场风险要素发生变化时可能对某项资金头寸、资产或资产组合或者机构造成的潜在最大损失。假设某银行在持有期为 1 天、置信水平为 99% 的情况下,所计算的汇率 VaR 为 1 万美元,则表明该银行的外汇资产组合在 1 天中的损失有 99% 的可能性不会超过 1 万美元。

(1) VaR 法的基本原理。VaR 有三个要素:①VaR 值,VaR 把资产或资产组合的市场风险用一个具体数值来表示,代表资产或资产组合的潜在最大损失。②持有期,计算 VaR 值时,必须事先指定具体的持有期。③置信水平,置信水平是指对发生以 VaR 表示的潜在最大损失的把握程度。

VaR 的数学定义为:

$$P(\Delta P_{\Delta t} \leq \text{VaR}) = 1 - \delta$$

式中,$\Delta P_{\Delta t}$ 表示在 Δt 时期内某资产或资产组合市场价值的变化;δ 为给定的概率,即针对某资产或资产组合,VaR 给出了其在给定的时间区间和置信水平下的潜在最大损失。也就是说,我们可以以 $1 - \delta$ 的概率保证,损失不会超过 VaR。

例如,某一投资公司持有的证券组合在未来 24 小时内,置信水平为 95%,在证券市场正常波动的情况下,VaR 值为 800 万元。其含义是指,该公司的证券组合在一天内(24 小时),因市场价格变化而带来的最大损失超过 800 万元的概率为 5%,平均 20 个交易日才可能出现一次这种情况。或者说,有 95% 的把握判断该公司在下一个交易日内的损失在 800 万元以内。5% 的概率反映了金融资产管理者的风险厌恶程度,可以根据不同投资者对风险的偏好和承受能力来确定。

(2) VaR 的度量方法。VaR 的度量方法基本上可以划分为两类:第一类,以局部估值为基础,其典型代表就是方差-协方差法,也称解析方法;第二类,以完全估值为基础,包括历史模拟法、压力测试法和蒙特·卡罗模拟法。其中,方差-协方差法、历史模拟法和蒙特·卡罗模拟法应用较广。

方差-协方差法。方差-协方差法的核心是基于对资产或资产组合收益的方差-协方差矩阵进行估计。其中,最具代表性的是摩根大通银行的 Risk Metrics TM 方法。其基本思路是,通过样本估计出均值与方差,就可以计算出某个给定概率下相应的 VaR 值。标准差 σ 的获取有两种方式,一种是等权重方式,它度量的是无条件波动;另一种是指数权重计算方式,它度量的是有条件波动。在对工作日内的风险及隔夜风险进行分析与估计时,正态性假设是很有效的。但对于非经常事件,正态性假设是不恰当的。事实证明,许多资产或资产组合市场收益率的分布是厚尾的,因而正态性假设会导致对极端事件的 VaR 值严重低估的风险。

历史模拟法。历史模拟法是指通过计算过去一段时间内资产或资产组合风险收益的概率分布,找到其在历史上一段时间内的平均收益,以及既定置信水平下的最低收益水平,从而推算 VaR 值的方法。因历史模拟法是基于历史数据的概率分布,故无须对资产或资产组合价值变化及收益的分布做特定的假设。

蒙特·卡罗模拟法。蒙特·卡罗模拟法与历史模拟法类似,其区别在于蒙特·卡罗模拟法是基于历史数据或既定分布假定下的参数特征,借助随机方法模拟出大量资产或资产组合的价值变化及收益分布,从中推出 VaR 值。蒙特·卡罗模拟法利用统计方法估计历史市场因子运动参数,并据以模拟市场因子未来的变化。由于蒙特·卡罗模拟法能较好地处理非线性问题,且估算精度好,因此该方法越来越成为计算 VaR 值的主流方法。

(3) VaR 法的优缺点。其优点表现在:第一,提供了不同于方差-协方差法的下侧风险度量方式。它根据随机变量的概率分布来刻画和度量风险,给出了在一定时间区间和置信水平下资产或资产组合的潜在最大损失,将潜在损失与损失发生的概率综合起来考虑,比较恰当地反映了风险的损失程度和发生的可能性大小,刻画了风险的二维属性,因此比较确切,是具有良好统计特性的风险度量指标。第二,从 VaR 概念的内涵可以看出,它是一种建立在下侧风险度量思想基础上的风险度量方法。它侧重于对影响投资绩效的不利因素的度量,因此与方差-协方差法相比,其更适合对收益率服从一般分布情况下的风险的度量及管理,更接近于投资者对风险的真实心理感受。第三,可以把全部资产或资产组合的风险概括为一个简单的数值,并以货币计量单位表示潜在损失的大小。运用这种方法,可度量由不同金融资产构成的复杂资产组合及不同业务部门的总体市场风险,为管理者比较不同资产组合及业务部门的风险大小,并从多角度、多层面进行风险综合管理提供了一个简单可行的方法。

其缺点表现在:第一,VaR 法只适用于市场处于正常变动情况下市场风险的度量,若出现极端情况,则不再适用。具体来看,它只是指出了在未来一段时间和一定置信水平下,金融资产价值发生的潜在最大损失,而没有考虑和指出在指定置信水平下,当实际发生的损失超过 VaR 值时,情况又会如何。虽然实际发生的损失超过 VaR 值的概率较小,但这种小概率事件一旦发生就会造成巨大损失。第二,VaR 法的计算有时非常复杂,需要采用方差-协方差法、历史模拟法或蒙特·卡罗模拟法等方法来推断资产或资产组合未来收益率的概率分布情况,可能造成与实际情况不符的问题。

三、折算风险及其度量

折算风险又称会计风险,是指根据公认的会计准则,跨国企业在会计年度末将海外子公司或其他附属机构以外币记账的财务报表,合并到母公司或总公司以本币记账的财务报表时,由于交易日汇率与合并报表时折算使用的汇率不同,致使有关会计项目出现账面汇兑损益,从而影响股东及社会公众对企业经营成果及财务状况的评价而产生的风险。

(一) 折算风险的重要性

因编制合并财务报表而对子公司的财务报表进行货币折算时,即使出现价值波动,也只是账面上的变化,并不会实际改变跨国企业的现金流量。正是出于这一原因,一些风险评估专业人员认为,折算风险对跨国企业的正常经营没有什么影响,与其经营活动无关。确实,一些跨国企业也认为,子公司的利润实际上没有必要兑换成母公司的货币,因为在子公司所在国货币贬值的情况下,子公司完全可以保留利润,不必兑换后交给母公司;如果遇到投资良机,则可以将利润再投资于子公司所在国。而将子公司的利润折算成已经升值的母公司货币,必然会扭曲子公司的真实业绩,而且会减少跨国企业的账面利润。如果财务分析人员认识到这一扭曲仅仅来自账面,而非真实的现金流量损失,那么他们就不会机械地对跨国企业做出较低的业绩评价。

然而,由于跨国企业的折算风险影响其合并收入,并且投资者在对企业进行评估时倾向于使用该合并收入,因此,拥有国外子公司的跨国企业的价值会受到折算风险的影响。账面利润是股东和投资者评价企业经营状况的核心指标,直接影响企业的股价,因此,折算风险会间接影响企业的价值。例如,1996 年 6 月,美国 IBM 公司的财务主管宣布,由于来自国外子公司的利润在折算成美元时受到美元升值的不利影响,IBM 公司合并财务报表的总利润下降,第二季度的每股收益会减少 0.25 美元。从理论上来说,IBM公司的利润下降仅仅是财务报表上的数字变化,其实际现金流量并没有发生变化,投资者不应对此信息做出反应。然而,投资者的确做出了反应,其大量抛售所持的 IBM 公司股票,造成 IBM 公司的股价大幅下跌。

(二) 折算风险的决定因素

通常,跨国企业的折算风险取决于三个因素,即在国外经营的程度、国外子公司的所在地以及母公司和子公司的记账方法。

1. 在国外经营的程度

跨国企业的国外子公司在业务总收入中所占的比重越大,其财务报表项目的折算风险也就越大。然而,一些跨国企业主要以出口的形式涉外经营,其国外子公司在业务总收入中所占的比重很小,合并财务报表将不会因汇率变动而受到较大的影响。这些企业很可能出现较大的交易风险和经济风险,但是折算风险较小。

2. 国外子公司的所在地

由于每个主权国家都要求其境内企业使用该国的法定货币进行财务核算,因此跨国企业的子公司需要使用所在地货币编制财务报表。由于货币汇率变动频繁且不确定性较高,因此子公司所在地因素会影响折算风险的大小。例如,一家中国的跨国企业在德国设有子公司,位于德国的子公司的资产、负债、利润等以欧元计量,而该跨国企业按照中国会计准则的要求,必须编制合并财务报表,将子公司的财务状况折算成人民币加以反映。2003年上半年欧元对人民币升值幅度很大,该企业的合并财务报表出现了较大的折算风险。相反,另一家在加拿大设有子公司的中国跨国企业,由于加元对人民币相对稳定,折算风险较小。

3. 母公司和子公司的记账方法

在编制合并财务报表时,折算所使用的会计制度、会计方法对跨国企业的折算风险有很大影响。例如,美国一家跨国企业的英国子公司第一年盈利 10 000 000 英镑,第二年盈利 10 000 000 英镑。当这些利润和其他子公司的利润一起合并时,它们要按当年的加权平均汇率折算。假设第一年的加权平均汇率为 1 英镑 = 1.90 美元,第二年为 1 英镑 = 1.50 美元,则尽管这两年该美国企业子公司的英镑利润相同,但是第一年折算后的美元收益为 19 000 000 美元,第二年为 15 000 000 美元,利润减少了 4 000 000 美元。而造成该企业折算风险的原因在于,第二年英镑加权平均汇率下跌了 21%。投资者则可能因第二年子公司的美元利润下降而减少对该公司的投资。然而,利润下降并不是子公司经营方面的问题,而是走弱的英镑使得子公司第二年用美元计量的账面利润变小了。

如果该企业的子公司都设在欧洲,由于这些子公司的记账货币相关性较高,一旦遇到美元坚挺,这些子公司的记账货币全部对美元以几乎相同的幅度贬值,则该企业的报表合并利润就会产生较大损失。相反,如果该企业的子公司在世界各国比较分散,其记账货币相关性较低,则这些子公司的记账货币对美元的波动方向可能相反,相互之间有一定的抵消作用,从而使得报表合并利润对汇率变动的敏感性较低。

(三) 折算风险的计量

产生折算风险最根本的原因是企业净外币暴露头寸不等于零以及业务发生时与合并财务报表时的汇率有差异。如果汇率发生变化,就会产生外币折算损益。折算风险净暴露头寸就是风险暴露外币资产和风险暴露外币负债的差额。会计师们争论的焦点是哪些资产和负债是有折算风险的,以及何时确认外币折算损益(即在利润表中列示)。无论如何,这些损益都是会计意义上的,并不一定会有现金流量的变化。

汇率折算风险的计量公式如下:

$$汇率折算风险 = 净暴露资产 \times (折算汇率 - 入账汇率)$$

用现行汇率折算的资产和负债被认为是有风险的,而用历史汇率折算的资产和负债会一直保持它们的本币历史价值,从而没有风险。但是,企业的有些项目是长期不变的,汇率变动会对这些项目的价值产生影响,这就产生了选择适当的折算汇率编制合并财务报表的必要性。选择折算汇率时可能用现行汇率也可能用历史汇率,选择方法有现行汇率法、流动与非流动项目法、货币与非货币项目法、时态法。

1. 现行汇率法

这是最简单的一种外币折算方法,除所有者权益项目以历史汇率进行折算外,外币财务报表中的资产、负债、收入、费用等各项目均以现行汇率进行折算。在现行汇率法下,收入、费用项目也可以采用会计期间的平均汇率(简单平均汇率或加权平均汇率)进行折算。可见,这时的风险暴露净资产就是资产减去负债的净值。外币财务报表折算中产生的差额,计入当期损益,或者在所有者权益项下单列"外币报表折算差额"项目反映,并逐年累积下去。

用现行汇率法对外币财务报表进行折算,实际上是将外币财务报表中的所有项目都乘以一个常数,只是改变外币财务报表的表现形式,并没有改变财务报表中各项目之间的比例关系。因此,现行汇率法能够保持外币财务报表的内部结构和各项目之间的经济联系。不足之处在于,现行汇率法意味着被折算的外币财务报表各项目都承受着相同的汇率风险,但实际上企业资产、负债各项目所承受的汇率风险是不一样的,像固定资产和存货等以实物形式存在的资产不一定承受汇率风险,对这些项目均以现行汇率进行折算并没有体现各项目实际承受的汇率风险。另外,以现行汇率进行折算与目前普遍采用的历史成本原则不相符。理解现行汇率法的要点在于,现行汇率法是以子公司的净资产为基准来衡量汇率变动影响的。目前,世界上大多数国家均采用现行汇率法进行折算,这会使得折算风险比以前更大。

2. 流动与非流动项目法

该方法对于流动资产项目和流动负债项目,按照资产负债表合并日的汇率进行折算;对于非流动资产项目和非流动负债项目,按照历史汇率进行折算;对于所有者权益中的实收资本、资本公积等项目,按照历史汇率进行折算;对于利润表各项目,除折旧费用和摊销费用等按照相关资产入账时的历史汇率进行折算外,其他收入、费用各项目均按照当期的平均汇率进行折算。可见,这时的风险暴露净资产就是营运资本。

流动与非流动项目法对流动资产和流动负债均采用现行汇率进行折算,有利于对子公司的营运资本进行分析。不足之处包括:第一,对流动项目按照现行汇率进行折算,对非流动项目按照历史汇率进行折算,缺乏足够的理论支持;第二,对存货项目按照与现金、应收账款一样的现行汇率进行折算,意味着存货与现金、应收账款一样承受汇率风险,并没有反映存货的实际情况;第三,对长期应收款、长期应付款、长期银行贷款和应付债券等项目按照历史汇率进行折算,没有反映这些项目承受汇率风险这一事实。

3. 货币与非货币项目法

该方法是将资产负债表项目划分为货币性项目和非货币性项目,分别按照不同的汇率进行折算。其中,货币性项目是指持有的货币以及将以固定金额或可确定金额收回与支付的资产和负债,除此之外,则属于非货币性项目。按照货币与非货币项目法,对于货币性项目按照现汇汇率进行折算,对于非货币性项目和所有者权益项目,则按照历史汇率进行折算;对于利润表项目,除折旧费用和摊销费用按照有关资产的历史汇率进行折算外,所有的收入和费用项目均以当期的平均汇率进行折算;销售成本项目则是在对期初存货、期末存货、当期购货分别进行折算的基础上,按照"期初存货+当期购货-期末存货=当前销货"这一等式计算确定。其中,期初存货和期末存货按照各自的历史汇率进行折算,当前购货按照当前平均汇率进行折算。利润表项目的折算和流动与非流动项目法下的折算方法基本相同。

该方法对货币性项目采用现行汇率,对非货币性项目采用历史汇率,反映了汇率变动对资产、负债各项目的不同影响,体现了货币性项目承受汇率风险这一事实。但不足之处在于,没有考虑非货币性项目的计量基础。在非货币性项目采用现行市价计量的情况下,采用历史汇率折算与市价计量基础是矛盾的。

4. 时态法

时态法对现金和应收、应付项目按照现行汇率进行折算,对其他资产和负债项目根据交易性质按照历史汇率或现汇汇率进行折算。时态法也称时间度量法,是针对前述货币与非货币项目法的不足而提出来的。在货币与非货币项目法下,存货总是按照历史汇率进行折算,而在时态法下,存货一般也按照历史汇率进行折算,但若存货以市场价格出现在资产负债表上,则可以按照现行汇率进行折算。时态法的理论依据是,外币财务报表的折算不应改变财务报表所反映的经济事实,因此,在选择折算汇率时,只能改变计量单位,而不应改变原有的计量属性。

按照时态法,外币财务报表的现金、应收和应付项目按照现行汇率进行折算;对于以历史成本反映的非货币性资产,按照历史汇率进行折算;对于以现行成本反映的非货币性资产,按照现行汇率进行折算;对于所有者权益中的实收资本项目,按照历史汇率进行折算,所有者权益中除未分配利润以外的其他项目也按照历史汇率进行折算,未分配利润项目则为折算的平均数;对于收入、费用项目,按照交易发生时的实际汇率进行折算,如果与收入、费用有关的业务比较频繁,则可以按照当前加权平均汇率进行折算;对于折旧费用和摊销费用,按照有关资产的历史汇率进行折算;对于销售成本项目,则在对期初存货、当前购货、期末存货等项目按照适用汇率分别折算的基础上计算确定。

以上四种方法同中有异,其比较如表6-4所示。

表6-4 外币财务报表各种折算方法比较

报表项目	现行汇率法	流动与非流动项目法	货币与非货币项目法	时态法
现金	现行汇率	现行汇率	现行汇率	现行汇率
应收账款	现行汇率	现行汇率	现行汇率	现行汇率

(续表)

报表项目	现行汇率法	流动与非流动项目法	货币与非货币项目法	时态法
存货：				
以成本计价	现行汇率	现行汇率	历史汇率	历史汇率
以市场计价	现行汇率	现行汇率	历史汇率	现行汇率
投资：				
以成本计价	现行汇率	历史汇率	历史汇率	历史汇率
以市场计价	现行汇率	历史汇率	历史汇率	现行汇率
固定资产	现行汇率	历史汇率	历史汇率	历史汇率
无形资产	现行汇率	历史汇率	历史汇率	历史汇率
应付账款	现行汇率	现行汇率	现行汇率	现行汇率
长期负债	现行汇率	历史汇率	现行汇率	现行汇率
实收资本	历史汇率	历史汇率	历史汇率	历史汇率
固定收益	平均数	平均数	平均数	平均数

资料来源：根据相关文献整理绘制。

例如，美国某公司在中国设有一家子公司，子公司的财务报表用人民币表示，母公司的财务报表用美元表示，当汇率从1美元＝8.0元人民币上升到1美元＝8.5元人民币时，用上述四种方法进行折算，结果如表6-5所示。最后一行为折算损益，代表折算风险的大小。表中显示，选择不同的折算方法，其折算损益存在较大差异，其中现行汇率法的折算损益最大。

表6-5　不同折算方法对子公司财务报表汇总后账面损益的影响

报表项目		当地货币（元）	美元（1美元＝8.0元人民币）	现行汇率法（美元）	流动与非流动项目法（美元）	货币与非货币项目法（美元）	时态法（美元）
流动资产	现金	8 000	1 000	941	941	941	941
	应收账款	2 050	256	241	241	241	241
存货（按成本）		12 000	1 500	1 412	1 412	1 500	1 500
合计		22 050	2 756	2 594	2 594	2 682	2 682
固定资产净值		36 000	4 500	4 235	4 500	4 500	4 500
资产总计		58 050	7 256	6 829	7 094	7 182	7 182
负债	应付账款	14 000	1 750	1 647	1 647	1 647	1 647
	长期借款	5 500	688	647	688	647	647
负债合计		19 500	2 438	2 294	2 335	2 294	2 294

(续表)

报表项目		当地货币（元）	美元（1美元=8.0元人民币）	现行汇率法（美元）	流动与非流动项目法（美元）	货币与非货币项目法（美元）	时态法（美元）
股东权益	实收资本	30 200	3 775	3 775	3 775	3 775	3 775
	留存收益	8 350	1 043	902	1 055	1 088	1 100
股东权益合计		38 550	4 818	4 677	4 830	4 863	4 875
负债和股东权益总计		58 050	7 256	6 971	7 165	7 157	7 169
折算损益		—	—	(142)	(71)	25	13

注：括号内为减少金额，留存收益来自利润表各项目。

第三节 汇率风险管理

汇率风险管理，即对汇率风险的特性及因素进行识别与测定，并设计和选择防止或减少损失发生的处理方案，以最小的成本达到风险处理的最佳效能。汇率风险管理首先需要预测未来汇率的走势和风险敞口的大小，据此计量汇率风险对企业价值的影响程度，然后根据风险的性质采取不同的管理措施。按照交易风险、经济风险和折算风险的不同层次，企业应选择适当的汇率风险管理方法。

一、交易风险管理

由于交易风险的识别和度量较为具体，其管理的重点是避免外汇头寸或者外币净资产或净负债的产生，以及在净头寸情况下采取对冲措施减少汇率变动可能造成的损失。交易风险管理的方法包括内部管理法、损益均摊法和风险对冲法。

（一）内部管理法

内部管理法强调汇率风险的内部管理，特别是企业最高管理层在进行经营决策时，需要注意考虑汇率波动因素，建立包括汇率风险管理在内的市场风险管理制度。

（1）加强账户管理，主动调整资产和负债。以外币表示的资产和负债容易受到汇率波动的影响，资产和负债调整是指将这些账户进行重新安排或转换成最有可能维持自身价值甚至增值的货币。

（2）选择有利的计价货币，灵活使用软、硬币。汇率风险的大小与外币币种密切相关，交易中收付的货币币种不同，所承受的汇率风险也不同。在外汇交易中，原则上应争取使用硬货币收汇，使用软货币付汇。

（3）在合同中订立货币保值条款。货币保值条款的种类很多，并无固定模式，但无论采用何种保值方式，只要合同双方同意并达到保值目的即可。货币保值方式主要有黄金保值、硬货币保值、"一篮子"货币保值等，目前合同中大都采用硬货币保值条款。

（4）通过协定，分摊风险。交易双方可以根据签订的协议，确定产品的基价和基本汇率、汇率变化幅度，以及交易双方分摊汇率风险的比例，视情况协商调整产品的基价。如果付款是在未来一系列时点发生的，则折算汇率应选择那些时点远期汇率的加权平均值，权重为每个时点的付款比重。

（5）根据实际情况，灵活掌握收、付款时间。在国际外汇市场瞬息万变的情况下，提前或推迟收、付款，对经济主体来说会产生不同的效益。因此，企业应善于把握时机，根据实际情况灵活掌握收、付款时间。当一家企业预计本币贬值时，应提前支付外币应付款，延迟收回外币应收款，以防止外汇损失；而当一家企业预计本币升值时，则应延迟支付外币应付款，提前收回外币应收款，以获得外汇收益。

例如，某中国公司向美国出口货物，货款三个月后支付，预期应收到人民币货款 1 600 万元。但美国公司要求以美元支付货款，如果该中国公司高层依据即期汇率 1 美元 = 8.2 元人民币折算合同货款，则这种做法是不正确的，因为公司并不能保证三个月后的即期汇率还是 1 美元 = 8.2 元人民币。正确的做法是，公司在定价时就考虑到汇率风险并进行套期保值，因此应以三个月远期汇率（假设为 1 美元 = 8.0 元人民币）来折算美元货款，即 200 万美元。否则，公司从签订合同时就已经损失 4.878 万美元，且这一损失并不是汇率变动造成的，而应归咎于公司高层的决策失误。

以上面的例子进行说明，如果美国公司同意中国公司对货物以人民币定价，则中国公司可以避免汇率风险；当然，这只是一种零和游戏，汇率风险从中国公司转移到了美国公司的头上。尽管如此，这在国际贸易中还是很普遍的现象。跨国企业总是希望对出口货物以硬货币定价，而对进口货物以软货币定价。但这种方法并不一定会让中国公司获益，如果对方不是一个信息闭塞的公司，则其答应以人民币付款是因为这笔付款用三个月远期汇率折算成美元的数额并不比它愿意接受的美元最高价格要高。也就是说，假设远期汇率为 f（直接标价法），DP 代表美国公司能够接受的美元最高价格，RP 代表中国公司能够接受的人民币最低价格，那么只有当 RP$/f$ ≤ DP 时，双方才能成交。另外，如果中国公司拥有充分的信息，那么它会提高自己能够接受的最低价格，直到 RP$/f$ = DP，而在这一点上，无论是以美元还是以人民币定价，都没有任何一家公司能够从中获得更多的利润。

（二）损益均摊法

这种方法并不是选择某种货币作为结算货币的参照物，而是在交易结算时，根据汇率变动情况，直接按照一定公式对合同中的价格总额做相应的调整。这种方法的实质是由交易双方共担风险。

损益均摊的计算公式为：

$$V_f = \frac{2V_d}{r_o + r_t}$$

式中，V_f 为调整后的外币总价格，V_d 为签订合同时等值的本币价值，r_o 为签订合同时的汇率（直接标价法），r_t 为结算时的汇率。

(三) 风险对冲法

对冲就是对一个特定的货币敞口头寸建立一个反向的头寸,使汇率变动的不利影响和有利影响相互抵消的方法,即套期保值。风险对冲法主要包括外汇远期合约套期保值、外汇期货合约套期保值、货币市场套期保值和外汇期权市场套期保值。不管选择哪种对冲方法,其原理都是相同的。企业进行对冲操作时,首先要明确对冲风险的程度,然后要了解可选择的对冲工具,并通过对不同对冲工具的风险对冲结果进行比较做出适当的选择。

1. 明确对冲的程度

如果使用对冲工具对资产进行套期保值,那么资产价格的下降应能够被套期保值工具价格的上升抵消,即拥有的资产 X 的价格上升将应对冲工具 Y 的价格下降抵消。这两种对冲工具预期价值变动的关系可以表示为:

$$预期 X 的价值 = \alpha + \delta \times 预期 Y 的价值$$

式中,α 为常量,δ 表示 X 的预期价值变动对 Y 的预期价值变动的敏感性。如果 δ 为 -0.5,则意味着随着 X 的预期价值下降 1%,Y 的预期价值将上升 2%。

因此,系数 δ 告诉我们对 X 的头寸进行套期保值需要的 Y 的数量,即套期比率。如果 δ 为上文假设的 -0.5,那么每投资 1 美元 X,我们将投资 0.5 美元于 Y 进行对冲。这种套期保值预期可以完全抵消持有 X 的风险。但是,由于这种对冲工具的价值在一定时间内会发生变化,因此它们之间的关系也会发生变化。δ 的值在一定时间内并非保持不变,要想实现风险最小化,套期比率就必须及时调整,这种调整 δ 的方法被称为动态套期保值。当然,在进行动态套期保值时必须注意交易成本。

2. 可选择的对冲工具

国际金融市场可供选择的对冲工具有很多,交易条件差异较大。跨国企业在决定使用哪种对冲工具前,通常要比较各种对冲工具的预期现金流量,以选择最适当的对冲工具。表6-6说明了主要对冲工具的选择方向。

表6-6 主要对冲工具的选择方向

类型	外汇空头(应付账款)	外汇多头(应收账款)
远期合约套期保值	买入远期合约	卖出远期合约
期货合约套期保值	买入期货合约	卖出期货合约
货币市场套期保值	借入本币并兑换成外币投资	借入外币并兑换成本币投资
期权市场套期保值	买入看跌期权	买入看涨期权

例如,跨国企业在外汇多头情况下,通常有未来外币应收账款,为了避免该外币贬值导致折算成本币的数额减少,则可以选择在货币市场上借入外币兑换成本币投资,也可以卖出外币远期合约或期货合约,还可以买入看涨期权。

目前，在中国外汇市场可供选择的对冲工具有：与银行签订固定价格结汇、远期外汇交易（如远期外汇契约或无本金交割远期外汇交易）、外汇掉期（如交叉货币互换合约）和外汇期权业务，或增加本币对其升值较小的币种作为贸易收汇币种等。但任何一种对冲工具都是收益和风险并存，企业需要在繁杂的对冲工具中做出正确的抉择。

3. 各种对冲技术的运用

目前，可供选择的对冲工具有多种，企业的外汇敞口也不一样，这就要求企业根据自身需要进行科学的选择。通常，企业可以视具体情况对不同的对冲工具进行比较，从而找出最适当的方法。下面我们通过案例分析来进一步了解不同对冲工具的具体运用情况。

例如，一家中国公司于2月1日向一家美国公司出口一批合同价格为200万美元的货物，美方将于三个月后即5月1日以美元支付货款。该中国公司的资本成本率为6%。有关的金融市场情况如下：即期汇率为1美元＝8.4元人民币；三个月远期汇率为1美元＝8.2元人民币；三个月美元贷款年利率为5%，三个月美元存款年利率为4%；三个月人民币贷款年利率为3%，三个月人民币存款年利率为2%；三个月后交割的期货价格为1美元＝8.19元人民币；三个月后卖出期权的执行价格为1美元＝8.2元人民币；每1美元期权费为人民币0.08元。

（1）远期合约套期保值。这种方法就是持有外汇多头的公司卖出远期合约，而持有现货空头的公司买入远期合约。于是，该中国公司可以协商以1美元＝8.2元人民币卖出三个月美元远期合约，这样，三个月后，不管汇率怎样变动，该公司都可以确保得到1 640万元人民币。

套期保值的机会成本取决于未来的即期汇率，这在签订远期合约时是无法确知的。事实上，在一个有效市场中，远期合约的期望成本（价值）应该是0，也就是说，远期汇率应等于三个月后的即期汇率。否则，就存在套利机会，这样的机会不会长期存在下去。

（2）期货合约套期保值。一家跨国企业购买外汇期货合约，则意味着它要接受以某一确定的价格在未来某确定的时间购买特定数量的特定外币。如果一家跨国企业在未来需要支付一笔外币，那么该企业应购买一份该外币的期货合约；如果一家跨国企业在未来将要收到一笔外币，那么该企业就可以卖出一份该外币的期货合约，从而达到套期保值的效果。

期货对冲的方法与远期对冲非常相似，即持有与现货头寸相反的期货头寸。只是远期合约适用于大宗交易，而期货合约更适用于规避较小金额交易的风险。

该中国公司可以以1美元＝8.19元人民币卖出三个月美元期货合约，这样，三个月后不管汇率怎样变动，该公司都可以确保得到1 638万元人民币。

（3）货币市场套期保值。货币市场套期保值涉及借款、换汇和投资等环节，其主要成本由两国利差决定。在上述例子中，中国公司现在可以以5%的年利率从银行借入197.53万美元，然后兑换成1 659.252万元人民币，并以2%的年利率进行三个月的投资。三个月后，该公司将取得1 667.548万元人民币，同时，收到美国公司货款200万美元,正好用于偿还本息合计为 200 万美元的贷款。于是,中国公司的最后净资产锁定为 1 667.548 万元人民币。

货币市场套期保值的损益可以这样计算:人民币投资回收额减去三个月后偿还美元贷款的人民币成本。比如,当三个月的即期汇率为 1 美元=8.2 元人民币时,偿还本息合计为 200 万美元的货款需要人民币 1 640 万元,而人民币投资回收额为 1 667.548 万元,所以套期保值净收益为 27.548 万元。

从理论上讲,当利率平价条件成立时,货币市场套期保值应取得与远期外汇市场套期保值同样的结果。但事实上,由于国际金融市场并不是有效市场,因此,货币市场套期保值的结果与远期外汇市场套期保值的结果有所不同。

(4) 期权市场套期保值。到现在为止,我们探讨的都是在外汇交易头寸已知的情况下如何进行套期保值,然而,企业并不能确定未来某种外币现金流入(流出)究竟能否实现。在上面的例子中,现假设尽管该中国公司已于 2 月 1 日向美国公司提交了对该项合同的竞标申请,但是要到一个月后才能得到结果,在这一段时间内,中方不能确定自己能否在 5 月 1 日得到 200 万美元的货款。这种不确定性比较适合期权市场套期保值。

中国公司会希望汇率变动在竞标的一个月内不会对其产生不利影响。因为如果任由汇率变动,则一旦竞标成功,也许美元在一个月内的贬值就会完全抵消中国公司预期的利润率。如果 3 月 1 日的两个月远期汇率(5 月 1 日交割)降至 1 美元=7.8 元人民币,那么该合约的人民币价值将从 1 640(=200×8.2)万元降至 1 560(=200×7.8)万元,损失 80 万元。

如果该中国公司在 2 月 1 日采用远期合约进行套期保值,则会产生潜在的风险,因为一旦竞标失败,它还是要在 5 月 1 日交割 200 万美元——这只能通过 3 月 1 日的对冲平仓来完成,而这可能造成巨大的损失。假如 3 月 1 日的两个月远期汇率升至 1 美元=8.6 元人民币,则会产生 80[=(8.6-8.2)×200]万元人民币的损失。

货币期权的诞生就解决了这个两难选择问题。在上面的例子中,中国公司可以在 2 月 1 日买入三个月的看跌期权,期权费为 16(=200×0.08)万元人民币。这样,该中国公司可以确保竞标成功后获得至少 1 640(=8.2×200)万元人民币;万一竞标失败,其损失也仅限于 16 万元人民币。

货币期权在许多方面都具备优势。在现实中,当外币贬值时,很多企业为了保持市场份额,都不愿意立即调高外币价格,而宁愿承担一定的损失。由于未来的市场需求是不确定的,企业无法确定未来一段时间的销售额,因此无法通过远期外汇市场进行套期保值。而看跌期权可以帮助企业免受汇率不利变动的影响并能同时确保一定的利润率水平和既定的市场份额。

二、经济风险管理

经济风险管理中最重要的是将汇率变动因素纳入所有的基本经营决策中加以考虑。换句话来说,既然汇率变动影响到了企业经营的方方面面,那么风险管理就绝不仅仅是财务经理的职责。企业管理层应该设计出具有前瞻性的、主动的经营策略以获得国际竞争优势,而不是被动地应对汇率风险。经济风险管理主要包括营销管理、生产管理和财务管理。

(一)营销管理

1. 市场策略

跨国企业首先要决定在哪些市场销售自己的产品以及在不同的市场上分别投入多少成本进行市场营销。比如,由于本币升值和外国同行的激烈竞争,某些市场已无利可图,企业可能考虑撤出该市场。

市场细分也是企业营销策略的重要考虑因素。比如,某个以高收入阶层为目标客户的企业,当它面对本币升值时受到的冲击可能比那些以一般大众为目标客户的企业要小;而当它面对本币贬值时可能发现自己的产品可以进一步向大众市场渗透。

以上两点是企业市场选择的基本要素。在短期内,企业不大可能改变这些基本策略,因此,这时企业主要依赖一些技术调整,比如定价策略、促销策略和信用政策等。

2. 定价策略

企业面对汇率风险进行产品定价时一般要考虑两个关键问题。首先是保持市场份额还是保持利润率的两难选择:当本币升值时,是保持本币价格(即利润率)不变而牺牲市场份额,还是保持市场份额不变而降低本币价格;当本币贬值时,是保持本币价格不变而扩大市场份额,还是保持市场份额不变而提高本币价格。其基本原则是将价格定在利润最大化的那个点上。具体的决策受多种因素制约,比如汇率变动持续的时间、规模经济效应的显著程度、扩大生产的成本结构、需求的价格弹性以及竞争的激烈程度等。显然,需求的价格弹性越大,或者规模经济效应越显著,降低价格以扩大市场份额的策略就越有利。而如果汇率变动是短期的,则牺牲市场份额以换取较高利润率的做法就是不明智。营销学上有一句谚语:"失去的顾客可能将永不回头。"毕竟,重新占领市场要比放弃市场艰难得多。

其次是价格调整的频率怎样才算合适。过于频繁的价格调整会使上游的供应商或下游的销售商感到无所适从,为了维护商业信誉,企业会宁愿承受一些损失而保持价格稳定。但是长期的汇率变动给企业带来的风险是巨大的,这时适当地调整定价是必要的。企业应当权衡利弊,慎重决策。

3. 促销策略

促销需要考虑广告、零售和批发等预算,企业在编制预算时应对未来的汇率走势有一个预期,并据此将预算在各个国家和地区进行合理的分配。对于出口企业来说,本币贬值提高了它们在广告促销上所投入成本的回报率,因为本币贬值一般可以提高出口企业的利润,而本币升值则会产生相反的结果。所以,企业应在货币升值的国家增加广告等促销手段的投入,而在货币贬值的国家缩减预算,着重在产品策略上下功夫。

4. 产品策略

该策略涉及产品的特许经营、生产线更新以及产品革新等决策领域。比如,本币贬值时,也就是企业扩展海外特许经营、提高产出的有利时机;相反,本币升值时,企业需要重新定位其市场目标,更改生产线,设计出新产品以满足那些对质量的要求胜过对价格的敏感的高收入阶层,例如早期德国大众汽车公司以其产品价格和维护成本低廉而赢得市场,但是在20世纪70年代,德国马克的升值严重影响了大众汽车公司在价格上的竞争优势。该公司为了维持市场份额而被迫降低本币价格,结果仅在1974年就损失了超过3.1亿美元。面对生存的威胁,大众汽车公司开始逐步转产以质量和风格取胜的中档轿车,以满足中等收入阶层的需求。

5. 革新策略

产品革新也是规避本币升值风险的常用策略,因为只有更加迎合市场需求的新产品才能不断保持竞争优势,降低需求的价格弹性。当然,这需要加大研发费用投入。

(二) 生产管理

以上都是从收入的角度探讨如何管理经济风险的。但是,有时汇率变动太大,以至于定价或其他营销策略都不起作用。在这种情况下,企业就应考虑削减成本或者放弃已经没有竞争力的产品。削减成本的途径不外乎选择较便宜的要素供应地或干脆将生产基地转移到要素便宜的国家。方法是多种多样的,具体如下:

1. 调整投入搭配

对海外机构追加投资自然会实现生产的转移,但更具灵活性的解决方法是从海外购买更多的零部件来改变投入搭配。20世纪80年代初,美元升值,大多数美国公司都提高了全球资源的使用率。例如,卡特比勒公司通过在世界范围内购买零部件来应对美元升值和日本小松公司这个顽强的竞争对手的威胁。该竞争对手在美国使用的活塞有50%以上来自国外,主要来自巴西的公司。1984年,卡特比勒公司一些需要先在美国密尔沃基工厂完成的工作都被转移到了在墨西哥的子公司;其也停止了大部分在美国的起重机生产,开始从韩国大宇公司进口新品种。

2. 生产转移

生产转移是指随着生产成本的变化,拥有世界范围生产系统的跨国企业,能够在其众多的工厂间分配生产任务,提高在货币贬值国家的生产量,降低在货币升值国家的生产量。因此,可以更少地受到汇率风险的影响。

生产转移战略必须以跨国企业在世界范围内已经建立各类工厂为前提条件。例如,作为全球资源战略的一部分,卡特比勒公司的一些产品现在已经具有双重资源,包括国内的和国外的。在给定的汇率条件下,这些资源能够使公司运转起来最具规模效益。但是工厂众多也会造成生产闲置,妨碍成本降低。生产转移在理论上是成立的,但在现实中要受到很多的限制。这种限制来自许多因素,其中当地工会的力量相当重要。

3. 国外投资建厂

跨国企业承担的汇率风险往往比国内的进口企业要小,这是因为跨国企业可以依据汇率走势在全球调整其生产及营销活动,具体地说,就是将更多的生产转移到货币贬值的国家。这种做法并不仅限于有直接贸易关系的国家,还包括在第三国投资建厂,而这取决于生产的劳动密集性程度和该国未来的实际汇率走势。

跨国企业在世界各地投资建厂的策略实际上是以实物期权的方式增强其应对汇率风险的弹性。在一个充满不确定性的世界里,分散化无疑会降低非系统性风险。汇率的波动性越大,这种实物期权的价值就越大。当然,这种策略会受到很多因素的制约。首先,在国外投资建厂可能造成生产能力过剩和成本上升;其次,如果跨国企业的生产存在规模经济,比如只建一两个生产基地以供应全球经济是最经济的,那么分散化建厂付出的代价就会特别大;最后,该策略究竟能带来多大的收益还取决于当地的情况,如果当地政治不稳定或工会势力很强,或者汇率贬值效应由于持续的通货膨胀而被完全抵消甚至实际汇率反而上升,则这些对跨国企业都是不利的。

4. 提高生产效率

提高生产效率是跨国企业提高自身竞争力的又一策略,包括关闭低效率的工厂,提高自动化生产程度,降低员工工资和福利待遇等。此外,一些跨国企业通过激励员工来提高生产效率和产品质量。

还有一种方法是控制产品样式。以日产汽车公司为例,其为了争夺市场份额,创造出花样繁多的产品及其部件。如日产在20世纪90年代初,设计出437种汽车仪表板、110种散热器、1 200种地毯、300种烟灰缸,仅Laurel这一车型就有87种方向盘、62种制动器,为此,日产投入了高昂的设计费用,进行了大量的零部件投资以及频繁的设备更新,产生了大量的存货积压。经研究发现,其中70种方向盘只贡献了Laurel销售额的5%,50%的车型只占销售总额的5%。于是,日产将车型缩减到原来的20%,结果销售额仍可维持在原来的80%以上。

5. 提高应变能力

规避经济风险不应仅在汇率变动已经发生或形势已十分明朗时才采取行动。当今市场上已没有稳定的"均衡汇率",在这种多变的环境中,跨国企业只有未雨绸缪,不断缩短应变时间、降低应变成本,才能生存和发展。而战略规划在这里就显得尤为重要,一个好的战略规划首先要设计若干种可能的汇率走势,然后要分析每一种走势可能对企业经营能力产生的影响,最后要决定应对这些可能性的战略。因此,前面所说的诸如投入搭配、海外投资建厂等策略,不是要等到汇率变动以后才去寻找合适的供应商和地点,而是要早有准备。即使有些投入现在看起来是不经济的,但在未来会真正体现出它的作用,符合企业财富最大化的原则——这正是实物期权的价值所在。

当然,在制定战略规划的过程中,收集和处理信息会花费很高的成本,因此,企业应该把精力集中在发生概率最大且对企业有重大影响的若干种情况上。

(三) 财务管理

无论是营销管理还是生产管理,面对汇率变动后的调整总是需要时间的。经济风险的财务管理任务就是:在需要的时期内,调整对外负债水平和结构,使汇率变动后企业盈余的减少可以被债务成本的降低抵消。一种可行的方法是,将企业资产中投资于出口贸易从而产生的现金流的一部分用作该外币的借款作为资金来源。只要跨国企业在某个国家已经建立一定规模的市场,就应该持有一定比例的该国货币贷款,具体的持有比例取决于该国汇率变动对企业盈余的影响。

但是,如果把折旧、税收和营运资金等因素考虑在内,那么问题就会变得复杂起来。贷款方法只考虑到了风险的降低,而没有考虑到成本的降低,在一个不完善的国际金融市场环境中,降低债务成本比降低汇率风险更重要。

三、折算风险管理

折算风险仅存在于母公司合并子公司财务报表的情况,完全立足于母公司的立场,就子公司本身而言是不存在折算风险的,即使对母公司而言损失也是账面的,与企业的实际价值并无直接的联系,除非它影响到管理者的行为或税收流量。我们始终关注的是汇率风险对未来现金流量是否有影响。因此,企业的折算风险远不如经济风险和交易风险重要。

但事实上,仍然有企业重视和关注折算风险,它们常常通过对外资产与负债匹配来管理折算风险。由于折算风险产生的原因是企业的净外币暴露头寸不等于零,因此,如果人为地将净外币暴露头寸变为零,则汇率折算风险就不会存在。其匹配思路为:如果企业某种外币的净暴露头寸大于零,那么此时应该减少暴露资产或者增加暴露负债,直到该种外币的净暴露头寸为零。如果企业某种外币的净暴露头寸小于零,则反向操作。折算风险管理的方法主要有以下几种:

1. 资产与负债匹配

也就是说,使资产负债表上各项以职能货币表示的受险资产与负债之间的差额为零,以使其折算风险头寸为零。

例如,某中国母公司在美国的子公司有正向美元暴露头寸,为使其为零,可采取两种方法:一是减少美元暴露资产。具体操作包括:减少美元现金资产(比如转化为非暴露资产或人民币),收缩信用,减少美元应收账款,如果公司采用的折算方法中暴露资产还包括存货和投资的话,那么应尽量减少库存并提前收回部分美元投资从而将其转化为非暴露资产。二是增加美元暴露负债。具体操作包括:推迟美元应付账款的偿还,增加美元借款,卖出与净暴露头寸相对应的美元远期合约等。关于增加美元借款,需要注意的是:借款后美元现金暴露资产也随之增加了,因而仍需进行第二步的工作,将因此而增加的美元现金转化为非暴露资产或人民币,这事实上相当于一个货币市场套期保值。卖出远期合约也是同样的道理。

2. 远期合约对冲

创造一笔有抵消意义的远期外币资产或负债,对冲折算风险。远期合约对冲与交易风险的套期保值不同,其性质是投机避险。

对外币资产与负债进行配比以规避折算风险是有代价的。首先,减少外币现金资产、收缩信用、减少库存以及提前收回投资都有可能对公司的业务经营产生不利影响。此外,如果市场预期到了某种外币将要贬值,那么无论是使用外币借款还是使用远期合约对该币种的风险头寸进行套期保值都需付出较高的成本。其次,是会计信息的扭曲,远期合约对冲损益反映的是远期汇率与合约到期日即期汇率的差异,而净外币暴露头寸的折算损益反映的是入账时的历史汇率与合并财务报表时的折算汇率之间的差异,而且折算损失不能抵税,而远期合约的收益却要纳税。最后,也是最重要的,使用远期合约或增加外币借款进行套期保值,可能增加公司的交易风险。特别是当子公司所在国的当地货币升值时,折算收益会被对冲交易的损失抵消,然而,折算收益不过是账面上的,对冲交易的损失却是实实在在的。因此,跨国企业在具体管理时,需在外汇折算风险和外汇交易风险之间做出选择。

3. 澄清事实

以公告方式申明本公司对折算风险的处理态度,引导公众对公司折算风险做出理性认识。例如,飞利浦石油公司在其年报中明确表示,公司不规避汇率折算风险。

本章小结

1. 汇率变动对贸易收支、非贸易收支、资本流动、外汇储备、一国国内物价和就业、国民收入、国际经济关系及跨国企业价值具有重要影响。

2. 汇率风险管理需遵循收益最大化原则、全面重视原则和管理多样化原则。企业通常采用三种汇率风险管理策略,即全面避险的汇率风险管理策略、消极的汇率风险管理策略和积极的汇率风险管理策略。

3. 不同的汇率风险管理策略在一定程度上决定了不同汇率的风险管理方式。汇率风险管理的方式包括风险控制、风险融资和内部风险抑制,其中,根据风险补偿的资金来源,风险融资方法可以分为自留措施、购买保险和套期保值。

4. 根据汇率风险形成的机制不同,可以将汇率风险分为交易风险、经济风险和折算风险。前两者以未来现金流量(企业价值)的变动来度量风险的大小;后者的度量取决于折算汇率与入账汇率的差异以及不同的外币折算方法。

5. 交易风险通常存在于进出口贸易、国际投融资以及外汇交易中,其度量需要两个步骤:第一,确定各外币预计的流入量或流出量,计算汇率风险敞口;第二,确定这些货币的总体风险。

6. 度量经济风险时，首先要确定企业在不同汇率水平下各期现金流量状况，然后对未来现金流量进行贴现，加总计算企业的经济价值，最后从企业经济价值中扣除可以预期的汇率变化所影响的部分，剩余部分即不可预测部分为经济风险。

7. 选择适当的折算汇率合并财务报表是度量折算风险的关键，常用的折算风险度量方法有以下四种：现行汇率法、流动与非流动项目法、货币与非货币项目法和时态法。

8. 交易风险管理的核心是对冲。但对冲不是万能的，除受成本和收益因素制约外，在降低交易风险的同时也可能加大经济风险。经济风险管理中最重要的是将汇率变动因素纳入所有的基本经营决策中加以考虑，主要涉及营销管理、生产管理和财务管理。

9. 折算风险是母公司合并财务报表时的账面折算损益，本身并不代表未来现金流量的变化，因此远不如经济风险和交易风险重要。但仍有一些企业出于各种考虑，用资产与负债匹配的方法对冲折算风险。

本章习题

1. 汇率风险管理的方式都有哪些？请详细说明如何对具体的汇率风险进行管理。

2. 假设以美国为基地的某跨国企业在英国和德国设有子公司，现预测欧元对美元将上浮而英镑对美元将下浮。为应对汇率风险，该跨国企业在其进出口业务中应如何运用提前或延期结汇技术？

3. 一家公司要对其德国子公司的交易风险进行套期保值，可供选择的有效的套期保值策略有哪些？如果该德国子公司的职能货币是美元，则适合的套期保值策略有什么变化？

4. 一家中国公司于2月1日向一家美国公司出口一批合同价格为200万美元的货物，美方将于5月1日以美元支付货款。该中国公司的资金成本率为6%。有关的金融市场情况如下：即期汇率为1美元=8.4元人民币；三个月远期汇率为1美元=8.2元人民币；三个月美元贷款年利率为5%，三个月美元存款年利率为4%；三个月人民币贷款年利率为3%，三个月人民币存款年利率为2%；三个月后交割的期货价格为1美元=8.19元人民币；三个月后卖出期权的执行价格为8.2元人民币；每1美元期权费为0.08元人民币。试比较不同对冲工具的现金流量差异，并分析哪种对冲方法最合适。

5. Chemex是美国的一家特殊化学制品公司，年销售额为6亿美元，其中50%是出口收入，出口到加拿大的占10%，出口到日本、英国、德国、法国和意大利的均占8%。其发生的所有成本用美元计量，而大多数出口销售额以当地货币标价。

请问：

（1）汇率变化是怎样影响公司收益的？

（2）区别公司的交易风险和经济风险。

（3）公司如何防范交易风险？

（4）为防范经济风险,公司应该采取怎样的营销、生产和财务战略？

（5）如果公司对外销售时,每次都对其国外销售收入头寸进行套期保值,或者所有国外销售收入均以美元计量,那么通过这些方法,公司能消除经济风险吗？

6. 繁星公司是一家中国公司在美国的子公司,其资产负债表如下表所示。

繁星公司资产负债表 单位:千美元

资产	金额	负债和股东权益	金额
现金、有价证券	56 000	应付账款	85 000
应收账款	134 000	其他流动负债	162 000
存货	243 000	长期负债	220 000
固定资产净值	422 000	股东权益	388 000
资产总计	855 000	负债和股东权益总计	855 000

假定人民币汇率由 1 美元 = 8.1 元人民币升至 1 美元 = 7.85 元人民币,请分别按照流动与非流动法、货币与非货币法以及现行汇率法计算公司的折算损失或利得。

参考文献

1. 马杜拉.国际财务管理(第9版)[M].张俊瑞,田高良,李彬,译.北京:北京大学出版社,2009.

2. 尤恩,雷斯尼克.国际财务管理(第8版)[M].赵银德,等,译.北京:机械工业出版社,2018.

3. 戈莱比.国际金融市场(第三版)[M].刘曼红,等,译.北京:中国人民大学出版社,1998.

4. 李扬.汇率制度改革必须高度关注货币错配风险[J].财经理论与实践,2005(04):4—7.

5. 刘少波,贺庆春.中国货币错配程度及其影响因素——1986—2005年中国货币错配的演变态势分析[J].管理世界,2007(03):32—41.

6. 张碧琼.国际金融管理学[M].北京:中国金融出版社,2007.

7. 唐莉,田洪.银行外汇敞口计量与外汇相关性[J].统计与决策,2005(12):22—28.

8. GOLDBERG S R, DROGT E L. Managing foreign exchange risk[J]. Journal of Corporate Accounting & Finance, 2008, 19(2): 49-57.

9. WANG Z R, CHEN X H, JIN Y B, et al. Estimating risk of foreign exchange portfolio: using VaR and CVaR based on GARCH-EVT-Copula model[J]. Physica A, 2010,

(389): 4918-4928.

10. MARSHALL A, MUSAYEV T, PINTO H, et al. Impact of news announcements on the foreignexchange implied volatility [J]. Journal of International Financial Markets Institutions & Money, 2012, 22(4): 719-737.

11. MATHEWS T. The effect of Chinese macroeconomic news on Australian financial markets[R]. Reserve Bank of Australia, Bulletin, 2016: 53-62.

12. ISHFAQ M, QIONG Z B, REHMAN A U. Global volatility spillover in Asian financial markets[J]. Nephron Clinical Practice, 2018, 9(2): 109-116.

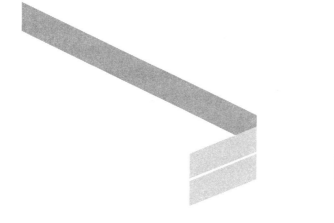

第三部分

国际投资管理

第七章

国际组合投资管理

本章首先介绍国际组合投资的各种渠道以及投资工具;然后阐述国际组合投资的收益和风险,并且介绍收益和风险的度量,分析汇率波动对国际组合投资收益的影响;最后介绍最优国际组合投资策略的选择和制定。随着金融自由化的迅速发展,国际资本流动壁垒被逐渐消除,跨国企业越来越重视进行国际组合投资并从中受益。

第一节 国际组合投资工具

国际投资是指投资主体通过投入货币、有价证券、实物、知识产权或技术、股权、债权等资产和权益或者提供担保的方式,获得境外所有权、经营管理权及其他相关权益的活动。国际投资按照投资方式的不同,可分为国际直接投资和国际组合投资。国际组合投资是指投资者将资本投放到国际证券市场,用于购买国外的股票、债券等有价证券,通过股息、红利、利息等方式获取报酬。国际组合投资的交易工具通常主要是权益证券和债务证券。

一、国际组合投资市场概述

国际金融市场是国际资金流动或金融产品买卖和交易的场所。根据不同标准,国际金融市场均可做如下划分:根据交易资金的融通期限可分为国际货币市场和国际资本市场,前者指借贷期限不超过一年(包括一年)的借贷资本市场,后者指借贷期限在一年以上的借贷资本市场;根据资金流动的方式可分为外国金融市场和欧洲货币市场,前者指资金在一国国内金融市场上发生跨国流动的市场,后者指在某货币发行国境外从事该货币借贷活动的市场。以下简要地介绍几种典型的国际金融市场。

(一)欧洲货币市场

欧洲货币市场是指在某货币发行国境外从事该货币借贷活动的市场。欧洲货币市场存在两种类型的交易:在岸交易和离岸交易。在岸交易是指交易者中的一方是市场所在地的居民,例如英国的银行与日本的公司在伦敦进行的美元存贷业务。离岸交易则是指交易双方都是市场所在地的非居民,例如中国的银行与韩国的公司在新加坡进行的美元存贷业务。欧洲货币市场既包括短期信贷市场(一年及一年以下),又包括中长期信贷市场(一年以上)。由于其独特的市场地位,欧洲货币市场成为国际金融市场中最活跃的市场,其交易额占全球交易额的约80%。同时,欧洲货币市场的发展,也推动了金融市场的一体化进程,提高了资金的运用效率。

(二) 国际信贷市场

国际信贷市场是指特定机构向客户提供信贷投融资所形成的市场。这些特定机构包括政府、国际金融机构、国际商业银行和国家进出口银行。其中,政府贷款和国际金融机构贷款的主要贷放对象是一国政府。国际信贷市场属于外国金融市场的范畴,其主要涉及资金在一国国内金融市场上发生的跨国流动。按投资目的的不同,国际信贷市场可分为短期信贷市场和长期信贷市场。短期信贷市场的交易工具包括短期银行借贷、短期证券和其他短期票据。长期信贷市场的交易工具主要是长期借贷协议,例如国际银团贷款。目前,国际银团贷款已经成为中长期信贷的重要形式。

(三) 国际证券市场

国际资本市场分为广义和狭义两种。广义的国际资本市场由中长期信贷市场和国际证券市场构成。狭义的国际资本市场仅指国际证券市场。按狭义概念来理解,国际资本市场中交易的标的主要是国际债券和国际股票。

国际债券是指一国政府或居民(金融机构、企业等)为筹措外币资金,在国外发行的以外币计值的债券。债券都有面值或到期值,它表明债券到期必须偿还债权人的金额,而利息支付一般按年进行。根据期限长短可将国际债券分为债券、票据和货币市场工具(BIS),债券指10年或10年以上到期的债券,票据指10年以内到期的债券,货币市场工具则为期限在1年或1年以内的债券。

国际股票是指由国际辛迪加承销,对发行公司所在国家以外的投资者销售的股票。广义的股票市场不仅包括股票交易所交易,还包括场外交易(Over the Counter, OTC),即以电话、电传、计算机等方式相互进行的交易。美国股票的场外交易市场是世界上最大的,例如,美国全国证券交易商协会自动报价系统(即纳斯达克)由相互连接的6 000多家证券投资机构构成。

(四) 国际黄金市场

国际黄金市场作为国际金融市场的一个重要组成部分,其行情的变动和发展的态势,对整个国际金融市场以及各国经济都会产生较大的影响。国际黄金市场的交易方式主要有两种——实物黄金交易和黄金期货与期权交易。实物市场以即期市场为主,交易在场内或室内进行,由买卖双方商定价格。买卖实物黄金要转让所有权,其投资缺陷是巨额的储藏和安全费用,而且不能带来利息收入。世界上主要的黄金市场有:伦敦黄金市场、苏黎世黄金市场、香港黄金市场和新加坡黄金市场。黄金期货与期权交易都可以达到套期保值和投机盈利的目的。

（五）国际金融衍生品市场

衍生品即价值由基础资产（包括外汇、债券、股票和商品）价格及价格指数决定或派生的金融合约。金融衍生品市场就是以各种金融衍生工具为交易对象的交易场所，既包括交易所的场内交易又包括场外交易。金融衍生品市场是金融创新的产物，也是近年来国际金融市场发展的重要特征。在全球金融市场创新中，金融衍生工具的创新层出不穷，其中最主要的金融衍生工具包括期货、期权、互换等。

二、国际股权组合投资工具

国际股权组合投资工具是权益凭证，主要包括股票、基金或类似文件。进行国际股权投资通常有两种途径，一种是直接购买外国股票，另一种是购买封闭型共同基金与开放型共同基金。此外还有直接购买外国股票、购买封闭型共同基金与开放型共同基金、国家篮子和世界股权基准股票。

（一）直接购买外国股票

进行国际股权投资最直接的途径就是直接在外国股票市场上购买外国股票。但直接购买外国股票涉及一些问题，包括最初购买需要的外汇、存放证书的保管人、托收及收回股息和分配的银行账户，以及能够得到配股与其他事项通知的能力等。对于大的机构投资者而言，这些问题比较容易解决，但是对于相对较小的投资者而言，则会抑制其直接购买外国股票。为了解决这些问题，一种金融创新工具——存托凭证成为投资者很好的选择。

存托凭证是指在一国证券市场流通的代表外国公司有价证券的可转让凭证。按其发行或交易地点的不同，存托凭证被冠以不同的名称，如美国存托凭证 ADR、欧洲存托凭证 EDR 等。ADR 是摩根银行于 1927 年引入的，成为克服对外股票投资中许多制度性障碍的方法。为了发行 ADR，美国的银行需要将外国股份保管在其对外营业处，然后就可以发行作为这些外国股份要求权的 ADR。ADR 的所有者有权赎回其 ADR，得到真正的基础外国股份（Underlying Foreign Shares）。这种套利行为确保了 ADR 的价格与其基础股份接近一致。

发行银行提供的 ADR 服务有托收全部以外币表示的股息、配股和其他事项，以及对 ADR 所有者分配以美元表示的收益。美国投资者可以相互交易 ADR，而不必求助于外国股权市场，也不必依靠外国清算和结算系统。基础外国股份由保管人保存，因此，ADR 可以显著地减少外国股份的交易成本。

对于有保证的 ADR（Sponsored ADR），外国公司要向受托银行支付一笔费用以弥补 ADR 计划的成本；对于无保证的 ADR（Unsponsored ADR），ADR 发行受"需求驱动"，而这正反映了证券公司想要促进普通外国股票交易的想法。

ADR 分为三级，一级 ADR（Level 1 ADR）不在交易所上市，而在场外交易市场进行交易,公司只需在其国内的年报中披露相关信息;二级 ADR(Level 2 ADR)可以上市交易,要求公司必须按照美国交易所的披露要求做定期报告;三级 ADR(Level 3 ADR)是唯一允许境外公司在美国融资的 ADR 形式,其披露内容本质上包括二级 ADR 报告所要求的内容,发行三级 ADR 必须按照类似于普通股首次公开发行的程序进行。

从外国股份的交易量和价格决定来看,其主要市场通常在国外。ADR 市场的交易量通常不大,充当卫星市场的作用,并接受外国市场的"定价指令"。在某些情况下,ADR 市场的交易量可能超过外国市场的交易量。因此,ADR 市场成为用于确定价格的主要市场。

(二)购买封闭型共同基金与开放型共同基金

共同基金是一种间接的证券投资方式。基金管理公司通过发行基金单位,集中投资者的资金,由基金托管人(即具有资格的银行)托管,由基金管理人管理和运用资金,从事股票、债券等金融工具投资,然后共担投资风险、共享投资收益。共同基金为投资者投资外国股票提供了另一个非常有用的工具。共同基金实行专业化管理,成为小投资者克服投资障碍和快速达到较广泛证券投资组合的一个有效途径。从本国的角度来看,投资于外国股票的共同基金包括以下几种类型:

(1)全球型。一般的基金都专注于某一特定区域的股票或债券,比如日本、东欧。全球型基金就是没有区域限制,基金管理者可以购买全球任何地方(包括本国)的股票或债券来达到盈利的目的。

(2)国际型。国际型基金的投资范围比全球型要小,它仅投资于外国的股票或债券,而不在投资者本国市场进行投资。

(3)地区型。地区型基金是指在某一个特定的地理区域进行投资的基金,比如东亚、北美等。

(4)国家型。国家型基金的投资范围是某一个单一的国家,即其主要投资于某一国的股票和债券市场,比如日本。

(5)专业型。专业型基金的投资范围主要是某一个产业群,比如远程通信,或者特别题材,比如重新私有化的公司。

外国股票型共同基金还可以分为开放型和封闭型。开放型共同基金随时准备以反映基础外国股票净资产价值的价格发行和赎回股票。封闭型共同基金发行与首次资本发售相对应的固定数量的股票,封闭型共同基金的股票可以在二级市场上交易(通常在交易所上市),交易价格反映了其相对于基础外国股票净资产价值的溢价或折价。

随着经济全球化进程的加快,越来越多的中国公司正在积极谋求投资国际市场。合格的境内机构投资者(QDII)是人民币资本项目不可兑换、资本市场未完全开放条件下有控制地允许境内机构投资境外的制度安排。中国人民银行 2006 年 4 月发布第五号文件,允许符合条件的银行、基金管理公司等证券经营机构和保险机构在一定额度内集合境内机构和个人自有外汇,用于在境外进行包含股票在内的组合证券投资。2006 年 9 月,首只针对个人投资者的 QDII 产品——华安国际配置基金正式推出,共募集了 1.97 亿美元。

截至 2019 年 4 月 29 日,已获得投资额度的机构共 152 家,总投资额度达 1 039.83 亿美元。①

(三) 国家篮子和世界股权基准股票

国家篮子(Country Baskets,CBs)和世界股权基准股票(World Equity Benchmark Shares,WEBS)是 1996 年出现的两个新型国际投资工具,结合了封闭型和开放型共同基金以及 ADR 的特点。它们都代表一个指数基金的股份,这个基金是用来追踪单个国家指数绩效的。

这两个证券都依靠所谓的"创建单位"(Creation Units)开始发起基金,投资者购买指数基金的一个创建单位要支付一笔巨款,CBs 大约需要 200 万美元或者更多,而 WEBS 则需要 50 万美元或者更多。基金经理人使用这些基金购买那些绩效与指数绩效相匹配的股票。每个创建单位被分解为特定数量的股份,投资者可以在这些股份上市的证券交易所将其出售或者转让。因此,与开放型共同基金一样,CBs 和 WEBS 的规模可以无限增加,但是交易所交易的股份在任何时候都与封闭型共同基金一样。由于 CBs 和 WEBS 是作为被动的指数基金来运作的,而其他国际或者国家基金的运作策略是主动的,并且试图操纵指数,因此 CBs 和 WEBS 的管理费用预期低于其他国际或者国家基金。

三、国际债券组合投资工具

国际债券是指一国政府或居民(金融机构、企业等)为筹措外币资金,在国外发行的以外币计值的债券。按照发行人和发行地的不同,国际债券可区分为各国政府发行的国库券(Treasury Bills)、外国债券以及欧洲债券。

1. 国库券

国库券是指一国中央政府为筹措短期资金而发行的债务凭证,是货币市场上最重要的信用工具。国库券期限通常为 3 个月或 6 个月,没有票面利率,而是以低于面值的价格折价发行,到期收取面值金额。由于国库券是政府发行的,几乎不存在违约风险,因此收益比较低。各国政府发行的国库券是短期证券市场上最重要的投资工具。

2. 外国债券

外国债券是指外国机构在某国发行的以该国货币为面值的债券,于 19 世纪初问世发行,债券面值货币是市场所在国的货币,一般由市场所在国组织的辛迪加承销,其经营受所在地政府有关法律的管辖。例如,扬基债券(Yankee Bond)是外国机构在美国发行的以美元标值的外国债券,也是目前世界上流动性最强、交易量最大的外国债券;武士债券(Samurai Bond)是外国机构在日本发行的以日元标值的外国债券;猛犬债券(Bull-dog Bond)是外国机构在英国发行的以英镑标值的外国债券;熊猫债券是外国机构在中国发行的以人民币标值的外国债券。

---

① 中国人民银行网站(www.pbc.gov.cn)。

2005年10月,国际金融公司(IFC)、亚洲开发银行(ADB)分别获准在中国银行间债券市场发行人民币债券11.3亿元和10亿元,这是中国债券市场首次引入外资机构作为发行主体。目前,境外企业发行熊猫债券的渠道已经放开。2014年,中国人民银行允许境外企业将募集的人民币汇出境外使用,并明确了账户开立和跨境人民币结算相关事宜。2013年12月,中国银行间市场交易商协会接受德国戴姆勒股份公司50亿元人民币定向债务融资工具的注册。

3. 欧洲债券

欧洲债券是指一国政府、金融机构和工商企业在国际市场上以可以自由兑换的第三国货币标值并还本付息的债券。例如,中国机构在伦敦发行以美元为面值的债券。欧洲债券在20世纪60年代问世,但发展非常迅速,目前大约70%的欧洲债券是以美元为面值的债券,同样也是通过辛迪加承销。欧洲债券市场金融创新活跃,债券种类繁多,通常可分为固定利率债券、浮动利率债券和与股权相联系的债券三大类型。固定利率债券在整个期限内利率固定不变,每年按息票金额付息一次,期限多为3—10年;浮动利率债券利率以LIBOR为基准,每3个月或6个月调整一次,在其基础上加上一个附加利率,期限多为5—15年;与股权相联系的债券包括可转换债券和附认购权证的债券,可转换债券是指债券持有人有权在未来某一时刻将债券转换成某公司股票或其他证券,附认购权证的债券是指债券持有者有权在一定时间按一定价格购买一定数量的股票或债券。

欧洲债券的特点表现在:债券发行人、发行地和面值货币分属于不同国家,通常在几个国际金融中心同时发行上市,国际性强;发行手续简便,基本不受各国金融法令和金融当局的约束,发行成本低;发行者可根据自己的需要灵活选择发行方式和条件等。其利率一般高于银行存款利率,利率水平视不同时期、不同货币单位和不同发行人而有所差异。

当欧洲债券利率低于外国债券利率时,会激励发行者在欧洲债券市场上借款。当欧洲债券利率低于政府债券的投资收益率时,会激励发行人进行套利活动。他们可以通过发行欧洲债券,再购买无风险的政府债券,使发行欧洲债券的现金流入与购买政府债券的现金流出相匹配,以此相互抵消。如果能够完全匹配,并且政府债券能够保证付清欧洲债券的负债,则该交易就成为纯套利。

例如,Eagle Point Credit(ECC)公司于1984年10月19日发行了本金为18亿美元的零息票欧洲债券,到期日为2004年11月15日,发行成本为11.65%,每年计复利一次,则ECC可以通过该发行获得净收益1.987亿美元[1]。为了实现套利,ECC购买了18亿美元的零息票美国长期国债,到期日也是2004年11月15日,该美国国债的投资收益率为11.75%—11.90%,每半年计复利一次,则ECC购买美国国债的收益为1.783—1.835

---

[1] $1\,800\,000\,000/(1+0.1165)^{20} = 198\,654\,294 \approx 1.987$(亿美元)。

亿美元[①]。因此,ECC 可实现 0.15 亿—0.20 亿美元的套利收益。

第二节 国际组合投资的风险和收益

随着经济全球化的发展,各国之间的资本流动越来越频繁,规模也越来越大。尤其是跨国企业进行国际组合投资越来越普遍。进行国际组合投资一方面能给跨国企业带来很多国内投资所没有的收益,降低交易双方的投资风险,但另一方面也存在一些不同于国内投资的风险。

一、投资者的风险态度及其度量

风险态度是指投资者对风险的偏好程度。不同的投资者面对相同的风险环境,其态度是不同的。这种不同与投资者所处的社会、政治、经济及文化等环境密切相关。

投资者对待风险的态度一般可以分为三种:第一种为风险偏好型,这类投资者对于经济活动的回报期望比较高,愿意为追求这种高回报承担高风险;第二种为风险规避型,这类投资者不愿意承担高风险,即便某种经济活动有很高的期望回报,由于存在高风险,也宁愿放弃这种高回报的机会而不会从事这种有高风险的经济活动;第三种是介于前两种之间的风险中立型。

风险态度可以通过效用函数来度量,通过比较 $u\left(\sum_{i=1}^{n} P_i x_i\right)$ 和 $\sum_{i=1}^{n} P_i u(x_i)$ 的大小可以判断投资者对待风险的态度。其中,x_i 为投资者在第 i 种状态下的报酬,$P(X = x_i) = P_i$ 为随机报酬 X 出现的概率分布,$u(X)$ 为冯·诺依曼-摩根斯坦效用函数(Von Neumann-Morgenstern Utility Function)。

当投资者认为 $u\left(\sum_{i=1}^{n} P_i x_i\right) < \sum_{i=1}^{n} P_i u(x_i)$ 时,表示该投资者为风险规避型;相反,当投资者认为 $u\left(\sum_{i=1}^{n} P_i x_i\right) > \sum_{i=1}^{n} P_i u(x_i)$ 时,说明该投资者为风险偏好型;而当投资者认为 $u\left(\sum_{i=1}^{n} P_i x_i\right) = \sum_{i=1}^{n} P_i u(x_i)$ 时,说明该投资者为风险中立型。

有实验结果表明,大多数投资者都为风险规避型。明确定位投资者的风险态度,是准确研究投资者的投资决策以及对投资品进行定价的前提。

二、国际组合投资的风险

风险是指未来结果的不确定性的不利情况,如未来收益、资产或债务价值的波动性或不确定性的不利情况。国际投资组合的风险是指跨境投资标的未来收益的不确定性

[①] $1\,800\,000\,000 / (1+0.1175/2)^{40} = 183\,457\,542 \approx 1.835$(亿美元);$1\,800\,000\,000 / (1+0.119/2)^{40} = 178\,333\,964 \approx 1.783$(亿美元)。

的不利情况,它直接与金融市场的波动性相关。可以从不同角度对国际投资组合的风险进行分类,从而获得不同层面的风险类型。

(一) 按照风险的来源分类

按照风险的来源,可以将投资风险分为经营风险、市场风险、国家风险、违约风险、利率风险、购买力风险、流动性风险和汇率风险。

1. 经营风险

经营风险是指由于投资决策和管理人员在经营过程中发生失误从而导致企业经营亏损的可能性。这种风险主要包括三类:一是自然原因引起的非正常性破坏事件,如地震、火灾等;二是企业生产的产品已过时,不能满足消费者的需要,而且也无法推出新产品占领市场,因而造成损失;三是在对顾客的竞争方面失败,从而失去市场,濒临破产。

2. 市场风险

市场风险是指由于证券市场行情变化而引起的风险,如股票价格、利率、汇率价格波动使投资标的价值缩水。证券市场行情变化可用证券价格指数或平均价格指数来衡量。一旦价格指数达到一个高峰点,便开始呈现下跌趋势,跌到一定程度又会出现回升。常用的价格指数主要有道琼斯指数、标准普尔 500 指数、纽约证券交易所综合股价指数等。

3. 国家风险

国家风险指东道国政治、经济、社会等发生变化(如爆发战争、内乱,政府实行征用、没收企业的国有化政策,变更外汇管理政策,或因经济政策失败、国际收支恶化而拒绝偿还外债)给投资者带来的收益全损或部分损失的可能性。比如拉丁美洲主权债务危机、东欧剧变以及海湾战争、南斯拉夫内战等,都给在这些国家投资的跨国企业造成巨大损失。

4. 违约风险

违约风险是指发行证券的公司由于财务状况不佳,不能按时支付债务本金和利息的可能性。一般而言,工商企业、金融机构等发行的债券均或多或少地存在这种风险,政府债虽然安全性相对较高,但也有政府违约的情况发生,如拉丁美洲主权债务危机和欧洲主权债务危机。

5. 利率风险

利率风险是指不同类型的不确定性因素引起的利率变动直接或间接造成投资收益降低的风险。国际市场上利率的变动是很平常的,引发利率变动的原因可能是一国政府为了实现其宏观经济目标运用利率手段对经济进行调节;也可能是由于通货膨胀及汇率波动的影响,比如当一国物价上涨同时货币贬值时,该国的实际利率水平下降;另外,国际货币市场上利率的变动也可能引发利率风险,一些发达国家为了提高本国的国际竞争力或者改善本国的国际收支状况,往往通过提高利率达到降低通货膨胀率和吸引外国投资的目的,这种竞争成为国际货币市场利率变动的重要原因。利率变动对跨国投资产生

的风险主要体现在两个方面:

第一,利率变动会对投资者在国际货币市场上的融资成本产生影响。如果投资者在国际货币市场上按照固定利率借款,到期时所借货币的市场利率下降,而投资者仍要按照原有利率还款,则投资者会承受融资成本提高的损失;如果投资者使用浮动利率借款,则投资者所需支付的利息会随着市场利率水平的变化而变化,市场利率上升将直接导致投资者融资成本提高。

第二,利率变动会影响投资者跨国投资的收益。一般情况下,证券价格与利率水平成反比,当利率上升时,证券价格下降,如果这时投资者出售证券则会遭受损失;而当利率下降时,证券价格上升,投资者出售证券就可能获得较高收益。

6. 购买力风险

购买力风险主要是指由于通货膨胀的影响,证券投资收益率低于物价上涨指数,使得投资者获得的收益低于实际购买力,得不偿失。

7. 流动性风险

流动性是指金融资产转变成现金的速度,流动性风险是指在变现过程中出现损益的可能性。当证券持有者急需资金,需要出售证券时,证券的价格可能高于购买价,带来收益;也可能低于购买价,造成损失。尤其是股票投资,其风险更大。

8. 汇率风险

汇率风险是指货币兑换的不确定性,即投资者在投资外国证券时,其未来的以外国货币计价的投资收益在兑换成本币时面临的不确定性。

例如,假设美国投资者欲投资于英国债券,投资初期,英镑与美元汇率为 GBP1 = USD1.5,该美国投资者拥有 150 万美元,可以兑换 100 万英镑。又假设英国债券半年收益率为 10%,投资半年后,该投资者可以获得 110 万英镑,如果英镑与美元汇率不发生变化,则该投资者可以兑换到 165(= 1.5 × 110)万美元,从而获得 15 万美元的利润;但是,如果到期时英镑与美元汇率发生了不利于投资者的变化,比如变成了 GBP1 = USD1.2,则该投资者到期只能兑换到 132(= 1.2 × 110)万美元,与期初投入的 150 万美元相比,非但没有获利,反而由于汇率变动亏损了 18(= 150 − 132)万美元。

汇率风险可以通过在远期外汇市场和外汇衍生品市场上进行对冲操作加以管理,但是无法完全消除。

(二) 按照风险的可分散性分类

按照风险的可分散性,可以将投资风险分为系统性风险和非系统性风险。

1. 系统性风险

系统性风险是由影响整个金融市场的因素引起的,包括经济因素、国家宏观经济政策变动等。这些风险是不能通过组合投资分散的。也就是说,投资者无论持有怎样的投资组合,都必须承担这部分风险。

2. 非系统性风险

非系统性风险是投资者可以通过组合投资分散的风险。这种风险与经济、政治以及影响金融变量的其他因素无关,主要与特定企业或行业相关,投资者可以通过组合投资分散这部分风险。

三、国际组合投资的收益

虽然经济和金融全球化是一种总体趋势,但目前国际证券市场的一体化程度仍然不高,各国市场的相关系数还相对较小,加上不同国家处在经济循环周期的不同阶段,这些都为跨国投资者在不同时期、不同国家进行风险分散提供了必不可少的条件。

(一) 获得风险分散化收益

詹姆斯·托宾是风险规避下资产组合理论的创始人。他曾把资产组合多样化描述为"不要把所有鸡蛋放在同一个篮子里"。跨国企业可以通过把它的一些"鸡蛋"放在"外国篮子"里的办法来降低财富缩水的风险。因此,投资于多个国家的证券相较于仅投资于一个国家的证券能够更有效地分散风险,同时可以保持相同的收益。根据资产组合理论,投资组合中包含的资产数量越多,资产组合的风险就越低,因此,通过构建相关度低的多元化跨国资产组合可以有效地降低非系统性风险。

图7-1说明了国际资产组合与国内资产组合风险的对比关系。以中国投资者购买美国股票为例,多只股票的组合投资比单一股票的投资风险要低,随着股票数目的增加,非系统性风险不断降低。中国投资者购买不同国家公司的股票,可以通过国际资产组合分散或部分分散不可分散的中国国内系统性风险。

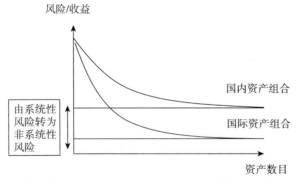

图7-1 国际资产组合与国内资产组合的风险

所以,由国内资产组成的资产组合,只能分散本国市场上的非系统性风险,而不同国家资产组成的国际资产组合,可以降低相对于一国国内而言的系统性风险。这是因为各个国家处于经济循环周期的不同阶段,资本的丰裕程度不同,产业发达程度也不同,所以通过不同国家资产的组合,可以使得一国国内的系统性风险在国际市场上相对变成非系统性风险。随着经济全球化的深入发展,各国的经济联系越来越紧密,投资者可以更加方便地利用外国证券进行更有效的风险分散。对于追求分散化投资收益的投资者来说,组建国际资产组合比国内资产组合要理想,前提是各国资产投资收益的相关性比较小。从资产组合角度来讲,与国内不同资产之间或国内不同市场之间相比,不同国家的市场之间相关性当然要小得多。所以,投资者可以通过进行国际组合投资的方式分散风险。

以股票投资为例,影响股价的因素包括本地和国际的利率走势、本地和国际的经济发展周期以及各地政府的财政政策和货币政策等。这些市场之间的影响因素不同步从而使彼此股价的相关系数减小,这解释了国际股票组合的波幅比单一国家相对较小的原因。

（二）获得更高的投资收益

不同国家证券市场的差异导致不同国家的投资回报率有所不同,组合投资的收益率是由组合中各资产收益率按照持有量加权得到的加权平均收益率。持有不同国家的证券组合,可以带来更高的投资收益。

国际组合投资主要从两个途径实现收益增值：第一,如果外国证券市场是无效率的,则外国证券价格不能正确或完全地反映市场信息,在这种情况下,只要投资者能够准确地把握市场交易时机就能够获得超额回报;第二,由于外国证券市场与本国证券市场相分离,不同市场上的投资者承担的风险不同,所能获得的报酬也有差异,因此投资者可以通过国际组合投资获得增值收益。

例如,假设 A 国证券市场的预期回报率为 10%,B 国证券市场的预期回报率为 5%,如果按照 1∶1 的比例持有这两国的证券,则投资者可以获得 7.5%（$10\% \times \frac{1}{2} + 5\% \times \frac{1}{2}$）的预期收益率,能够比仅投资于 B 国证券获得更高的预期收益。也就是说,投资者可以通过在资产组合中加入更高预期收益率的证券或者增加高收益率证券的持有比重来提高资产组合的预期收益率。

四、国际组合投资的收益和风险度量

国际资产组合由多种证券按比例构成,要度量资产组合的收益和风险,首先要度量各资产的收益和风险。

（一）单一证券的收益和风险评价指标

1. 债券收益率的评价指标

债券收益率的评价指标主要有认购者收益率、最终收益率和持有期收益率等。

（1）认购者收益率。认购者收益率是指投资者购买新发行的债券并持有至到期日所获得的收益率。其计算公式为：

$$认购者收益率 = \frac{年利息 + （债券面值 - 购买价格）\div 持有期限}{购买价格} \times 100\%$$

（2）最终收益率。最终收益率是指投资者购买已上市发行的债券并持有至到期日

所获得的收益率。其计算公式为：

$$最终收益率 = \frac{年利息 + （债券面值 - 购买价格）÷ 残存年限}{购买价格} \times 100\%$$

（3）持有期收益率。持有期收益率是指投资者购买债券后，在持有期内的收益率。其计算公式为：

$$持有期收益率 = \frac{年利息 + （出售价格 - 购买价格）÷ 持有期限}{购买价格} \times 100\%$$

2. 股票收益率的评价指标

股票收益率的评价指标主要有每股盈利、每股股利、股利支付率、每股现金流量和市盈率等。

（1）每股盈利。每股盈利是指公司税后利润减去优先股股息后除以普通股股数得到的普通股平均每股的利润。其计算公式为：

$$每股盈利 = \frac{公司税后利润 - 优先股股息}{普通股股数}$$

（2）每股股利。每股股利是指每股普通股分配的股利。其计算公式为：

$$每股股利 = \frac{公司税后利润 - 公积金 - 优先股股息 - 年末未分配利润}{普通股股数}$$

（3）股利支付率。股利支付率是指普通股每股股利占每股利润的百分比。其计算公式为：

$$股利支付率 = \frac{普通股每股股利}{每股利润} \times 100\%$$

（4）每股现金流量。每股现金流量是指经营活动现金净流量扣除优先股股利后的余额与发行在外的普通股股数的比率。其计算公式为：

$$每股现金流量 = \frac{经营活动现金净流量 - 优先股股利}{发行在外的普通股股数}$$

（5）市盈率。市盈率是指普通股每股市价与每股利润的比率。其计算公式为：

$$市盈率 = \frac{每股市价}{每股利润}$$

3. 证券投资风险的评价指标

证券投资风险最常用的评价指标是均值-方差分析，以方差或标准差来度量风险大小。标准差表示某一变量围绕其期望值的离散程度。这里指收益率围绕预期收益率的离散程度。标准差越大，说明离散程度越大，其期望值的代表性越弱，风险越大；反之，标准差越小，说明离散程度越小，期望值的代表性越强，风险越小。方差是标准差的平方，二者在评价风险大小上是等价的。标准差用 σ 表示，其计算公式为：

$$\sigma = \sqrt{\sum_{i=1}^{n} [R_i - E(R)]^2}$$

式中，σ 表示标准差，R_i 表示收益率，$E(R)$ 表示期望收益率。

(二) 资产组合的收益和风险度量

投资者可以通过在资产组合中持有差异化资产来降低投资风险，只要资产收益不完全相关，就能通过组合投资有效地降低投资风险，因为资产收益的上升和下降将会相互抵消。在投资风险以方差或标准差度量的情况下，对于两个收益相同的资产，方差或标准差越大，说明其投资风险越大。而投资收益主要通过预期收益率来衡量。

资产组合的风险通常用资产组合期望收益率的标准差来表示和度量。我们以两种资产的投资组合为例，假设两种资产的投入比例分别为 ω_1 和 ω_2，因为资产组合中只有两种资产，所以有 $\omega_1 + \omega_2 = 1$，该资产组合期望收益率的标准差为：

$$\sigma_p = \sqrt{\omega_1^2 \sigma_1^2 + \omega_2^2 \sigma_2^2 + 2\omega_1 \omega_2 \rho_{12} \sigma_1 \sigma_2}$$

式中，σ_1^2、σ_2^2 表示资产 1 和资产 2 期望收益率的方差，也就是两种资产的方差，σ_1 和 σ_2 表示相应的标准差，ρ_{12} 表示两种资产收益的相关系数。该资产组合的期望收益率为：

$$E(R_P) = \omega_1 E(R_1) + \omega_2 E(R_2)$$

式中，$E(R_P)$ 表示资产组合的期望收益率，$E(R_1)$ 和 $E(R_2)$ 表示资产 1 和资产 2 的期望收益率。

由此可见，资产组合的风险度量并不是对各个资产的风险简单地进行平均，只要相关系数小于 1，进行组合投资就能降低风险。相关系数越小，风险降低的机会就越大。我们把资产组合中的资产由两种扩展为多种资产时，其风险度量为：

$$\sigma_p = \sqrt{\sum_{i=1}^{N} \omega_i^2 \sigma_j^2 + \sum_{i=1}^{N-1} \sum_{j=i+1}^{N} \omega_i \omega_j \rho_{ij} \sigma_1 \sigma_2}$$

该资产组合的期望收益率为：

$$E(R_P) = \sum_{i=1}^{N} \omega_i E(R_i)$$

式中，N 表示资产组合中的资产数量。

例如，假设两种风险资产组成的资产组合中，资产 1 所占比重为 0.4，资产 2 所占比重为 0.6，两种资产的期望收益率分别为 14% 和 18%，标准差为 15% 和 20%，两种资产的相关系数为 0.5，则该资产组合的风险为：

$$\sigma_p = \sqrt{(0.4)^2 (0.15)^2 + (0.6)^2 (0.20)^2 + 2 \times 0.4 \times 0.6 \times 0.5 \times 0.15 \times 0.20}$$
$$= 0.159 = 15.9\%$$

该资产组合的期望收益率为：

$$E(R_P) = 0.4 \times 0.14 + 0.6 \times 0.18 = 0.164 = 16.4\%$$

(三) 汇率变动对国际组合投资收益的影响

进行国际组合投资时，需要进行货币兑换，在不同时间兑换，汇率会有所不同，因此汇率变动对投资收益的度量有较大影响。

1. 汇率变动对国际股票投资收益的影响

国际股票投资收益由股利收入、资本利得(期初和期末的股票价格之差)和汇兑损益三部分构成。以投资于某国际股票为例来说明,投资者以本币投资,首先需要将本币兑换为外币,用外币购买国外的股票,然后收到用外币表示的股利和资本利得,再将其折算为本币表示,与期初的本币投资额对比,即能够计算出国际股票投资的收益。由于投资期初和期末的汇率不一定完全相同,因此汇率的变动会全面影响国际股票投资的收益。

例如,某日本投资者 2017 年 1 月 2 日以 48.5 美元/股购入美国通用汽车公司股票,2018 年 5 月 2 日以 65.5 美元/股将其出售,出售前取得的每股股利为 0.50 美元。购入日与出售日的汇率分别为 USD1 = JPY118.16 和 USD1 = JPY 118.64。该投资者在此期间投资收益率的计算如下所示。

(1) 以日元计价的每股股票投资额为:

$$48.5 \times 118.16 = 5\ 730.76\ (日元)$$

(2) 以日元计价的每股股票收益额为:

$$(65.5 + 0.50 - 48.5) \times 118.64 = 2\ 076.2\ (日元)$$

(3) 以日元计价的投资收益率为:

$$\frac{2\ 076.2}{5\ 730.76} \times 100\% = 36.23\%$$

$$以本币计价的投资收益率 = \frac{e_1 P_1 - e_0 P_0 + e_1 D}{e_0 P_0} = \frac{e_1(P_1 + D)}{e_0 P_0} - 1 = \left[\frac{e_1}{e_0}\right] \cdot \left[\frac{P_1 + D}{P_0}\right] - 1$$

$$= \left(1 + \frac{e_1 - e_0}{e_0}\right)\left(1 + \frac{P_1 - P_0 + D}{P_0}\right) - 1$$

式中,e_1 表示期末汇率,e_0 表示期初汇率,则 $\frac{e_1 - e_0}{e_0}$ 表示外币的升值率或贬值率;P_1 表示出售时的价格,P_0 表示购买时的价格,D 表示每股股利,则 $\frac{P_1 - P_0 + D}{P_0}$ 表示以外币计价的投资收益率。

由此可见,以本币计价的投资收益率会受到汇率变动的影响,本币贬值会提高以本币计价的投资收益率,本币升值会降低以本币计价的投资收益率,汇兑损益是国际组合投资收益中的一个重要组成部分。有时甚至可能遇到以下情形:以外币计价的投资是亏损的,但是由于汇兑损益的作用,以本币计价的投资可能略有盈余;以外币计价的投资是盈利的,但是由于将外币兑换为本币且本币升值,反而使得以本币计价的投资发生亏损。

2. 汇率变动对国际债券投资收益的影响

国际债券投资的收益由利息收入、资本利得(期初和期末的债券价格之差)和汇兑损益三部分组成。以投资于某国际债券为例来说明,投资者以本币投资,首先需要将本币兑换为外币,用外币购买国外的债券,然后收到用外币表示的利息和资本利得,再将其折算为本币表示,与期初的本币投资额对比,即能够计算出国际债券投资的收益。由于投资期初和期末的汇率不一定完全相同,因此汇率的变动会全面影响国际债券投资的收益。

例如,中国 A 公司投资 1 000 000 美元购买美国债券,年利率为 6%,当时的汇率为 USD1 = CNY8;一年后将此债券出售,价格为 1 040 000 美元,汇率为 USD1 = CNY7.6。求 A 公司在此期间的投资收益率。

我们用两种方法来计算:

方法一

(1)以人民币计价的投资额为:

$$1\ 000\ 000 \times 8 = 8\ 000\ 000(元)$$

(2)以人民币计价的收益额为:

$$(1\ 040\ 000 + 1\ 000\ 000 \times 6\%) \times 7.6 - 1\ 000\ 000 \times 8 = 360\ 000(元)$$

(3)以人民币计价的国际债券的投资收益率为:

$$\frac{360\ 000}{8\ 000\ 000} \times 100\% = 4.5\%$$

方法二

(1)以外币(美元)计价的投资收益率为:

$$\frac{1\ 040\ 000 - 1\ 000\ 000 + 1\ 000\ 000 \times 6\%}{1\ 000\ 000} \times 100\% = 10\%$$

这一投资收益率包括资本利得和利息收入。

(2)汇率的变动率为:

$$\frac{7.6 - 8}{8} \times 100\% = -5\%$$

(3)以人民币计价国际债券的投资收益率为:

$$(1 - 5\%)(1 + 10\%) - 1 = 4.5\%$$

由于外币(美元)贬值 5%,意味着人民币相对于美元升值 5%,即相同的美元将兑换更少的人民币,这对中国的投资者而言,是个不利的结果。

3. 汇率变动对国际组合投资收益的影响

用 R_i 表示以本国货币计价的第 i 种国外组合投资的收益率,用 R_i^* 表示以外币计价的第 i 种国外组合投资的收益率,用 e 表示汇率变动率,则在上述例子中,国际组合投资收益率为:

$$1 + R_i = (1 + R_i^*)(1 + e)$$

$$R_i = R_i^* + e + e \times R_i^*$$

由此可见,以本币计价的国际组合投资收益率等于以外币计价的国际组合投资收益率和汇率变动率及其交叉项之和。在上述例子中,以本币计价的国际组合投资收益率为

4.5%，等于以外币计价的国际组合投资收益率 10% 和汇率变动率 -5% 及其交叉项 10%×(-5%)之和。

由于交叉项 $e \times R_i^*$ 的值很小，因此，如果忽略这一项，则有近似公式：

$$R_i \approx R_i^* + e$$

它表明了以本币计价的国际投资收益率约等于以外币计价的国际投资收益率与预期汇率变动率之和。

标准差代表着国际投资的风险水平。我们用 σ_i 表示以本币计价的第 i 种国外投资的收益率的标准差，用 σ_i^* 表示以外币计价的第 i 种国外投资的收益率的标准差，用 σ_e 表示本币对外币的汇率变动率的标准差，用 $\mathrm{cov}(R_i^*, e)$ 表示以外币计价的第 i 种国外投资的收益率与汇率变动率之间的协方差，则用本币计价的投资收益率的标准差为：

$$\sigma_i = \sqrt{\sigma_i^{*2} + \sigma_e^2 + 2\mathrm{cov}(R_i^*, e)}$$

该公式表明以本币计价的投资收益率的标准差不仅取决于以外币计价的投资收益率的标准差 σ_i^* 以及汇率变动率的标准差 σ_e，而且取决于两者的协方差 $\mathrm{cov}(R_i^*, e)$。

第三节　国际组合投资策略

组合投资能够比单一资产投资更好地降低风险，而国际组合投资能够比国内组合投资在风险和收益均衡上产生更佳的效果。布鲁诺·H. 索尼克和伯纳德·内茨林通过对比 1970—1980 年间不同投资策略的业绩，发现国际组合投资的收益可能是国内组合投资的 2—3 倍。因此，对于跨国投资者而言，选择最佳的国际组合投资策略是非常重要的。

一、国际组合投资的绩效评估指标

评估一种组合投资的绩效，既不能仅看其预期收益率，又不能仅看其风险分散程度，而应该从风险和收益两方面同时进行评估。通常人们采用夏普绩效评估值（SHP）和特雷诺绩效评估值（TRN）作为组合投资的绩效评估指标。

夏普绩效评估值的计算公式如下：

$$\mathrm{SHP} = \frac{R_i - r_f}{\sigma_i}$$

式中，r_f 表示无风险收益率，R_i 表示第 i 个组合投资收益率的均值，σ_i 表示第 i 个组合投资收益率的标准差。夏普绩效评估值反映了投资者承担单位组合投资风险可以得到的风险溢酬。

特雷诺绩效评估值的计算公式如下：

$$\mathrm{TRN} = \frac{R_i - r_f}{\beta_i}$$

式中，r_f 表示无风险收益率；R_i 表示第 i 个组合投资收益率的均值；β_i 表示基于国际市场，反映第 i 个组合投资系统性风险的 β 系数。特雷诺绩效评估值反映了投资者承担单位组合投资系统性风险可以得到的风险溢酬。

夏普绩效评估值和特雷诺绩效评估值都是经过风险调整后的组合投资绩效评估指标。当某个组合投资的风险被较高程度或者被全部分散时，这两个指标对该组合投资绩效的评估基本上是一致的；但是，当风险分散程度比较低时，二者会有所差异，一般情况下是夏普绩效评估值会比较低，而特雷诺绩效评估值则比较高。

表 7-1 列出了 18 个主要股票市场在 1977—1996 年间的月收益率均值、标准差、相对国际市场的 β 值以及由上述公式计算出的夏普绩效评估值和特雷诺绩效评估值。假定年无风险收益率为 5%，则月无风险收益率为 5%/12。

表 7-1 主要股票市场 1977—1996 年间的收益与风险

股票市场	月收益率均值(%)	标准差(%)	β_i	夏普绩效评估值(SHP)	特雷诺绩效评估值(TRN)
澳大利亚	1.00	7.44	1.02	0.078	0.0057
奥地利	0.77	6.52	0.54	0.054	0.0065
比利时	1.19	5.53	0.86	0.140	0.0090
加拿大	0.82	5.34	0.93	0.076	0.0043
丹麦	0.99	6.25	0.68	0.092	0.0084
法国	1.18	6.76	1.08	0.113	0.0071
德国	0.97	6.17	0.84	0.090	0.0066
中国香港	1.50	9.61	1.09	0.113	0.0099
意大利	0.96	7.57	0.89	0.072	0.0061
日本	1.08	6.66	1.21	0.100	0.0055
荷兰	1.39	4.93	0.89	0.197	0.0109
挪威	1.00	7.94	1.02	0.073	0.0057
新加坡	1.09	7.50	1.01	0.090	0.0067
西班牙	0.83	6.81	0.94	0.061	0.0044
瑞典	1.37	6.67	0.97	0.143	0.0098
瑞士	1.10	5.39	0.86	0.127	0.0079
英国	1.35	5.79	1.06	0.161	0.0088
美国	1.01	4.16	0.82	0.143	0.0072

资料来源：The Case for International Portfolio Diversification, Chuck C. Y. Kwok。

从表中的夏普绩效评估值来看,绩效最好的股票市场是荷兰,最差的是奥地利和西班牙。从特雷诺绩效评估值来看,绩效最好的股票市场还是荷兰,最差的则是加拿大和西班牙。中国香港股票市场的特雷诺绩效评估值居第二位,而其夏普绩效评估值居第八位,这说明中国香港股票市场的组合投资从国际股票市场角度来看其风险分散程度较低。

二、最佳国际组合投资的选择

投资者一般通过对比不同投资策略下风险调整后的绩效评估指标(例如夏普绩效评估值),选取指标最高的投资策略,作为最佳投资组合,并按照相应的组合比例进行投资。常用的指标主要有夏普绩效评估值增加额(ΔSHP)和国内同等风险水平下的收益增加额(ΔR)。

(一) 夏普绩效评估值增加额

其计算公式为:

$$\Delta \text{SHP} = \text{SHP}_f - \text{SHP}_d$$

式中,SHP_f表示国际组合投资的夏普绩效评估值,SHP_d表示国内组合投资的夏普绩效评估值。若ΔSHP为正值,则表明进行国际组合投资比国内组合投资带来的收益更高或者风险更小,这种国际组合投资优于国内组合投资。

(二) 国内同等风险水平下的收益增加额

其计算公式为:

$$\Delta R = \sigma_d \Delta \text{SHP}$$

式中,ΔR表示收益增加额,σ_d表示国内组合投资收益率的标准差,也就是国内风险。若ΔR为正值,则表明在国内同等风险水平下,进行国际组合投资获得的收益比进行国内组合投资要高。很显然,由于σ_d大于零,所以ΔR的正负仅取决于ΔSHP的符号,且二者是同向变化的。所以,这两个指标在评估国际组合投资绩效方面是等价的。

三、最佳国际组合投资的障碍

随着世界经济一体化的发展和国际资本市场的全球化进程,投资者更容易进入外国市场,进行国际组合投资并从中获益。但是,投资者在进行国际组合投资选择时,还是面临一些障碍,导致其存在国内组合投资偏好的倾向。研究表明,投资者进行国际组合投资的障碍主要有以下几种:

(一) 外国市场的规模和深度有限

许多国家的证券市场及外汇市场无论是市场规模、交易额还是资产种类都非常有限,这在一定程度上限制了国际组合投资的顺利进行。即使是比较发达的美国股票市场,其市场规模和交易额相对于世界市场也是较小的一部分。另外,国家之间的会计制度、证券上市和交易制度的差异都可能成为企业到国外投资的主要障碍。

(二) 汇率风险和政府外汇管制

在外国市场上进行交易通常是用外币计价的,而投资者的收益是用本币衡量的,在外国市场上获得的收益最终也需要兑换成本币。在这个过程中,投资者的收益很容易受到汇率变动的影响,特别是在缺乏保值工具的国家进行投资,有效的外汇风险管理是很困难的。不过,近年来的一些实证研究结果表明,汇率风险对国际组合投资的影响并不是很严重。

另外,如果外国政府实行外汇管制措施,如限制外汇自由汇出国境、货币不能自由兑换等,则国际组合投资势必将受到影响。有时候,投资者还要冒政治风险。

(三) 信息和交易成本

投资于外国证券,特别是投资于那些只在国内挂牌上市的证券时,投资者必然需要花费大量的成本搜集信息和进行交易。此外,在一些国家,交易费用是可以协商的,交易费用随着交易额的增大而减少,这就意味着小额投资者不能像大公司、机构投资者或大型国际银行那样获得较低的交易成本,这无疑限制了小额投资者的国际组合投资活动。

(四) 税收和法律限制

投资者在外国市场上所获得的利息和股利在离开国境前要征收预扣税,而收到这些利息和股利时,在本国还要再缴纳一次税,这种对国外投资收益的双重征税会影响投资者跨国投资的积极性。大多数国家对股利的预扣税为15%,而墨西哥则高达50%以上,这种税收制度的差异,使得跨国企业必须考虑税收计划,或者利用不同的现金流使得税收最小化。另外,有的国家从法律上限制外国投资者持有本国发行的证券。

(五) 国际组合投资中的本国偏好

本国偏好是指尽管国际组合投资可以降低和分散风险,但是人们还是更愿意在国际组合投资中持有较高比例的本国资产。研究表明,存在本国偏好的原因可能是:

(1) 交易成本。国际间接投资仍然存在许多投资壁垒。这些投资壁垒的存在限制了投资者进行跨国投资,而且降低了投资者手中资产的流动性,从而增加了交易成本。第二次世界大战结束后,全球很多国家都对国际分散化投资设置了诸多障碍,如限制本国居民进行海外股票市场投资,不允许外国投资者控制本国上市公司,对外国投资实施歧视性税收政策等。投资障碍造成高额的交易成本使得一国投资者无法进行国际分散化投资或者减少了国际分散化投资的收益,投资者只能将绝大部分资金投资到本国市场。

(2) 信息不对称。尽管国际上有许多投资品种,但是由于外国市场上信息的不易获得性、市场的不成熟性以及货币控制等,投资者并不能完全自由地投资于所需的任何资产。此外，人们有远离未知事物和风险的本能，这种本能使得投资者更倾向于选择自己所熟悉的本国资产。

(3) 对冲风险需求。对于投资者而言，外国资产风险更大，因而投资者更偏好于本国投资以对冲外国投资风险。跨国企业的生产经营活动遍及全球，一国投资者可以通过购买本国跨国企业股票的方式达到国际分散化投资的目的。许多国家对外国投资存在一些机构和法律上的限制。例如，一些国家对外国投资者持有本国企业的股权比例进行了限制，芬兰要求不得超过30%，韩国要求不得超过20%。

随着经济全球化的发展，投资壁垒会逐渐消除，各国对外国投资者的限制也会逐步放宽，这种本国偏好的现象将会有所改善。

(六) 国际金融市场一体化缩小了收益差

国际金融市场的一体化进程，一方面给投资者顺利进行跨国投资带来了便利，另一方面也削弱了国际组合投资带来的益处。因为各国市场的相互影响逐渐增强，各国市场之间的相关度不断提高，使得通过国际组合投资分散风险的难度逐步加大。

四、国际证券组合投资的策略和方法

国际证券组合投资的策略和方法与国内证券组合投资的基本原则相同，不同的是需要根据不同国家证券市场的具体情况做出必要的调整，做好国际证券组合投资收益和风险的权衡。

(一) 国际证券组合投资的策略

国际证券组合投资的策略总体上可以划分为保守型策略、冒险型策略和适中型策略。

1. 保守型策略

保守型策略认为，最佳的证券组合投资策略就是要尽量模拟市场现状，将尽可能多的证券包括进来，以便分散全部可分散的风险，得到与市场上所有证券的平均收益相同的收益。这种策略能分散掉全部可分散的风险，不需要投资者有高深的证券专业知识，而且投资的管理费比较低。但是这种策略的缺点是收益不高，投资者获得的收益不会高于证券市场上所有证券的平均收益。

2. 冒险型策略

冒险型策略认为，与市场完全一样的组合不是最佳组合，只要投资组合做得好，就能击败市场或超越市场，取得远远高于市场平均水平的收益。在这种组合中，一些成长型的股票比较多，而那些低风险、低收益的证券不多。这种策略组合的随意性强、变动比较频繁，其收益比较高，同时风险也比较大。

3. 适中型策略

适中型策略认为，证券的价格，特别是股票的价格，是由特定企业的经营业绩决定的。一时的沉浮并不重要,只要企业经营得好,股票一定会升到本来的价值水平。采取这种策略的人,一般都善于对证券进行分析,如行业分析、财务分析等,通过分析,选择高质量的股票和债券,组成资产组合。因此,这种策略要求投资者具有高深的证券投资专业知识。如果能很好地运用这种策略,则投资者不需要承担太大的风险,却可以获得比较高的收益,所以这是比较常见的组合投资策略。各种金融机构、投资基金和企事业单位一般都采用此策略。

（二）国际证券组合投资的方法

进行证券组合投资的方法有很多,比较常见的主要有以下三种:

1. 选择足够数量的国际证券进行组合

这是最简单的组合方法,在采用这种方法时,投资者不是进行有目的的组合,而是随机选择,随着证券数量的增加,非系统性风险会逐步减小。当数量足够大时,大部分的非系统性风险就会被分散掉。

2. 把风险大、中、小的证券进行组合

这种组合方法又称1/3法,是指在投资组合中风险大、中、小的证券各占全部资金的1/3,这是一种进可攻退可守的组合方法,虽然不会获得太高的收益,但也不会承担太大的风险,是一种比较常见的组合方法。

3. 把投资收益呈负相关的证券进行组合

负相关说明证券的收益变化方向相反,如一种股票的收益上升而另一种股票的收益下降,这样的证券组成的组合可以有效地分散风险。

（三）国际证券组合投资管理的步骤

国际证券组合投资的管理分为以下步骤:

1. 确定国际证券投资政策

国际证券投资政策是投资者为实现投资目标而应遵循的基本方针和基本准则,包括投资目标、投资规模和投资对象三方面的内容,以及应采取的投资策略和措施等。

2. 进行国际证券投资分析

国际证券投资分析是国际证券组合投资管理的第二步,是指对第一步所确定的证券中个别证券或证券组合的具体特征进行考察分析。

3. 组建国际证券资产组合

组建国际证券资产组合是国际证券组合投资管理的第三步,主要是确定具体的证券投资品种和在各证券上的投资比例。在构建国际证券资产组合时,投资者需要注意个别证券选择、投资时机选择和多元化三个问题。

4. 国际证券资产组合的修正

投资者应该对证券资产组合在某种范围内进行个别调整,使得剔除交易成本后,在总体上能够最大限度地改善现有证券资产组合的风险回报特性。

5. 国际证券资产组合绩效评估

国际证券组合投资管理的第五步是通过定期对证券资产组合进行绩效评估来评价投资表现。

本章小结

1. 国际金融市场是指国际资金流动或金融产品买卖和交易的场所。按照不同的划分方式,国际金融市场有多种分类。

2. 国际金融市场上国际组合投资的渠道多种多样,本章主要介绍了欧洲货币市场、国际信贷市场、国际证券市场、国际黄金市场和国际金融衍生品市场等市场上的各种投资工具。

3. 按照风险的可分散性,可以将投资风险分为系统性风险和非系统性风险。系统性风险是不能通过组合投资分散的,非系统性风险是可以通过组合投资分散的。

4. 国际组合投资面临的风险比国内组合投资复杂,国际组合投资者面临的风险主要包括经营风险、市场风险、国家风险、违约风险、利率风险、购买力风险、流动性风险和汇率风险。

5. 国际组合投资的收益来自两方面,一是获得风险分散化收益,不同国家资产组成的国际资产组合,可以降低相对于一国国内而言的系统性风险;二是获得更高的投资收益,组合投资的收益率是由组合中各资产收益率按照持有量加权得到的加权平均收益率,因此持有不同国家的资产组合,可以带来更高的投资收益。

6. 组合投资的收益率通过组合中各资产的收益率加权平均度量,但是组合投资的风险度量并不是将各个资产的风险简单地进行平均,而是考虑各资产之间的相关性。

7. 为了从风险和收益两方面同时评估组合投资的绩效,一般采用夏普绩效评估值(SHP)和特雷诺绩效评估值(TRN)作为组合投资的绩效评估指标。进行最佳国际组合投资选择时,国际组合投资的收益通过夏普绩效评估值增加额(ΔSHP)和国内同等风险水平下的收益增加额(ΔR)来度量。

8. 尽管国际组合投资者可以从国际组合投资中获益,但是在实际操作中,进行国际组合投资仍然存在许多障碍。

本章习题

1. 什么是国际金融市场?如何对国际金融市场进行分类?
2. 投资者进行国际组合投资的渠道有哪些?
3. 进行国际组合投资面临哪些风险?什么是国家风险?

4. 如何确定最佳国际组合投资？

5. 进行国际组合投资的障碍有哪些？请解释本国偏好现象。

6. 简述国际组合投资选择的程序和步骤。

7. 假设有两种资产组合：

组合一，该组合中有两种资产，资产1所占比重为0.3，资产2所占比重为0.7，两种资产的期望收益率分别为11%和14%，标准差分别为15%和21%，两种资产的相关系数为0.4。

组合二，该组合中有三种资产，资产1所占比重为0.2，资产2所占比重为0.5，资产3所占比重为0.3，三种资产的期望收益率分别为10%、18%和15%，标准差分别为15%、20%和18%。

请分别计算这两种资产组合的预期收益和风险，并且通过计算两种资产组合的SHP值判断投资者更倾向于选择哪种资产组合。

8. 埃克森资本公司于1984年10月19日发行了本金为18亿美元的零息票欧洲债券，到期日为2004年11月5日，发行成本为11.65%，每年计复利一次，总发行成本为1.986亿美元；同时，购买了到期日相同的零息票美国国债，收益率为11.75%—11.90%，每半年计复利一次。请计算该公司的套利结果。

参考文献

1. 戈莱比.国际金融市场(第三版)[M].刘曼红，等，译.北京：中国人民大学出版社，1998.

2. 黄志勇.国际投资学[M].北京：清华大学出版社，2014.

3. 张碧琼.国际金融管理学[M].北京：中国金融出版社，2007.

4. 曾勇，唐小我.国际组合债券投资的最优风险分散与套期保值决策方法[J].系统工程与电子技术，1995，(2)：21—28.

5. SOLNIK B, NOETZLIN B. Optimal international asset allocation [J]. Journal of Portfolio Management, 2009, 9(1)：11-21.

6. SHARPE W F. Capital asset prices：a theory of market equilibrium under conditions of risk * [J]. Journal of Finance, 2012, 19(3)：425-442.

7. LEVY H, SARNAT M. International diversification of investment portfolios[J]. American Economic Review, 1970(60)：668-675

8. BEKAERT G, HARVEY C. Capital flows and the behavior of emerging market equity returns[R]. NBER Working Paper Series, issue 6669, 1998.

9. BEKAERT G, HARVEY C. Foreign speculators and emerging equity markets [J]. Journal of Finance, 2000, 55(4)：565-613.

10. HNATKOVSKA V. Home bias and high turnover: dynamic portfolio choice with incomplete markets[J]. Journal of International Economics, 2008, 80(1): 113-128.

11. LIM A E B, SHANTHIKUMAR J G, VAHN G Y. Conditional value-at-risk in portfolio optimization: coherent but fragile[J]. Operations Research Letters, 2011, 39(3): 163-171.

12. BENOÎT M. Stock markets and the real exchange rate: an intertemporal approach[J]. Journal of International Money & Finance, 2006, 25(7): 1130-1145.

第八章

国际直接投资管理

本章重点内容包括跨国企业国际直接投资的动机、方式及环境评价方法;进行国际直接投资资本预算的方法及所要考虑的各种因素;跨国并购与国外资产出售项目的分析方法。在方法上,以国际直接投资资本预算实例分析为中心,就如何评估对外投资、企业兼并和资产出售可能遭受的国家风险及应采取的措施进行探讨。跨国企业在全球进行直接投资,投资决策成功的关键是做好具有科学预见性的资本预算。

第一节 国际直接投资环境评价

针对国际直接投资(Foreign Direct Investment,FDI)的定义,影响比较大的是国际货币基金组织的定义:"国际直接投资是指一国(地区)的居民或实体(对外直接投资者或母公司)与在另一国(地区)的企业(国外直接投资企业、分支企业或国外分支机构)建有长期关系,具有长期利益,并对之进行控制的投资。"与国际组合投资相比,投资者对投入资本具有所有权和管理控制权。

一、国际直接投资的动机

FDI 是跨国企业在世界范围内组织经济活动最主要的手段和形式。FDI 从理论解释的立足点来看,可以划分为两个方面:一是立足于解释 FDI 动机的研究,即为什么会存在FDI,如海默和金德尔伯格的垄断优势理论、尼克博克的寡占反应理论、巴克莱和卡森的内部化理论;二是立足于解释 FDI 过程和动向的研究,即如何进行 FDI 以及到什么地方进行投资。

FDI 动机的研究,主要从宏观和微观两个层面展开。宏观层面上,主要对第二次世界大战后科技革命和生产力的迅速发展、资本国际化带来的各国政策调整等进行阐述。微观层面上,各种市场不完善(包括产品市场、要素市场和资本市场的不完全竞争)也是跨国企业 FDI 的关键因素。综合起来,跨国企业 FDI 的动机可归类为:寻求市场、寻求效率、寻求资源(这些都是资产利用战略),以及寻求现成资产(这是一种资产扩展战略)。①表 8-1 具体归纳了跨国企业 FDI 的主要动机。

表 8-1 跨国企业 FDI 的主要动机

动机	实现目的的方式
开拓海外市场	在新市场建立一家子公司或收购一个竞争对手
实现规模经济	在新市场建立一家子公司,将其生产的产品销往其他地区来实现规模经济
进入具有巨大销售潜力的市场	收购一个已经控制当地市场的竞争对手
利用海外生产要素	在土地和劳动力比较便宜的国家建立子公司,并将产品销往生产要素成本较高的国家
利用国外原材料	在原材料便宜且供应充分的国家建立子公司,并将产品销往原材料成本较高的国家
利用国外技术	在当地通过建立合资企业以学习和掌握东道国的生产运营技术
利用垄断优势	在竞争对手不能生产相同产品的国家建立子公司,并在东道国就地销售产品
利用汇率变动的有利趋势	在货币目前比较疲软但有望升值的国家建立子公司
克服贸易保护主义	在严格实行贸易保护主义的国家建立子公司,以间接实现扩大出口的目的
实现国际分散化经营	在经济循环周期不同的国家建立子公司,分散经营风险

资料来源:根据相关文献整理绘制。

针对发展中国家 FDI 的不断增加,学者从不同角度对发展中国家 FDI 的过程和动向进行了论述。Bartlett and Ghoshal(1998)提出了以产品创新(包括产品开发、技术和核心能力在国际转移等)、接近市场(当地化战略、产品差异化和当地改造等)和通过竞争降低成本(全球生产、标准化、合理化等)为动机的跨国投资。②

二、国际直接投资的方式

FDI 涉及生产要素的跨国转移和经营管理、职工技术培训和市场营销等技能的跨国转移。FDI 虽然在形式上也表现为股权方式投资,但其特有的标志是投资者对有关海外经营性资产拥有管理控制权。20 世纪 90 年代以前,FDI 主要通过在东道国的新建项目来形成生产能力,进入目标市场。20 世纪 90 年代以后,跨国并购成为跨国企业对外扩张

---

① 联合国贸易和发展会议.2006 年世界投资报告:来自发展中经济体和转型期经济体的外国直接投资:对发展的影响[R].北京:中国财政经济出版社,2006:30.
② BARTLETT C, GHOSHAL S.Managing across borders: the transnational solution[M]. Boston: Harvard Business School Press, 1998.

的主要方式。

（一）跨国新建

跨国新建是指一国企业在其他国家创立并运营新企业。作为资本运作的模式，跨国新建包括独资新建、合资新建和合作新建三种形式。在资本运作形式的选择上，跨国企业应着重分析自身的优势和劣势，认清各种形式的适用条件，找准自己开展海外投资的定位，结合东道国的实际情况选用适当的投资形式。

1. 跨国独资新建

跨国独资新建是指通过在国外设立拥有100%股权的独资企业进行的FDI。这类企业可以采取股份公司或有限（无限）责任公司等组织形式。目前，广泛采用的是有限责任公司形式，投资者以设立企业时的注册资本为限来承担债务责任，以此减少投资风险。独资新建是FDI的一种传统公司治理形式，其形式主要包括设立国外分公司、设立国外子公司和设立避税地公司三种。

跨国独资新建的优点表现为：投资者进行国际独资投资时将提供全部的资本，可对企业拥有绝对的经营控制权并享有全部的国外利润；有利于投资者技术诀窍和商业秘密的保护，保持持续竞争优势；有利于投资者在更大范围内配置资源和生产能力等，例如利用各国税率的差异，通过内部转移价格进行合理的纳税筹划增加总收益。缺点表现为：投资者承担的风险及投资金额较大；建设周期长，需要对东道国的环境进行详细的调查研究和可行性分析。另外，很多国家对外商独资企业涉及的行业有所限制，例如军事、通信等行业一般不允许外商独资企业经营。

2. 跨国合资新建

跨国合资新建是指通过组建合资经营（或称股权式经营）企业的形式进行的FDI。这类企业主要有股份有限公司和有限责任公司两种组织形式。合资新建是国外投资者与东道国投资者共同投资创办企业，且共同经营、共负盈亏、共担风险、按股权比例分享收益的一种直接投资方式。通常做法是由跨国投资者提供先进技术、先进设备、管理经验和外汇资金，东道国投资者主要提供土地使用权、厂房、部分设备及全部劳动力。

跨国合资新建的优点表现为：因为东道国对自己国家的情况比较了解，能够较快地适应本地生产，所以可降低投资者对外投资的风险；投资者可获得东道国的优惠政策。缺点表现为：时间跨度长（寻找合适的投资伙伴，审批手续复杂）；很多国家规定外资股权须在50%以下，例如马来西亚规定，进口替代品应完全由马来西亚人出资生产，若当地技术力量不够，则可允许外国人投资，但出资比例限制在30%以内。

3. 跨国合作新建

跨国合作新建是指通过组建合作经营（契约式经营）企业的形式进行的FDI，是国外投资者与东道国投资者通过协商，签订合同，规定各方的责任、权利和义务，据以开展经营活动的一种经营方式。按照国际惯例，合作经营通常有两类形式：一是法人式，指合作双方在一国设立的具有该国法人资格的合营实体，具有民事权利能力和行为能力，以企业的财产承担民事责任;二是非法人式,指合作双方仍以各自本身的法人资格在法律上承担民事责任,对企业的债权债务由合作双方按合同规定承担。

跨国合作新建的优点表现为:所需时间较短,审批手续比较简便,合作经营的内容与方式有固定格式,便于双方协商,容易达成协议;具体运作形式比较灵活,可根据不同情况由双方协商在合同中加以规定。缺点表现为:投资方式不像合资新建那样规范,在合作过程中容易产生冲突。

(二) 跨国并购

跨国并购是通过一定的渠道和支付手段,购买另一国企业的整个资产或可行使经营控制权的股份进行投资的方式。20世纪90年代以来,跨国并购超过跨国新建,成为当代跨国企业FDI(尤其是西方发达国家之间的相互直接投资)的主要实现途径。跨国并购是合并与收购的合称,是一种企业产权的资产性交易行为。根据交易标的的性质,跨国并购可以区分为资产并购和股权并购两大类。

在国际资产和股权交易中,以追求利益、效用、价值为核心,以发挥某些比较优势为手段,是跨国并购的共性。跨国并购与跨国新建相比,具有诸多优势,但也有其缺陷。例如,利用被并购企业的现有资源,可缩短投资回收期,节约成本;但寻找和评估被并购的企业比较困难,整合资源过程中会遇到各种障碍,包括如何处理与原有职工和供货商的关系、不同经营者的直接文化差异等,有时还可能遇到东道国政府的干预。跨国新建和跨国并购投资方式的比较见表 8-2。

表 8-2 跨国新建与跨国并购投资方式的比较

对比项目	跨国新建	跨国并购
1. 时间与成本	时间长,建设成本高	时间短,见效快,成本相对较低
2. 就业	能提供新的就业机会	有可能裁员
3. 资本形成	增加东道国资本存量	可能对技术和人力资本等进行后续投资
4. 税收	扩大税基	改善原有企业的纳税能力
5. 产业结构	可能导致多样化	往往仍在原产业领域
6. 竞争	作为新的实体而加剧竞争	增强原企业的竞争力而加剧竞争
7. 资本流动性	无直接影响	使原存量资本变现
8. 互补性资源	会产生,主要在国家层面	会产生,既表现在国家层面又表现在企业层面

资料来源:根据相关文献整理绘制。

(三) 战略联盟

战略联盟是指两个或两个以上跨国企业为实现各自的战略目标而建立起来的相对持久的协同与合作关系。据统计,全世界150多家大型跨国企业中,结成战略联盟的已达90%左右。《经济学家》中的资料还表明,仅在20世纪80年代,全球战略联盟就达

5 842个,涉及信息技术、生物技术、化学、汽车、航空、医疗器械、消费电气等领域。战略联盟越来越具有全球推展之势。

1. 战略联盟的特性

由于企业产品特点、行业性质、竞争程度、企业目标和自身优势等因素的差异,企业间采取的战略联盟形式自然也呈现出多样性。

(1) 高技术品性,即通过联盟,跨国企业可获取自己尚未有的或暂时无法开发的新技术和专利,取长补短。例如,福特与马自达结盟的结果是,福特学到了重要的制造技术,马自达得到了发动机废气排放的电脑控制系统技术及用来测量噪音和振幅的精密计算机程序,从而达到了技术互补的目的。

(2) 合作多元性,即通过联盟,跨国企业与国际上数家优秀企业同时结盟,形成网络化合作体系,打破了传统企业组织机构的层次和界限,建立起一种新型的国际化企业管理模式。

(3) 充分灵活性,即跨国企业可自由选择诸如股权、非股权等联盟方式,以符合国情和企业文化的要求。

(4) 联盟持久性,即战略联盟不同于一般的合作(如创办合资企业等),它更多的是以非股权方式进行多方面的长期合作,有利于形成较为牢固与信任的企业间关系,便于联盟内共同协商合作方式、手段和目标,共同研究开发技术、市场与改变竞争意识。

(5) 全面效益性,即通过联盟,跨国企业可把自己的相对优势在生产规模扩大的条件下得到更大程度的发挥,降低最终产品成本;跨国企业可避免企业间的过度或恶性竞争导致两败俱伤的危害,共同分享利益;跨国企业还能突破自身资源的约束,分散新产品开发的风险;一些跨国企业甚至可以避免某些共同体和地区贸易壁垒,达到利润转移与合理避税的目的。

总之,战略联盟可使各国的跨国企业以较低的成本得到高新技术和智能库,拓展产品种类和国际市场份额,分散风险以及寻找到理想的合作伙伴,这也是战略联盟逐渐为各国所青睐的奥秘所在。

2. 战略联盟的主要形式

战略联盟主要有以下几种形式:

(1) 合资型联盟。包括建立新企业、双方保持同等比例的合资方式和建立同等的企业、双方在各自所在地的跨国企业拥有较多股份的合资方式。前者如美国通用汽车公司与日本丰田汽车公司在美国建立的新联合公司,双方各拥有50%的股本,以保持各自的相对独立性;后者如美国科宁公司与墨西哥威特罗公司,它们分别在各自的国家建立合资企业,在美国,科宁公司控股51%,威特罗公司控股49%,在墨西哥则相反。

(2) 股权型联盟。该联盟多以友善兼并、收购或由相关企业相互持股形式出现。如1991年5月6日,美国电话电报公司(AT&T)与 NCR 公司签约。AT&T 以7.4亿美元并购了 NCR 公司,使其成为 AT&T 公司中的电脑专业公司。这种联盟旨在打开国际市场或建立与其他公司良好的合作关系。

（3）非股权型联盟。该联盟主要以联合研究开发与市场销售合作为主,是一种协议型联盟方式。具体形式有:许可证协议、销售代理协议、生产制造协议、技术交换与联合开发协议等。相较于前两种传统的重要联盟形式,可以说,非股权型联盟最能深刻地体现战略联盟的本质特征。

以战略联盟形式进行 FDI 是有条件的。首先,战略投资者本身必须具有较好的资质条件,拥有比较雄厚的资金、核心的技术、先进的管理等;其次,战略投资者应当对目标企业持股量较大,追求长期战略利益而非短期市场行为;最后,战略投资者不仅要擅长资本运营,更要精通经营管理,能够参与和改善投资对象的经营管理,提高投资对象的管理和技术水平,并与投资对象结成利益共同体。

三、国际直接投资环境评估方法

FDI 环境是指影响跨国企业对外投资决策及效益的所有外部因素和条件的总和。各种因素相互影响,互为条件,组成了一个系统而有机的跨国企业投资空间,同时这些因素随着时间的变化而变化,是一个不断发展变化的动态过程。无论是跨国新建、并购还是战略联盟方式,东道国的投资环境是 FDI 成功与否的关键因素。或者说,成功的 FDI,是从科学评估投资环境开始的。

一般来说,可以将环境因素分为自然、政治、经济、法律和社会文化五大类,具体内容见表 8-3。

表 8-3 FDI 环境因素

环境类别	主要内容
自然	主要指气候、人口、地理位置因素
政治	包括政治制度、政权稳定性、当政者、政策连续性、政府状况、国际关系、国内治安状况等
经济	包括经济发展水平、市场规模、收入水平、基础设施、经济政策、贸易状况、国际收支、经济制度及市场状况等,是影响投资活动最直接、最基本的因素
法律	包括法律制度和司法实践,主要涉及外国投资法、公司法、税法、知识产权保护法和劳动保护法等
社会文化	包括宗教制度、语言与文化传统、教育水平和人口素质、社会心理、时间观念和家庭伦理观念等

资料来源:根据相关文献整理绘制。

学术界对投资环境评估方法的研究始于 20 世纪,经历较长时间的积累和实践,目前常用的评估方法主要有以下几种:

1. 道氏评估法

该方法是美国道氏化学公司根据其在海外投资的经历提出的一种动态分析方法。道氏公司认为,海外投资风险可分为两类:一类是"正常企业风险"或"竞争风险",这种风险存在于任何基本稳定的企业环境中,例如竞争对手可能生产出一种性能更好或价格更低的产品;另一类是"环境风险",即某些造成企业环境本身发生变化的经济、政治和社会事件,通过改变企业原有的经营规则和方式,可能给投资者带来有利或不利的后果。在此基础上,道氏评估法把影响投资环境的因素按其原因和作用范围分为两大部分:①企业从事生产经营的业务条件;②有可能引起这些条件发生变化的主要压力(有利、不利或中性)。具体评估指标见表8-4。

表8-4 道氏评估主要指标

企业业务条件	引起变化的主要压力
1. 实际经济增长率	1. 国际收支结构及趋势
2. 能够获得当地资产	2. 被外界冲击时易受损害程度
3. 价格控制	3. 实际经济增长与预测比较
4. 基础设施	4. 理论界领袖观点的变化趋势
5. 利润汇出规定	5. 领导层的稳定性
6. 再投资自由	6. 与邻国的关系
7. 劳动力技术水平	7. 恐怖主义骚乱
8. 劳动力稳定性	8. 经济和社会进步的平衡
9. 投资刺激	9. 人口构成和人口趋势
10. 对外国人的态度	10. 对外国人和外国投资者的态度
……	……

资料来源:根据相关文献整理绘制。

该方法以企业未来七年为界,具体评估过程分为四大步骤:

(1)评估影响企业业务条件的诸因素。

(2)评估影响企业业务条件发生变化的诸因素。

(3)根据前两步,进行有利因素和假设条件的汇总,从中选出8—10个在某个国家的某个项目能获得成功的关键因素。

(4)在确定各关键因素及其假设条件后,提出四套国家/项目预测方案。①根据未来七年中各关键因素"最可能"的变化而提出的预测方案;②假设各关键因素的变化比预期中的好而提出的乐观预测方案;③假设各关键因素的变化比预期中的更糟而提出的悲观预测方案;④假设关键因素的变化最坏可能导致企业"遭难"的预测方案。

在各预测方案提出后,请专家对某一套方案可能出现的概率进行预测。

2. 国别冷热比较法

美国学者伊西阿·利特法克和彼得·班廷于1968年在《国际经营安排的理论结构》

一文中采用七种因素对美国 250 家企业的投资环境进行评估,提出这些因素对企业国际经营存在冷(不利)和热(有利)的影响。这七大因素具体包括:

(1) 政治稳定性。政府由各阶层组成,深得民心且能关心民营企业,致力于创造适合工商企业生存发展的经营环境。若一国政治稳定性高,则为"热"因素。

(2) 市场机会。拥有众多的消费者,市场上存在对本企业产品或劳务尚未满足的有效需求,并且具有切实的购买力。若市场机会大,则为"热"因素。

(3) 经济发展水平及成就。一国经济发展水平、发展速度和稳定程度都是环境中不可忽视的主要因素。若一国经济发展快和成就大,则为"热"因素。

(4) 文化一元化程度。一国国内各阶层人民的相互关系、处世哲学、人生观和目标等受共同文化影响。若文化一元化程度高,则为"热"因素。

(5) 法令阻碍。一国的法令繁多且复杂,或有意无意地限制并束缚现有企业的活力,影响今后企业的发展环境。若法令阻碍大,则为"冷"因素。

(6) 自然阻碍。一国的自然环境,如地形、气候、降雨量、风力等,会影响企业的有效经营。若自然阻碍大,则为"冷"因素。

(7) 地理及文化差距。两国距离远,文化迥异,社会观念及语言的差别有碍思想交流。若地理及文化差距大,则为"冷"因素。

在以上各种因素的制约下,一国投资环境越好,"热国"就越热,外商的参与程度就越高;反之则相反。对于"热国",外商一般倾向于采用独资形式进行投资;对于"温国",一般采用代理商、合资等形式;而对于"冷国",大多采用合作或授权等一些非股权式安排。

3. 等级评估法

美国学者罗伯特·斯托伯于 1969 年在《如何分析对外投资环境》一文中根据东道国政府对外国投资者的限制和鼓励政策,具体列出了影响投资环境的八大因素,同时将每个因素按其优劣区分为多种不同情况并逐一打分,最终汇总得出投资环境的总评分,总评分越高,表示投资环境越好,反之则相反。等级评估法是目前国际上最流行的投资环境定量评价方法。其具体内容见表 8-5。

表 8-5 等级评估法

考察因素	等级评分
一、资本抽回限制	0—12 分
无限制	12 分
有时限制	8 分
对资本抽回有限制	6 分
对资本及利润收入抽回有限制	4 分
严格限制	2 分
禁止资本抽回	0 分

（续表）

考察因素	等级评分
二、外商股权比例	0—12 分
允许占 100%，并表示欢迎	12 分
允许占 100%，但不表示欢迎	10 分
允许占大部分股权	8 分
允许最多占 50%	6 分
只允许占小部分股权	4 分
只允许占 30%以下	2 分
不允许外商控制任何股权	0 分
三、对外商的歧视与管制	0—12 分
外商与本国企业一视同仁	12 分
对外商略有限制但无管制	10 分
对外商有少许管制	8 分
对外商有限制并有管制	6 分
对外商有限制并严加管制	4 分
对外商严格限制并严格管制	2 分
禁止外商投资	0 分
四、货币稳定性	4—20 分
完全自由兑换	20 分
官价与黑市价之差不超过 10%	18 分
官价与黑市价之差为 10%—40%	14 分
官价与黑市价之差为 40%—100%	8 分
官价与黑市价之差超过 100%	4 分
五、近五年的通货膨胀率	2—14 分
低于 1%	14 分
1%—3%	12 分
3%—7%	10 分
7%—10%	8 分
10%—15%	6 分
15%—35%	4 分
35%以上	2 分
六、政治稳定性	0—12 分
长期稳定	12 分
稳定但因人而治	10 分
稳定但要依赖邻国的政策	8 分
内部分裂但政府掌权	6 分
国内外有强大的反对力量	4 分
有政变和动荡的可能	2 分
不稳定，政变动荡极有可能	0 分

(续表)

考察因素	等级评分
七、当地资金的可供程度	0—10 分
成熟的资本市场,有公开的证券交易所	10 分
少许当地资本,有投机性的证券交易所	8 分
当地资本有限,外来资本不多	6 分
短期资本极其有限	4 分
资本管制很严	2 分
高度的资本外流	0 分
八、给予关税保护的意愿	2—8 分
给予充分保护	8 分
给予相当保护,但以新工业为主	6 分
给予少许保护,但以新工业为主	4 分
很少或不保护	2 分
总计	8—100 分

评判时大致分为以下几种情况:

（1）70—100 分为投资环境稳定,投资中可能出现的问题可以与该国政策有效性、市场机会、金融机制和设施等相抵消。

（2）55—69 分为投资环境一般,虽然在日常的经营活动中可能出现一些复杂的情况,但政治稳定性完全可以保障企业连续经营,不会遭受严重损失。

（3）40—54 分,投资环境较差,企业经营面临高风险,除非有特殊原因才考虑投资。

（4）8—39 分,投资环境恶劣,风险很高,为投资者所不能接受的投资环境。

等级评估法简便易行,但也有些许缺陷,如评估因素缺乏对基础建设、法律制度和行政机关效率等方面的分析,可能对结果的有效性造成影响。

除以上三种投资环境评估方法外,还有抽样评估法、关键因素评估法、加权评分法和调整判断法等多种方法。投资环境评估结果对 FDI 项目选择的科学性和前瞻性具有重要意义。

第二节　国际直接投资资本预算

资本预算是根据拟投资项目所编制的分年度的长期资金收支计划。FDI 资本预算是指跨国企业以实现企业价值最大化为目标,通过建立资本预算体系对可供选择的各项国际投资项目的收益能力进行评估,并对其所需资金进行筹措的过程。跨国企业进行跨国新建或并购时,要将项目的收益和成本进行比较,评估该项目是否值得投资。进行 FDI 资本预算时,究竟应该站在计划新建的子公司立场还是站在母公司立场,存在较大争议。从方法论上看,从子公司角度进行资本预算有其合理性;从股东财富最大化是企业行为的依据来看,从母公司角度进行资本预算有其合理性。

一、国际直接投资资本预算的内容

进行FDI资本预算,首先要确定决策目标,提出各种可能的投资方案;然后估算各投资方案预期现金流量及其风险程度,并据此对现金流量进行风险调整;最后根据选择方法对各种投资方案进行比较选优。无论跨国企业进行怎样的长期投资,通常都要求预计与该项目有关的经济和财务指标,通过对这些指标的评估来判断未来投资的可行性。以投资制造产品为例,需要评估的指标包括:

1. 初始投资

跨国企业母公司对一个项目的初始投资是支持该项目的主要资金来源,不仅包括启动该项目所必需的资金,还包括为支持该项目所需要的额外资金,如保证该项目正常营运的营运资金。这些资金用于购买材料、发放工资等,直至项目产生收入。因为现金流量并不总是足以抵补未来的现金流出,所以在整个项目寿命期内,初始投资都是必需的。

2. 消费者需求

跨国企业准确地预测消费者的产品需求,对预测项目现金流量是很有必要的,然而预测消费者的产品需求通常很困难。例如,在德国建造一家工厂生产汽车,那么这个跨国企业必须预测它能从当前的汽车生产商那夺取多大的德国市场份额,一旦市场份额被准确预测,对汽车的需求就能很容易地计算出来。但是,由于有的预测需要借助历史数据,而历史数据并不总是能准确地说明未来的状况,有的项目是开创性的尝试,甚至没有历史数据可作为参考,因此市场份额的预测结果未必是正确的。

3. 产品价格

跨国企业可通过与市场上存在竞争的同类产品价格的对比来预测本企业产品的可能销售价格。长期资本预算分析不仅要考虑盈利期,还要考虑项目的寿命期。将来的价格很可能受项目所在国未来通货膨胀率的影响,而未来通货膨胀率是不确知的。因此,为了预测产品将来的价格必须对未来通货膨胀率进行预测。

4. 可变成本

与预测产品价格相似,跨国企业可通过评估当前成本各要素的方法来预测可变成本。但是,这样的成本通常会随项目所在国通货膨胀率的变动而变动。此外,即使每单位可变成本可以精确预测,所预测的总可变成本也可能因对产品需求的错误预测而产生较大偏差。

5. 固定成本

在确定预测期后,因为固定成本通常对产品的需求变动不那么敏感,可能比可变成本更容易预测。但是,从开始预测到最终真正产生固定成本这一段时间里,固定成本对被投资国通货膨胀率的变动却是很敏感的。

6. 项目期限

尽管估计一些项目的寿命期是很困难的,但还是有大量的项目具有公认的寿命期,在寿命期末项目将被清算,这样就比较容易执行资本预算。一般而言,跨国企业并不总能完全决定一个项目的寿命期,在有些情况下,政治事件可能迫使一些项目提前清算,这些政治事件发生的可能性在不同的国家大小不一。

7. 项目残值

大多数项目的税后残值难以预计,它取决于项目成功与否以及所在国政府对该项目的态度等。极端情况可能是所在国政府强制征用但并不能给跨国企业以足够的补偿。

8. 对资金转移的限制

在有些情况下,所在国政府会限制甚至阻碍收益汇回母公司,这样的话会影响到母公司的现金流。如果母公司意识到这些限制,那么其在预测现金流量时就会考虑这些限制的影响。但所在国政府会随着时间的推移调整其资金转移限制政策,所以跨国企业只能对未来的限制政策进行预测,并将有关预测纳入资本预算分析中。

9. 税法税率

不同国家的税法对外国企业获得的利润和汇回母公司的利润的纳税规定不同,尤其是发展中国家为了吸引外资,往往提供一些优惠政策。所以跨国企业在进行资本预算时,必须考虑税法影响,分析税后现金流量。然而税法经常会根据国情调整,因此很难预测它的长期影响。

10. 货币汇率

在国际投资项目寿命期内,资本预算都会受到汇率的影响,但汇率变动是很难预测的。跨国企业可以利用套期保值的方法对短期和长期现金流量进行风险规避。由于这种方法仅能预测项目未来的成本和收入,而无法获得其应该套期保值的资金量,因此有的企业干脆放弃外汇净现金流量的避险。

11. 要求回报率

跨国企业一旦预测出投资项目的相关现金流量,就需要以该项目所要求的回报率为折现率进行折现。由于某些项目存在风险,其要求的回报率可能与资本成本不同。

二、国际直接投资资本预算实例分析

进行资本预算的方法有很多,基本方法主要有净现值法、获利能力指数法、内部报酬率法、回收期法和平均会计收益率法。FDI资本预算最常用的方法是净现值法,即估计项目未来现金流量的净现值(NPV)。净现值是项目未来各期所产生的现金流贴现值之和减去初始投资额。但是,许多特殊情况会影响 FDI 未来的现金流量和折算资金的折现率。因此,FDI 资本预算的现金流量分析要比一般的国内直接投资资本预算复杂得多。从母公司角度,净现值的具体计算公式如下:

$$\text{NPV} = \sum_{t=1}^{T} \frac{\text{CF}_t}{(1+k)^t} + \frac{\text{TV}}{(1+k)^T} - C_0$$

式中，CF_t 表示第 t 年的预期税后现金流；TV 表示第 T 年年末预期税后现金流的终值，包括营运资本的回收；C_0 表示初始投资额；k 表示加权平均资本成本；T 表示投资项目的经济期限，通常以年计。我们将通过具体的案例分析，来介绍 FDI 资本预算的内容和方法。这里对资本预算分析进行简化以便于讨论，现实问题涉及的情况可能更复杂。在 FDI 资本预算中，如果以母公司所在国货币进行计价评估，则项目每一期现金流均需折算成母公司所在国货币，调整后净现值的计算公式如下：

$$\text{ANPV} = \sum_{t=1}^{T} \frac{e\text{CF}_t}{(1+k)^t} + \frac{e\text{TV}}{(1+k)^T} - eC_0$$

式中，ANPV 为调整后的现金流净现值，e 为直接标价法下的汇率，其他变量定义同前。

案例背景：假定美国耐克母公司 A 拟在新加坡投资建立一家独资企业，在当地生产和销售运动鞋。A 公司要求其各个部门提供有关资本预算分析的信息，且 A 公司的部门高管人员已经与新加坡政府就有关在新加坡建立子公司一事进行了商谈。根据以下信息对项目进行评估：

（1）初始投资。A 公司估计需要 2 000 万新加坡元启动该项目，其中包括支持项目正常营运的营运资金。给定新加坡元与美元的汇率为 SGD1 = USD0.50，则 A 公司的初始投资金额为 1 000 万美元。

（2）项目期限。预期项目 4 年后结束，新加坡政府已经许诺 4 年后将工厂买下。

（3）价格和需求。预期未来 4 年内每一年市场价格和需求状况如表 8-6 所示。

表 8-6　预期市场价格和需求

年	每双运动鞋价格（新加坡元）	新加坡市场需求（双）
1	350	60 000
2	350	60 000
3	360	100 000
4	380	100 000

（4）成本。每单位产品的可变成本为第 1 年 200 新加坡元，第 2 年 200 新加坡元，第 3 年 250 新加坡元，第 4 年 260 新加坡元。另外，租用额外办公场地的费用为每年 100 万新加坡元，其他管理支出预期为每年 100 万新加坡元。

（5）汇率。新加坡元与美元的即期汇率为 SGD1 = USD0.50，该汇率在 A 公司看来是将来各期可能出现的一个最乐观估计，因此未来各期的预期汇率水平都是 SGD1 = USD0.50。

（6）东道国政府对子公司所获收益的课税情况。新加坡政府允许 A 公司在本国建立子公司，并将对其所得征收 20% 的所得税，对该子公司汇回母公司的所有资金征收

10%的预提税。

（7）美国政府对子公司所获收益的课税情况。美国政府允许子公司在新加坡所缴税款予以抵免，不再对汇回母公司的收益课税。

（8）子公司汇回母公司的现金流。子公司计划在每年年底将所有现金流汇回母公司，新加坡政府承诺不对汇回母公司的现金予以限制，仅就所汇资金征收10%的预提税。

（9）折旧。新加坡政府允许子公司对固定资产和设备以每年最多200万新加坡元进行折旧，子公司以此为限对固定资产进行折旧。

（10）残值。假设子公司的出售不存在资本收益税，新加坡政府将在4年后支付1 200万新加坡元给母公司，以获得该子公司的所有权。

（11）要求的回报率。A公司要求该项目的回报率为15%。

假定子公司的所有现金流最终都要汇回母公司，母公司投资项目的净现值是其收到的现金流的折现值与初始投资的差值。在本次资本预算分析中，我们关注的是海外子公司的建立是否使母公司盈利，即要计算母公司投资项目的净现值是否大于其初始投资额。计算过程见表8-7。

表8-7 预期投资项目现金流的试算表

	现在	第1年	第2年	第3年	第4年
1.需求（双）		60 000	60 000	100 000	100 000
2.单位产品价格（新加坡元）		350	350	360	380
3.总收入（1×2）（新加坡元）		21 000 000	21 000 000	36 000 000	38 000 000
4.单位产品可变成本（新加坡元）		200	200	250	260
5.总可变成本（1×4）（新加坡元）		12 000 000	12 000 000	25 000 000	26 000 000
6.年租赁费用（新加坡元）		1 000 000	1 000 000	1 000 000	1 000 000
7.其他年固定支出（新加坡元）		1 000 000	1 000 000	1 000 000	1 000 000
8.非现金支出（折旧）（新加坡元）		2 000 000	2 000 000	2 000 000	2 000 000
9.总支出（5+6+7+8）（新加坡元）		16 000 000	16 000 000	29 000 000	30 000 000
10.子公司税前利润（3-9）（新加坡元）		5 000 000	5 000 000	7 000 000	8 000 000
11.东道国政府征税（税率20%）（新加坡元）		1 000 000	1 000 000	1 400 000	1 600 000
12.子公司税后利润（新加坡元）		4 000 000	4 000 000	5 600 000	6 400 000
13.子公司的净现金流量（12+8）（新加坡元）		6 000 000	6 000 000	7 600 000	8 400 000
14.子公司汇出的金额（全部现金）（新加坡元）		6 000 000	6 000 000	7 600 000	8 400 000

（续表）

	现在	第1年	第2年	第3年	第4年
15.汇回现金的预提税（税率10%）（新加坡元）		600 000	600 000	760 000	840 000
16.预提税后汇回（新加坡元）		5 400 000	5 400 000	6 840 000	7 560 000
17.残值（新加坡元）					12 000 000
18.汇率（新加坡元/美元）		1/0.5	1/0.5	1/0.5	1/0.5
19.母公司所获现金流量（美元）		2 700 000	2 700 000	3 420 000	9 780 000
20.母公司所获现金流量现值（折现率15%）（美元）		2 347 826	2 041 588	2 248 706	5 591 747
21.母公司的最初投资（美元）	10 000 000				
22.累计净现值（NVP）（美元）		−7 652 174	−5 610 586	−3 361 880	2 229 867

资本预算中试算步骤如下：

第一步，利用需求和单位产品价格预测来预测总收入(1-3)。

第二步，把所有支出加总以预测总支出(5+6+7+8)。

第三步，计算子公司税前利润(10)，即总收入减去总支出。

第四步，计算子公司税后利润(10-11)，即从税前利润中减去所在国政府税收。

第五步，计算子公司的净现金流量(13)，将折旧费加回子公司税后利润，因为所有这些资金都被汇回母公司，所以13和14的金额相同。

第六步，税后实际汇回的金额(14-15)，扣除缴纳的10%的预提税。该项目的残值在17中列出。

第七步，按照当时的即期汇率，把子公司汇出的资金转换成美元(18至19)，根据之前提到的第七条信息，母公司从子公司定期收入的资金将不支付美国公司所得税。

第八步，假定折现率为15%，该折现率完全考虑了项目的风险程度，能够反映母公司的资本成本和该项目的风险报酬。在本例中，假定企业融资全部来自权益，所以用净现值法进行资本预算(20至21)。

第九步，计算累计净现值(22)，由每一期的现金流量折现值汇总后减去初始投资获得。例如，在第2年年末，累计净现值为−5 610 586美元，该数字是通过将第1年的净现值2 347 826美元和第2年的净现值2 041 588美元加总，然后减去初始投资10 000 000美元得出的。

在本例中，项目在期限末的累计净现值为2 229 867美元，为正值，表明A公司可以接受该项目。当然，需要指出的是，如果折现率不能充分抵补项目风险，最终决策可能要放弃该项目。在以下的章节中我们会简单讨论在资本预算中将风险因素考虑在内的情况。

进行 FDI 资本预算时,还需要确定用来评估项目的信息资料的精确程度。此外,影响 FDI 资本预算结果的因素是复杂的,汇率变动、通货膨胀、融资安排、资金转移障碍、残值不确定性、东道国政府鼓励措施等因素的实际变化都会使预算的准确性产生偏差。所以,跨国企业在进行资本预算的过程中,需要对各种因素的一系列变化进行假设,并分别进行净现金流量的敏感性分析,在对不同预测结果进行比较的基础上判断是否进行投资。

三、国际直接投资资本预算风险调整

如果跨国企业对资本预算项目的预期现金流量没有把握,则需要适当地对该预算进行风险调整,进一步研究各个经济解释变量的实际值与预期值的差异,从而确定目标项目未来经营业绩的可能变动范围,为资本预算决策提供更为详尽的依据。下面主要介绍常用的三种调整方法。

(一)风险调整折现率法

风险调整折现率法是将净现值法和资本资产定价模型结合起来,利用模型依据项目的风险程度调整基准折现率的一种方法。通过调整净现值公式的分母,将折现率调整为包括风险因素的折现率,然后再进行项目的评价。一个投资项目的总报酬可分为两部分:无风险报酬和风险报酬,特定项目按风险调整的折现率计算如下:

$$k_i = r_f + b_i Q_i$$

式中,k_i 为项目 i 按风险调整的折现率;r_f 为无风险报酬率;b_i 为项目 i 的风险报酬系数;Q_i 为项目 i 预期收益的标准离差率。

假设其他因素不变,现金流量的折现率应该随着项目预期现金流量不确定性的增大而增大,按风险调整的折现率会降低一个项目的价值,其降低程度视该项目的风险大小而定。这种方法是基于预测者知识和经验做出的判断,主观性使其不能准确地反映风险大小,但由于目前还没有一种可以替代这种方法对风险进行完美调节的技术,且该方法简单易行,因此被跨国企业广泛使用。

(二)敏感性分析法

敏感性分析是指从众多不确定性因素中找出对投资项目经济效益指标有重要影响的敏感性因素,通过分析、测算其对项目经济效益指标的影响程度,进而判断项目风险承受能力的一种不确定性分析方法。这一分析方法的目的是确定项目的净现值将怎样随着相关变量的变化而变化,修订相关变量的预计值都会使净现值出现新的结果。例如前面的案例,预期市场上对 A 公司产品的需求在前两年为 60 000 双,在后两年为 100 000 双。如果在整个四年内市场需求都是 60 000 双,那么该项目的净现值会发生怎样的变化?而如果都是 100 000 双,又会发生怎样的变化?这种假设方法就是敏感性分析。如果修正后项目的净现值始终为正数,则表明该项目可行,跨国企业可以接受;相反,如果

在多数情况下净现值为负数,则应接受还是放弃此项目就变得复杂起来。由于敏感性分析重新评估了在各种可能情况下项目的可行性,因此比较适合单一数据的分析,而且计算机软件包可用来进行这种敏感性分析。

(三)蒙特·卡罗模拟法

蒙特·卡罗模拟法是将所求解的问题与一定的概率模型相结合,用电子计算机实现统计模拟或抽样,以获得问题的近似解。模拟法的计算量大,通常在计算机的辅助下工作,以计算和确定每项任务以及整个项目中各项任务工期的统计分布。在实际操作中,FDI资本预算所必需的输入变量在未来都是不确定的,需要对所有变量的未来值进行概率统计,最终求出项目可能获得的一系列净现值的分布情况。模拟法重点分析的是可能出现的现金流量的概率分布,而不是预测某一个具体的净现值,进行模拟时,项目的资本成本可作为折现率。像其他模型一样,模拟法产生结果的精确性由所输入变量的精确性决定。项目净现值大于零的概率分布区间可用来测定项目的成功概率,这一区间表明项目未来现金流的现值将超过初始投资的概率大小。跨国企业也可通过测算项目净现值小于零的概率分布区间来估算项目失败的概率。

第三节 跨国并购与国外资产出售

跨国并购是跨国合并与收购的合称。跨国合并是指原来属于不同国家的两家或几家企业的资产和经营被结合成一个新的法人实体;跨国收购则指东道国企业资产和经营的控制权从当地企业转移到国外企业,成为国外企业的子公司。一般地,如果国外的子公司或分支机构在运作中达不到预期目标,例如不盈利甚至严重亏损,那么跨国企业也会出售其国外资产。

一、跨国并购模式

并购的实质是在企业控制权运动过程中,各权利主体依据对企业产权做出的制度安排而实施的一种权利让渡行为。国际货币基金组织建议以拥有国外企业10%的股权为FDI的最低标准,只要获得10%以上的股权就属于跨国收购。跨国收购可以是少数股权收购、多数股权收购或全额收购,而低于10%的少数股权收购则不属于跨国收购的范围。关于控制权的转移,在国内一般认为获得50%以上的股权为绝对控股。在中国的外国投资企业,外资注资比例必须达到25%才有资格享受中外合资机构的税收优惠。

由于跨国并购能够绕过东道国的投资限制和贸易壁垒,迅速进入并占领其市场,因此成为全球对外投资的主要方式。按照被并购对象所在行业进行分类,跨国并购可分为横向跨国并购、纵向跨国并购和混合跨国并购。三种模式的对比见表8-8。

表 8-8　基于并购对象的跨国并购模式对比

跨国并购类型	概念	效应
横向跨国并购（水平并购）	为提高规模效益和市场占有率,生产或经营同类或相似产品的企业之间发生的并购行为	可以缩短投入产出时间,降低投资成本,减少重新投资带来的不确定性因素;提高行业集中程度和企业的市场地位,增强对外的市场主导能力;产生规模经济和企业协同效应
纵向跨国并购（垂直并购）	为了业务的前向或后向扩展而在生产或经营相互衔接和密切联系的企业之间发生的并购行为	将行业的上下游企业置于同一组织内可以稳定供需渠道和关系,确保生产经营的有序性和一定的可控性;降低交易费用;获得相对信息优势和价格优势,增强产品的差异化能力,提高企业的综合竞争能力和抵御风险的能力
混合跨国并购	生产技术和工艺上没有直接的关联关系,产品也不完全相同的企业之间的并购行为	可以使企业从战略上充分利用和共享资源,通过合理配置和科学重组经营要素,以尽可能地降低成本,最大限度地增加利润;通过多元化发展,分散企业的经营风险等

资料来源:根据相关文献整理绘制。

另外,跨国并购也可分为直接并购和间接并购。直接并购指并购企业根据自己的战略规划直接向目标企业提出所有权要求,抑或者目标企业因经营不善而向并购企业主动提出转让所有权,经双方磋商达成协议,完成所有权的转移。间接并购是指并购企业在没有向目标企业发出并购请求的情况下,通过在证券市场收购目标企业的股票取得对目标企业的控制权。

二、跨国并购项目评估程序

与跨国新建相同,跨国并购也是在对以净现值测定的成本与收益进行比较的基础上做出决策。从母公司的角度来看,由于海外目标公司将变成母公司的外国子公司,因此通过计算从目标公司获得的现金流的净现值可以估计出目标公司的价值。只有当目标公司现金流的净现值大于母公司最初购买目标公司所花费的成本时,母公司才会选择投资目标公司。

评估目标公司的程序大致可分为五个步骤:

第一,市场调查。根据企业发展战略和并购要求,进行全球范围的市场调查,充分了解与本企业未来战略相关的市场信息和企业信息,并进行环境分析。

第二,目标筛选。根据市场调查资料和环境评估情况,结合本企业的资本运作目标做出对目标公司的初步选择。

第三,目标估价。对经初次筛选的潜在目标公司进行价值估计,综合考虑并购后目标公司将会发生的变化,测定目标公司的预期现金流。目标估价的方法和程序与前面介绍的 FDI 资本预算方法相似。

第四,目标选定。根据目标估价结果选择最优目标作为潜在目标公司,不同跨国企业可根据自己的需求做出选择。

第五，目标谈判与交易完成。与目标公司控制方接触，进行并购交易谈判，谈判内容主要包括交易价格和其他相关条件。协商一致后签订协议，完成并购的各项法律手续等。

三、影响目标公司价值评估的因素

跨国并购成功与否与对海外目标公司价值评估的准确性有直接关系。通常，影响目标公司价值评估准确性的重要因素有目标公司预期现金流、汇率变动对汇回母公司利润的影响，以及母公司投资于目标公司时所要求的回报率。其中，影响目标公司预期现金流的因素包括：

1. 与目标公司有关的因素

在评估目标公司预期现金流时，一般考虑以下两方面的因素：

（1）目标公司先前的现金流。目标公司最近每期产生的现金流可被用来估计目标公司未来产生的现金流，且未来产生的现金流汇回母公司前，要先转换为母公司本国货币，因此要综合所有影响因素仔细分析。

（2）并购企业对目标公司的管理水平。并购企业对目标公司的管理水平也将影响目标公司的预期现金流。具体来说，并购企业对目标公司的管理模式大致可分为三种：沿用目标公司原有的管理模式；压缩目标公司规模，例如采用新技术后进行裁员；重组，在维持目标公司现有雇员规模的基础上提高运作效率。

2. 与东道国有关的因素

与东道国有关的因素包括：

（1）东道国的经济条件。如果东道国的经济出现强劲增长，则市场对目标公司未来产品的需求也将增加，有助于公司实现高利润。但不同企业对经济条件变化的敏感程度不同，这有赖于企业目标。

（2）东道国的行业条件。一国的行业条件会对跨国企业产生不同程度的吸引力。当跨国企业对处在不同国家的目标公司进行评价时，应重视目标公司所在国的行业竞争力和潜在增长力等行业条件。

（3）东道国的货币条件。汇率变动不仅会对跨国企业并购目标公司的成本产生影响，而且会对目标公司未来向母公司返回的利润产生影响。如果在并购初期目标公司所在国货币汇率疲软，并购后货币汇率坚挺，则这种情况可降低并购成本，增加汇回利润，对跨国企业非常有利。

（4）东道国的股票市场状况。如果并购目标是上市公司，则其股票价格变动往往很频繁，一旦目标公司的股票价格发生变动，并购目标公司的可接受价格就有可能发生变化，导致并购的可接受价格有很大弹性。因此，跨国企业在并购外国上市目标公司时，应当在当地股票价格较低时进行竞价。

（5）东道国的税收规定。东道国的税收规定会直接影响跨国企业从目标公司收到的税后现金流。另外,母公司所在国是否对汇回的利润进行额外征税或提供税收信贷等规定也会对最终的税后现金流产生影响。

四、国外资产出售

国外资产出售是指当不利条件出现时,母公司将其在东道国的子公司出售。例如,1997—1998年东南亚金融危机期间,美国公司对其在东南亚的子公司进行重新估价,认为东南亚经济增长速度下降,货币疲软,汇回美元利润减少,估价降低,于是美国公司对东南亚许多子公司进行出售。

一般而言,跨国企业对打算出售的海外投资项目进行评估时,需要对该项目继续经营将产生的现金流现值与将该项目出售产生的收益进行比较,然后做出是否出售的决策,决策过程类似于投资项目的资本预算。

例如,假设美国一家跨国企业A在新加坡建有一家子公司,运作两年之后,新加坡元与美元之间的汇率为SGD1=USD0.46;预测在随后的第3年和第4年中,两种货币的汇率分别为SGD1=USD0.44和SGD1=USD0.40。由于预测新加坡元将贬值,这样会对该项目产生不利影响,于是A公司打算出售该子公司。为了简便,假设预测其他变量不变,某潜在收购者给出了(扣除资本收益税后)13 000 000新加坡元的要约。通过对出售该子公司的税后收益(美元)与不出售情况下该子公司将实现预期美元现金流的现值进行比较,确定出售后的净现值(NPV_d),即出售子公司收益与不出售子公司累计现金流现值的差额。如果该差额为正,则该价格可以接受。具体分析如下:

第一,第2年年末,汇率为SGD1=USD0.46,出售价为13 000 000新加坡元,计算出因出售子公司获得的现金流为5 980 000美元。

第二,第3年年末,汇率为SGD1=USD0.44,扣除预扣税后汇回母公司的利润为6 840 000新加坡元,因出售子公司而放弃的现金流为3 009 600美元,折算成现值为2 617 044美元。

第三,第4年年末,汇率为SGD1=USD0.40,扣除预扣税后汇回母公司的利润为19 560 000新加坡元,因出售子公司而放弃的现金流为7 824 000美元,折算成现值为5 916 068美元。

第四,根据以上步骤,计算净现值为:

$$NPV_d = 5\ 980\ 000 - (2\ 617\ 044 + 5\ 916\ 068) = -2\ 553\ 112(美元)$$

可以看出,不出售该子公司产生的现金流现值超过按要约价格出售该子公司产生的收益,A公司不应该接受此要约,而应另外寻找其他对该子公司感兴趣的收购者。

本章小结

1. 跨国企业进行FDI通常出于对战略、行为和经济等方面的综合考虑;目前,主要的FDI方式包括跨国新建、跨国并购、战略联盟等;对投资环境进行评估的方法有很多,如道氏评估法、国别冷热比较法、等级评估法等。

2. FDI 资本预算是指跨国企业通过对可供选择的投资项目的收益能力进行评估,据此选择最优投资方案的过程。资本净现值预算方法简单易行,但不能反映国际投资项目的风险和不确定性,因而需要调整。

3. 在对投资项目进行风险调整时,可以采用风险调整折现率法,但这种方法带有一定的主观性;采用敏感性分析法和蒙特·卡罗模拟法,以各种可能发生的情况为基础对项目净现值进行估计,可以起到一定的辅助作用。

4. 跨国企业并购时,目标公司预期现金流、汇率变动对汇回母公司利润的影响,以及母公司投资目标公司时所要求的回报率是影响海外目标公司估价的重要因素,而影响海外目标公司预期现金流的因素包括:目标公司先前的现金流和并购企业对目标公司的管理水平以及东道国的经济条件、行业条件、货币条件、股票市场状况和税收规定等。

5. 国外资产出售与跨国并购相反,是指跨国企业的规模压缩,但两者都属于跨国企业跨国重组。跨国企业对东道国的国家风险进行分析和评估后,做出是否进行投资的决定。如果决定投资,则还需要考虑如何采取措施对国家风险进行管理。

本章习题

1. 试讨论跨国企业进入中国市场的动机与形式。
2. 简述资本预算的方法和步骤。
3. 在进行资本预算时,需要考虑的因素有哪些?对存在的风险应如何进行调整?
4. 跨国并购与跨国新建各有何特点?跨国并购有何优势?
5. 假定美国某公司准备在英国建立子公司,相关信息如下:

(1) 该项目需要初始投资 1 000 万英镑(包括营运资金),目前英镑与美元的汇率为 GBP1 = USD2。

(2) 子公司每年按 10% 的年利率借款,为期 5 年。

(3) 该项目 5 年后终结时出售清算价值预计为 900 万英镑。

(4) 子公司在英国的单位价格、预计产量及单位可变成本见下表。

子公司在英国单位价格、预计产量及单位可变成本

年度	单位价格(英镑)	预计产量(件)	单位可变成本(英镑)
1	400	30 000	30
2	410	40 000	35
3	420	50 000	40
4	430	60 000	45

（5）子公司年固定成本为300万英镑。

（6）每年年末英镑与美元的汇率分别为 GBP1 = USD2.1, GBP1 = USD2.2, GBP1 = USD2.3, GBP1 = USD2.4。

（7）英国政府的预提税税率为20%。

（8）每年年末子公司将盈利以股利方式汇回母公司。

（9）子公司年折旧费为200万英镑。

（10）母公司对项目要求的回报率为29%。

请站在母公司的角度，计算该项目的累计净现值，并说明该公司是否应接受此项目。

参考文献

1. 戈莱比.国际金融市场(第三版)[M].刘曼红,等,译.北京:中国人民大学出版社,1998.

2. 马杜拉.国际财务管理(第9版)[M].张俊瑞,田高良,李彬,译.北京:北京大学出版社 2009.

3. 黄志勇.国际投资学[M].北京:清华大学出版社,2014.

4. 张骁,杨忠,苍玉权.国际直接投资理论的发展脉络及最新进展[J].国际贸易问题,2006(2):121—125.

5. ALON I, HERBERT T T. A stranger in a strange land: micro political risk and the multinational firm[J]. Business Horizons, 2009, 52(2): 127-137.

6. ALON I, ANDERSON J, BAILEY N J, et al. Political risk and Chinese OFDI: theoretical and methodological implications[J]. Academy of Management Annual Meeting Proceedings, 2017(1): 17640.

7. DURHAM J B. Absorptive capacity and the effects of foreign direct investment and equity foreign portfolio investment on economic growth[J]. European Economic Review, 2004, 48(2): 285-306.

第九章

国家风险管理

本章讨论国家风险的识别、评估和管理等内容。在国际经济活动中,不论是政府、银行、企业,还是个人,都可能遭受国家风险所带来的不确定性损失。近年来,中国跨国企业在发展中国家和发达国家遇到的国家风险,其类型越来越多样化,影响程度也显著加深。因此,跨国企业有效管理国家风险,具有重要的战略意义。

第一节 国家风险的识别

国家风险的识别是指在国家风险事故发生之前,运用各种方法系统、连续地认识所面临的各种风险以及分析风险事故发生的潜在原因。风险识别过程包含感知风险和分析风险两个环节。感知风险,即了解客观存在的各种风险;分析风险,即分析引起风险事故的各种因素。国家风险的识别,即对跨国经济活动所面临的国家风险进行感知和分析的过程。

一、国家风险及其形式

国家风险(Country Risk)是指由于国家主权行为的不确定性造成经济主体损失的可能性。在国际经济活动中,国家作为交易的一方,可能通过其违约行为(例如停付外债本金或利息)直接构成风险,也可能通过经济政策和法规的变动(例如调整汇率和税率政策等)间接构成风险。按照引发风险的事故性质,可将国家风险划分为政治风险、社会风险和经济风险。

(1)政治风险是指在国际投资中,由于东道国政府在政权、政策、法律等政治环境方面的异常变化而给国际投资活动造成经济损失的可能性。政治风险包括政权风险、政局风险、政策风险和对外关系风险,以及国别战争、恐怖事件、政党分裂所导致的风险。

(2)社会风险是指由于经济或非经济因素造成特定国家的社会动荡,从而不能保证投资者把在该国的资金汇回本国所遭受的风险。社会因素包括宗教、文化冲突,治安不稳定,社会阶层矛盾,种族斗争等。

(3) 经济风险是指境外机构受特定国家直接或间接经济因素的限制,不能把在该国的资金汇回本国所遭受的风险。经济因素包括经济低增长、成本剧增、国际收支恶化、外汇短缺等。

二、国家风险的特征

国家风险具体包括以下特征:

(1) 国家风险是和国家主权有密切关系的风险,表现为东道国制定的有关法律、法令对外国投资者或外国经营者造成一些不利限制或歧视待遇;

(2) 国家风险存在或产生于跨国的经济活动中,属于国家之间经济交往的风险;

(3) 国家风险是一国的个人、企业或机构作为投资者或债权人所承担的风险,这种风险由不可抗拒的国外因素形成;

(4) 国家风险可能源于东道国法律和法规的强制执行性,这种风险并非合同或契约条款所能改变或免除。

三、国家风险的表现

国家风险在国际经济活动中主要表现在以下三方面。

(1) 国际信贷中:债务国否认债务,拒绝履约还款;债务国随意中止还款;债务国政府单方面要求重组债务;债务国外汇收支困难,随意实施严格的外汇管制。例如,1981年3月,波兰政府宣布无力偿还外债本息;1982年8月,墨西哥政府宣布无法偿还到期债务,随后,巴西、阿根廷、委内瑞拉等拉丁美洲国家相继纷纷效仿;2009年11月,迪拜出现主权债务危机,迪拜政府宣布重组旗下的主权投资公司——迪拜世界,并寻求延迟6个月偿还债款;2009年12月,全球三大评级机构下调希腊主权信用评级;2010年,欧洲其他国家也开始陷入债务危机,整个欧盟都受到债务危机困扰——欧债危机爆发。

(2) 国际投资中:投资被征用、没收;合营企业利润无法汇回母国,经营受到政府干预;政府间对立导致投资者资产受损;当地政府动乱、革命或倒台等政治事件,造成营业中断或利润损失等。

(3) 国际贸易中:对方国单方面破坏契约,并拒绝赔偿本国企业损失;对方国强行关闭国内市场,限制外国商品进入;对方国实行外汇管制,税率变化无常;战争、革命及政变等导致双方利益受损。

四、国家风险的因素

(一) 经济因素

1. 资源禀赋

资源禀赋是生产力形成的重要基础,一国的经济发展状况与其资源禀赋密切相关,资源主要包括自然资源、人力资源和资金资源。

（1）自然资源。自然资源是指在一定的时间和技术条件下，能够产生经济价值，提高人类当前和未来福利的自然环境因素的总称。自然资源主要包括生物资源、农业资源、森林资源、国土资源、矿产资源、海洋资源、气候气象、水资源等。自然资源为经济活动的存在提供平台基础（对自然资源的依赖程度），为经济活动的进行提供必要前提，为经济活动的效益带来额外影响。自然资源也有可能带来负面影响，例如"资源诅咒"。资源诅咒是一个经济学理论，多指与矿业资源相关的经济社会问题。丰富的自然资源可能是经济发展的诅咒而不是祝福，大多数自然资源丰富的国家比那些资源稀缺的国家经济增长得更慢，这主要是对某种相对丰富的资源的过分依赖导致的。例如，荷兰20世纪50年代因发现海岸线盛藏巨量的天然气而迅速成为以出口天然气为主的国家，其他工业逐步萎缩。资源带来的财富使荷兰国内创新的动力萎缩，国内其他部门失去国际竞争力。至20世纪80年代初期，荷兰经历了一场前所未有的经济危机。此外，关于矿业对发展中国家经济发展的贡献除中短期矿业项目带来的"新兴都市"效应外，更多的是与矿业资源相关的经济社会问题，以上现象均被称为资源诅咒。

（2）人力资源。作为一种特殊而重要的资源，人力资源（又称劳动力资源）是各种生产力要素中最具有活力和弹性的部分，一定数量的人力资源是社会生产必要的先决条件。一般说来，充足的人力资源有利于生产的发展。高质量的人力资源不仅可以替代自然资源，缓解资源短缺，而且能够深度开发和有效利用自然资源，创造出新的物质资源以弥补原有资源的不足。

（3）资金资源。资金泛指资本，是指用于发展国民经济的物资或货币。资金的投入是发展生产的保障。一国资金的积累程度和国民储备水平关系到能否满足本国资金需求，并直接牵涉到该国是否需要以及在多大程度上需要向外国筹资。

2. 经济体制与经济管理水平

（1）经济体制。经济体制是一国国民经济的管理制度及运行方式，是一定经济制度下国家组织生产、流通和分配的具体形式。经济体制优劣的评价标准为：资源是否得到合理配置和利用，人们近期和长远需求能否以最少的资源得到最大的满足。经济体制和社会制度的关系为：经济体制的不同，体现为社会制度的不同；而社会制度的不同决定了经济体制的不同。经济体制对经济运行有着深远的影响和作用：确定经济主体的权利范围，对整个社会的经济活动起到协调作用；确定经济主体共同遵守的行为规范，对经济主体不符合社会整体效率的行为发挥约束作用；确定利益分享规则，对经济主体的行为发挥激励功能；确定信息交流结构，对经济运行发挥信息功能。经济体制是资源占有方式与资源配置方式的组合，资源占有方式可抽象为公有制与私有制两种，资源配置方式可抽象为计划配置与市场配置两种。这样，就可把经济体制划分为四大类：公有制计划经济体制、私有制计划经济体制、公有制市场经济体制、私有制市场经济体制。这四类经济体制可以基本反映现实体制模式。但私有制计划经济体制在现实中没有相应的体制实例。资本主义私有制基础上的市场经济国家在引入计划机制时并未放弃市场机制,因而这类体制可被称为以私有制为主导的计划市场经济体制。

(2) 经济管理水平。经济管理作为社会化生产的必然要求,是在生产、分配、消费、交换过程中进行经营、处理和协调,并随着人类社会的产生和发展而逐渐演变的。阶级社会出现之后,产生了国家,经济管理的宽度和广度上升至国家层面,于是就有了国家经济管理。国家经济管理是一种积极、主动的干预,具体表现为国家采取各种手段和措施,积极主动地通过各种方式对市场主体的经济行为进行干预,以保证经济政策目标的实现。国家在进行经济管理或经济干预的过程中,要经常性地采取一些宏观经济政策,如财政政策、货币政策、汇率政策、外贸政策和产业政策等。

3. 对外经济和金融地位

一国对外经济和金融地位最终决定了其国际清偿能力,主要衡量指标包括国际收支、国际储备、外债和通货膨胀。

(1) 国际收支。国际收支是指一国在一定时期内,由于对外经济交往而发生的,必须立即结清的外汇收入与支出。一国的国际收支若长期保持稳定的顺差状态,则有利于促进经济增长,增加外汇储备;有利于经济总量平衡,保持国家经济安全,便于实施宏观调控;同时,也意味着该国的偿债能力较强,国家风险较小。相反,若出现国际收支逆差,则会导致本国外汇市场上外汇供给减少、需求增加,外汇汇率上涨,本币汇率下跌。国际收支逆差会削弱一国的偿债能力,导致国家风险上升。

(2) 国际储备。国际储备包括黄金储备、外汇储备、在国际货币基金组织中的储备头寸(普通提款权)和特别提款权,可体现一国具有的现实对外清偿能力。国际储备的作用为:融通国际收支赤字;干预外汇市场,维持该国货币汇率的稳定;充当该国对外借债的基本保证。发达国家特别是国际储备货币发行国的国际储备主要为黄金储备。发展中国家通常是非储备货币发行国,其国际储备主要是外汇储备。

(3) 外债。作为国际债权债务的表现形式之一,外债是国际收支的一个重要内容,国际收支状况在很大程度上影响着债务活动的周期。国际上一般以生产能力和资源转换能力来衡量外债偿还能力。生产能力是指拿出一部分国民收入偿还外债本息后不影响国民经济正常发展,资源转换能力是指用于偿还外债的那部分国民收入能够转换为外汇。衡量外债是否适度的指标主要有:①偿债率,指年还本付息额与年出口所创外汇收入总额的百分比,一般参照系数是20%;②债务率,指一国外债余额占年出口所创外汇收入的百分比,一般不得超过100%;③负债率,指一国外债余额占国民生产总值的比例,一般不得超过10%;④偿息率,指年利息支付总额与出口所创外汇收入的百分比,一般不得超过10%。

(4) 通货膨胀。通货膨胀是指整体物价水平持续性上升,其实质是社会总需求大于社会总供给。物价水平稳定或小幅上升一般对经济有益,但高通货膨胀则会带来很大的负面影响。不同程度的通货膨胀会对汇率、国际贸易、股票市场、公司盈利、社会财富分配甚至社会安定造成影响。

(二)政治因素

考察一国的政治因素,主要从国家制度和国家政策两方面入手。

1. 国家制度

国家制度又称国家体制,是确立一国阶级统治关系的基本制度。广义的国家制度是指国体与政体的制度,包括国家的管理形式、结构形式、选举制度、政党制度、决策制度、司法制度、官吏制度等,通常主要体现在以下方面:政府是集体领导还是个人领导;依靠人民支持还是利益集团或军队支持;领导人的领导能力如何,政绩如何;最高领导人更迭频率及现任领导人的执政年限、思想、威望、感召力;接班人情况;反对党力量;发生政变、工人运动、罢工、示威等的可能性大小。

2. 国家政策

国家政策是国家在一定历史时期为完成国家管理任务而制定的行动纲领、方针和准则的总称。国家政策表现在国家机关的政策性文件(如政府工作报告、决议、决定、通知等)以及国家领导人的政策声明中。在国际经济调节领域,国家政策通常可分为需求调节政策、供给政策、外汇政策、国有化政策和其他政策。

(1)需求调节政策。需求调节政策包括需求总量调节政策和需求结构调节政策两大类。需求总量调节政策主要包括财政政策和货币政策。常见的货币、财政政策模式有:双紧政策、双松政策、一紧一松政策。当经济过度繁荣、通货膨胀严重时,可以配合使用双紧政策。相对应地,双松政策能更有力地刺激经济。一紧一松政策包括两种组合:一是扩张性财政政策和紧缩性货币政策,这种模式在刺激总需求的同时又能抑制通货膨胀。松的财政政策通过减税、增加支出,有助于克服总需求不足和经济萧条;而紧的货币政策会减少货币供给,进而抑制由于松的财政政策而引起的通货膨胀压力。二是紧缩性财政政策和扩张性货币政策,这种模式在抑制通货膨胀的同时又能保持经济适度增长。紧的财政政策通过增加税收、控制支出规模,有助于压缩总需求,抑制通货膨胀;而松的货币政策会增加货币供给,以保持经济适度增长。

(2)供给政策。供给政策是指政府为实现宏观经济政策目标而采取的影响总供给的政策,包括:提高生产要素(资本、劳动力和土地)的使用效率,并在竞争性部门之间进行资源的有效分配,以提高近期的产出量;促进国内储蓄和投资,提高教育水平,鼓励技术革新,以提高长期的产出增长率。

(3)外汇政策。外汇政策是一国为实现国际收支平衡、维持汇价基本稳定而在外汇管理方面制定的有关准则,是货币政策的一种。外汇政策的主要手段有:制定和选择适当的汇率制度,干预外汇市场,实施外汇管制。外汇政策的变动会给国际投资和贷款带来很大影响,使一国经济在相对价格和财富状况发生变化时,无法做出灵活反应,导致贸易条件恶化。

（4）国有化政策。国际经济中的国有化,是指将外国投资及资产收归投资地国家所有。国有化是政府的强制措施,它严重威胁投资者的利益,同时使投资者的投资决策有了顾虑。

（5）其他政策。例如美国,1950年12月冻结中国在美全部资产,1980年1月31日解冻,2001年9月24日,冻结27个组织和个人在美财产;古巴,1959—1960年废除所有对美银行债务;伊朗,1979—1980年冻结美国资产;尼加拉瓜,1980年反美斗争推迟对美债务。

（三）社会因素

社会因素是指社会上各种事物,包括社会制度、社会群体、社会交往、道德规范、国家法律、社会舆论、风俗习惯等。它们的存在和作用是强有力的,影响着人们态度的形成和改变。东道国的社会因素重点涉及:单一民族还是多民族;是否有按宗教、语言和其他特征区分的团体;社会财富分配方式;就业状况;城乡人口比例;等等。

（四）外部因素

地缘政治是影响中国乃至全球经济最主要的外部非经济因素,如贸易保护主义和民粹主义升级。中东局势的变化直接或间接影响了其他国家的投资环境,这无疑将牵动各方利益。此外,东道国与其他国家的关系、与邻国有无边界之争,以及有无受到侵略或卷入战争的危险,这些都可能给外国经济主体或投资者的经营活动带来影响。

第二节　国家风险的评估

国家风险的评估就是采用科学的方法量化测评国家风险事件或事物所可能带来的影响或损失程度。目前,国家风险的评估已形成一个巨大的行业,除国际上最具影响的三大评级机构的国家主权信用评级外,还包括国内外机构、学者针对特定国家提出的国家风险打分法。

一、国外的国家风险评级体系

国家主权信用评级是指评级机构依照一定的程序和方法对主权机构的政治、经济和信用等级进行评定,并用一定的符号来表示评级结果,其实质是对中央政府作为债务人履行偿债责任的信用意愿与信用能力的一种判断。目前,国际上被市场普遍认可的是穆迪（Moody's Investors Service）、标准普尔（Standard & Poor's）和惠誉（Fitch IBCA）三家机构的国家主权信用评级。

穆迪、标准普尔和惠誉评估的是主权债务的综合风险,并且都采用定性与定量相结合的方法。例如,穆迪的主权债务评级体系主要包括定性因素（考察社会关系结构）、经济基本面和外债这三大部分。其考察指标见表9-1。

表 9-1 穆迪主权债务评级指标体系

定性因素	经济基本面	外债
种族问题	财政、货币政策	外债余额/GDP
财富分配	国际资源及开发	外债余额/出口
文化和意识形态差异	进出口	还本付息/出口
利益集团		

资料来源:根据相关文献整理绘制。

经济学家情报社(EIU)将国家风险分为直接金融敞口风险和非直接金融敞口风险。其中,直接金融敞口风险包括主权风险、货币风险、银行部门风险;非直接金融敞口风险包括政治风险和经济结构风险。EIU用五套指标模板,从政治、经济政策、经济结构、经济周期、融资和流动性五个角度,分别对以上五种风险进行评价,每种风险分别对应一套不同的指标权重。为避免评级变动过于频繁,EIU设置了缓冲区,允许分析员在一定区间内进行调整。

美国政治风险服务集团(PRS)下属的国际国别风险评级指南(ICRG)将国家风险分为政治风险、经济风险和金融风险三个部分。其影响因素见表9-2。

表 9-2 国际国别风险评级指南国家风险评级指标体系

政治风险(100)		经济风险(50)	金融风险(50)
政局稳定状况(12)	军队在政治中的影响(6)	人均GDP(5)	外债/GDP(10)
社会经济条件(12)	宗教状况(6)	经济增长率(10)	外债/出口商品与服务(10)
投资执行状况(12)	法律与秩序(6)	年通货膨胀率(10)	经常项目/出口商品与服务(15)
有无内部冲突(12)	种族状况(6)	财政收入/GDP(10)	国际资本流动比率(5)
有无外部冲突(12)	民主问责(6)	国际收支/GDP(15)	汇率稳定状况(10)
政府腐败状况(6)	行政效率(4)	注:括号内为分值	

资料来源:根据相关文献整理绘制。

在ICRG的综合评分中,政治风险占50%,经济与金融风险各占25%。从权重可看出,ICRG在评级过程中更加侧重对政治风险的评估。

环球透视(GI)则侧重于对直接投资风险的评估,其风险模块包括政治风险、经济风险、安全风险、法律风险、税务风险及运营风险,权重分别为25%、25%、10%、15%、15%、10%。其细分指标见表9-3。

表 9-3 环球透视直接投资风险评估指标体系

政治风险	经济风险	安全风险	法律风险	税务风险	运营风险
制度稳健性	市场导向程度	国内冲突	完善程度	清晰度	对外国投资态度
代表性	政策连贯和前瞻性	犯罪	透明度	公平性	基础设施质量
内部认同	经济多样性和稳健度	恐怖主义威胁	独立性	税务负担	劳动力质量
外部认同	宏观经济基础	外部冲突威胁	从业人员经验	有效性	官僚主义和腐败

资料来源：根据相关文献整理绘制。

《欧洲货币》(*Euromoney*)的评级因素大致分为九类：经济表现（25%）、政治风险（25%）、债务指标（10%）、债务违约或重新安排（10%）、信贷评级（10%）、获得银行融资能力（5%）、获得短期融资能力（5%）、进入资本市场能力（5%）、福费廷率（5%）。其得分处理如下所示：

$$x = A - \frac{A}{B-C}(D-C)$$

式中，x 为最终得分，A 为权重，B 为范围内的最小值，C 为范围内的最大值，D 为个体值。在计算债务指标、债务违约两项时，B 与 C 相互颠倒，最小值权重最高，最大值权重为 0。

二、国内的国家风险评级体系

国内比较有影响力的国家风险评价机构有中国社会科学院世界经济与政治研究所、大公国际资信评估有限公司（以下简称"大公国际"）和中国出口信用保险公司。

中国海外投资国家风险评级体系（CROIC-IWEP）由中国社会科学院世界经济与政治研究所公布，重点关注直接投资，同时兼顾主权债投资。该评级体系在综合考量经济、政治和社会因素的基础上，还引入"对华关系"一类指标作为其特色指标。五大类指标包括经济基础、偿债能力、社会弹性（社会应对危机的能力）、政治风险和对华关系。

在五大类指标中，经济基础和偿债能力为定量指标，政治风险、社会弹性和对华关系为定性指标。定性指标中除投资受阻程度和双边政治关系两项为专家打分外，剩余指标采用其他权威机构的量化结果。

该评级体系的优势在于考虑到了影响国家风险的政治、经济、金融和社会等因素间错综复杂的关系，结合定性与定量指标，且定性指标大都采用了其他权威机构的量化结果，大大提高了评估结果的有效性。缺陷是在对五个大类指标进行加权平均时，每类都采用相同的权重，且每年评级报告中各大类指标权重保持不变。

大公国际国家信用评级体系的特点是站在不同于西方发达国家国际评级机构的立场，努力超越意识形态，避免以西方政治生态为标杆，强调国家财务创造力是一国债务偿还能力的基础,国家经济增长能力依赖于国家管理能力。

大公国际从以下五个方面对国家信用进行评价:国家管理能力、经济实力、金融实力、财政实力、外汇实力。大公国际同样采用定性与定量相结合的方法:首先,分别确定五个方面的信用分值;其次,对其中各项指标进行模型量化处理,将得分加权平均,得到最初得分;最后,经评审比较分析后对初始得分进行调整,得到最终得分。对前四大要素加权平均,可得到本币信用分值;在此基础上,综合外汇实力得分,对本币信用等级进行调整,可得到外币信用等级。其具体指标见表9-4。

表9-4 大公国际国家信用评级指标体系(基于2010年报告)

国家管理能力	经济实力	金融实力	财政实力	外汇实力
全球治理指标	名义GDP(10亿美元)	广义货币供应量/GDP	各级政府财政收支平衡/GDP	本币对美元平均汇价
国际安全态势感知指数	实际GDP增长率	银行间市场本币名义利率	各级政府初级财政平衡/GDP	经常账目平衡/GDP
国际关系发展稳定指数	名义人均GDP(美元)	银行间市场外币名义利率	债务信息支付/GDP	外汇储备/GDP
	CPI年度变化率	对私人部门信贷/GDP	公共债务总额/GDP	公共部门外债/GDP
	失业率	储蓄率		外债总额/GDP
				外债还本付息/经常账户收入
				国际投资头寸/GDP

资料来源:根据相关文献整理绘制。

中国出口信用保险公司于2003年、2013年先后成立了资信评估中心、国别风险研究中心,从2004年开始每年发布《国家风险分析报告》。该报告以评价指标模型为导向,从政治风险、经济风险、商业环境风险和法律风险四个维度,对国家风险进行分析并做出评级判断。评级划分为1至9级(共9级),风险水平依次降低。《国家风险分析报告》为国内行业和企业分析,识别和管理风险,增强国际竞争力,合理规避贸易投资风险提供了有力的技术支持。

根据中国出口信用保险公司2018年发布的《国家风险分析报告》,2018年,国家风险水平下降,评级调升的国家有7个;国家风险水平相对变化不大,评级保持稳定的国家有178个;国家风险水平上升,评级调降的国家有7个。2018年,主权信用风险水平下降,评级调升的国家有6个;主权信用风险水平不变,评级保持稳定的国家有168个;主权信用风险水平上升,评级调降的国家有7个。出现主权信用风险事件,评为CE(Credit Event,出现信用风险事件)的国家有11个,其中刚果(金)在短暂违约之后正常还款。在企业海外投资风险层面,截至2018年6月,中国出口信用保险公司监测的海外买方破产企业共计3 126家,其中欧洲破产企业数量最多,为2 419家;其次是亚洲,为358家。统计数据还显示,2018年以来全球中小企业破产数量明显较多,大型企业破产数量相对较少。从2018年国家风险和主权信用风险展望情况来看,国家风险展望为"正面"的国家有13个,"负面"的有13个,"稳定"的有166个;主权信用风险展望为"正面"的国家有25个,"负面"的有23个,"稳定"的有133个。

三、中国对外投资国家风险评估:综合评分法

由于世界各国投资环境非常复杂,迄今为止没有哪种方法普遍适用于所有国家的投资环境评估。张碧琼和田晓明(2012)①建立了综合评价方法体系,对商务部网站公布的2010版和2011版《中国对外投资合作国别(地区)指南》(以下简称《指南》)中165个国家(地区)的投资环境进行打分和排序,这是目前该领域涉及评价样本最多的研究成果。

(一) 综合评分法指标体系和评分标准

投资环境是指围绕投资主体存在和发展变化,并足以影响或制约投资活动与结果的一切外部条件的总称。这些外部条件可区分为投资硬环境和投资软环境。硬环境即投资项目建设和运营并获得预期回报的前提,是必需的各项经济因素的综合;软环境即东道国或地区吸引和消化资本的能力,是政治、社会、法律、文化、宗教等非经济因素的综合。对外直接投资环境是对外直接投资者所期待的投资安全及利益保证,是东道国影响国际资本投放动机与行为的经济和非经济因素的有机综合体。

对外直接投资环境的影响因素有很多,国内对投资环境评价指标的选取,主要参考两个体系:一是世界银行、国家计划委员会关于定量评价投资环境的指标体系。该体系将投资环境分成7个类别,包含24个指标。7个类别分别为国际一体化程度、私人经济的参与程度、市场进入/退出障碍、劳动力市场的灵活性、技能与技术禀赋、金融服务可利用性和政府监管的效率。二是研究机构评价投资环境的指标体系,包括投资政策环境、社会服务环境、劳动力环境、市场环境、资源环境和基础设施环境6个类别的36个指标。

张碧琼和田晓明(2012)在参考现有指标体系的基础上,依据系统性、科学性、针对性和可操作性的原则,构建了一套包含宏观和微观因素的对外直接投资环境评价指标体系。该体系将投资环境因素按适合对外投资的程度确定4—7个分值区间定值,同时吸收等级尺度法的分值标准,由专业评估人员打分。得分越高说明投资环境越好,得分越低说明投资环境越差。综合评分法与其他方法相比,一是考察因素更全面并引入行业和

---

① 张碧琼,田晓明.中国对外直接投资环境评估:综合评分法及应用[J].财贸经济,2012(2):73—80.

项目相关因素;二是分值区间标准与界限更清晰,评分的可操作性较好。综合评分法的指标体系和打分标准见表 9-5。

表 9-5　综合评分法的指标体系和打分标准

投资环境因素	分值	投资环境因素	分值	投资环境因素	分值
一、资本抽回	0—12	禁止外商投资	0	七、当地资本的可供程度	0—10
无限制	12	四、货币稳定性	4—20	成熟的资本市场,有公开的证券交易所	10
只有时间上的限制	8	完全自由兑换	20	少许当地资本,有投机性的证券交易所	8
对资本抽回有限制	6	官价与黑市价差距在一成之内	18	当地资本有限,外来资本少	6
对资本抽回和红利都有限制	4	官价与黑市价差距在一至四成之间	14	短期资本极其有限	4
严格限制	2	官价与黑市价差距在四成至一倍之间	8	资本管制很严	2
禁止资本抽回	0	官价与黑市价差距在一倍以上	4	高度的资本外流	0
二、外资股权	0—12	严格资本管制	0	八、近五年的通货膨胀率	2—14
准许并欢迎全部外资股权	12	五、政治稳定性	0—12	低于 1%	14
准许但不欢迎全部外资股权	10	长期稳定	12	1%—3%	12
准许外资占大部分股权	8	稳定但因人而治	10	3%—7%	10
外资最多不超过股权半数	6	内部分裂但政府掌权	8	7%—10%	6
只许外资占少部分股权	4	国(地区)内外有强大的反对力量	4	10%—15%	6
外资不得超过股权的三成	2	有政变或动荡的可能	2	15%—35%	4
三、对外商的管制程度	0—12	政变和动荡极可能发生	0	35%以上	2
外商与本国(地区)企业一视同仁	12	六、对企业给予关税保护的意愿	0—8	九、基础设施情况	2—8
对外商略有限制但无管制	10	给予充分保护	8	基础设施便利且维护良好	8
对外商有少许限制	8	给予相当保护	6	基础设施便利但老旧	6
对外商有限制并有管制	6	给予少许保护	4	基础设施不够便利	4
对外商有限制并严加管制	4	很少保护	2	基础设施几乎没有	2
对外商严加限制和管制	2	不保护	0		

(续表)

投资环境因素	分值	投资环境因素	分值	投资环境因素	分值
十、劳动力供给水平	0—8	十一、市场需求度	6—12	十二、商务成本(包括水、电、气、土地、房屋价格及环境保护费用)	0—8
劳动力素质高,供给充足,工资水平低	8	当地消费水平高且供给不足	12	供给充足,价格低廉	8
劳动力素质较高,供给充足,工资合理	6	当地消费水平高且有供给	10	供给尚可,价格较低	6
劳动力素质较低,供给充足,工资水平低	4	当地消费水平一般	8	价格与国际持平	4
劳动力供给不足,工资水平较高	2	当地消费水平很差	6	供给不足,价格略高	2
				供给不足,价格昂贵	0

资料来源:张碧琼,田晓明.中国对外直接投资环境评估:综合评分法及应用[J].财贸经济,2012(2):73—80。

该指标体系包括十二项指标:资本抽回、外资股权、对外商的管制程度、货币稳定性、政治稳定性、对企业给予关税保护的意愿、当地资本的可供程度、近五年的通货膨胀率、基础设施情况、劳动力供给水平、市场需求度、商务成本(包括水、电、气、土地、房屋价格及环境保护费用)。该指标体系综合了现有主要评价方法的指标,并将其分类同时设定分值,然后根据具体某个国家(地区)的相关信息进行各因素打分,加总即可得出该国(地区)投资环境的总分,其分值排序可供投资者参考。其中,前八项因素是等级尺度法的因素,第九至第十二项因素是对指标体系的扩展。

第九项因素是基础设施情况,能够反映某个国家(地区)在基础设施建设方面的投入。基础设施主要包括交通、通信、水利、供气、供电设施和提供无形产品或服务于科教文卫等部门所需的固定资产,它是一切企业、单位和居民生产经营活动共同的物质基础,是城市主体设施正常运行的保证,既是物质生产的重要条件,又是劳动力再生产的重要条件。因此,基础设施情况对于要进行投资的企业来说尤为重要。第十项因素是劳动力供给水平。投资者对一个国家(地区)进行投资时,不可能只雇用本国(地区)的员工,必定要雇用当地的员工为自己的企业服务,当地的劳动力供给水平会在一定程度上限制投资者是否投资及其投资规模。第十一项因素是市场需求度,用于评估当地市场需求对投资项目的影响,属于微观层面的因素。当地市场需求度高的国家(地区)投资后投资回报率高,可以较快地给投资者带来利润。第十二项因素是商务成本。商务成本是企业在进行投资决策时所要考虑的一个重要因素,也是衡量一个国家(地区)综合竞争力的重要方面,属于微观层面的因素。商务成本通常是指企业进行生产经营活动所需付出的成本,此处主要指硬性的商务成本,包括水、电、气、土地、房屋价格及环境保护费用。企业要在一国（地区）进行投资，必然要产生商务成本，若成本过高，则可能导致利润较低甚至亏本；反之，则可以提高利润。

（二）中国对外直接投资环境评估

从 2008 年 5 月开始，由商务部组织中国驻外使馆经商处、商务部研究院、商务部投资促进局和国内有关专家共同编写《对外投资合作国别（地区）指南》，并根据各国（地区）情况变化进行更新。目前，《指南》已经成为了解这些国家（地区）的环境的权威渠道。

张碧琼和田晓明（2012）对中国对外直接投资东道国（地区）环境评估打分所参考的资料主要来自商务部网站公布的《指南》，各国（地区）通货膨胀数据则来自国际货币基金组织统计数据库。在解读《指南》并进行各项指标打分时，主观判断可能存在偏差。为了减少打分的主观偏差，作者首先分两小组对 165 个国家（地区）交叉打分，然后由研究小组负责人和课题主持人交叉对全部 165 个国家（地区）综合评分，最后计算平均值。由于这项研究的工作量大，研究小组花费了半年多时间才完成。根据表 9-5 的标准，各个国家（地区）的投资环境综合得分可分为五个档次，分别是：120 分以上为"优"，101—119 分为"良"，91—100 分为"中"，81—90 分为"差"，80 分及以下为"很差"。《指南》中 165 个国家（地区）的环境得分见表 9-6。

表 9-6 中国对外直接投资东道国（地区）环境综合评分（按总分得分从高到低排序）

国家（地区）	总分	国家（地区）	总分	国家（地区）	总分	国家（地区）	总分	国家（地区）	总分
葡萄牙	128	美国	116	韩国	110	圭亚那	102	坦桑尼亚	94
爱沙尼亚	126	德国	116	土耳其	110	乌干达	102	科特迪瓦	92
日本	126	荷兰	116	智利	110	多米尼克	101	毛里塔尼亚	92
罗马尼亚	124	比利时	115	新西兰	109	阿曼	100	莫桑比克	92
新加坡	124	丹麦	115	墨西哥	109	贝宁	100	肯尼亚	90
英国	124	哥伦比亚	114	利比亚	108	捷克	100	巴布亚新几内亚	88
法国	124	拉脱维亚	114	叙利亚	108	冰岛	100	瓦努阿图	88
加拿大	124	吉布提	114	希腊	107	土库曼斯坦	100	阿塞拜疆	88
阿尔巴尼亚	122	科威特	114	密克罗尼西亚	106	中非	98	马达加斯加	88
芬兰	122	佛得角	114	格林纳达	106	塞舌尔	98	伊朗	88
巴巴多斯	121	卡塔尔	114	巴哈马	106	科摩罗	98	赤道几内亚	88
瑞典	121	澳大利亚	114	塔吉克斯坦	106	文莱	98	几内亚	86
阿根廷	120	匈牙利	114	立陶宛	106	南非	98	巴基斯坦	86
欧盟	120	瑞士	114	泰国	106	埃及	98	菲律宾	86
摩洛哥	120	印度尼西亚	114	喀麦隆	106	巴西	98	塞内加尔	86

(续表)

国家(地区)	总分	国家(地区)	总分	国家(地区)	总分	国家(地区)	总分	国家(地区)	总分
爱尔兰	120	以色列	114	蒙古	106	印度	98	加蓬	84
波兰	120	秘鲁	114	柬埔寨	106	俄罗斯	98	马里	84
挪威	119	突尼斯	114	克罗地亚	104	斐济	98	布隆迪	84
乌拉圭	118	博茨瓦纳	114	安哥拉	104	古巴	98	阿富汗	84
哥斯达黎加	118	马耳他	112	莱索托	104	刚果共和国(布)	98	委内瑞拉	84
特立尼达和多巴哥	118	白俄罗斯	112	老挝	104	苏里南	98	阿尔及利亚	84
西班牙	118	阿联酋	112	吉尔吉斯斯坦	104	玻利维亚	96	孟加拉	82
斯洛文尼亚	118	塞浦路斯	112	赞比亚	104	哈萨克斯坦	96	尼日尔	82
奥地利	118	沙特阿拉伯	112	马尔代夫	103	也门	96	尼泊尔	80
摩尔多瓦	118	巴林	112	萨摩亚	102	加纳	96	马拉维	80
约旦	118	意大利	111	牙买加	102	尼日利亚	96	刚果(金)	78
马来西亚	118	乌兹别克	110	汤加	102	厄瓜多尔	94	津巴布韦	78
卢森堡	118	安提瓜和巴布达	110	格鲁吉亚	102	乌克兰	94	东帝汶	74
毛里求斯	118	波黑	110	亚美尼亚	102	乍得	94	朝鲜	74
保加利亚	116	斯洛伐克	110	马其顿	102	伊拉克	94	缅甸	72
黎巴嫩	116	塞尔维亚	110	越南	102	几内亚比绍	94	多哥	68
中国香港	116	卢旺达	110	纳米比亚	102	利比里亚	94	厄立特里亚	68
中国澳门	116	斯里兰卡	110	埃塞俄比亚	102	塞拉利昂	94	苏丹	66

资料来源：根据相关文献整理绘制。

从表 9-6 中可以看出，165 个国家(地区)中有 17 个综合评分为"优"，85 个为"良"，34 个为"中"，19 个为"差"，10 个为"很差"。评分为"优"的国家(地区)为非常适合投资的区域，主要集中在欧洲，另外亚洲有新加坡和日本，非洲有摩洛哥，北美洲有加拿大和巴巴多斯，南美洲有阿根廷；评分为"良"的国家(地区)为比较适合投资的区域，包括美国、新西兰、澳大利亚等；评分为"中"的国家(地区)为谨慎投资的区域，包括文莱、南非、埃及等；评分为"差"的国家(地区)为不太适合投资的区域，包括伊朗、阿富汗、叙利亚和利比亚等；评分为"很差"的国家(地区)为很不适合投资或风险很高的区域，包括尼泊尔、马拉维、刚果(金)、津巴布韦、东帝汶、朝鲜、缅甸、多哥、厄立特里亚和苏丹。

第三节　国家风险的管理

国家风险的管理是指如何在有国家风险的环境里把风险可能造成的不良影响减至最小的管理过程。国家风险的管理对跨国企业而言十分重要。国家风险的管理可以用于监控正在经营的跨国企业所在国家的经济和政治环境，避免对高风险国家的选择，帮助其完善长期投资或融资决策。

一、跨国投资中国家风险的化解措施

跨国企业对东道国的国家风险进行分析和评估后，须做出是否进行投资的决定。如果决定投资，则还需要考虑采取何种措施将国家风险降至最低限度。

（一）投资前的管理措施

1. 回避

跨国企业尽量不参与有国家风险的跨国交易，但同时也放弃了高风险所可能带来的高收益和控制国家风险的任何努力。因为跨国经营本来就是一项有风险的事业，所以只要国家风险可以识别、控制并能够得到相应的补偿，跨国企业就不应该回避。关键要看自身对国家风险的容忍程度及要求获得的投资收益大小。

2. 保险

跨国企业通过购买保险来应对国家风险。例如，在美国，投资保险和担保都是由海外私人投资公司承担的。该公司是美国政府的一个部门，成立于1969年，其目的是方便和促进美国私营资本在发展中国家的投资。该公司对四种政治风险提供保险：外国货币不可兑换；海外资产被征用；国外战争、革命和其他暴力政治事件所导致的财产毁损；政治风波对企业收入造成的损失。

3. 特许协议

跨国企业可以在投资前通过谈判与东道国政府签订许可协议，明确规定双方的权利和义务，其中主要涉及的方面有：争议仲裁条款、转移价格、纳税方法、出口权利、资金的汇出等。但由于东道国有较高的违约率，因此许多跨国企业都在寻求更积极的政策来控制国家风险。

4. 策略调整

跨国企业通过调整经营战略和财务战略，尽可能地降低国家风险的受险程度。主要有以下五种方法：控制市场或原料供给；限制技术转移；提高资产负债率，提高对东道国负债的依赖；多渠道融资；与东道国分享所有权。

（二）投资后的管理措施

1. 适应性调整

如果潜在的征用不可避免，则跨国企业可以通过特许证和管理合同等一些非股权方

式从东道国的资源中获利。例如,委内瑞拉政府与子公司被国有化的外国石油公司签订了管理合同,允许这些公司在委内瑞拉继续从事开采、提炼和营销业务。

2. 制裁合规

2019年5月2日,美国财政部海外资产控制办公室(OFAC)发布了《OFAC合规承诺框架》(简称"OFAC框架"),规定无论企业是与美国主体进行交易、使用美国金融系统,还是出口或再出口美国原产货物或服务,都可以参照适用前述合规框架。2018年,全球共有700家实体被加入OFAC的特别指定国民(Specially Designated Nationals, SDN)名单。美国政府出于政治原因针对中国企业已尽人皆知,鉴于美国当局对中国企业的严格审查,建议各企业评估其制裁合规体系是否与其业务领域及相关风险敞口相匹配。

3. 增加国有化的难度

比如改变东道国征用的成本收益比,增加征用的成本或减少征用的收益。增加征用成本的措施有:控制出口市场、运输路线、技术、商标或在其他国家制造的部件等;减少征用收益的措施有:降低所有权当地化的潜在利益,具体为生产一系列进口替代产品、增加生产设施、训练当地员工等。另外,还可以发展当地潜在的利益相关者,这是一种比较积极的策略。潜在的利益相关者包括消费者、供应商、当地银行以及合资的当地合伙人等,这些利益相关者会出于自身利益而反对政府征用。

4. 有计划的撤资

跨国企业将自己对国外投资的全部或大部分所有权分阶段地出售给当地投资者。撤资时,跨国企业可以设法从东道国的经营中尽快提取大量现金,以减少留在当地的资本数额。具体方法如削减营销开支、制定较高价格、推迟设备维修等。但这些做法会增大东道国征用的可能性,所以企业必须认真制定撤资时间表,以便在国家风险急剧上升之前将资金转移。

二、中国海外投资中国家风险的表现形式

1. 东道国陷入内乱,投资失去外部安全环境

作为能源消耗大国,中国一直对石油、金属矿石、天然气等传统能源具有较大需求。所以,矿产资源丰富的北非与东非,成为中国能源型企业的主要投资地区。其中,利比亚、埃及、苏丹等国,拥有储量丰富的石油、磷酸盐、天然气、铁矿、锰、钼、锡等油气与矿产资源,而这些国家都发生过动乱。从2011年开始,利比亚危机、埃及政变、苏丹内乱升级等接踵而来,不少地方失去控制,劫掠、凶杀等犯罪发生率迅速攀升,社会陷入极度混乱之中。不少中资企业都不得不暂时停产、遣散工人,甚至撤资回国,企业承受了严重的经济损失。

2. 东道国政权更迭,投资协定不被新政府承认

由于政治体制的差异性,拉丁美洲、非洲、东南亚等中国的主要投资东道国,经常出

现周期性的政权更迭,形成新的政府。在投资协议达成或即将投产运营之时,一旦遭遇政权轮换,新政府又拒不承认之前的投资协议,原定的投资项目就会遭遇叫停、勒令整顿,甚至强行停产等不利情况。如 2015 年 1 月,希腊左翼的齐普拉斯政府上台后,以"威胁国家安全"为由,迅速叫停了前政府向中国中远集团出售雷埃夫斯港口多数股权的计划,表示需要将这一出售计划提交新议会重新审核。

3. 东道国反对势力干扰

拉丁美洲、东南亚等地区的国家由于经济发展速度较快、基础设施建设需求量大,吸引了中国不少企业对其堤坝、铁路、公路、桥梁等进行投资建设。但这些国家的政治体制比较特殊,国内的反对势力影响力较大,所以也会出于政治利益而去曲解、干扰中国企业与执政当局的合作,以求赢得选举。

4. 东道国陷入经济危机,投资项目被迫搁置

拉丁美洲是中国海外投资的重要目的地,基础设施建设、石油、铁矿、铜铝矿等领域为投资重点。而从 2013 年开始,委内瑞拉、秘鲁、阿根廷、巴西、智利等因油价、钢价下跌等,财政陷入困境,导致中国投资的项目被迫停止,借出的资金无法及时收回,从而遭受巨大损失。

5. 美欧贸易保护主义和民粹主义抬头

自 2008 年全球金融危机以来,贸易保护主义抬头,英国脱欧和特朗普当选,全球化遭到了民粹主义的严重挑战。世界银行发布的一份报告称,政治不确定性将拖累全球贸易增长,暗示特朗普代表的民粹主义抬头将令全球经济前景蒙阴。联合国贸易和发展会议 2019 年 6 月发布的《世界投资报告 2019》指出,受美国税改政策以及部分经济体加强外资项目审查的影响,2018 年全球外国直接投资(FDI)同比下降 13%,降至 1.3 万亿美元。随着贸易保护主义和民粹主义抬头,预计有更多针对中国的保护主义措施出台,尤其是在一些具有战略意义的行业,比如国防、能源、交通和通信等。

三、中国海外投资陷入国家风险的原因

1. 对东道国政局的基本走向、稳定性判断失准

中国企业普遍不看重投资谈判之外的细节,而是比照国内的投资磋商套路,过于依赖部分中介公司进行相互传话,对于投资国、地区的政治文化生态了解甚少。尤其是在一些局部冲突频繁的地区,譬如中东、北非、西亚等,国内一些私营企业都会过于乐观地判断其政局走势,盲目进行大规模投产。缺乏充分的预判、慎重的投资布局,往往都会使企业面临较大的投资风险,继而承担很大的潜在经济损失。

2. 对东道国政治运行的规则、惯例认知不充分

国际规则是约束参与各方行为,确保彼此互利互惠的重要手段。由于中国海外投资起步较晚、起点较低,发展理念又过于急功近利,加之会被各种优惠政策吸引而草率地进

行投资项目敲定,因此往往会忽视国际规则的约束效力,并可能被竞争对手以此为由进行狙击,导致投资功亏一篑。

3. 对东道国政府与民众之间的关系判定不准确

中国企业养成了同中央政府打交道的习惯,对地方势力、民众不免有所忽略。但在海外的一些实行君主立宪制、联邦制以及议会内阁负责制的国家或地区,中央政府的权力却受到很大制约,中国企业与其签订的协议在地方上不一定能得到贯彻。

4. 对东道国的诚信度、支付能力缺乏应有的了解

中国企业大多并不注重对投资东道国以往的诚信记录、支付能力进行资料收集,加之又担忧对其进行查访会引发彼此之间的不信任,所以大都选择了直接进入洽谈程序。而最终,常常会因对方出现临时反悔,或以财政困难为由,拒绝或暂停合作项目。比如2014年,墨西哥反对党以竞标流程问题为由要求中国投资的高铁项目暂停,此后又以石油价格暴跌、国家财政收入锐减而无力支付原先商定的价款为由,无限期搁置了该基建项目。

四、中国海外投资中国家风险的防范策略

1. 加强投资对象的国情研究,提高对潜在风险的定位、判别以及处理的能力

一是要建立专职化的调研小组,或委托第三方机构,对投资对象的基本政治生态、政府机构运作特点以及社会稳定性等国情进行系统搜集与分析,判定其整体的国家环境是否适合我方投资项目进入,再有针对性地组建考察团队进入投资对象国进行实地探访,掌握其最新的政局走向、社会发展态势;二是要在科学分析投资对象未来政局走向的基础上,做好对潜在政治风险发生之后的预警、管控以及撤离工作,建立与当地政府机构之间的动态交流关系,随时掌握其国内政治的变化风向。

2. 建立海外投资合作的双向沟通机制,加速与国际主流政治运作模式的对接

一方面,要推动高级别主管部门之间的沟通机制建设,定期对投资对象业已发生的政治风险事件进行及时反馈,寻求对方管理部门的确认与保护,细化驻派、磋商、处理等管理流程;另一方面,要鼓励企业设立独立的海外投资运作模式协调部门,加大对投资对象风险研究的投入力度,积极学习国际主流的预防政治风险的操作方式。

3. 改进海外资本市场的监测制度,增加风险防控的多方协调、运作手段

第一,要逐步提高企业投资管理的透明度,完善资本统筹机制,加快运营模式和机制的公示,缓解投资对象的抵触情绪;第二,要推行更为先进的市场数据搜集、监管以及分析方式,加强中国政府各部门、驻外机构和使领馆与企业之间的沟通协调,合理运用多种法律手段,切实维护好本国企业的合法权益;第三,要增加风险防控的多方协调、运作手段,重点从海外维权资源配备进行突破,加大管理制度引入与人才培训,加强对双边投资协定的审查。

4. 创设双边企业合作交流机制,提高国内企业的法律援助、诉讼能力

第一,要建立公开、透明的双边企业合作交流机制,通过中方主管部门、中外企业诉讼代理机构联合监督的组合形式,共同商定基于互惠互利原则的专项保护制度,明确双方的基本权利、侵权行为的判定以及司法诉讼程序的启动等;第二,要明确裁定标准、罪罚责任归属以及诉讼手段,引入集体诉讼、团体调节以及公共仲裁等机制;第三,要推行适度保护的基本原则,实行临时保护与定点核查相结合,逐步提高本国企业诉讼能力,完善跟进监督的操作模式,强化行政救济保护的时效性,合理提升企业获赔落实的综合效率。

5. 推行海外投资区域多边性、分散化的运作模式,升级企业公关资源管理制度

要通过多边磋商、调研考察等形式,全面分析当前国际投资的市场现状,依据各国经济发展的水平与前景,划定适宜投资的地区等级,合理进行资金投放。可以采取前期观察、后期合资的渐进方式,逐步熟悉某一新兴市场的特征,然后再进行具体的投资经营。此外,要改进企业的公关运作模式,多参与社区公益活动,缓解民众对中资企业的防范心理与抵触情绪,提高企业的美誉度。

本章小结

1. 国家风险(Country Risk)是指由于国家主权行为的不确定性造成经济主体损失的可能性。在国际经济活动中,国家作为交易的一方,可能通过其违约行为直接构成风险,也可能通过经济政策和法规的变动间接构成风险。

2. 按照引发风险的事故性质,可将国家风险划分为政治风险、经济风险、社会风险。国家风险的主要影响因素包括经济因素、政治因素、社会因素及外部因素。这些因素直接或间接影响跨国企业的投资成败。

3. 国家风险的评估是采用科学的方法量化测评国家风险事件或事物可能带来的影响或损失程度。国外主要的国家风险评估体系包括穆迪主权债务评级体系、国际国别风险评级指南(ICRG)等;国内主要的评估体系包括中国海外投资国家风险评级体系、大公国际国家信用评级体系等。

4. 由于各国投资环境非常复杂,迄今为止没有哪种方法普遍适用于所有国家的投资环境评估。为精准测度东道国的国家风险程度,我国应当完善独立的国家风险评估体系,采用综合评分法,为国家风险管理提供技术支持。

5. 跨国企业对东道国的国家风险进行分析和评估后,须做出是否进行投资的决定。如果决定投资,则还需要考虑采取何种措施将国家风险降至最低限度。

6. 国家风险的化解措施包括投资前的管理措施和投资后的管理措施两方面。投资前的管理措施包括回避、保险、特许协议、策略调整;投资后的管理措施包括适应性调整、制裁合规、增加国有化的难度、有计划的撤资。

7. 根据中国海外投资中国家风险的表现和原因,提出相关风险防范策略:加强投资对象的国情研究,提高对潜在风险的定位、判别以及处理的能力;建立海外投资合作的双向沟通机制,加速与国际主流政治运作模式的对接;改进海外资本市场的监测制度,增加风险防控的多方协调、运行手段;创设双边企业合作交流机制,提高国内企业的法律援助、诉讼能力;推行海外投资区域多边性、分散化的运作模式,升级企业公关资源管理制度。

本章习题

1. 简述我国国家风险评估体系与其他主要评估体系相比有何特点与区别。
2. 简述国家风险的化解方式并列举有关事例。
3. 简述国家风险与主权风险有何异同点,现实中哪类风险更常见。
4. 国际上主要的国家风险评估体系有哪些?各有何特点?
5. 国家风险的管理措施有哪些?投资前后管理措施各有什么特点?
6. 如果让你设计一个国家风险评估体系,则应对哪些因素进行衡量?

参考文献

1. 中国出口信用保险公司.国家风险分析报告[M].北京:中国金融出版社,2019.
2. 张碧琼,田晓明.中国对外直接投资环境评估:综合评分法及应用[J].财贸经济,2012(2):73—80.
3. ALON I, HERBERT T T. A stranger in a strange land: micro political risk and the multinational firm[J]. Business Horizons, 2009, 52(2): 127-137.
4. ALON I, ANDERSON J, BAILEY N J, et al. Political risk and Chinese OFDI: theoretical and methodological implications[J]. Academy of Management Annual Meeting Proceedings, 2017(1): 17640.
5. QUER D, CLAVER E, RIENDA L. Political risk, cultural distance, and outward foreign direct investment: empirical evidence from large Chinese firms[J]. Asia Pacific Journal of Management, 2012, 29(4): 1089-1104.

第四部分

国际融资管理

第十章

国际资本成本与资本结构管理

本章首先介绍各种资本成本的决定与计算,阐述资产定价的三种模型——CAPM、IAPM 和 APT;然后就资本结构理论进行阐述,分别介绍现代资本结构理论和新资本结构理论,并分析财务杠杆的作用及资本结构的组成;最后揭示跨国企业最优融资决策及其影响因素。在跨国融资决策中,跨国企业为了使其资本成本最小化,需要考虑采用怎样的资本结构,怎样降低海外运营的融资成本,实现企业价值最大化。这些都是跨国企业成本管理的重要议题。

第一节 国际资本成本的决定与度量

资本成本可以从两个角度予以界定:一个是从投资者的角度,资本成本是投资者所要求的与其承担风险相称的报酬率,反映了资本成本的机会成本性质;另一个是从企业的角度,资本成本是企业选择资本投资项目的报酬率的最低水准,又称投资项目的取舍率、最低可接受的报酬率。一般假定,上述角度所界定的资本成本在数值上应完全相等。跨国企业的资本成本是国际化的,是资本成本的国际延伸。国际资本成本是指将资本用于跨国投资项目的最低可接受的报酬率。

一、国际资本成本的运用形式

资本成本可有多种运用形式。在比较各种融资方式时,使用个别资本成本,如权益成本或债务成本;在进行项目资本结构决策时,使用加权平均资本成本;在进行追加筹资决策时,使用边际资本成本;在国际融资中,则使用实际资本成本。

1. 权益资本成本

权益资本成本是公司为了吸引投资者购买或持有公司股票所需要的最低收益率。这就要求收益率等于补偿货币时间价值最基本的收益率加上一个风险溢价。权益资本成本也是公司现金流最大的贴现比率,它代表公司各个投融资活动的加权平均要求收益率。

资本资产定价模型(CAPM)是估算投资者要求收益率的理想方法,该模型假设投资者都是组合投资者,因而他们无须获得公司特别风险的收益率补偿。根据这一理论,资产的要求收益率与其风险之间存在一种均衡关系,这种均衡关系可以用资本资产定价模型来表示:

$$R_i = R_f + \beta_i(R_m - R_f)$$

式中,R_i 代表资产 i 的均衡期望收益率;R_f 代表无风险资产的收益率,通常可用国库券或政府债券的收益率来衡量;R_m 代表所有风险资产市场组合的期望收益率;β_i 代表资产 i 的系统性风险或不可分散的风险,$\beta_i = \rho_{im}\sigma_i/\sigma_m$,其中 ρ_{im} 是资产 i 和市场组合回报之间的相关系数,σ_i 是资产 i 回报的标准差,σ_m 是市场组合回报的标准差;$\beta_i(R_m - R_f)$ 代表与特定资产 i 相关的风险溢价,$(R_m - R_f)$ 被称为市场风险溢价。资本资产定价模型建立在这样一个观念之上,即股东都是理智的和规避风险的,他们会寻找机会来分散风险。用风险溢价补偿的风险仅仅是系统性风险。

2. 债务资本成本

债务资本成本是指债权人要求的收益率(税后)。债务投资的风险低于权益投资,对于筹资人(债务人)来说,其更希望拿到债务融资。很简单的一个理由,股利必须税后发,不可以抵税,而利息则可以税前扣除。因为债务存在违约风险,筹资人的期望收益率低于合同规定的收益率,债权人的期望收益率才是债务的真实成本。债权融资分银行借款和债券融资两种方式。银行借款金额通过下式求出:

$$P_0 = C_0 + \frac{C_1}{(1+k)} + \frac{C_2}{(1+k)^2} + \cdots + \frac{C_n}{(1+k)^n}$$

式中,P_0 是在 $t=0$ 时筹集到的借款;C_0 是在 $t=0$ 时筹资的费用支出,$C_0 = P_0 \cdot f$,其中 f 为筹集费费率;C_t 是在 t 时的税后现金流出,其中 $t = 0, 1, 2, \cdots n$。债务利息可以税前扣除,因此债务的资本成本 k 是税后资本成本,即借款的债务资本成本(k_1)为:

$$k_1 = \frac{I(1-T_e)}{P_0 - C_0} = \frac{P_0 \cdot i(1-T_e)}{P_0(1-f)} = \frac{i(1-T_e)}{(1-f)}$$

式中,I 为年利息额,i 为借款年实际利率,T_e 为实际所得税税率。

发行债券按发行价格的不同可分为三种方式:等价发行、溢价发行和折价发行。假设 F 为债券的票面价值,P_0 为债券发售时的实际价格,N 为债券期限,又假设 I_t 为按实际利率定期支付的债券利息,则等价发行的债券资本成本(k_b)为:

$$k_b = \frac{[I_t + (F - P_0)/N](1-T_e)}{P_0(1-f)}$$

公司债务资本成本与以下因素有关:①市场利率水平。市场利率上升,公司债务资本成本会随之上升。②公司的违约风险。公司的违约风险越高,债务的资本成本越高,公司的资产负债率越高,则债务的边际成本越高。③债务具有的税盾作用:由于利息在税前支付,所以税后债务资本成本与公司的税率有关,公司的税率越高,税后债务资本成本就越低。

3. 加权平均资本成本

加权平均资本成本是企业全部长期资本的总成本。加权平均资本成本一般是以各种资本占全部资本的比重为权数，对个别资本成本进行加权平均确定的，其计算公式为：

$$\text{WACC} = \sum_{i=1}^{n} w_i k_i$$

式中，WACC 为加权平均资本成本，k_i 为资本 i 的个别成本，w_i 为资本 i 在全部资本中所占的比重，n 为同类型资本的总数。

在计算个别资本占全部资本的比重时，可分别选用账面价值、市场价值、目标价值来计算。应用加权平均资本成本时有两点需要注意。第一，权数是企业资本结构中每种资本来源所占的比重，不同来源的资本按市场价值而非账面价值计价；第二，在计算加权平均资本成本时，与企业历史的债务与权益比率无关，更精确地说，权数必须是反映企业目标资本结构的边际权数，目标资本结构是指企业计划使用的债务与权益比率。

例如，A 公司的全部长期资本总额为 1 000 万元，其中长期借款 200 万元，占比为 20%；长期债券 300 万元，占比为 30%；普通股 400 万元，占比为 40%；保留盈余 100 万元，占比为 10%。假设其个别资本成本分别是 6%、7%、9%、8%。则该公司加权平均资本成本是多少？

加权平均资本成本 = 6%×20% + 7%×30% + 9%×40% + 8%×10% = 7.7%

4. 项目加权平均资本成本

在分析某投资项目权益资本的要求收益率时，假设项目的风险和资本结构与整个企业的风险和资本结构相似。于是权益资本成本与税后债务资本成本之和就是母公司项目的加权平均资本成本：

$$k_0 = (1 - L)k_e + L \cdot k_d (1 - t)$$

式中，L 为母公司的债务比率（债务/总资产），k_d 为债务的税前资本成本，k_e 为权益资本成本，t 为公司的税率。

需要说明的是，在应用项目加权平均资本成本时，权数应该是企业资本结构中利用市场价值（而不是账面价值）计算出的每种融资来源所占的比重。此外，在计算项目加权平均资本成本时，与企业历史的债务与权益比率无关，权数必须是反映企业目标资本结构的边际权数，即企业计划使用的债务与权益比率。

5. 边际资本成本

边际资本成本是指企业每增加一单位资本而追加的资本成本。通常，资本成本在一定范围内不会改变，在保持某资本成本条件下可以筹集到的资金总限度被称为保持现有资本结构下的筹资突破点。一旦筹资额超过突破点，即使维持现有资本结构，其资本成本也会增加。由于筹集新资本都按一定的数额批量进行，故其边际资本成本可以被描绘成一条有间断点(即筹资突破点)的曲线。若将该曲线和投资机会成本曲线置于同一图中,则可进行投资决策,即内部收益率高于边际资本成本的投资项目应接受,反之则应拒绝;两者相等时是最优的资本预算。

边际资本成本主要用于选择各种不同的追加融资方案。任何项目的边际资本成本都是该项目增加一个产出量相应增加的成本。例如,目前平均人工成本为每人 10 元,如果增加 10 个人,则人工的边际资本成本可能是每人 15 元;如果增加 100 个人,则人工的边际资本成本可能是每人 20 元。这种现象可能是由比较难以找到愿意从事该项工作的工人导致的。同样的观念用于筹集资本,当企业想要筹集更多的资本时,每单位资本的成本即边际资本成本会上升。

6. 国际实际资本成本

国际实际资本成本是指考虑汇率因素影响的资本成本。当跨国企业的海外机构在考虑是以本币融资还是以当地货币融资时,通常是在汇率变动范围内,比较不同货币融资的实际成本,从中选择成本最小的融资方式。根据利率平价理论,我们可以计算国际融资情况下的实际资本成本(R_f):

$$R_f = \frac{(1+k_f)e_{t+1} - e_t}{e_t} = (1+k_f)\frac{e_{t+1}}{e_t} - 1$$

假设

$$\Delta e = \frac{e_{t+1} - e_t}{e_t}$$

则有

$$R_f = (1+k_f)(1+\Delta e) - 1 = k_f(1+\Delta e) + \Delta e$$

式中,k_f 为债务融资利率,e_{t+1} 和 e_t 分别为融资期末和期初时的即期汇率(直接标价法)。

一方面,跨国企业所面临的经济风险和政治风险大多是非系统性风险,这些风险可以通过个人投资者的投资多元化予以分散。虽然这部分风险可能很高,但它们并不影响评估对外投资项目时所使用的折现率。换句话说,项目收益率和市场收益率之间的低相关性抵消了项目风险程度高的影响。另一方面,对企业有影响的大多数系统性风险或一般市场风险与企业所在国的经济周期有关,至少可以通过国内股票价格指数,比如标准普尔 500 指数来衡量。由此,在对外投资项目所在国的经济与母国的经济不完全同步的情况下,与国内同样的投资项目相比,国外投资项目的收益率与市场收益率的相关程度要低。如果出现这样的情况,则对外投资项目的系统性风险要比国内同样项目的系统性风险低。

如果国际投资组合分散化能够像个体投资者那样简便,那么虽然分散投资的跨国企业股票要求的回报率比较低,但为了反映投资者对跨国企业股票所提供的间接分散化而支付溢价的意愿,贴现率不会再进一步降低。

上述资本成本分类中,个别资本成本的高低与资本性质关系较大,如债务资本成本一般低于权益资本成本;加权平均资本成本主要用于评价和选择资本结构;而边际资本成本主要用于在已确定目标资本结构的情况下,考察资本成本随筹资规模变动而变动的情况。

二、国际资本资产定价方法

资本资产定价模型(Capital Asset Pricing Model,CAPM)是国际资产定价模型(International Asset Pricing Model,IAPM)的前提和基础,后者是对前者在多货币条件下的扩展。由于资本资产定价模型自身存在缺陷,因此其应用具有局限性。针对资本资产定价模型的不足,斯蒂芬·罗斯又提出了套利定价理论(Arbitrage Pricing Theory,APT)。

(一)单一货币的资本资产定价模型

资本资产定价模型是威廉·夏普于1964年提出的。作为目前应用最广泛的市场均衡模型,资本资产定价模型主要论述了资本资产的价格是如何在市场上决定的。

1. 资本资产定价模型的假设

资本资产定价模型有以下几个重要的假设:

第一,无摩擦市场,即在资本市场上,不存在任何的摩擦成本,证券买卖不需要交易成本,对证券的买空和卖空不加限制,不对证券投资的收益和资本利得征税等;

第二,市场上的投资者都是理性投资者,他们将根据资产组合在单一投资期内的预期收益率和标准差来评价这些资产组合;

第三,市场上的信息是完全透明的,投资者有平等的机会获得免费且立即可得的市场信息;

第四,投资者可以按照相同的无风险利率借入或贷出资金;

第五,投资者具有相同的预期;

第六,税收和交易费用均忽略不计。

2. 资本市场线

根据资本资产定价模型的假设,投资者具有相同的预期,所以每个投资者都面临相同的投资有效边界AB(见图10-1)。

假设无风险资产$[\sigma(r)=0]$有一个固定的收益率r_f,由于市场是无摩擦市场,则可以推出所有的投资者都将选择同样的投资组合集r_fM:由无风险资产向M点延伸,这条线上的投资组合,相较于投资有效集中的其他任何投资组合,其单位风险的预期收益率都更高。也就是说,投资者沿着这条线进行投资最合算。这条线与投资有效边界AB的切点只有一个M,则M就是将被所有投资者选择的市场组合(Market Portfolio)。r_fM线被称为资本市场线(Capital Market Line,CML),代表了所有理性的投资选择,其表达式为:

$$E(r_p) = r_f + \left(\frac{E(r_m) - r_f}{\sigma_m}\right)\sigma_p$$

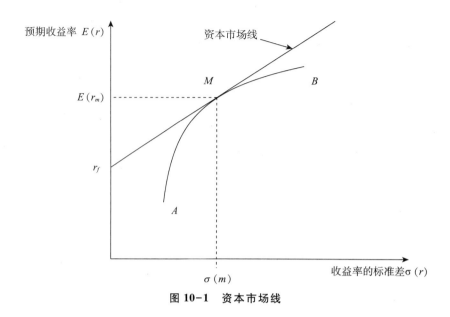

图 10-1 资本市场线

3. 证券市场线

证券风险可以区分为系统性风险和非系统性风险。系统性风险又称市场风险,是指由会影响整个市场的宏观经济因素,如经济增长率、通货膨胀率等导致的整个市场收益率变动的风险。这些风险不能通过组合投资来分散,所以又被称为不可分散风险。非系统性风险又称非市场风险或可分散风险,包括工人罢工、高级管理层变更、公司特有的销售波动和任何个别公司面临的其他事件。这些风险可以通过组合投资来分散。

由于非系统性风险可以通过组合投资来分散,因此人们更注重对系统性风险的考察。系统性风险用 β_i 衡量,β_i 是指证券 i 收益率的变动对市场收益率变动的敏感程度,计算公式如下:

$$\beta_i = \frac{\text{Cov}(r_i, r_m)}{\sigma_m^2} = \rho_{i,m}\left(\frac{\sigma_i}{\sigma_m}\right)$$

式中,$\text{Cov}(r_i, r_m)$ 为市场指数与证券 i 收益率之间的协方差,σ_m 为市场指数的方差,σ_i 为证券 i 收益率的方差。市场本身的 β 值为 $\beta_m = 1[\beta_m = \rho_{m,m}(\sigma_m/\sigma_m) = 1]$,无风险资产的 β 值为 $\beta_f = 0[\beta_f = \rho_{f,m}(\sigma_f/\sigma_m) = 0]$。$\beta$ 值大于 1 的公司,其系统性风险会高于市场中的一般性公司;当整个市场指数上涨时,其股票业绩会高于平均水平;而当市场指数下跌时,则会低于平均水平。也就是说,β 值大于 1 的公司对市场指数变动的敏感程度会高于一般性公司。相反,β 值小于 1 的公司,其系统性风险会低于市场中的一般性公司。

证券市场线(Security Market Line,SML)表示证券的预期收益率 $E(r_i)$ 与系统性风险 β_i 之间的关系,其表达式为:

$$E(r_i) = r_f + \beta_i[E(r_m) - r_f]$$

该式表示预期收益率等于无风险利率 r_f 加上对应于该证券系统性风险的风险溢价。这个风险溢价是市场风险溢价(Market Risk Premium),它等于一般证券的风险溢价$[E(r_m)-r_f]$与公司系统性风险β_i的乘积。

当投资者仅选择无风险资产时,$\beta_f=0$,即系统性风险为0,证券的预期收益率等于无风险收益率,$E(r_i)=r_f$;当投资者选择市场组合时,$\beta_m=1$,系统性风险完全等于市场组合风险,$E(r_i)=E(r_m)$。根据这两个点,可以确定证券市场线,如图10-2所示。

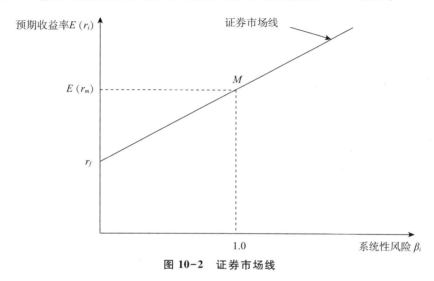

图10-2 证券市场线

从图10-2中可以看出,证券市场线反映了在不同的β值水平下,各种证券及证券组合应有的预期收益率水平,从而反映了各种证券和证券组合系统性风险与预期收益率的均衡关系。由于预期收益率与证券价格成反比,证券市场线实际上也给出了风险资产的定价公式:证券市场价格=预期收益额/预期收益率。

(二)国际资产定价模型

国际资产定价模型是资本资产定价模型在多货币条件下的推广,适合持有多种功能货币的投资者。关于国际资产定价模型的假设条件,除上述资本资产定价模型假设外,还包括:

(1)购买力平价成立,价格和实际利率在每个国家对每个投资者都是相同的,不存在任何价格风险;

(2)投资者具有相同的消费篮子,通货膨胀在每个国家都按同一基准计量。

在这些假设下,可以把资本资产定价模型延伸到国际市场。在资本资产定价模型中,所有投资者将资金投资于单一货币的风险资产组成的市场组合中;而在国际资产定价模型中,市场组合是一个由所有风险资产构成的全球分散的资产组合,各种资产的权重按现行汇率下的市场价值确定。

把资本资产定价模型中的国内证券市场线扩展为国际证券市场线,可以得到:

$$E(r_i) = r_f + \beta_i^w [E(r_w) - r_f]$$

式中,$E(r_i)$表示国际市场组合的预期收益率,β_i^w表示系统性风险。在国际资产定价模型中,系统性风险表示资产收益率对国际市场指数变动的敏感程度。r_f是国际市场组合的收益率,类似于资本资产定价模型中的无风险收益率。在国际资产定价模型中,投资者持有特定货币的套期保值组合(Hedge Portfolio),类似于资本资产定价模型中的无风险资产,是国内无风险资产与国外资产组成的国际资产组合。国际资产定价模型的假设确保了国际金融市场的一体化:在一体化市场中,价格由所有市场共同确定,同风险资产的预期收益率在各国是相同的,国际市场组合是一组各个国家投资者共有的风险可分散的国际资产。

(三)套利定价理论

1977年,理查德·罗尔发表了一篇论文,对资本资产定价模型的实证检验提出了严厉批评,针对对资本资产定价模型的批评,斯蒂芬·罗斯提出了套利定价理论。套利定价理论也假定系统性风险与预期收益率之间存在一种线性关系。与资本资产定价模型和国际资产定价模型相比,套利定价理论的假设条件较少,使用也更加方便。

1. 因素模型

因素模型(Factor Model)与资产定价模型不同,它是根据有关的历史数据,运用计量经济学方法估计出的统计模型。套利定价理论就是在因素模型的基础上研究资产价格的确定因素和形成机制的。

(1)单因素模型。单因素模型(One-factor Model)假设证券收益率只受一种因素的影响,其表达式为:

$$r_i = a_i + b_i f + \varepsilon_i$$

式中,r_i表示证券的收益率;f表示影响收益率的因素值;b_i表示收益率对这一影响因素的敏感程度;当因素值为零时,证券i的收益率为a_i,是一个常数;ε_i是一个随机误差项或干扰项。

(2)双因素模型。双因素模型假设影响证券收益率的因素有两个,其表达式为:

$$r_i = a_i + b_{i1} f_1 + b_{i2} f_2 + \varepsilon_i$$

式中,r_i表示证券的收益率;f_1和f_2表示影响收益率的因素值;b_{i1}和b_{i2}分别表示收益率对这两个影响因素的敏感程度;当因素值为0时,证券i的收益率为a_i,是一个常数;ε_i是一个随机误差项或干扰项。

(3)多因素模型。多因素模型假设影响证券收益率的因素有多个,它是双因素模型的扩展,其表达式为:

$$r_i = a_i + b_{i1} f_1 + b_{i2} f_2 \cdots + b_{in} f_n \cdots + \varepsilon_i$$

式中,r_i表示证券的收益率;f_n表示影响收益率的因素值;b_i表示收益率对各影响因素的敏感程度;当因素值为零时,证券i的收益率为a_i,是一常数;ε_i是一个随机误差项或干扰项。

多因素模型的表达式也是因素模型的一般形式。因素模型表明,具有相同因素敏感程度的证券或证券组合应该有相同的预期收益率。

2. 套利组合

根据套利定价理论,在不增加风险的情况下,投资者将通过组建套利组合的方式来提高其预期收益率。套利组合需要满足三个条件:

(1) 套利组合属于自融资组合,即要求投资者不追加任何额外资金,该组合中各种证券的权重之和为 0。如果用 x_i 表示投资者对证券 i 的持有量,也就是证券 i 在套利组合中的权重,则这一条件可以表示为:

$$x_1 + x_2 + \cdots + x_n = 0$$

(2) 套利组合没有因素风险,即套利组合对任何因素的敏感程度均为零,且证券组合对某一因素的敏感程度等于该组合中各证券对该因素敏感程度的加权平均。这一条件可以表示为:

$$b_1 x_1 + b_2 x_2 + \cdots + b_b x_n = 0$$

(3) 套利组合的预期收益率大于零。其表达式为:

$$x_1 E(r_1) + x_2 E(r_2) + \cdots + x_n E(r_n) > 0$$

当上述三个条件都满足时,一个组合就被称为套利组合。

3. 套利定价模型

投资者的套利活动是指在买入收益率偏高的证券的同时卖出收益率偏低的证券,其结果是使得收益率偏高的证券价格趋于上升,其收益率相应下降;同时使得收益率偏低的证券价格趋于下降,其收益率相应上升。当各种证券的收益率与各种证券对各因素的敏感程度保持适当的关系时,套利活动停止。

套利定价模型(APT Model)的公式为:

$$E(r_i) = r_f + \beta_{i1} f_1 + \beta_{i2} f_2 + \cdots + \beta_{in} f_n$$

式中,$E(r_i)$ 表示预期收益率;β_i 表示风险的大小;f_n 表示投资者承担风险的补偿额。从上述公式可以看出,预期收益率等于无风险收益率加 n 个因素的风险报酬。

与资本资产定价模型相比,套利定价理论的优势在于所需要的假设条件较少,计算较为简便;不足之处是那些可能由市场定价的因素并没有在模型中被确定为先验因素,而在资本资产定价模型和国际资产定价模型中,只有系统性风险因素才是市场组合收益率的影响因素。

三、跨国企业资本成本的影响因素

跨国企业资本成本的影响因素较为复杂,信贷者的偏好、低成本融资的可获得性和企业破产的可能性是影响跨国企业资本成本高低的重要因素。跨国企业资本成本的复杂性在于这些因素本身具有更为复杂的背景(见图 10-3)。

第一,投融资活动依赖于国际市场。跨国企业的长期资金融通渠道较多,通常能够进入国际资本市场获得较低成本的资金。

第二,国际经营多元化。国际经营多元化意味着企业涉及多个市场,其销售额不会仅仅受到一个市场的影响而遭受重创。

第三,汇率风险高。跨国企业的现金流受汇率变动的影响大,汇率风险越大,跨国企业未来各期现金流入的变化也越大。

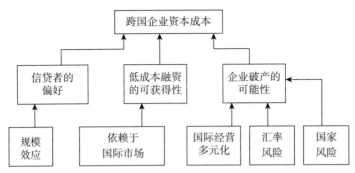

图 10-3　跨国企业资本成本的影响因素

第四,规模效应。一般来说,从事国际化经营的跨国企业,其自身的发展速度会快于国内企业,也较容易获得成长机会。

第五,国家风险的影响较大,如跨国企业的海外子公司被东道国政府征用的风险。有效管理国家风险,也属于跨国企业资本成本管理的范畴。

第二节　国际资本结构

资本结构是指企业各种资本的价值构成及其比例关系,是企业一定时期筹资组合的结果。最佳资本结构是满足股东财富最大化的资本结构,亦即实现企业资本成本最小化的资本结构。国际资本结构指跨国企业各种资本(一般指长期债务和权益资本)的价值构成及其比例关系。跨国企业的财务经理应当对债务的计值货币、期限、优先程度、利率结构、可转换性或可赎回性期权以及其他契约条款进行选择,形成其特有的资本结构。

一、资本结构理论

资本结构理论是财务理论的重要组成部分之一。资本结构理论经历了旧资本结构理论和新资本结构理论两个阶段。

(一) 旧资本结构理论

旧资本结构理论的主要研究成果包括:理想条件下,MM 理论得出资本结构与企业价值无关的结论;存在企业所得税条件下,MM 理论得出企业价值随负债的增加而增加的结论;存在破产成本的条件下,权衡理论得出实现企业价值最大化要权衡税盾效应和破产成本的结论。

1. 理想条件下的 MM 模型

如何确定合理的资本结构,正确利用负债融资,是跨国企业长期融资决策的核心内容。在以股东财富最大化为目标的框架之下,讨论最优资本结构的理论繁多,这里主要介绍弗兰科·莫迪利安尼(Franco Modigliani)和莫顿·米勒(Merton Miller)提出的MM理论,即完全市场假说。MM理论认为,在完全市场条件下,企业的金融策略是不相关的,企业的资产价值只取决于预期未来现金流量的价值,而不取决于企业的融资方式,这就是著名的不相关假设。或者说,当企业的债务比率由零增加到100%时,企业的资本总成本及总价值不会发生任何变动,即企业价值与企业资本结构无关,不存在最佳资本结构问题。MM理论的基本假设包括:

(1) 资本市场是完备的,即所有投资者都是价格的接受者,没有交易成本,也没有企业和个人所得税;

(2) 投资者是理性的,能够形成相同的有关企业未来盈利现金流量的预期;

(3) 企业将全部盈余作为股利发放给股东;

(4) 预期盈利现金流量不随时间而增加;

(5) 企业的经营目标为股东财富最大化,所有投资者均可借到与企业借款利率相同的款项;

(6) 所有债券均可交易并产生与市场利率相同的收益率;

(7) 债券产生的盈利现金流量确知;

(8) 各种负债均为无风险负债等。

2. 存在所得税条件下的MM理论

完全市场假说为我们提供了理解不完全市场及更为复杂的市场的一个基础。但从现实来看,完全市场假说是不成立的。存在所得税条件下的MM理论,是对理想条件下的MM理论的修正。

莫迪利安尼和米勒于1963年进一步完善与修正了MM理论。他们发现,在考虑企业所得税的情况下,由于负债的利息是免税支出,可以降低综合资本成本,增加企业价值,因此,企业只要通过提高财务杠杆就可以降低资本成本,其负债越多,杠杆作用越明显,企业价值越大。

按照修正后的MM理论,企业的最佳资本结构是100%负债,但这种情形在现代社会中显然不合理,因此,后来有些学者引入均衡理论和代理成本、财务困境成本(因偿债能力不足而导致的直接和间接损失)等因素,对MM理论进一步加以完善。

3. 权衡理论

经济学家沿着MM理论的分析方法,将其假设条件释放,由此形成了权衡理论。权衡理论形成于20世纪70年代,其主要观点是:企业的最佳资本结构是税盾效应和破产成本进行权衡的结果。所谓税盾效应,是指债务成本(利息)在税前支付,而股权成本(利润)在税后支付。因此,企业如果要向债权人和股东支付相同的回报,则实际需要获得更多的利润。

(1) 早期的权衡理论。早期的权衡理论基于纯粹的税盾效应和破产成本之间的权衡。根据 MM 理论,由于税盾效应,企业可以通过增加债务资本来增加其市场价值。但是,随着债务资本的增加,企业的风险也随之增加,企业面临财务困境的概率上升,甚至可能导致破产,致使企业的市场价值下降。因此,企业的最佳资本结构是税盾效应和破产成本进行均衡的结果。根据权衡理论,企业的市场价值为权益资本的市场价值加上税盾效应的现值,再减去破产成本的现值。用公式表示为:

$$VL = V_u + PVTS - PVFD$$

式中,VL 表示企业的市场价值,V_u 表示权益资本的市场价值,PVTS、PVFD 分别表示税盾效应的现值和破产成本的现值。企业的破产成本可分为直接成本和间接成本两类。破产直接成本包括:破产程序中所耗费的支付给律师、会计师、资产评估师等的费用;破产清算过程中存货的贬值、设备和建筑物的损耗。间接破产成本包括:企业破产时,经理层会采用一些有利于自己但有损企业的短期行为;当供应商和客户发现企业陷入财务困境,存在支付困难时,为维护自身利益,往往会采取逃避的行为,比如缩短收款期,这些行为增加了企业的成本;企业一旦陷入财务困境,资本市场对该企业的态度就会发生变化,企业会发生融资困难,即使能筹集到资金,也必须付出较高的融资成本。

(2)后期的权衡理论。后期的权衡理论的主要特点是将早期理论中的破产成本进一步加以拓展,引入了财务困境成本、代理成本等概念和内容。

后期的权衡理论认为,债务融资提升了财务杠杆,增加了财务困境成本,抑制了企业债务融资的冲动。另外,破产概率上升给企业带来了代理成本,这也是抑制企业债务融资的重要原因。财务困境成本和代理成本的存在,一方面,使企业市场价值下降;另一方面,当债权人将财务困境成本和代理成本作为影响其预期收入的重要因素时,将造成债务融资成本上升。这两方面的约束力使企业为追求税盾效应而提高财务杠杆的欲望受到抑制。用公式表达为:

$$VL = V_u + PVTS - PVFD - PVDC$$

式中,VL 表示企业的市场价值,V_u 表示权益资本的市场价值,PVTS 表示税盾效应的现值,PVFD 表示财务困境成本的现值,PVDC 表示代理成本的现值。

上述两个公式在说明股东、债权人之间关系的变化及其对企业市场价值的影响上具有共性,但后者的前提条件更多,除破产成本外,还有财务困境成本和代理成本。因此,企业的市场价值在实现最大化的过程中,具有更多的约束条件。不可否认,这种理论也存在很大的局限性。

(二)新资本结构理论

20 世纪 70 年代末,研究学者将信息不对称理论引入资本结构的研究之中,开始重视企业内部因素对企业资本成本和资本价值的影响。从此,资本结构理论进入新资本结构理论时代。新资本结构理论的主要研究成果就是分析了在信息不对称条件下资本结构的治理效应及对企业价值的影响。斯特沃特·迈尔斯依据 20 世纪 60 年代初美国哈佛大学教授戈顿·康纳森的调查理论——筹资的选择顺序,在罗斯模型的基础上,考察了信息不对称对企业投资成本的影响,并于 1984 年提出了信息不对称理论。

1. 调查理论——筹资的选择顺序

康纳森教授的调查理论——筹资的选择顺序如下:

(1) 企业宁愿以企业内部产生的资金筹资,即留存收益、折旧资金等。

(2) 企业根据未来投资机会和预期未来现金流确定目标股利发放率。目标股利发放率建立在正常情况下留存收益加上折旧能满足资本费用支付的要求上。

(3) 股利在短期内具有刚性,企业不愿意在现金股利上有较大的变动,特别是削减股利往往会遭到股东的强烈反对。

(4) 企业如果有剩余留存收益,则或是投资于有价证券,或是偿还负债。企业如果没有足够的留存收益来支持不可取消的新项目,则会出售其部分有价证券。

2. 罗斯模型

罗斯模型认为,企业管理者对企业未来收益和投资风险有内部信息,而投资者没有这些内部信息。因此,投资者只能通过企业管理者输出的信息来评价企业的市场价值。企业的资产负债率就是一种把内部信息传递给市场的信号工具。资产负债率提高是一个积极的信号,它表明管理者对企业未来的发展有充足的信心,企业价值也随之提高。从这个意义上说,企业价值与资本结构有关。由于企业发行新股的消息将引起人们的猜测,还会导致股价下跌,因此管理者往往不使用股本融资方式,而宁愿使用债务融资方式。筹资的顺序如下:①留存收益;②新债;③最后迫不得已发行新股。为保证企业随时发行新债的能力,管理者举债的数量通常少于企业能承担的数量,以便保留一些资金储备能力。这个结论与康纳森教授筹资的选择顺序理论的结论相似。

3. 信息不对称理论

迈尔斯教授的信息不对称理论如下:

(1) 若存在信息不对称,则企业管理者认为只有在股价被高估时,才会发行新股筹资。

(2) 投资者若得知企业即将发行新股的消息,则会抛售企业股票,从而引起股价下跌。

(3) 当存在信息不对称时,实际观察到的筹资顺序是合理的。这就需要企业将很大一部分留存收益转作生产性资金,提高股本比重,降低负债比重以保持资金储备能力。这种能力在企业需要外部资金完成投资项目时就显得特别重要。总之,发行新股筹资在信息不对称条件下是一种风险极大、代价过高的筹资方式。

根据信息不对称理论,为了提高企业价值,管理者应当提高企业自有资本比重,降低负债比重,并增强自我筹资的能力。

二、财务杠杆分析

财务杠杆又称融资杠杆,是指企业在进行资本结构决策时对债务融资的利用。财务杠杆反映企业财务风险的大小。企业财务风险是指全部资本中债务资本比率变化所带来的风险。影响企业财务风险的因素主要是债务资本比率的高低。

1. 经营杠杆系数

企业经营风险的大小常常使用经营杠杆来衡量。经营杠杆又称营运杠杆,是指企业在经营决策时对经营成本中固定成本的运用,即成本结构中的固定成本对息税前利润的影响。由于固定成本不随产销量的变动而变动,或者说固定成本在一定产销量范围内保持不变,因此增加企业的产销量会使每单位产品分摊的固定成本减少,息税前利润增加,这样就产生了经营杠杆。

经营杠杆作用的大小一般用经营杠杆系数(DOL)来表示,它是息税前利润变动率与销售额变动率的比率。其计算公式为:

$$\mathrm{DOL} = \frac{\Delta \mathrm{EBIT}/\mathrm{EBIT}}{\Delta Q/Q} = \frac{\mathrm{EBIT}+F}{\mathrm{EBIT}}$$

式中,EBIT 为变动前的息税前利润,ΔEBIT 为息税前利润变动额,Q 为变动前的销售额,ΔQ 为销售额变动额,F 为固定成本。

从上式中可以看出,在固定成本不变的情况下,经营杠杆系数说明了销售额增长(减少)所引起的息税前利润增长(减少)的幅度。在固定成本不变的情况下,销售额越大,经营杠杆系数越小,经营风险也就越小;反之,销售额越小,经营杠杆系数越大,经营风险就越大。企业一般可以通过增加销售额、降低产品单位可变成本、降低固定成本比重等措施使经营杠杆系数减小,降低经营风险。

2. 财务杠杆系数

企业对外筹资,在用筹得的资金获取收益的同时也承担着一定的利息支出。如果债务收益率高于利息率,则举债经营会使投资者收益增加;反之,会使投资者收益减少。这种债务融资对投资者收益的影响,称为财务杠杆。

财务杠杆作用的大小通常用财务杠杆系数(DFL)来表示。财务杠杆系数越大,表示财务杠杆作用越大,财务风险也就越大;财务杠杆系数越小,表明财务杠杆作用越小,财务风险也就越小。其计算公式为:

$$\mathrm{DFL} = \frac{\Delta \mathrm{EPS}/\mathrm{EPS}}{\Delta \mathrm{EBIT}/\mathrm{EBIT}} = \frac{\mathrm{EBIT}}{\mathrm{EBIT}-I}$$

式中,EPS 为变动前的普通股每股收益,ΔEPS 为普通股每股收益变动额,EBIT 为变动前的息税前利润,ΔEBIT 为息税前利润变动额,I 为债务利息。

从上式中可以看出,财务杠杆系数说明了息税前利润提高(降低)所引起的每股收益增加(减少)的幅度。在资本总额、息税前利润相同的情况下,负债比率越高,财务杠杆系数越大,财务风险越大,但预期每股收益(投资者收益)也越多。企业可以通过合理安排资本结构,适度负债,使财务杠杆收益抵消风险增大所带来的不利影响。

3. 总杠杆系数

从上述介绍可知,固定成本的存在产生经营杠杆作用,举债经营的利息费用产生财务杠杆作用。若两种杠杆同时作用,则销售额稍有变动就会使每股收益产生更大的变动。通常将这两种杠杆的连锁作用用总杠杆来表示。总杠杆的作用程度,可用总杠杆系数(DCL)来表示,它是经营杠杆系数和财务杠杆系数的乘积。其计算公式为:

$$DCL = \frac{(P-V)Q}{(P-V)Q - F - I} = \frac{EBIT + F}{EBIT - I}$$

式中,P 为产品价格,V 为变动成本,Q 为销售额,F 为固定成本,I 为债务利息,EBIT 为变动前的息税前利润。

从上式中能够估计出销售额变动对每股收益产生的影响,也可以看出经营杠杆与财务杠杆之间的相互关系,而且为了达到某一总杠杆系数,经营杠杆和财务杠杆可以有很多不同的组合。

三、跨国企业资本结构决策的内容

跨国企业资本结构决策的内容很复杂,通常包括以下几方面:

1. 跨国企业的资本结构

跨国企业的资本结构即债务资本对股权资本的比率,各类债务资本比率变化等所带来的财务风险与行业和企业的技术水准所能承受的风险应一致。

2. 跨国企业各类资本的期限结构

跨国企业各类资本的期限结构包括三种概念:①各类融资工具的契约期限;②各类融资工具的平均寿命期;③各类债务债权关系的持续期限。这三个概念之间相互联系但又有所区别的。各类融资工具的契约期限体现了企业所面临的破产风险;各类债务债权关系的持续期限表明了企业在资金调度上是否有足够的灵活性,以降低融资成本和风险。在资本期限结构的管理上,企业应努力实现远期融资需要和远期融资机会相一致、远期融资风险和远期投资风险相一致。大多数企业在资本的期限结构上,特别是在融资策略的管理上,往往着重于价值指标,而忽视风险指标。

3. 跨国企业的利息支付和红利支付

在利息支付和红利支付的决策上,以固定利率支付还是以浮动利率支付,是企业所面临的基本选择。在金融创新浪潮中出现的利率工具,如利率封顶、利率保底也给企业的财务管理提供了新的选择。企业在利息支付和红利支付决策上的主要目标是:正确判断未来的利率走势,减少利率风险对企业经营收益的影响。

4. 全球范围内融资的货币结构

跨国企业在全球范围内以多种货币融资,目的在于开拓新的融资机会,扩大企业的债务容量,以满足企业发展对资金的需求。这包含两方面的意义:①企业融资产生外汇风险暴露;②企业在国际金融市场上开拓新的融资机会。在一个完善的国际金融市场中,利率平价理论使得各个金融市场的融资机会是相等的。但现实是,国际金融市场并不是完善的,利率平价理论只在很少的情况下才成立。经验表明,短期的套利机会是存在的。一般的管理原则是:企业债务的货币组成与企业收益的货币组成应一致。

5. 跨国企业融资工具的票面结构

在国际金融市场上,大量金融创新融资工具的出现,使企业的融资面临对融资工具票面结构的选择。企业融资工具票面结构的选择取决于企业经营现金流的期限、收益的稳定性和风险的敏感性,也取决于市场对企业的融资工具在价格、收益率等融资条件上的接受程度。例如,企业的产品成本对某类产品的价格指数非常敏感,则企业可以选择利息支付与价格指数反方向变化的融资工具。

6. 外部控制

企业进行外部融资,必然与一定程度的外部控制相联系。谁进行控制(信贷方、现有股东、新股东),如何进行控制(贷款契约、优先股红利、普通股的选举权),在多大程度上接受外部控制,如何设计外部控制的渠道,企业管理层在进行外部融资时必须做出选择。

7. 利益分配

投资者的报酬形式与两个问题有关:①公司融资工具的方式:企业的证券如何挂牌上市。②企业向投资者传递价值的方式:企业如何通过红利或资本收益向投资者分配价值。跨国企业在这个问题的选择上,首先受到不同国家的法律约束。就美国的情况而言,企业是采用私募还是公募方式发行证券,只与证券持有人是否享有登记权利有关。只有公募方式发行的证券,证券持有人才享有登记权利,而证券的登记权利是投资者实现投资收益的基本条件。

第三节 跨国企业最优融资策略

从财务角度来看,跨国企业具有许多纯国内企业所不具有的优势,特别是在融资方面,跨国企业可以充分利用国际金融市场为企业筹集低成本的资金。为了充分利用企业所具有的财务优势,跨国企业应该在全球范围内制定融资策略。跨国企业在对长期国际融资策略进行设计时,必须综合考虑以下各方面的因素:各种可能的资金来源及相应的融资成本;各种融资方式对企业经营风险的影响程度;企业的资本结构、外汇风险、税收、资金来源的分散化、跨国转移资金的自由度等。

一、跨国企业的融资规模

融资规模是指一定时期跨国企业需要的融资总额。研究跨国企业融资规模时将涉及跨国企业的融资总规模、内部资金筹措额、外部资金筹措额三个方面。因此,在确定融资规模时,一般是先根据跨国企业一定时期的实际资金需求量确定融资总规模,然后确定内部资金的保证程度,最后,融资总规模和内部资金之差才是应筹措的外部资金量。

1. 融资规模确定的依据

融资规模确定的依据有:

(1) 投资规模的需求。融资规模的确定不仅与融资本身的问题有关,还受到企业投资规模、偿还能力等多方面因素的影响,但投资规模的影响是最主要的。企业的投资规模决定融资规模,投资的期限决定融资的期限。

(2) 经济法律的约束。企业在设立时受公司法的约束,即不同规模和性质的企业应筹集到相应的法定资本金,这是一种刚性约束,否则企业将无法设立。另外就是有关证券法规和银行法规的限制。企业在进行债务融资时,应符合净资产与负债之间的法定比率。企业在向银行申请贷款时,若未达到银行对资本金的一定比率要求,则银行根据法律规定不能提供申请额度的贷款。

2. 融资规模确定的方法

融资规模确定的方法有:

(1) 实际核算法。实际核算法是在企业投资项目基本确定的情况下,根据项目概算的实际需要确定融资规模的方法。其优点是精确,但必须有详尽而可靠的资料。一般在企业设立时可采用。

(2) 比率分析法。比率分析法也叫财务比率分析法,是用一系列有机联系的财务比率来反映资本结构是否合理,然后选择适当的融资方式。一般采用的财务比率有经营比率、成本结构比率、负债比率、流动性比率和盈利率。

(3) 财务报表分析法。财务报表分析法是根据销售与资产负债表和损益表项目之间的比例关系,预测各项目短期资金需求量的方法。具体使用时,可以通过编制预计损益表和预计资产负债表,来预测资金的需求量,也可以用公式直接计算外部融资的追加额。

二、融资结构的影响因素

跨国企业的融资结构受许多因素的影响,正是由于这些因素的作用,使得跨国企业融资方式的选择复杂化。

1. 跨国企业的特点

跨国企业具有现金流量稳定、信用风险低等特点,这些独有的特点将可能对其融资结构产生有利影响。

第一,现金流量的稳定性与跨国企业高财务杠杆的承受能力。现金流量的稳定性使得企业具有持续稳定的支付能力,这种能力保证了企业可以承受更多的债务,因为稳定的现金流量可以确保其定期支付贷款利息。反之,现金流量不稳定的企业难以承受到期的债务本息。经营多样化的跨国企业可以有更稳定的现金流量,因此,跨国企业通常可以接受高债务资本的融资结构。

第二，低信用风险与较强的再融资能力。跨国企业的信用风险相对较低，这种判断源于这样的事实：跨国企业管理有效、可担保资产多、资产的流动性强。由此带来的便利是，它们易于获得贷款，具有较强的资金选择能力。

第三，收益的处置与跨国企业的盈利水平和成长性。一个盈利水平高的跨国企业可以将大量的留存收益用于投资，其采用的融资结构是低杠杆的融资结构。相反，一个盈利水平较低的跨国企业可以更多地依赖债务融资解决其融资所需要的资金，从而保持高杠杆的融资结构。

2. 东道国的因素

通常跨国企业在海外拥有一定数量的子公司，子公司的资金融通受东道国的影响巨大，从而对跨国企业的融资结构产生影响。影响跨国企业融资结构的东道国因素归类见表10-1。

表 10-1　影响跨国企业融资结构的东道国因素

因素	子公司外部融资额	母公司内部融资额	母公司外部融资额
东道国国家风险较高	较高	较高	较低
东道国利率高	较低	较低	较高
预计东道国货币贬值	较高	较高	较高
东道国政府资金冻结	较低	较低	较高
东道国预提税高	较高	较高	较低
东道国所得税高	较高	较高	较低
母公司对子公司债务担保	较高	较高	较低

资料来源：根据相关文献整理绘制。

第一，东道国的国家风险。东道国的国家风险存在差异，当跨国企业处于高国家风险环境中时，它会考虑加强自身影响的融资策略。

第二，东道国的利率水平。一旦政府对资本流动施加限制，可贷资金可能并不总是流向最需要资金的地方。在市场被分割的情况下，债务资本成本取决于融资所在国的特点。如果东道国利率较低，那么跨国企业的子公司会以较低的成本获得外源资金并将内源资金汇回母公司；如果东道国利率较高，那么母公司可能使用自己的资金来支持子公司。因此，跨国企业对债务资本的偏好取决于东道国的债务资本成本。

第三，东道国的货币实力。汇率预期有助于跨国企业安排资金融通，尤其是外源资金融通。如果跨国企业子公司所在国货币相对于母公司所在国货币升值，则子公司留存更多的内源资金被视为上策，而母公司则实施外源融资；同时，母公司所在国货币贬值的压力会使母公司加大对其在子公司的投入。

第四，东道国的税制。东道国的税制主要涉及预提税和企业所得税。一旦东道国对汇回收益课以高额的预提税,母公司就可能通过较高的划拨价格,将更多的成本转移给子公司,造成子公司利润下降,以实现规避税负的目的。

三、跨国企业的融资策略

跨国企业在制定融资策略时,主要从企业层面和国家层面来讨论,应充分考虑降低融资成本、降低经营风险和优化资本结构。

1. 降低融资成本

由于世界各国资本市场的不完善性、税收,以及政府对信贷资本的管制,造成资本市场局部扭曲,各种融资来源的实际成本之间存在差异。如果对此差异加以利用,则既可以获得有利的融资机会,又可以降低融资成本。例如,发行零息票债券,可以节省所得税支出;发行无记名债券,由于债券持有人可避税,则利率可适当降低;母公司向子公司融资时采用债务融资,其利息费用可抵减所得税,相反,股息支出则要缴纳预提所得税。

2. 降低经营风险

为了降低经营风险,跨国企业必须保存一定数额的流动资产和一定的举债能力,以备急用。同时,应积极与各种金融机构打交道,以开拓资金来源,使融资来源分散化,避免对某一金融市场的过度依赖,从而保证融资能力。对于外汇管制,可采取最大限度地使用当地融资的方式,充分利用背靠背贷款或平行贷款等措施。对于外汇风险,一般原则是通过融资方式,使受险的净资产头寸为零。

3. 优化资本结构

简单地说,企业的资本结构就是其负债与权益的比例。资本结构的优化就是选择负债融资和权益融资的最优组合,实现财务风险与融资成本的适宜配置。在征收所得税的情况下,负债比率越高,企业价值越大,但达到一定程度之后,破产风险和有关成本也会急剧增加。所以,应在分析同行业和其他企业情况的基础上,根据企业预期偿付能力和各子公司的情况,确定最优的负债比率。对于海外子公司资本结构确定的要求是:既要与母公司的资本结构相协调,又要反映东道国的资本结构规范,并且要尽可能地利用市场信息的不对称性降低公司的总资本成本。

由于各种因素的影响,跨国企业的资本结构经常会偏离其目标资本结构。判断资本结构是否合理,可以通过分析每股收益的变化来衡量。能提高每股收益的资本结构是合理的,反之则不够合理。但每股收益的高低不仅受资本结构的影响,还受销售水平的影响。可以运用融资的每股收益分析方法判断融资结构的合理性。

每股收益分析是利用每股收益的无差别点进行的。所谓每股收益的无差别点,是指每股收益相等时的息税前利润点,也称无差异点。每股收益的计算公式为:

$$EPS = (S - VC - F - I)(1 - T)/N = (EBIT - I)(1 - T)/N$$

式中,EPS 为每股收益,S 为销售额,VC 为可变成本,F 为固定成本,I 为债务利息,T 为所得税税率,N 为流通在外的普通股股数,$EBIT$ 为息税前利润。

假设某跨国企业由于扩大业务的需求,需要采用两种追加融资方案,一是增加权益,二是增加负债。用 EPS1 表示第一种融资方式的每股收益,EPS2 表示第二种融资方式的每股收益。根据每股收益无差别点的定义,能够满足下列条件的销售额或息税前利润就是每股收益的无差别点,即 EPS1=EPS2。在分析时,当销售额(或息税前利润)大于每股收益无差别点的销售额(或息税前利润)时,运用负债融资可获得较高的每股收益;反之,当销售额(或息税前利润)低于每股收益无差别点的销售额(或息税前利润)时,运用权益融资可获得较高的每股收益。

本章小结

1. 资本成本是从事某项投资的公司的股东对该项投资所要求的、经风险调整后的最低收益率。权益资本成本是公司为了吸引投资者购买或持有公司股票所需要的最低收益率。加权平均资本成本是企业全部长期资本的总成本。

2. 资本资产定价模型(CAPM)是国际资产定价模型(IAPM)的前提和基础,后者是对前者在多货币条件下的扩展。由于资本资产定价模型自身存在缺陷,因此其应用具有局限性。针对资本资产定价模型的不足,斯蒂芬·罗斯又提出了套利定价理论(APT)。

3. 资本结构是指企业各种资本的价值构成及其比例关系。资本结构是影响企业资本成本的主要因素之一。

4. MM 理论是资本结构理论的基础,但 MM 理论是建立在一系列假设的条件之上,在现实中,该理论是不成立的。对 MM 理论的修正理论主要有权衡理论和信息不对称理论。

5. 跨国企业具有现金流量稳定、信用风险低等特点,这些独有的特点将可能对其资本结构产生有利影响。跨国企业的融资结构受许多因素的影响,正是由于这些因素的作用,使得跨国企业融资方式的选择复杂化。

6. 从财务角度来看,跨国企业具有许多纯国内企业所不具有的优势,特别是在融资方面,跨国企业可以充分利用国际金融市场为企业筹集低成本的资金。为了充分利用企业所具有的财务优势,跨国企业应在全球范围内制定融资策略。

7. 跨国企业资本结构决策的内容包括:跨国企业的资本结构、跨国企业各类资本的期限结构、跨国企业的利息支付和红利支付、全球范围内融资的货币结构、跨国企业融资工具的票面结构、外部控制和利益分配。

8. 跨国企业在制定融资策略时,应充分考虑如何降低融资成本、降低经营风险和优化资本结构。

本章习题

1. 跨国资本成本有哪些种类?各自的计算方法有哪些?不同的资产定价方法区别

在哪里？优缺点各是什么？

2. 资本结构有哪些理论？其基本观点是什么？财务杠杆有哪些？简述各财务杠杆的作用。

3. 简要说明国际资本结构与国内资本结构的异同点，国际资本结构与资本成本是怎样影响长期融资决策的。

4. 如何理解资本结构与企业价值的关系？

5. 申达通信公司的目标资本结构如下：优先股15%，普通股60%，负债25%。普通股由已发行的股票和利润留存组成。公司投资者期望未来的收益和股息按9%的固定增长率增长，上一期股息为3元/股，本期股票价格为50元/股。政府债券收益率为11%，平均股票期望收益率为14%，公司的 β 系数为1.51。优先股是按100元/股的价格发行的新优先股，股息11元/股，每股发行成本为股票价格的5%。负债是按12%的年利息率发行的新债券，发行成本忽略不计。公司的所得税税率为33%。

试计算各类资本的成本，分别用资本资产定价模型和折算现金流法估算普通股的成本 K_s，并求出公司的加权平均资本成本 WACC。

6. ABC 公司拟筹资 1 000 万欧元，现有两个备选方案，有关资料见下表。

备选方案情况

方式	甲方案		乙方案	
	筹资额（万欧元）	资金成本（%）	筹资额（万欧元）	资金成本（%）
长期借款	150	9	200	9
债券	350	10	200	10
普通股	500	12	600	12
合计	1 000		1 000	

请分析哪个备选方案更好，并说明原因。

参考文献

1. 科普兰,韦斯顿,夏斯特里.金融理论与公司政策(第四版)[M].刘婷,等,译.北京：中国人民大学出版社,2012.

2. 马杜拉.国际财务管理(第9版)[M].张俊瑞,田高良,李彬,译.北京：北京大学出版社,2009.

3. 王平方.国外资本结构与企业价值相关性实证研究综述[J].管理与财富：学术版,2010(4)：95—96.

4. 栗书茵.汇率风险管理理论与实证研究[M].北京：知识产权出版社,2009.

5. 张碧琼.国际金融管理学[M].北京：中国金融出版社,2007.

第十一章

长期国际融资管理

本章首先介绍国际证券融资,包括国际股票融资、国际债券融资的类型及成本管理;然后介绍中长期国际信贷融资方式,以及债务融资风险管理工具,如利率互换、货币互换、特殊货币互换安排、期权互换、远期利率协议等;最后阐述特定方向融资,如国际项目融资、国际租赁融资及出口信贷融资的特征和模式。长期国际融资是指资金使用期限在一年以上的国际融资。长期国际融资方式包括国际股票融资、国际债券融资、国际信贷融资和特定方式融资。

第一节 国际证券融资管理

在国际金融市场中,跨国企业可以发行债券、股票、商业票据等不同类型和不同时期兑现的各种有价证券,直接向公众筹集资金,即国际证券融资。国际证券融资工具包括股票境外上市、设立投向境外的投资基金、发行国际债券等。此外,金融衍生工具、资产证券化、项目融资证券化、票据发行便利、国债市场国际化等非主流渠道的应用领域也在逐渐扩大。

一、国际股票融资

国际股票融资是指符合发行条件的企业依照规定的程序向境外投资者发行可流转股权证券的国际融资方式。目前,中国企业进行国际股票融资的主要方式有:发行B股、H股和N股、存托凭证并上市交易。中国企业境外IPO(首次公开募股)地点集中分布于香港交易所主板/创业板、纽约证券交易所、纳斯达克证券交易所、伦敦AIM市场(London's Alternative Investment Market)、法兰克福证券交易所、新加坡交易所等。

(一)国际股票融资的特点

国际股票融资具有如下特点:

(1)根据多数国家的公司法和证券法,国际股票发行人仅限于资本已股份化的特定类型的公司组织,通常为股份有限公司或特定类型的有限责任公司。

(2)国际股票发行人与投资人分属于不同的国家或地区,其股票发行或上市交易行为受到不同国家法律的支配,由于其法律适用较为深入地涉及不同国家的公司法、财产法和证券法规则,故其法律冲突问题的解决较为复杂。

(3)国际股票本质上是一种可自由流转的股东权利凭证,它具有权利无期限性,采取记名证券形式,其权利内容又具有复合性与复杂性,故国际股票的发行、交易与权利争议解决均不同于国际债券。

(4)国际股票融资通常不以单纯的一次性股票发行为内容,发行人往往追求国际股票发行与股票上市的双重结果,其目的在于提高国际股票发行的效率,建立某种长期稳定的国际融资渠道。

(5)国际股票融资具有较强的技术性和复杂的程序性,多数国家的证券法或公司法对于股票发行与上市制定了条件规则、上市聆讯规则和程序规则。因而在现代社会中,凡提到股票发行与上市,通常意味着这一行为是在金融中介人和专业机构的协助下进行的,是遵循公开和公正原则进行的,并且是在法律规定的条件规则和程序规则控制下进行的。

综上所述,国际股票融资不仅在性质上不同于传统的投资行为(如中外合资合同行为)、贷款行为或其他类似合同行为,而且不同于国际债券融资行为。可以说,现代各国证券法对国际证券发行与交易的规则更主要的是为控制股票融资行为而设置的。

(二)国际股票的发行

国际股票融资的核心内容是国际股票的发行,它是指符合发行条件的公司组织以筹集资金为直接目的,依照法律和公司章程的规定向外国投资人要约出售代表一定股东权利的股票的行为。根据多数国家证券法的规定,股票发行应当符合公开、公平与公正的基本原则,某些国家的法律甚至对股票发行方式也设有概括性规定。但总的来说,多数国家的法律对国际股票公开发行和私募发行设有不同的规则。

1. 股票公开发行

股票公开发行又称公募,是指发行人根据法律规定,以招股章程形式向社会公众投资人公开进行募股的行为,其发行程序、信息披露和有效认股之确认均受到特别法规则、要式行为规则的规制。

2. 股票私募发行

股票私募发行又称"配售",是指发行人根据法律的许可,以招股信息备忘录或类似形式向特定范围和特定数量的专业性机构投资人以直接要约承诺方式进行售股的行为,其发行程序、信息披露和有效认股之确认仅受到较为宽松的法律限制。

3. 公募与私募的区别

股票公募与私募的主要区别在于:

（1）发行申请规则不同。股票公募须向证券市场所在国的证券监管部门履行股票发行注册申请、备案和审核；而股票私募则通常无须向证券市场所在国证券监管部门履行发行注册申请或审核程序，或者仅须履行较为简单的注册备案程序。

（2）信息披露要求不同。股票公募依多数国家的法律须使用正式的招股章程，在必要条款内容、验证标准和披露程序上都受到较严格的法律控制；而股票私募则仅需使用法律要求较为宽松甚至没有要求的信息备忘录，许多国家的法律对其必要内容和验证标准不设要求而交由惯例控制，其披露可以采取分别派送的方式，对其披露时间的要求也较为宽松，这使得发行的准备工作大为减省。

（3）售股对象不同。股票公募是发行人向不特定公众发出的售股要约，其要约和有效认股之确认须遵循严格的公开性规则；而股票私募则是发行人向特定范围和特定数量的机构投资人发出的售股要约，其要约承诺原则上遵循合同法规则。

（4）上市审核规则不同。股票公募通常谋求在境外的正式证券交易所上市，故发行人除须履行发行申请程序外，还须接受证券交易所的上市条件审核，接受上市规则的约束；而单纯的私募股票不能在正式的证券交易所上市，通常仅可在证券商交易系统或店头市场交易，其上市审核问题较为简单，一般受到惯例的支配。

为了充分利用证券市场所在国的法律条件，典型的国际股票融资（特别是在融资规模较大的情况下）通常采取股票公募与私募相结合的方式，保障所公开发售和私募的股票共同上市，实践中称之为"公开发售与全球配售"。依此方式，发行人通过承销人在股票上市地进行一定比例的公募，又通过承销人在世界其他地区进行一定比例的私募。在此类募股中，发行人和承销人根据法律要求须准备公募使用的招股章程和在不同地区私募使用的信息备忘录，根据上市地法律的要求协调公募与私募的比例，使股票公募与私募所遵循的申请审核程序和信息披露程序相衔接。

（三）国际股票融资的类型

国际股票融资依照其发行与上市结构可分为不同的类型，中国普遍采用的类型包括境内上市外资股、境外上市外资股、间接境外募股上市和存托凭证境外上市等。

1. 境内上市外资股

境内上市外资股结构是指发行人通过承销人在境外募集股份（通常以私募方式），并将该股份在发行人所在国的证券交易所上市的股票融资结构。中国的证券法规将依此类结构募集的股份称为"境内上市外资股"，实践中称为"B股"。在中国，境内上市外资股的特点在于：

（1）发行人仅限于根据中国有关公司法合法设立的股份有限公司。

（2）有关发行人公司章程、股票发行条件与审批程序、股票上市与交易制度均适用中国有关法律和法规。

（3）股票上市保荐人和主承销人应当由中国的金融中介人担任，但在承销工作上通常由国际金融中介人(称"国际协调人")按照私募惯例组织。

(4)股票发行须根据股票发行地法律和国际融资惯例的要求采用信息备忘录形式并应符合其信息披露要求。

(5)经审计的发行人会计报表(调整表)应当符合股票发行地国家会计准则的要求。

(6)有关发行人责任、同业竞争和关联交易等安排上也应考虑满足股票发行地法律和国际融资惯例的要求。

由上可知,中国的境内上市外资股结构主要是依据中国的法律和会计准则构建的,在承销组织上采用了国际股票融资惯例中的私募方式,并在不违反中国法律的基础上遵循了股票发行地有关法律和国际会计准则的要求。这主要是为了满足境外投资人的投资偏好,增加其投资信心。由于多数国家的法律对国际股票私募并没有严格的限制,因而境内上市外资股所需解决的法律冲突和障碍也较少,其结构也相对简单。

由于外汇管制制度的制约、公司法制不完善、因私募而形成的股权结构不合理、交易制度和信息披露制度欠缺等,这一国际股票融资方式的发展受到局限。

2. 境外上市外资股

境外上市外资股结构是指发行人通过国际承销人在境外募集股份,并将该股份在境外公开发售地的证券交易所直接上市的股票融资结构,此类募股通常采取公开发售与配售相结合的方式。中国的证券法规将依此类结构募集的股份称为"境外上市外资股",实践中称为"H股""N股""S股"等。在中国,境外上市外资股的特点在于:

(1)发行人为根据中国有关公司法规设立的股份有限公司,即为中国法人,但规范公司行为的公司章程已根据股票上市地法律进行了必要的补充,因而大体解决了中外法律差异。

(2)股票发行与承销通常由国际性金融机构担任保荐人和主承销人,并且按照股票上市地法律的要求采取公募与私募相结合的方式进行。

(3)其招股说明书须采取股票上市地法律要求的招股章程和信息备忘录形式,并且须符合该法律要求的必要条款规则和信息披露规则。

(4)经审计的发行人会计报表通过国际调整须符合股票上市地会计准则,同时应符合中国会计准则。

(5)有关发行人的发行申请、上市审批等行为实际受到股票上市地法律的支配,但发行人首先须履行中国有关的申请审批手续。

(6)有关发行人及其股东的持续性责任、上市承诺、同业竞争、关联交易和交易规则等安排应符合股票上市地法律的要求。

境外上市外资股结构充分利用了股票上市地的外汇制度、法律制度、证券交易制度、信息披露制度,采用国际股票融资实践中惯常的组织方式,故其发行效率和股票流动性均优于境内上市外资股结构。

3. 间接境外募股上市

间接境外募股上市结构是指一国的境内企业通过其在境外的控股公司向境外投资人募集股份筹资,并将该股份在境外公开发售地的证券交易所上市的股票融资结构。依公司重组方式又可分为通过境外控股公司申请募股上市和通过收购境外上市公司后增募股份。中国目前已在境外募股上市的上海实业、北京控股、航天科技、中国制药等公司均采取此类结构。间接境外募股上市的特点在于:

(1) 发行人为根据股票上市地法律要求设立或收购的境外有限责任公司,为境外法人,其公司章程与公司设立均适用相应的外国法律。

(2) 其股票发行申请、上市审批、招股说明书、信息披露责任、股票交易等均适用股票上市地的法律,发行人经审计的会计报表也仅采用股票上市地要求的会计准则。

(3) 发行人作为境外投资人将通过合资经营企业法控股境内的企业,该类境内企业为中外合资有限公司或中外合作有限公司,其公司章程、会计准则、利润分配和境外资金投入均适用中国的有关法律。

(4) 根据中国目前的法律规定,间接境外募股上市虽不受计划额度制度的支配,但境内机构(特别是国有机构)对境外控股公司的投资须取得商务部的批准和许可,以境内机构控股而实施的间接境外募股上市还须经证券监管部门批准后方可实施。

间接境外募股上市充分利用了境内合资经营企业法和股票上市地法制的条件,使境外投资人对境外上市公司有较强的认同感和法制信心,而其股权利益则由境外上市公司代表股东向境内的合资企业主张权利。依此类结构组织的国际股票融资在发行效率、股票流动性和市场表现上均优于境外上市外资股。

4. 存托凭证境外上市

存托凭证又称存股证,它是由一国存托银行向该国投资人发行的一种代表其他国家公司证券所有权的可流转证券,是为方便证券跨国界交易和结算而创制的派生工具。存托凭证所代替的基础证券通常为其他国家公司的普通股股票,但目前已扩展到优先股和债券。根据发行地的不同,存托凭证可区分为美国存托凭证(ADR)、英国存托凭证(BDR)、欧洲存托凭证(EDR)、全球存托凭证(GDR)等。中国目前已在境外上市的上海石化、上海二纺机、马鞍山钢铁等公司均实行存托凭证境外上市。

(1) 存托凭证的基本特征。概括地说,存托凭证境外上市是指一国的发行人通过国际承销人向境外发行的基础证券(股票)将由某外国的存托银行代表境外投资人统一持有,而该存托银行又根据该基础证券向其本国投资人或国际投资人发行代表该基础证券的存托凭证,并且最终将所发行的存托凭证在该国证券交易所上市的国际股票融资方式。存托凭证境外上市的当事人除包括发行人和基础证券承销人外,还包括存托银行、存托凭证承销人、托管银行等。①发行人通过国际承销人向境外配售的基础证券由某外国的存托银行代表境外投资人认购,并委托基础证券市场所在国的托管银行(通常为存托银行的附属机构或代理行)负责保管和管理该基础证券。②存托银行根据基础证券通过承销人向其本国投资人或国际投资人发行代表该基础证券的存托凭证,每一单位存托凭证依发行价代表一定数量的基础证券,并将发行存托凭证的筹资用于认购基础证券的支付。③由存托银行安排存托凭证在存托银行所在国证券交易所上市,负责安排存托凭证的注册和过户,同时保障基础证券在其市场所在国的可流转性。④由存托银行通过托管银行向基础证券发行人主张权利,并以此向存托凭证持有人派发股息。⑤存托银行负责向基础证券发行人质询信息,并负责向存托凭证持有人披露涉及基础证券发行人的信息和其他涉及存托凭证利益的信息。⑥存托凭证注销的过程通常为:首先由存托银行以回购要约方式通过市场向存托凭证持有人购回存托凭证,其次由存托银行通知基础证券市场的经纪商售出基础证券,再次由存托银行将购回的存托凭证注销,最后将基础证券售卖收入偿付存托凭证原持有人。由此可见,存托凭证境外上市是由存托银行提供金融服务的某种衍生证券发行与上市,存托银行在其中仅提供中介服务并收取服务费用,不承担相关风险。

(2)美国存托凭证的类型。ADR 出现得最早,运作最为规范,流通量最大,最具代表性。ADR 依其具体内容可分为一级有担保 ADR、二级有担保 ADR、三级有担保 ADR 和 144A 私募 ADR。中国企业在美国上市通常采用的 ADR 类型多为三级有担保 ADR 和 144A 私募 ADR。各种 ADR 类型的差异参见表 11-1。

表 11-1 ADR 类型比较

ADR 类型	注册登记与豁免申请	信息披露要求	美国会计准则	集资功能	交易方式
一级有担保 ADR	无	无	不需要符合	不具有	OTC
二级有担保 ADR	无	详细的	部分符合	不具有	交易所或 NASDAQ
三级有担保 ADR	严格的	详细的	完全符合	具有	交易所或 NASDAQ
144A 私募 ADR	无	不详细的	不需要符合	具有	QIB

注:QIB(Qualified Institutional Buyer)指合格的机构投资人。

(3)美国存托凭证的发行程序。如图 11-1 所示,ADR 的发行程序依次为:外国公司向美国证券管理机构进行登记注册;与美国某银行签订存托协议;由存托银行选定保管银行;外国公司将真实股票存入保管银行;投资者交款;存托银行签发 ADR;存托银行将股款交外国公司;外国公司定期将股息付给保管银行;保管银行将股息转给存托银行;由存托银行向投资者支付股息。

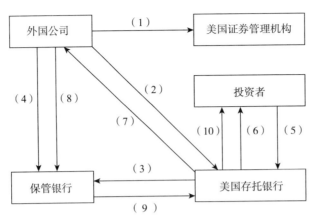

图 11-1 ADR 的发行程序

一份 ADR 并非与外国公司的一股股票等值,可能与外国公司若干股股票等值;此外,ADR 也可以被设计成一个外国股票的组合。ADR 调整外国公司股票价格的方式与美国一般股票相当,易为投资者所接受。此外,ADR 可以扩大外国公司的知名度,且不影响其再融资能力。目前,除美国外,欧洲国家如英国和荷兰等也普遍允许外国公司在当地发放存托凭证。

图 11-2 以中国公司在美国发行 ADR 为例,说明外国公司与美国投资人通过这种创新的制度设计实现跨国融资的过程。

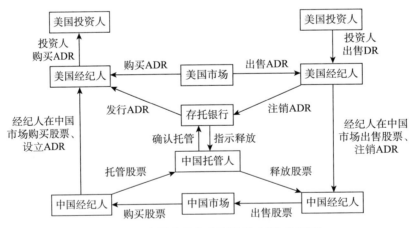

图 11-2 中国公司在美国发行 ADR 的程序

二、海外私募股权投资基金融资

私募股权投资基金(Private Equity Fund)指主要投资于私募股权(即非上市企业股权),待所投资股权升值后,再出售退出而获利,其最大的资金来源是各种养老基金,还有保险基金、基金会等。这种基金一般是通过私募的方式向有限的机构投资者募集,由经验丰富的职业投资经理人管理,而且其投资对象往往是未上市企业。

(一)海外私募股权投资基金的性质

私募股权投资基金通常包括投资于种子期和成长期企业的创业投资基金、投资于扩展期企业的直接投资基金、包括参与管理层收购在内的并购投资基金,以及投资于过渡期企业或上市前企业的过桥基金,即凡是在一家企业上市以前所进行的股权投资都属于私募股权投资。① 对私募股权投资基金的进一步认识可借助于资本市场的融资方式对比。

融资方式有私募融资和公募融资,资本形态包括股权资本和债务资本。结合融资方式和资本形态,融资可以分为四种类型(如表11-2所示),即私募股权融资、私募债务融资、公募股权融资、公募债务融资,私募股权投资基金属于私募股权融资类型。②

表11-2 不同融资方式比较

	股权融资	债权融资
私募方式:间接融资	私募股权	银行信贷
公募方式:直接融资	股票市场	债券市场

从资金融通双方(如投资者和企业)来讲,资金盈余者(投资者)可以通过银行信贷、股票、债券和私募股权等四种方式间接或直接投资于资金需求者(企业)。以私募股权方式进行投资时,首先形成私募股权投资基金,然后由基金管理人进行运作管理,因此属于间接融资。该种方式在中国往往归为风险投资(Venture Capital),主要用于对中小科技创新企业的投资,很少用于对大中型企业的融资或并购。

私募股权投资基金在选择投资项目时,注重企业的成长性和发展空间,通过持有股权伴随企业成长,以放弃流动性而追求高收益,因此其投资风险也比较大。在私募股权投资基金发展初期,投资成功率并不高,70%左右的项目可能颗粒无收,但其中一两个成功项目就能弥补其他项目的亏损甚至盈利。例如,成立于1946年的美国研究与发展公司,在1946—1969年的25年中,公司向其最初投资者提供了15.8%的年平均回报率(同期道琼斯工业平均指数的回报率为12.8%),但其中几乎一半的利润都来自其1957年向数字设备公司(DEC)所做的一笔7万美元的投资,这笔投资的价值后来增长到了3.55亿美元。

随着投资经验的积累,私募股权投资基金的投资技术大大提高,为了控制风险,其通常采取分散投资和控股投资的方式来化解风险、保障收益。需要强调的是,私募股权投资基金取得企业控股权,并不是为了控制企业,而是为了激励和约束管理层,以实现其投资收益。这是在企业并购时,私募股权投资基金与产业并购者的显著区别,后者通常有控制市场、获得垄断利润的意图,因此通常称参与并购的私募股权投资基金为财务投资者。

---

① 盛立军,等.私募股权集锦300问[M].广州:暨南大学出版社,2005:42.
② 同上书,第33页。

2018年，全球私募股权投资基金募资步伐放缓，基金关闭数量增多及募资总额出现大幅下降。但凯雷投资集团、高瓴资本集团等顶级机构却在这期间完成了超大规模的基金募集，全球规模前十的基金募资总额加起来已占年度募资总额的27.6%，机构间的马太效应愈发明显，众多基金管理人开始把部分工作重心转移到募资上。

（二）美国私募股权投资基金的发展

根据美国证券交易委员会《2017年四季度私募基金行业统计报告》，截至2017年四季度，美国有私募基金管理人2 997家，已填报私募基金监测报表(PF表)的私募基金合计30 031只，总资产12.54万亿美元。其中，私募股权基金管理人共1 722家，其管理基金数量达11 460只，占比38.16%。2007年3月23日，美国最大的私募股权投资公司黑石集团(Black Stone)宣布上市。

凯雷投资集团是同黑石集团、KKR集团齐名的全球最大的私募股权投资公司之一。凯雷投资集团成立于1987年，是一家全球性的私募股权投资公司，通过48只基金管理着超过560亿美元的资金，在北美、欧洲、亚洲、澳洲和非洲从事收购、创业投资及成长型基金、房地产和杠杆融资四大领域的投资。迄今为止，它用240亿美元投资了576个项目，投资回报率在30%以上。

1997年，亚洲金融危机爆发后，凯雷投资集团开始拓展亚洲市场。目前，凯雷投资集团在韩国、日本和中国台湾地区成为最大的外商投资及并购者之一。[1] 凯雷投资集团在中国大陆设有三只基金，分别是并购基金、增长基金和房产基金，这三只基金代表了凯雷投资集团对中国的投资战略。中国国有企业改制是一种特殊的投资机会，特别是其中的行业领先企业更具收购价值，凯雷投资集团当然不会放过。例如，仅2006年，凯雷增长基金分别投资了以下项目：①2 500万美元购入中科智担保集团新股；②2 750万美元入股安信地板；③2 000万美元投资北京分时广告传媒有限公司。2006年12月21日，凯雷投资集团联合大新银行集团耗资10.1亿元收购重庆市商业银行24.99%的股权，其中凯雷投资集团获得7.99%的股权，大新银行获得17%的股权。

（三）中国企业的海外私募股权投资基金融资

外国私募股权投资公司和直接投资基金作为对华投资的新兴力量正发挥着越来越重要的作用。这些国际投资公司或投资基金，大多来自欧美发达国家，投资范围广，涉及领域多，掌控着大量资金，并且同诸多银行和财团有合作关系，主要投资发展实业，扶持有潜力的企业成长，每年已经对中国许多企业，尤其是中小民营科技企业进行了数亿美元的投资。

近年来，各种形式的国际投资基金在源源不断地涌入中国。从行业分布上看，互联网、金融、房地产、乳品、工程机械、水泥、医药等各类行业成为国际投资基金收购的对象。互联网业是国际投资基金投资最多的行业，从新浪、网易到盛大，成功案例不胜枚举。金

---

[1] 盛立军,等.私募股权基金300问[M].广州：暨南大学出版社,2005:51.

融业方面,深圳发展银行、工商银行、建设银行、中国太平洋寿险公司、广东发展银行等都有国际投资基金的加盟。

中国企业投资海外时,私募股权投资基金的介入可以拓宽融资渠道,提高企业并购能力,降低财务风险。尽管近年来中国企业进行海外投资的融资渠道呈现多元化趋势,但仍然存在本金不足的困境。尤其是对于中小企业以及民营企业而言,融资更是困难。对于资金消耗较大的跨国并购活动,企业可以借助私募股权投资基金所拥有的资本和融资渠道优势来减轻自身的资金压力。借助私募股权投资基金的资本,并购企业更易获得银行信贷,甚至可以进行杠杆收购,进而提高投资回报率。

目前,中国利用国际证券投资基金融资的正规渠道,是合格境外机构投资者(Qualified Foreign Institutional Investor,QFII)和人民币合格境外机构投资者(RMB Qualified Foreign Institutional Investor,RQFII)。QFII 是人民币资本项下不可兑换、资本市场未开放条件下有控制地允许境外机构投资境内证券市场的制度安排。RQFII 则是允许境外机构用离岸人民币投资境内证券市场的制度安排。截至 2019 年 7 月 31 日,中国已批准 292 家 QFII 投资机构,融资额度总计 1 085.76 亿美元;同期已批准的 RQFII 有 220 家,融资额度总计 6 812.22 亿元人民币。

三、国际债券融资

国际债券融资是跨国企业通过投资银行等中介机构在国际金融市场上发行债券筹集资金的一种方式。国际债券是一国政府及其附属机构、企业、私人公司、银行或国际金融机构等在国际债券市场上以外国货币面值发行的债券。国际债券的特点是其发行人和投资人分属不同的国家,债券总是出售给借款人以外的国家。

(一) 国际债券融资工具

国际金融市场上交易的债券品种较多,并且经常有新的债券品种出现。常见的债券融资工具有十多种,它们经常出现在外国债券市场和欧洲债券市场上。

1. 固定和浮动利率债券

固定利率债券又称纯债券,其利率固定不变。这种债券对金融市场利率变动不敏感,使发行者易遭受利息损失,故其发行量有下降的趋势。但对投资者来说,其收益比较稳定,因此具有较强的吸引力,目前依然是欧洲债券的主流方式。浮动利率债券是指利率在某一固定的时间,根据某种短期利率(如 LIBOR 等)或根据长期利率的均值进行调整的一种债券。通常这种债券都有最低利率的限制,以保证投资者的利益。

2. 零息债券

零息债券是在到期前无须支付债券利息的一种债券,以折价方式发行。这种债券通常被投资银行使用,在企业股权收购案中,通过发放零息债券替收购方融资,收购方可以在收购结束后偿还,无须面对巨大的付息压力。零息债券的优点是:企业每年无须支付利息或只需支付很少的利息;按税法规定,零息债券或低息债券发行时的折扣额可以在企业应税收入中进行摊销。其缺点是：债券到期时要支出一笔远大于债券发行时的现金；债券通常不能提前赎回。因此，假如市场利率下降，企业不能要求债券投资者将债券回售给企业。

3. 指数债券

指数债券又称购买力债券，是指债券的利率或本金根据通货膨胀率、消费者物价指数或证券指数进行调整的债券，具体是指债券利息建立在通货膨胀指数基础之上，当通货膨胀率上升时，债券利率也随之上升的一种债券。它可以保护债券持有人的利益不因通货膨胀而受到损害。

4. 可转换债券

投资者可以在将来某一时期之后，将其所拥有的债券向债券发行人转换成一定数量的股票。从发行者的角度来看，用可转换债券融资的主要优势在于可以减少利息费用，但如果债券被转换，则公司股东的股权将被稀释。

5. 具有提前收回条款债券和回收债券

前者是指这样一种债券，在一定时期之后，债券发行人可以动用债券契约中的提前回收条款赎回所发行的债券。后者意味着在一定时期之后，债券持有人能够按照某一价格将债券回售给债券发行人。

(二) 外国债券与欧洲债券的特点及区别

债务人在外国债券市场和欧洲债券市场上都可以发行国际债券，但欧洲债券市场较外国债券市场更具国际化，是最具创造性的市场，并且欧洲债券市场在新品种的选择上也快于外国债券市场。例如，双币债券、部分支付债券、欧洲货币单位、资产倍数债券等通常是欧洲债券特有的一些品种。

1. 外国债券融资及其特点

外国债券是指外国借款人（政府、私人公司或国际金融机构）以发行市场所在国的货币为面值货币发行的债券，其票面货币为发行国家当地货币。例如，美国的扬基债券、英国的猛犬债券、瑞士的法郎债券、荷兰的伦勃朗债券、西班牙的斗牛士债券、日本的武士债券、韩国的阿里郎债券和中国的熊猫债券。外国债券融资的特点有：

(1) 发行外国债券首先要对借款者进行评级。借款者涉及许多机构或企业，其信誉程度决定了能否发行债券及借款的数额，资信高的可以获准发行，且发行限额较高。例如，日本政府规定，发行日元债券，属政府级即 AAA 级的，借款数额可不受限制；AA 级的限定只可发行 300 亿日元；未评级的只可发行 100 亿日元。

(2) 外国债券发行额较大且筹资多国化、多样化。例如，美国规定，在美国发行美元债券，规模至少应达 5 000 万美元，从世界发行外国债券筹资数额来看，其规模相当可观，约占国际外国债券筹资总额的 60%。

(3) 资金使用无严格限制，但不得干扰债权国的财政、金融政策。发行外国债券筹集到的资金,其具体用途及使用进度,债权国一般没有特殊要求,但债券毕竟是在外国发行,各国的财政、金融、税收等政策和法令又各异,因此在发行过程中发行人要熟悉掌握和注意执行当地的法律。

(4) 外国债券要受到外国当地有关金融当局的管理,因此发行手续相当复杂。例如,在美国发行扬基债券要经美国证券交易委员会批准。而且,外国债券融资对资信评级、申请手续和报送的资料都要求较严较细,手续相当复杂。

随着中国债券市场对外开放,熊猫债券融资受到中国企业的关注。2005年2月,国际多边金融机构首次受批获准在中国境内发行人民币债券。同年10月,国际金融公司(IFC)、亚洲开发银行(ADB)在境内银行间市场分别发行了11.3亿元和10亿元以人民币计价的债券,标志着熊猫债市场正式起航。由于监管方一开始仅允许境外开发机构进入境内债券市场且境外开发机构熊猫债仅限于境内使用,因此2005—2010年仅有3只熊猫债发行。2015年之后,熊猫债迎来发行高峰,截至2019年年末,熊猫债发债主体已涵盖政府类机构、国际开发机构、金融机构和非金融企业等多种类别,累计发行金额达3 751亿元人民币。

2. 欧洲债券融资及其特点

欧洲债券是指一国政府、金融机构和工商企业在国际市场上以可以自由兑换的第三国货币标值并还本付息的债券,其票面货币并非发行国家当地货币。欧洲债券融资的特点有:

(1) 管制松散。通常,欧洲债券市场所在地货币当局对银行及金融机构、跨国企业、国际金融机构的融资活动管制都很松散。如果在美国纽约市场发行美元债券,则美国货币当局对此审查相当严格,发行很难获准;而在欧洲货币市场发行美元债券,手续则较为简单,无须评级机构评级,也不必向任何机构登记注册,债券注册只向当地证券交易所提交说明书即可。

(2) 货币种类多样化。欧洲债券可以有更多的货币种类选择,而且当一些借款人想展期筹集较大金额的资金时,欧洲货币市场都能够满足这些需要,即能够满足货币种类多样化和数量金额大等需要。

(3) 交易集中。通常,欧洲债券市场的交易全部在证券交易所里成交,没有场外市场,要接受证券交易所规章制度的管理和监督。所以,交易相对集中,交易的透明度也比较高。

(4) 资金调拨方便。欧洲债券市场是完全自由的市场,不存在限制和标准。加上欧洲债券市场通常位于一些金融中心,银行林立,业务经验丰富,融资类型多,电信联系发达,银行分支机构遍布世界各地,资金的调拨非常方便,若融资后需调换成各种所需货币,则可在最短的时间内完成并调拨到世界各地。

例如,2017年10月26日,中国财政部当天在中国香港发行20亿美元主权债券。此次发行的5年期和10年期债券分别有约300个账户参与认购,投资人类型包括中央银行、主权基金、基金、保险、银行等,地域横跨亚洲、欧洲、非洲等,其中欧洲地区订单约占

1/3。这是 2004 年以来中国中央政府首次在境外面向国际投资者发行主权外币债券。

3. 外国债券与欧洲债券的区别

外国债券与欧洲债券有以下区别：

（1）发行债券的计价货币不同。例如，美国在中国发行债券，以人民币为计价货币，所发行的债券就被称为外国债券；美国在中国发行债券，以英镑为计价货币，则所发行的债券就被称为欧洲债券。

（2）外国债券受市场所在地国家证券主管机构的监管，公募发行管理比较严格，需要向证券主管机构注册登记，发行后可申请在证券交易所上市；私募发行无须注册登记，但不能上市挂牌交易。欧洲债券发行时不必向债券面值货币国或发行市场所在地国家的证券主管机构注册登记，不受任何一国的管制，通常采用公募发行方式，发行后可申请在某一证券交易所上市。

（3）外国债券的发行和交易必须受当地市场有关法律的管制与约束；而欧洲债券的发行和交易不受面值货币国或发行市场所在地国家有关法律的限制，因此债券发行协议中须注明一旦发生纠纷应依据的法律标准。

（4）外国债券的发行人和投资人必须根据市场所在地国家的法律交纳税金；而欧洲债券采取不记名债券形式，投资人的利息收入是免税的。

（5）外国债券的付息方式一般与当地国内债券相同，如扬基债券一般每半年付息一次；而欧洲债券通常每年付息一次。

（6）外国债券一般由市场所在地国家的金融机构为主承销商组成承销辛迪加承销，而欧洲债券则由来自多个国家的金融机构组成的国际性承销辛迪加承销。

四、长期国际融资成本管理

跨国企业在国际市场融资的最终目的是寻求最佳的资金来源，达到最优的融资结构，实现融资成本最小化。因此，长期国际融资成本管理对跨国企业来说，是非常重要的一个环节，也是决定融资决策成功与否的一个关键因素。

（一）国际股票融资成本管理

在融资决策中，资本成本是很重要的一个方面，所以国际股票融资成本管理策略也是跨国企业管理策略的重要组成部分。

1. 国际股票的发行价格

（1）发行价格分类。国际股票的发行价格一般分为平价、溢价、折价和中间价四种。①平价发行是指以股票的票面金额为发行价格发行股票。其优点是简便易行，缺点是不能针对股票市场价格的波动水平及时合理地调整股票发行价格，即缺乏市场性。②溢价发行是指在发行股票时以股票在流通市场上的现时价格为基准确定发行价格。因为股票的市场价格一般高于票面金额，所以溢价发行相较于平价发行，往往能以相对少的股份筹集到相对多的资本。③折价发行是指在发行股票时以低于票面金额的价格为发行价格发行股票。折价发行有两种情况:一种是优惠性的,即通过折价使认购者分享权益;另一种是该股票行情不佳,发行有一定的困难,发行者与推销者共同议定一个折扣率,以吸引那些预测行情要上涨的投资者认购。④中间价发行是指以介于股票票面金额和市场价格之间的价格发行股票。例如,某种股票的票面金额为 10 元,现行市场价格为 50 元,如果发行人按每股 30 元的价格增发新股,就是采用中间价发行股票。显然,中间价兼有平价和时价的特点。

(2)股票定价方法。股票定价有以下方法:

第一,市盈率法。市盈率是指股票市价与每股收益的比率,计算公式如下:

$$市盈率 = \frac{股票市价}{每股收益}$$

用市盈率法确定股票发行价格,首先根据经审核后的盈利预测发行人的每股收益;然后根据二级市场的平均市盈率、发行人的行业情况、发行人的经营状况及其成长性等,拟定发行市盈率;最后依据发行市盈率与每股收益之积确定股票发行价格。按市盈率法确定股票发行价格的公式如下:

$$股票发行价格 = 每股收益 \times 发行市盈率$$

每股收益的计算方法有两种:一种是完全摊薄法,即用发行当年预测的全部税后利润除以总股本数,直接得出每股税后收益,其计算公式如下:

$$每股收益 = \frac{税后利润}{发行前总股本数}$$

另一种是加权平均法,其计算公式如下:

$$每股收益 = \frac{发行当年预期利润}{发行当年加权平均股本数}$$

第二,净资产倍率法。净资产倍率法又称资产净值法,是指通过资产评估和相关会计手段确定发行人拟募股资产的每股净资产值,然后根据证券市场的状况,将每股净资产值乘以一定的倍率,以此确定股票发行价格的方法。其计算公式如下:

$$发行价格 = 每股净资产 \times 溢价倍率$$

净资产倍率法在国际上常用于房地产或资产现值要重于商业利益的公司的股票发行。此种方法确定每股发行价格,不仅要考虑公平市值,还要考虑市场所能接受的溢价倍率。

第三,现金流量折现法。现金流量折现法通过预测公司未来的盈利能力,据此计算出公司的净现值,并按一定比例的折扣率计算,从而确定股票发行价格。该方法首先是用市场接受的会计手段,预测公司各个项目未来若干年内每年的净现金流量,再按照市场公允的折现率,分别计算出每个项目未来的净现金流量的净现值。由于未来收益存在不确定性,因此股票发行价格通常要对上述每股净现值折让 20%—30%。

2.股利政策的选择

股利政策实施的终极目标是使股东财富最大化。就股利政策本身而言没有优劣之分,只要能使股东财富最大化、资本成本最小化,此种股利政策就是最佳决策。因此,跨国企业应结合自身情况,制定出较理想的股利政策。在实际运行中,企业采用的股利政策主要有以下几种:

(1) 剩余股利政策。这一政策是指当企业有良好的投资机会时,企业可以根据一定的目标资本结构,测算出投资所需的权益资本,先从盈余当中留用,然后将剩余的盈余作为股利予以分配。当企业有收益较高的投资机会时可采用此政策。

(2) 固定或持续增长的股利政策。这一政策是将每年发放的股利固定在某一固定的水平上,并在较长的时期内保持不变,只有当企业认为未来盈余会有显著的、不可逆转的增长时,才会提高年度的股利发放额。不过,在通货膨胀情况下,大多数企业的盈余会随之增大,其大多数投资者也希望企业能够提供足以抵消通货膨胀不利影响的股利。因此,在长期通货膨胀的年代里,企业也应提高股利发放额。

(3) 固定股利支付率股利政策。这一政策又称变动的股利政策,是指在一个较长的时期内,不管盈利情况是好是坏,企业每年都从净利润中按固定股利支付率发放股利。因此,在这种状况下,每股股利的多少会随着每股利润的变化而变化,进而传递给股票市场企业经营状况的相关信息。当企业经营状况不稳定时,不利于稳定股票价格,树立良好的形象,而且较难选择一个恰当的股利支付率以最大限度地实现股利分配的最终目标。

(4) 低正常股利加额外股利政策。这是一种介于固定股利政策与变动股利政策之间的折中的股利政策。这种股利政策每期都支付固定的较低的正常股利额,只有在企业经营状况非常好时,除正常的股利外,还会支付额外的股利给股东。这一政策向投资者传递着这样一个信息:企业的盈利情况、财务状况正在逐步改善。这一政策的灵活性既保证了股利分配的稳定性,又实现了股利与盈利之间较好的配合,无疑为那些利润水平各年之间波动较大的企业提供了一种较为理想的股利政策,因而被许多企业采用。但必须注意的是,一个连年采用这种股利政策的企业,将面临使股东们认为额外股利部分为固定股息的风险。

(二) 国际债券融资成本管理

就任何一种货币而言,国际债券市场都包括国内债券市场和欧洲债券市场。其中,国内债券市场又包括公司债券、政府债券和外国债券等三类市场。不管在哪个市场上发行债券,跨国企业都要考虑其融资成本。因此,国际债券融资的成本管理与股票融资的成本管理同样重要。

1. 长期债券的发行

(1) 发行方式和发行价格。长期债券的发行方式通常可以分为公开发行和私募发行两种。公开发行是指由证券经营机构承销发行,在这种发行方式下,债券可以在证券市场上流通,流动性较好,但发行机构承担的固定成本较高;私募发行是指发行机构直接向社会发行债券,其固定成本较低,但由于债券不能在证券市场上流通,因此流动性较差。长期债券为企业筹集资金的数量是由债券的发行价格和发行时间等因素决定的。债券的发行价格从理论上来说,是其未来现金流量的复利现值之和,债券未来的现金流量主要包括各期利息和到期本金(面值)。通常情况下,发行价格有三种:等价发行、折价发行和溢价发行。这一点与国际股票的发行价格是相似的。

(2)国际债券的转手交易。在二级市场上,债券交易的方式可以分为两种,即经纪商交易方式和柜台交易方式。在经纪商交易方式下,所有的交易通过经纪商在交易所进行。在柜台交易方式下,交易并不在一个固定的交易所进行,而是通过电话、电脑网络等进行。

外国债券在二级市场上的交易方式可以比照国内债券市场的交易方式。法国、意大利和丹麦等国采用的是经纪商交易方式;德国、英国、日本和荷兰等国采用的是柜台交易方式;美国的外国债券在纽约股票交易市场交易。

欧洲债券在结束发行两周后,除部分由投资者和法人机构投资者持有外,均进入二级市场进行交易。信用等级越高的欧洲债券,其交易越活跃。在二级市场上,欧洲债券的价格由各地做市商的买价和卖价决定。投资者出售债券所实现的价格是市场交易者的买价,即做市商的卖价加上应付利息,由于交易价格以净额为基础,因此买方无须支付交易佣金。市场交易者的买价(NP)可用公式表示为:

$$NP = F[P + C \times D/360] \times 100$$

式中,F 为欧洲债券的面值,用百分比表示;P 为债券的交易价格,用百分比表示;C 为债券的年利息;D 表示自前次计息后的第一天起至交易日的实际天数。

2. 国际债券融资决策

国际债券融资成功与否,与跨国企业的决策有关。跨国企业在利用债券融资时,应从以下几方面进行策划,以保证融资成本最小化。

(1)发行市场分散化。市场过于集中,对债券发行工作是不利的。例如,发行人不能利用承购人之间的竞争,争取到优惠的发行条件,同时会造成币别集中;不能满足融资国经济发展对多币种的需要;造成资金需求过于集中,促使利率上升,不利于今后在该市场的融资。

(2)债券币种多样化。债券的发行币种是一个十分重要的问题。它需要考虑的问题主要有三个方面:首先,需要考虑货币汇率变动风险,这直接关系到债券的实际成本;其次,需要考虑货币发行币种与投资项目所需币种的一致性,以防止货币汇率变动风险;最后,需要考虑市场情况及其发展趋势。一般来说,发行硬币债券对投资者来说具有较大的吸引力,发行软币债券对发行固然有利,但如果投资者不感兴趣,则会给发行带来困难,反而不利。况且货币的软硬并不是一成不变的,一种货币在一定时期内出现软硬转化的情况,并不罕见。因此,选择债券币种时,需要对一些主要货币的长期汇率结合其利率进行对比分析和预测,结合资金投放项目的特定性等做出决策。

(3)计息方式科学化。债券的计息方式取决于利率的升降趋势。如果预测利率有可能下降,那么采用浮动利率对融资者有利;如果预期利率有可能上升,那么采用固定利率对融资者有利,因为这会减轻付息负担。

(4)债券期限灵活化。债券的期限除取决于融资者对资金的需求外,还取决于利率的升降趋势。如果利率有下降的趋势,则债券期限可以定短一些,以便到期后以较低的利率筹集资金;如果利率呈上升的趋势,则债券期限可以定长一些,以免到期后不得不用较高的利率筹集资金而增加融资成本。

(5)债券成本趋低化。债券成本包括债券利息和债券发行费用两部分。国际利率越高,融资成本越低;反之,国际利率越低,融资成本越高。而国际债券利率水平的高低,取决于发行人的信誉、发行市场及日期、国际金融形势、存款利率水平和债券的计值货币等因素。因此,要综合考虑各种因素,选择最低利率方案。债券发行费用包括承购手续费、证券印刷费、债券上市费、管理费以及还本付息手续费等。发行费用的高低是根据发行人的信誉、发行市场、时间等因素,由发行人和承购人协商而定的。因此,发行人须事先进行周密的考虑,做到知己知彼,只有这样才能在谈判中取得主动权,求得较低的费用成本。

(6)发行方式当地化。世界各大债券市场的发行方式各有其惯例和规定,特别是欧洲债券市场不断推出新的发行方式,这需要发行人认真研究、比较和运用。例如,东京债券市场的发行方式分为公募和私募两种。公募债券具有较为便利的发行条件,如发行额较大、发行期限较长、利率较低等。由于公开发行,债券进入市场,可以自由流通转让,发行人的信誉可以产生十分广泛的影响,有利于发行人经营业务的开拓。私募债券的发行条件比公募债券略低,如发行额较小、发行期限较短、利率较高,但费用较低,手续也简便一些。因此,发行人要根据当地市场情况选择适当的发行方式。

(7)融资时机适时化。融资时机是指有利于跨国企业融资的一系列因素所形成的融资环境或融资机会。融资环境或融资机会是客观存在的,融资者只能认识它、了解它,并适应它。一般来说,选择一个良好的融资时机,就可以使融资成本相对较低,融资发行顺利,从而提高投资项目收益。由于影响融资环境的因素较多,各国的具体情况又不同,因此跨国企业在融资时机的选择上要根据各发行国的市场气候,利率、汇率趋势和动向,择机而定。

此外,融资者还应当对发行市场所在国的金融法规和习惯做法进行调查与研究,这对取得优惠的融资条件是十分重要的。

第二节 中长期国际信贷融资管理

国际信贷融资是一个或几个国家、金融机构、企业将一定数额的资金,按约定的利率和期限贷给借方,并按约定的期限收回本金和利息的信用活动。在国际金融市场上筹措资金,按贷款期限长短可分为短期国际信贷、中长期国际信贷。短期国际信贷通常是指贷款期限在 1 年及 1 年以下的贷款。中长期国际信贷是指贷款期限在 1 年以上的贷款,由于贷款期限长、金额大,有时贷款银行要求借款人所属国家的政府提供担保,或者由数家银行组成银团共同贷给某一客户。

一、中长期国际信贷

根据提供资金融通的主体不同,中长期国际信贷主要分为外国政府贷款、国际金融机构贷款和国际银行贷款。对于跨国企业来说,国际银行贷款是最基本的信贷融资来源。

(一) 国际银行贷款方式

国际银行贷款是指借款人为支持某一项目,在国际金融市场上向外国银行借入资金。国际信贷最重要的资金来源是世界各国工商企业暂时闲置的货币资本,各国银行以吸收存款的形式将其集中起来,若该国资本过剩,银行则在国际金融市场上将其贷放给资本不足国家的工商企业、银行、政府等。

1. 国际银行贷款的特点

国际银行贷款属于私募债务融资,私募债务融资是指融资人通过协商、招标等非社会公开方式,向特定投资人出售债券进行的融资,包括债券发行以外的各种借款。国际银行贷款具体具有如下特点:

(1) 银行贷款利率按国际金融市场利率计算,利率水平较高。例如,欧洲货币市场的伦敦银行同业拆借利率(LIBOR)是国际金融市场利率,其利率水平是通过借贷资本的供需状况自发竞争形成的。

(2) 贷款可以自由使用,一般不受贷款银行的限制。政府贷款有时对采购的商品加以限制;国际金融机构贷款有专款专用的限制;出口信贷必须把贷款与购买出口设备项目紧密地结合在一起;项目借款与特定的项目相联系。而国际银行贷款不受银行的任何限制,可由借款人根据自己的需要自由使用。

(3) 贷款方式灵活,手续简便。政府贷款不仅手续相当烦琐,而且每笔贷款金额有限;国际金融机构贷款由于贷款多与工程项目相联系,因此贷款手续也相当烦琐;出口信贷受许多条件限制。相比之下,国际银行贷款比较灵活,每笔贷款金额可多可少,贷款手续相对简便。

(4) 资金供应充沛,允许借款人选用各种货币。在国际金融市场上有大量的闲散资金可供运用,只要借款人资信可靠,就可以筹措到自己所需的大量资金,不像世界银行贷款和政府贷款那样只能满足工程项目部分资金的需要。

2. 银行中长期信贷费用

在国际金融市场上,借款人筹措中长期资金,除需支付利息外,还要支付各种费用。费用的多少视信贷资金状况、贷款金额和贷款期限的不同而异。银行中长期信贷费用主要有管理费、代理费、承诺费和杂费几种。

(1) 管理费。管理费的性质近似于手续费,按贷款总额的一定百分比计算,可选择一次或分次付清。费率一般为贷款总额的0.1%—0.5%,管理费的支付时间可采用签订贷款协议时一次支付、第一次支用贷款时支付、在每次支用贷款时按支用额比例支付等方法。

(2) 代理费。代理费是由借款人向银团代理支付的一种费用。代理行在联系业务过程中会发生各种费用开支,如差旅费、电报费、电传费、办公费等。代理费属于签订贷款协议后发生的费用,通常发生在整个贷款期内,直至贷款全部偿清以前,每年支付一次。一笔贷款的代理费有时高达6万美元之多。

(3) 承诺费。贷款人与借款人签订贷款协议后,贷方银行就承担了全部贷款资金的义务。如果借款人未能按期使用贷款,则根据国际惯例,借款人要支付承诺费。承诺费率一般为0.125%—0.25%。承诺费按未支用金额和实际未支用天数计算,每季、每半年支付一次。

(4) 杂费。杂费也是中长期银团贷款方式下发生的费用,主要指签订贷款协议前所发生的费用,包括牵头行的车马费、律师费及签订贷款协议后的宴请费等。这些费用均由借款人承担,按牵头行提出的账单一次付清。杂费收费标准不完全相同,多者可达10万美元。

(二) 外国政府贷款

外国政府贷款是由贷款国用国家预算资金直接与借款国发生的信贷关系,其多数为政府间的双边援助贷款,少数为多边援助贷款,它是国家资本输出的一种形式。其特点是:

(1) 贷款条件比较优惠,贷款期限长、利率低。政府贷款具有双边经济援助性质,按照国际惯例,政府贷款一般都含有赠予或优惠部分。据世界银行统计,1978年世界各国政府贷款平均年限为30.5年,利率为3%。具体来看,日本政府项目贷款转贷期限一般为30年,利率在2.2%左右;德国政府贷款转贷期限一般为20年,利率为0.75%—3.25%。

(2) 贷款与专门的项目相联系。比如,用于借款国的交通、农业、卫生等大型开发项目。

(3) 有时规定购买限制性条款。所谓购买限制性条款,是指借款国必须以贷款的一部分或全部购买贷款国的设备。

(4) 政府贷款的规模不大。政府贷款受贷款国国民生产总值、财政收支与国际收支状况的制约,其规模不会太大,而且一般在两国政治外交关系良好的情况下进行。

(三) 国际金融机构贷款

国际金融机构贷款是由一些国家的政府共同投资组建并共同管理的国际金融机构提供的贷款,包括国际货币基金组织、世界银行、亚洲开发银行、国际农业发展基金会和其他国际性与地区性金融机构提供的贷款。例如,国际复兴开发银行贷款主要指国际复兴开发银行贷款和国际开发协会信贷,其目的是通过长期贷款的支持和政策性建议帮助成员提高劳动生产力,促进发展中国家的经济发展和社会进步,改善和提高生活水平。国际金融机构贷款的基本特征为:

（1）贷款人为特定的国际金融机构，借款人通常也受到特定范围的限制。例如，国际复兴开发银行贷款的借款人仅限于成员政府、政府机构及由其政府机构提供担保的公私企业；国际开发协会贷款的借款人仅限于贫困发展中国家的开发项目当事人；亚洲开发银行贷款的借款人限于其成员开发本地区项目的投资人。

（2）国际金融机构贷款的资金主要来源于各成员缴纳的份额金、捐款以及国际金融机构从资本市场的筹资。其资金贷放宗旨通常包含有鼓励成员从事开发项目、援助发展中国家特别是贫困国家经济发展的内容，不完全等同于仅以盈利为目的的商业银行贷款。

（3）国际金融机构贷款的条件通常较为优惠，其利率普遍低于商业银行贷款，其优惠性贷款的利率可低于3%甚至为无息；其附加费通常也包括承诺费和手续费。尽管国际金融机构贷款不完全等同于政府间的"软贷款"，但其贷款条件的整体优惠性往往并不亚于政府贷款。

（4）国际金融机构贷款通常为中长期贷款，贷款期限一般为10—30年（最长可达50年），宽限期大多为5年左右。

（5）国际金融机构贷款大多为开发性贷款，对贷款用途往往设有严格的限制。不仅贷款协议要求借款人严格遵守贷款目的和贷款用途条款，而且贷款人通常也会对借款人的资金运用进行严格的监督和检查。

二、国际银团贷款

国际银团贷款是指由一批银行（几家至几十家）联合起来为一个借款人筹措巨额资金（上亿美元或更多）的一种贷款方式。国际银团贷款之所以凝聚着如此强大的生命力，究其原因是其能够根据形势的发展、市场的变化不断地做出调整、改革与创新，而这其中最引人关注的便是其证券化的发展趋势。

（一）国际银团贷款的特点

一般认为，国际银团贷款是随着欧洲货币市场的建立而逐步发展起来的。第一次对国际银团贷款做出详细记载和统计的是1972年的《欧洲研究》（*Eurostudy*）。据称当时全球年银团贷款额为110亿美元。银团贷款得以进行的前提是，借款人本身的条件及要求必须符合银团贷款的惯例和一般要求，而银团贷款的条件也要符合借款人的要求。国际银团贷款的特点有：

第一，贷款金额大，收取费用高。国际银团贷款的每一笔交易，一般都是数千万美元到数亿甚至十数亿美元。由于参与银行多，各家银行往往是从欧洲货币市场或亚洲货币市场拆进资金，然后再贷给借款人，因此国际银团贷款收取的费用通常高于一般中期银行双边贷款。

第二，贷款期限长。国际银团贷款一般是中长期贷款，贷款期限最长可达15年，一般为5—10年，它一般作为项目贷款，主要解决大型建设项目中长期资金不足的问题。

第三，贷款风险相对较小。各国商业银行对外国商业银行提供贷款，通常受本国中央银行的约束,有额度限制。由一家商业银行独立提供大额中长期贷款,风险通常很大,一旦借款人出现资金偿还困难,则必使贷款行受到牵连。而银团由多家银行组成,各贷款行只承担一笔贷款中的一定份额,分散了风险。

第四,借款人大部分是各国政府机构。例如,地方政府、中央银行、官方金融机构、开发银行、进出口银行及有实力的国际金融机构和跨国企业等。借款人同时与多家银行建立信贷关系,可以有效地提高自身在金融界的知名度,并为以后继续对外融资打下基础。

（二）国际银团贷款的分类

根据参与行在银团中承担的权利和义务的不同,国际银团贷款可分为直接型国际银团贷款和间接型国际银团贷款。

1. 直接型国际银团贷款

直接型国际银团贷款是在牵头行的组织下,各参与行直接与借款人签订贷款协议,按照一份共同协议所规定的统一条件贷款给借款人,参与行与借款人之间存在直接的债权债务关系。根据贷款协议规定的条件,各参与行按照各自事先承诺参加的份额,通过委托代理行向借款人发放、收回和统一管理贷款。其特点是:

（1）牵头行的有限代理作用。直接型国际银团贷款牵头行的确立仅仅是为了组织银团,一旦贷款协议签订,即银团组成,牵头行即失去代理作用,与其他行处于平等地位。

（2）参与行权利和义务相对独立。直接型国际银团贷款每个参与行的权利和义务是独立的,没有连带关系,即每个参与行只享受按其在银团贷款中参与的份额所确立的权利,如按比例取得费用、利息和本金等;同时,只承担事先承诺部分的贷款义务,一旦某一参与行无法履行贷款义务,其他参与行没有义务追加贷款额以弥补贷款总额的空缺。

（3）参与行的相对稳定性。直接型国际银团贷款协议中尽管规定参与行有权转让其在贷款中所享受的权利,但对这种转让又有明确的限制,因而使得贷款人组成相对稳定,仅是债务在借款人所熟悉的债权人之间进行变动。

（4）代理行责任明确。由于直接型国际银团贷款是由代理行统一发放、收回和管理贷款的,因而协议中对代理行的权利和义务都有非常明确的规定,代理行的责任非常明确。

2. 间接型国际银团贷款

间接型国际银团贷款则是先由牵头行向借款人提供或承诺提供贷款,然后由牵头行把已提供的或将要提供的贷款以一定的方式转让给参与行,参与行与借款人之间一般不存在直接的债权债务关系,全部贷款的管理工作均由牵头行负责。其特点是:

（1）牵头行身份具有多重性。牵头行既是贷款的组织者,又是贷款的代理人,其身份具有多重性。

（2）参与行与借款人之间不存在直接的债权债务关系,对债务人不享有直接的请求权,借款人即使发生违约,参与行也不能直接行使抵消权来进行损失补偿。所以,参与行与借款人的债权债务关系是间接的,参与行承担着来自借款人和牵头行的双重风险。

(3) 操作相对简单,工作量较少。由于借款人只和牵头行有直接关系,因而双方较容易达成共识,有利于缩短时间,节省费用;同时,在法律上相对简单,所需成本也较低。

(三) 国际银团贷款的运作过程

国际银团贷款的运作过程具体如下:

(1) 借款人联系经常从事银团贷款业务的大型国际银行,委托其作为牵头行(也称管理银行)组织银团。联系的方式有多种,例如要约邀请书方式、公开招标方式、私下商谈方式等。

(2) 牵头行开始组织银团。牵头行通过各种"招募"方式组成一定规模的银团。牵头行与参与行的关系类似于发行证券过程中主承销商和承销团成员的关系。

(3) 牵头行同借款人谈判贷款的具体条件,再将贷款数额按比例分配或由银团成员认购,然后牵头行同借款人签订银团贷款协议。上述过程也可以是另一种方式,即牵头行先同借款人签订协议,然后将贷款数额分配给银团成员。

(4) 银团贷款协议签订后,牵头行的工作即告结束,它可以转变为银团的代理人角色,或银团再选出其他银行作为代理人,代表银团同借款人联系贷款的划拨、使用和监督管理以及还款事宜。

(四) 国际银团贷款的法律文件

国际银团贷款的法律文件有:

(1) 借款人给牵头行的委托书。一般的委托书可以是具有法律责任的文件,没有完成委托书规定的义务可能导致承担法律责任。但是,银团贷款中借款人给牵头行的委托书仅具有商业意义,而不具有法律义务的意义。

(2) 借款情况备忘录。该文件涉及的法律问题是:对借款人业务保密的义务,对银团成员提供准确、完整和真实贷款情况的义务,以及披露牵头行与银团的利益冲突的义务。

(3) 银团贷款招募说明书。该文件与证券招股说明书相似,如果发给数量过多的投资者或非专业机构人士,就会引起证券监管部门要求注册的法律义务,所以,只能发给数量不超过一定限制(在美国不超过35个人)的投资者或专业机构投资者,这样证券法上的义务就可以豁免。

(4) 借款人与牵头行的银团贷款协议书。同定期贷款合同一样,区别在于贷款人不是牵头行一家,而是多家银行参与贷款;或者表面上看只有牵头行一家签字,但是条款中有允许将债权转让给其他银行的内容。

(5) 牵头行与银团成员之间的协议书。该文件要求牵头行不能与银团有利益冲突,或者披露这种利益冲突后银团成员认为可以接受等。

(6) 银团成员与代理人之间的协议书。该文件的主要法律问题是代理人的授权范围,代理人不能与银团有利益冲突。

(五) 国际银团贷款证券化

贷款证券化是指通过一定的程序将银行贷款转化为证券发行的融资过程。广义的资产证券化泛指以资产未来的现金流为基础在市场上发行证券的过程。证券化可分为两类：第一类证券化是指资金需求者采取发行股票和债券等方式在金融市场上向资金提供者直接融通资金，这种方式多为信用融资。运用这种方法，一个借款人可以向金融市场上的投资者直接筹资而无须向银行申请贷款或透支，这种证券化可称为"一级证券化"，也叫"融资证券化"。第二类证券化是指将缺乏流动性但能够产生可预见的稳定现金流的资产通过一定的结构安排，对资产中的风险与收益要素进行分离和重组，进而转化为在金融市场上可以出售和流通的证券的过程。这种形式的证券化可称为"二级证券化"，也叫"资产证券化"。

资产证券化起源于美国20世纪60年代末住宅抵押债券的发行，随后其被广泛运用于其他资产。由于其具有创新的融资结构和高效的载体，满足了各类融资者和投资者不断变化的需求，因而成为当今世界各国资本市场发展最快、最具活力的金融创新产品，而国际银团贷款的证券化正是资产证券化这一大趋势中的一部分。随着国际金融市场的发展，国际银团贷款的证券化模式也由初级发展到高级模式。

1. 初级模式——可转让的贷款便利

20世纪80年代中期，国际银团市场上出现了一种全新的贷款出售方式——可转让的贷款便利（Transferable Loan Facilities，TLFs）。在这种方式下，牵头行用一种证书性质的书面文件代表收取贷款到期本息的权利，然后通过这种书面文件的发行与融通达到转让贷款的目的，而参与行在购买这种书面文件后同样可将其在市场上自由转让。显然，这种转让方式扩大了转让者与受让者的范围，使银团贷款不局限于在牵头行和参与行之间进行转让，并且由于其采取了标准化的书面形式，因而增强了其流动性，减少了烦琐的谈判过程，降低了交易成本。可以说，这种书面文件本身只是一种虚拟化的金融资产，买方之所以愿意支付对价，主要是因为它所代表的银团贷款为到期偿还其票面记载的本息金额提供了担保，而正是通过这种书面文件的流通，收取贷款本息的权利才能不断地在不同的出售方和购买方之间转移。由于这一过程同证券的发行与交易在形式上十分相似，因此被称为"证券化"。

2. 高级模式——SPV模式

这种模式的证券化是指银团贷款的原始贷款行，将其拥有的缺乏流动性但能够产生可预见的稳定现金流的贷款资产，组合汇集成一个"贷款池"（Loans Pool），然后将该贷款池出售给一个"特别目的实体"（Special Purpose Vehicle，SPV），从而获取资产销售所得。SPV则以该贷款池的预期现金收入流为担保发行证券，同时通过信用评级、信用增级等手段增强证券的信用以吸引投资者，贷款池的现金收入流首先用于投资者所持证券的本息支付。由于SPV处于整个证券化交易的核心地位，也是新型银团贷款证券化的特征所在，因此将该模式称为"SPV模式"。

威廉·L. 西尔伯在其金融创新的制约理论中指出：金融产品创新是一个组织（银行、企业等）对它所受制约的反应。制约内容主要包括法规、风险以及竞争等。国际银团贷款证券化是在金融业革新浪潮中产生的一种资产管理创新，它同样是在金融行为与金融环境的冲突中诞生的。

三、债务融资风险管理工具

互换协议为跨国企业提供了较为灵活的融资方式，主要形式为互换交易。互换交易是指交易双方同意在预先约定的时间内，通过一个中间机构来交换一连串付款义务的金融交易。例如，在利率互换融资行为中，交易双方通过签订合约以定期交换现金流。国际企业发行债券时可能受到利率风险和汇率风险的双重影响，其中利率风险可以借助利率互换合约进行规避，汇率风险则可以借助货币互换合约进行规避。

（一）利率互换

利率互换又称"利率掉期"，是指交易双方在同一债务币种情况下，互相交换不同形式利率的一种预约业务，一般采取净额支付的方法结算。利率互换是双方达成的一项协议，即在特定偿还期内按双方约定的名义金额交换利息支付。其中，名义金额是指互换交易中理论上的本金。因而，名义本金只是据以计算利息的参考金额，并不是实际转手金额。利率互换在不同类型、不同货币之间依交易结构的变化可转换为债务发行、资产、负债或任何现金流的交换形式。

1. 利率互换的特点

利率互换约定互换的双方在未来连续数个时期内为对方支付利息。欧洲债券市场的发展使得利率互换备受重视，债券发行人可以利用利率互换或基点利率互换对未来债券利息支付结构进行调整，改变原来不理想的债务或资产，优化资本结构。利率互换有以下特点：

（1）利率互换是一项常用的保值工具。通过利率互换，客户可以将一种利率形式的资产或负债转换为另一种利率形式的资产或负债。一般客户可以根据对国际资本市场利率走势的判断，进行相应方向的利率互换交易。

（2）利率互换交易规模较大，起点金额一般为等值 500 万美元，也可以根据客户的实际需求另行规定。

（3）利率互换偿还期限灵活，从少于 1 年到 15 年以上不等，多数交易在 2 年至 10 年之间，也可根据客户的实际需求进行变通安排，延长最长期限。

（4）利率互换交易一经叙做后一般不可撤销或提前终止。客户与银行签订利率互换协议，须于利率互换交易成交前缴纳规定金额的履约保证金。

（5）可以实现浮动利率与固定利率交换的优势互补交易。当客户判断利率看涨时，可以选择将浮动利率债务转换为固定利率债务，以减少支出；当客户判断利率看跌时，则可以选择将固定利率债务转换为浮动利率债务，从而达到规避利率风险、降低债务成本的目的。

2. 利率互换的类型

利率互换的价值是通过互换中预期未来利率收入和支出的贴现值来衡量的。利率互换发生的形式有两种,一种是通过中间商的间接互换,另一种是交易双方不通过中间商的直接互换。此外,根据互换的深度又可以分为息票互换、基础互换和交叉货币互换,其中最常用的方式是息票互换。

(1) 息票互换。息票互换是同种货币的固定利率和浮动利率之间的互换,即交换的一方向另一方支付一系列固定利率的利息换取对方支付一系列浮动利率的利息。

(2) 基础互换。基础互换是同种货币基于不同参考利率的浮动利率对浮动利率的利息的互换,即以一种参考利率的浮动利率交换另一种参考利率的浮动利率的利率互换。在基础利率互换中,交易双方分别支付和收取两种不同浮动利率的利息款项。两种浮动利率的利息额都以同等数额名义本金为基础进行计算。

(3) 交叉货币互换。交叉货币互换是不同货币不同利率的互换,即一种货币固定利率与另一种货币浮动利率的互换。或者说,是在一笔互换交易中,既有不同货币的互换,又有不同利率的互换。

3. 利率互换的功能

利率互换的功能包括降低融资成本、规避利率风险、弥合不同金融工具的缺口、增加资金筹措途径,以及提高资产负债管理的有效性。

4. 利率互换的程序

利率互换中最重要的参考利率就是 LIBOR,LIBOR 是由一组在伦敦的跨国银行为一特定到期日的美元存款提供的平均利率(这一跨国银行由英国银行家协会根据专业程度以及交易规模来确定),特别是在欧洲货币市场和欧洲债券市场上,该利率可作为建立浮动利率类金融工具的基本指数。

例如,某公司有一笔美元贷款,期限为 10 年,从 2007 年 3 月 6 日至 2017 年 3 月 6 日,利息为每半年计息付息一次,利率水平为 USD 6 个月 LIBOR+70 个基点。公司认为,在今后 10 年之中,美元利率呈上升趋势,如果持有浮动利率债务,利息负担会越来越重;同时,由于利率水平起伏不定,公司无法精确预测贷款的利息负担,从而难以进行成本计划与控制。因此,公司希望能将此贷款转换为美元固定利率贷款。这时,公司可与中国银行叙做一笔利率互换交易。

经过利率互换交易,在每个利息支付日,公司要向中国银行支付固定利率 5.320%,而收入的 USD 6 个月 LIBOR+70 个基点,正好用于支付原贷款利息。这样一来,公司将自己今后 10 年的债务成本,一次性地固定在 5.320%的水平上,从而达到了管理自身债务利率风险的目的。

(二) 货币互换

货币互换是指交易双方互相交换金额相同、期限相同,但货币不同的债务资金的一种预约业务。货币互换是一种合约,合约规定交易双方在契约的初期和终期交换等值的外币资金,其间必定涉及利息问题。因此,货币互换不仅涉及双方的利率互换,还涉及不同货币的互换。比如,美国公司在澳洲发行澳元债券进行融资,然后将其转化成美元现金,一旦澳元升值,美国公司将为此付出更多的美元现金流来还本付息,因此,美国公司可以通过货币互换合约来锁定风险敞口。

1. 货币互换的特点

货币互换具有以下特点:

(1) 货币互换的交换率以货币互换合约相同的到期日、信用等级高的公司的债券利率为标准。

(2) 在货币互换初期,货币互换合约的初始价值为零。

(3) 参与货币互换的银行向公司收取的佣金较低,佣金为一次性支付。

(4) 双方交易不同货币。

(5) 可实现不同货币融资优势的互补。

(6) 可降低融资成本,锁定汇率风险。

常用的货币互换合约主要有两种,一种是基于固定汇率和浮动汇率交换的货币互换,另一种是基于固定汇率和固定汇率交换的货币互换。互换合约可以附有不同的选择权,回购互换、回售互换、可延长互换、鸡尾酒互换是几种主要的附有不同选择权的互换。

2. 货币互换的程序

从技术上讲,货币互换就是将以一种货币标价的债务偿还责任转变为另一种双方同意的货币标价的债务偿还责任。通过互换未来现金流量业务,各方都能将以某一种货币标价的现金流量转变为以自己更需要的货币标价的现金流量。比如,通过货币互换,一家公司以固定利率借入的日元债务可以转变为经过完全套期保值的美元债务。在货币互换交易中,交易双方关心的是其全部成本,即筹集资金的实际利率。该利率可用贴现法计算,即支付的未来利息和本金的现值等于发行人的净额。

货币互换交易的基本做法是:持有不同货币的交易双方,以商定的融资本金和利率为基础,进行货币本金的交换并结算利息。货币互换一般包括三个基本步骤:

(1) 初期本金互换。本金互换在每笔货币互换交易中都会发生,其目的是确定交易双方各自本金的金额,以便将来计算应支付的利息和再换回本金。

(2) 不同货币利息互换。利息互换是指按协定的利率,以偿还本金为基础进行不同货币的利息支付。

(3) 到期日本金的再次互换。在合约到期日,双方换回初期互换的本金。

例如,某公司有一笔日元贷款,金额为 10 亿日元,期限为 7 年,利率为固定利率 3.25%,付息日为每年 6 月 20 日和 12 月 20 日,2011 年 12 月 20 日提款,2018 年 12 月 20 日到期归还。公司提款后,将日元换成美元,用于采购生产设备;产品出口得到的收入是美元,而没有日元收入;公司又需要支付日元贷款利息。在借、用、还存在货币不统一,有汇率风险的情况下,该如何规避汇率风险?

该公司与中国银行叙做了一笔货币互换交易。双方规定,交易于2011年12月20日生效,2018年12月20日到期,协议汇率为USD1=JPY113。分析如下:

(1)在提款日(2011年12月20日),公司按协议汇率与中国银行互换本金,获得美元,即公司将从贷款行提取的日元本金支付给中国银行,中国银行按协议汇率向公司支付相应的美元。

(2)在付息日(每年6月20日和12月20日),公司与中国银行互换利息,公司收取日元利息以支付原贷款利息,并支付美元利息。

(3)在到期日(2018年12月20日),公司与中国银行再次按协议汇率互换本金:中国银行向公司支付日元本金,公司将日元本金归还给贷款行,同时按协议汇率向中国银行支付相应的美元。

在期初与期末,公司与中国银行均按协议汇率互换本金,贷款期间公司只支付美元利息,而收取的日元利息用于归还原日元贷款利息,从而使公司避免了未来的汇率变动风险。

(三)特殊货币互换安排

1. 平行贷款

平行贷款(Parallel Loan)是指两国公司经过协商,双方以贷款形式向各驻对方国的子公司提供相同金额的贷款。其特点是:①存在对外投资管制和外汇管制时使用;②双方母公司为贷款做担保;③贷款须是货币不同但金额、期限相同的资金。

2. 背对背贷款

背对背贷款(Back-to-back Loan)是指两国母公司相互提供不同货币的贷款,再各自将贷款资金转贷给驻对方国的子公司,供子公司使用。其特点是:①不存在对外投资管制和外汇管制时使用;②债权、债务相同,风险较小;③融资成本较低。双方母公司各自筹措容易得到的本国货币,再彼此贷款,双方都能以较有利的条件筹措到对方国的货币资金。可见,这种交易形式与上述货币互换有相似之处,即双方母公司交换英镑或美元,在到期前相互支付借入货币利息,到期时偿还本金。所不同的是,该交易是按两个不同的单边贷款合同提供贷款,而货币互换是不记名的双边合同,规定当事人双方要承担到期前包括本金在内的不同货币的交换支付义务。

3. 中长期期汇预约

两国母公司为了避免汇率风险,事先订立中长期期汇预约(Medium and Long-term Foreign Exchange Contract),而后进行交换,其目的是套期保值。中长期期汇预约的特点是:①该交易形式中不能进行现汇交易;②事先确定未来的外币收入或支出,但可以折成现值并以相同金额的外币表示,由此规避汇率风险。

(四)互换期权

20世纪80年代末,随着利率互换和货币互换的迅猛发展,出现了基于利率互换的期权——互换期权。互换期权是基于利率互换的期权,给予合约持有者一个在未来某个确定的时间进行某个确定的利率互换的权利。

互换期权保证在未来某个时间内公司为某个贷款所支付的固定利率将不会超过某个水平。例如,某公司已知在 6 个月后要签署一个 5 年期 LIBOR 浮动利率贷款协议,该贷款协议规定每 6 个月重新设定一次利率,公司希望将其转化为固定利率贷款。通过付出一定的代价,公司获得了一项互换期权,即对 6 个月后开始的 5 年期 LIBOR 浮动利率贷款,公司有收取 6 个月期 LIBOR 浮动利息并支付某个确定的固定利息(年利率 7%)的权利。6 个月后如果常规的 5 年期互换的固定利率小于年利率 7%,则公司不执行互换期权而选择按通常方式签署互换协议;如果 5 年期互换的固定汇率大于年利率 7%,则公司选择执行互换期权,相当于获得比普通互换更有利的利率条件。

(五)远期利率协议

远期利率协议(Forward Rate Agreements,FRA)是一种远期合约,买卖双方(客户与银行或两个银行同业之间)商定将来一定时间点(指利息起算日)开始的一定期限的协议利率,并规定以何种利率为参照利率,在将来利息起算日,按规定的协议利率、期限和本金,由当事人一方向另一方支付协议利率与参照利率利息差的贴现额。

1. FRA 的价格

FRA 的价格是指从利息起算日开始的一定期限的协议利率,FRA 的报价方式和货币市场拆出拆入利率表达方式类似(见表 11-3),但 FRA 报价多了合约指定的协议利率期限。FRA 的具体行情可通过路透社终端机的"FRAT"画面得到。FRA 市场价格每天随着市场变化而变化,该市场价格做参考之用,实际交易的价格要由每个报价行来决定。

表 11-3 FRA 市场报价举例

日期	美元	FRA
7月13日	3×6	8.08‰—8.14‰
	2×8	8.16‰—8.22‰
	6×9	8.03‰—8.09‰
	6×12	8.17‰—8.23‰

对表 11-3 报价第三行"6×9、8.03%—8.09%"的市场术语做如下解释:"6×9"(6 个月对 9 个月)表示期限,即从交易日(7 月 13 日)起 6 个月末(即次年 1 月 13 日)为利息起算日,而从交易日起 9 个月末为到期日,协议利率的期限为 3 个月。"8.03%—8.09%"表示报价行报出的 FRA 买卖价,前者是报价行的买价,若与询价方成交,则意味着报价行(买方)在结算日支付 8.03%的利率给询价方(卖方),并从询价方处收取参照利率;后者是报价行的卖价,若与询价方成交,则意味着报价行(卖方)在结算日从询价方(买方)处收取 8.09%的利率,并支付参照利率给询价方。

2. 利息计算

在利息起算日支付利息,可按以下步骤进行:

首先,计算 FRA 在协议期限内的利息差。该利息差根据当天参照利率(通常是在结算日前两个营业日使用 LIBOR 来决定结算日的参照利率)与协议利率结算,其计算方法与货币市场计算利息的惯例相同,协议期限内利息差 $A =$ 本金×利率差×期限(年)。

其次,按照惯例,FRA 利息差的支付是在协议期限的期初(即利息起算日),而不是协议期限的最后一日,因此利息起算日支付的利息差要按参照利率贴现方式计算。

最后,计算结果有正有负,当 $A > 0$ 时,由 FRA 的卖方将利息差贴现值付给 FRA 的买方;当 $A < 0$ 时,则由 FRA 的买方将利息差贴现值付给 FRA 的卖方。

3. 利用 FRA 进行风险管理的技巧

FRA 是防范将来利率变动风险的一种金融工具,其特点是预先锁定将来的利率。在 FRA 市场中,FRA 的买方为了防范利率上升引起融资成本上升的风险,希望在现在就锁定将来的融资成本。用 FRA 防范将来利率变动的风险,实质上是用 FRA 市场的盈亏抵补现货资金市场的风险,因此 FRA 具有预先决定融资成本或预先决定投资回报率的功能。

从形式上看,FRA 具有与利率期货类似的优点,即规避利率变动风险,但它们之间也有区别,归纳如表 11-4 所示。

表 11-4 FRA 与利率期货比较

项目	FRA	利率期货
交易形态	场外交易市场交易,交易金额和交割期限都不受限制,灵活简便	交易所内交易,标准化契约交易
信用风险	双方均存在信用风险	极小
交割前的现金流	不发生现金流	每个保证金账户内有现金流动
适用货币	一切可兑换货币	交易所规定的货币

例如,A 公司的资金管理人于 2012 年 1 月 17 日预知 6 个月后将有一笔 1 000 万美元的收入入账,同时也预测 6 个月后美元利率将下降,故其卖出一份 FRA(6×9)利率为 2.56% 的合约给 M 银行。

FRA 合约的内容如下:合约卖出者 A 公司,购买者 M 银行,合约金额 1 000 万美元,交易日期 2012 年 2 月 4 日,交割日 2012 年 8 月 6 日,到期日 2012 年 11 月 6 日,利率确定日 2012 年 8 月 4 日,参照利率 LIBOR,FRA 的价格 2.56%P.A(一年按 360 天计算),合约期限 92 天。

如果 2012 年 8 月 4 日 LIBID 如预期下跌为 2.06%,则公司损益计算如下:10 000 000×(2.56%−2.06%)×92/360 = 12 777.78(美元),即 2012 年 8 月 6 日 M 银行将支付 A 公司利息差 12 777.78 美元。

需要注意的是,FRA 是场外交易,无集中市场,相互寻找适合的交易对手并不容易;在期货交易所内的利率期货合约既可买进,又可卖出,而 FRA 买入后不能出售,只能与另一笔 FRA 对冲；利率期货交易双方均以统一的清算机构为交易对手，不用管买卖双方是谁，其信用风险极小，而 FRA 由于实际场外交易对手信誉度的不同面临较大的信用风险。

第三节　特定方向融资管理

随着国际金融市场全球化、证券化以及自由化程度的进一步提高，金融领域的创新日新月异，国际融资方式和融资工具也发生了新的变化，除传统的特定方向融资工具以外，还出现了一些特殊的融资工具，如项目融资（如 ABS、BOT 等）、租赁融资等。在特定情况下，跨国企业会综合采用各种融资方式，以使企业融资成本最小化。

一、国际项目融资

国际项目融资（Project Financing）是一种特殊的融资方式，是指以境内建设项目的名义在境外筹措资金，并以项目自身的现金流入量、资产与权益，承担债务偿还责任的融资方式，也是无追索或有限追索的融资方式。

（一）国际项目融资的基本特征

尽管国际项目融资具有结构复杂性和类型多样化的特点，但与传统的国际信贷融资相比，其通常具有以下基本特征：

（1）国际项目融资以特定的建设项目为融资对象。尽管项目融资的借款人可以为独立从事项目开发的项目公司，也可以为非单纯从事项目开发的项目主办人，但在通常情况下，贷款人要求对项目资产和负债（包括股东投入的股权资产和债权人投入的债权资产）独立核算，并限制将项目融资用于其他用途；在项目主办人作为借款人的情况下，贷款人将要求主办人将项目融资仅投向该特定项目或项目公司，并要求将项目资产与主办人的其他资产相分离，由此形成主办人表外融资。

（2）贷款人的债权实现主要依赖于拟建项目未来的现金流量及其中可以合法用来偿债的净现值。正是基于这一特征，国际项目融资的贷款人在决定贷款前必须对项目未来的现金流量做出可靠的预测，并且须通过复杂的合同安排确保该现金流量将主要用于偿债。

（3）国际项目融资通常以项目资产为附属担保。但根据不同国家法律的许可，又可通过借款人或项目主办人提供有限信用担保。国际项目融资中的有限信用担保是在项目未来的现金流量不足以确保偿本付息的情况下，由借款人或项目主办人向贷款人提供补充性的信用担保，使得贷款人取得补充性的有限追索权。国际项目融资的资产担保并不以资产变价受偿为目的，贷款人要求此项担保旨在获得资产控制权，它仅为项目融资信用保障结构中的一环。

（4）国际项目融资具有信用保障多样化和复杂化的特点。针对不同融资项目的具体风险状况，贷款人往往提出不同的信用保障要求，其目的在于分散项目风险，确保项目未来的现金流量可靠地用于偿还贷款。实践中，贷款人通常采用的手段包括：要求项目主办人或投资人对项目首先进行一定的股权投资,使项目融资仅占到项目资产总值的一定比例(通常为60%以上),以分散贷款风险。

(二) 国际项目融资的模式

项目融资是某一类具有共同属性的融资类型的统称,而具体的项目融资又具有结构复杂多变的特点。可以说,几乎每一个具体的项目融资都是依据特定项目的条件而创造的,并且很难具有完全的可复制性。按照国际项目融资实践,可以对项目融资依照不同的标准加以进一步分类。了解这些分类,有助于我们更深入地认识项目融资的内容与特征。

1. 直接融资模式

直接融资是指由项目投资人以自身良好的资信名义做担保,从金融机构贷款为项目的建设和运营提供资金的项目融资模式。这种模式适用于结构简单且投资人的财务结构和资信状况良好的项目,常见于投资人直接拥有项目管理权,并控制项目现金流量的非公司型结构中,有时这也是为某一项目筹集追加资金的唯一方法。

2. 项目公司融资模式

项目公司融资是指拟建项目的主办人及投资人先以股权合资方式建立有限责任的项目公司,然后由该项目公司直接投资于拟建项目并取得项目资产所有权和经营权,此外,由项目公司向国际贷款人协议借款并负责偿债的项目融资模式。项目公司融资具有融资结构简单、财务关系清晰的特点,它是目前国际项目融资实践中采用最为广泛的融资模式。

3. 资产支持证券化模式

资产支持证券化(Asset Backed Securitization,ABS)具体是指以目标项目所拥有的资产为基础,以项目资产的未来收益为保证,通过在国际金融市场上发行高档债券等金融产品来筹集资金的一种项目融资模式。ABS模式的目的在于通过其特有的提高信用等级的方式,使原本信用等级较低的项目照样可以进入高档证券市场,并利用该市场信用等级高、债券安全性和流动性好、利率低的特点,大幅度降低发行债券和筹集资金的成本。

4. BOT融资模式

BOT是英文Build-Operate-Transfer的首字母缩写,即建设—经营—转让方式,具体是指政府将一个基础设施项目的特许权授予承包商(一般为国际财团),承包商在特许期内负责项目的设计、融资、建设和运营,回收成本、偿还债务、赚取利润,并在特许期结束后将项目所有权移交政府的项目融资模式。实质上,BOT融资模式是政府与承包商合作经营基础设施项目的一种特殊运作模式,在中国又叫"特许权融资方式"。BOT融资模式特别适用于公共设施项目和大型基础设施项目建设,中国深圳特区的沙头角火力发电站即采用了此种融资模式。

二、国际租赁融资

融资租赁是指当项目单位需要添置机器设备而又缺乏资金时,由出租人代其购进或租进所需设备,然后再出租给项目单位使用,按期收回租金,其租金总额相当于设备价款、贷款利息、手续费的总和。租赁期满时,项目单位即承租人以象征性付款取得设备的所有权。在租赁期间,承租人只拥有设备的使用权,所有权属于出租人。国际租赁融资是以融物的形式达到从境外融资目的的一种融资方式,它是一种建立在所有权与使用权相分离的基础上,集融资与融物于一身的国际信用形式。

（一）国际租赁融资的特征

国际租赁融资具有以下特征：

（1）节约融资成本。从表面上看,租赁费要比信贷成本相对高些,但如果把不需要更多贷款利息以及节余的资金周转利益考虑进去,则租赁融资成本并不高。若对租赁融资和信贷的成本做较详细的比较,从税后现金流基础上计算,则由于租赁融资的特点是资产的预期使用期限大大超过贷款期限,因此租赁的现金流出量可以分布到更长的时期中,这样就大大降低了设备残值,也降低了现金流出量的净现值,即租赁融资成本低于常规信贷成本。

（2）具有投资、融资和促销的三重作用。租赁融资是融资与融物的结合体,承租人偿还的本金是租赁物的折旧费,利息中包含了出租人的利润及一定的货币时间价值,因此,租赁是一种以租物的形式达到融资目的,将贸易和金融结合在一起的信贷方式,在国际资本市场和销售市场上实际发挥了投资、融资和促销的三重作用。

（3）具有所有权和使用权相分离的特点。租赁公司借物不借钱,可以出租现有设备,此外,也可以由承租人自行选择设备,由租赁公司为其购买然后出租。租赁业务实行两权分离,即设备的使用权与所有权分开。租赁期内,出租人拥有设备的所有权,承租人只拥有支配和使用权。

（4）融资迅速、方便、灵活。租赁融资可以发挥银行和出口贸易的双重作用,既为客户筹集资金,又按客户的需要向外订货并办理进出口手续,减少了中间环节,为那些亟须抢时间、争速度的项目提供了方便。

（二）国际租赁融资的模式

1. 融资租赁

融资租赁（Finance Lease）是指当企业需要筹款添置机器设备时,投资人通过设在东道国的租赁公司,向企业转租大型成套的生产设备、运输设备。因此,融资租赁又被称为设备租赁（Equipment Lease）,其实质是以融物代替融资,即租赁公司并非直接向企业贷款,而是代其购进机器设备,然后租给企业使用。

2. 经营租赁

经营租赁(Operation Lease)是指出租人在提供融资的同时,还提供特别服务(办理保险、维修等)的租赁方式,一般适用于在保养和管理技术方面具有一定垄断性的机器设备。经营租赁的时间较短,甚至可以按天和小时计算,这对于仅有临时性需求的企业和个人而言是一种既经济又方便的形式。从参与主体来看,经营租赁只涉及出租人和承租人两方,而不涉及其他方面。从租赁方式与合同的关系来看,经营租赁合同签订后可以解除。此外,经营租赁还提供服务,具体包括租赁物品的维修、保养以及物业管理服务。从由出租人提供服务这一角度来看,经营租赁也往往被称为服务租赁。

3. 维修租赁

典型的维修租赁(Maintenance Lease)是汽车租赁。租赁公司要向承租人提供包括购车、登记、上税、保养、维修等在内的所有服务。

4. 杠杆租赁

杠杆租赁(Leverage Lease)涉及的关系人包括承租人、出租人、长期贷款人、托管人,其资金来源于贷款人而非出租人(其资金仅占约20%—40%)。杠杆租赁的基本特点是:租赁对象为大型专用设备,此类设备投资享受较多的政策优惠;租赁公司实施负债经营方式;租金较低,各期所付租金大体相同(故又被称为平衡租赁)。

5. 回租租赁

回租租赁(Sale and Lease Back Lease)是指出租人从拥有和使用标的物的人那里先购进标的物,然后将购进的标的物再租给原来的物主使用(多用于不动产方面)。从出租人方面来看,它是指先买后租的过程,即出租人从拥有和使用标的物的人那里先购进标的物,然后将购进的标的物再租给原来的物主使用。从承租人方面来看,它是指先卖后租的过程,即当承租人购买新设备、改扩建而资金不足时,可先将企业原有的设备卖给租赁公司,得到租金以解决购买新设备和改扩建的资金问题。

三、出口信贷融资

出口信贷(Export Credit)是出口国政府为了支持和鼓励本国大型成套设备出口,提高本国出口商品的国际竞争力,所采取的对本国出口给予利息补贴并提供政府信贷担保的中长期信贷形式。同时,出口信贷也是为鼓励本国银行对本国出口商或外国进口商(或其银行)提供利率较低的贷款,以解决本国出口商资金周转困难,或者满足外国进口商对本国出口商支付货款需要的一种融资方式。出口信贷的期限由合同金额的大小和合同货物的性质决定,一般从提单日期或工程建成验收交接日期算起,短则18个月,长的可达10年,建设期为宽限期。长期出口信贷的形式主要有卖方信贷、买方信贷、福费廷等。详细内容参见第十二章国际贸易融资管理。

本章小结

1. 国际股权融资主要采用发行股票的形式来筹集跨国企业的权益资本,即国际股票融资。国际股票融资是跨国企业在国际股票市场上发行股票筹集所需资本的融资方式。随着融资证券化趋势的出现,国际股票融资的份额将越来越大。

2. 国际债券融资是跨国企业通过投资银行等中介机构在国际金融市场上发行债券筹集资金的一种方式。国际债券的特点是其发行人和投资人分属不同的国家,债券总是出售给借款人以外的国家。

3. 互换交易是指交易双方同意在预先约定的时间内,通过一个中间机构来交换一连串付款义务的金融交易。在利率互换融资行为中,交易双方签订合约来定期交换现金流。利率互换的方式有两种:一种是单货币利率互换,简称利率互换;另一种是交叉货币利率互换,通常称为货币互换。

4. 国际项目融资是指国际贷款人向特定的工程项目提供贷款协议融资,对于该项目所产生的现金流量享有偿债请求权,并以该项目资产为附属担保的国际融资类型。它是以项目产生的现金流形式的收益直接用于偿还项目贷款并且以项目资产为贷款抵押的一种融资方式。

5. 国际租赁融资是跨国企业通过国际租赁市场向国际租赁公司租赁本企业所需设备,以支付租金的形式取得设备的使用权。国际租赁融资是以融物的形式达到从境外融资目的的一种融资方式,它是一种建立在所有权与使用权相分离的基础上,集融资与融物于一身的信用形式。

6. 出口信贷是出口国政府为了支持和鼓励本国大型成套设备出口,提高本国出口商品的国际竞争力,所采取的对本国出口给予利息补贴并提供政府信贷担保的中长期信贷形式。长期出口信贷的形式主要有卖方信贷、买方信贷和福费廷等。

本章习题

1. 跨国企业国际股票融资的形式有哪些?各有什么特点?海外募股权投资基金融资的性质和特点是什么?

2. 请分析国际项目融资、国际租赁融资和出口信贷融资的特点,并对各种融资方式的优势进行比较。

3. 国际债券融资的策划方式有哪些?相较于国际股票融资,国际债券融资的特点有哪些?如何进行国际债券融资的成本管理?

4. 简述信贷融资的主要方式与信贷风险管理工具,以及银团贷款相较于国际商业银行普通贷款有何特点。

5. 一家英国跨国企业在美国的子公司准备在纽约州信贷市场上借入2 400万美元,

期限为 3 年,利息每半年支付一次,借款年利率为 5%,而该公司的英镑借款利率为 3%;一家美国跨国企业在英国的子公司准备在伦敦信贷市场上借入 2 000 万英镑,期限也是 3 年,利息每半年支付一次,借款年利率为 6%,而该公司的美元借款利率为 4%。目前,即期汇率为 GBP1=USD1.2,一家英国银行愿意提供货币互换安排,并按互换金额的 0.05% 获得收益。请回答并计算下列问题:

(1) 中介银行将如何安排两家公司的借款?

(2) 若中介银行安排两家公司均分节约成本,则各自的利息应如何支付?

(3) 为两家公司设计一个互换协议。

6. 某跨国企业需要一套价值 100 万美元的新设备,设备折旧年限为 3 年,按直线法计提折旧,残值为零;设备维修费为每年 5 万美元;企业所得税税率为 33%。企业现有两种方案:

(1) 若借款购买,则贷款年利率为 14%,每年年底等额摊还,偿还期 3 年。

(2) 若租赁,则租期 3 年,租金 32 万美元,每年年底支付,3 年后支付 20 万美元买下此套设备。

请问:若暂不考虑汇率变动因素,则该企业是购买还是租赁此套设备?

7. A 公司已发行 10% 的固定利息债券,除此之外,公司还想将该债券转换成浮动利率债券,于是公司参与了利率交换。该互换可以将 10% 的固定利息支付转换成 LIBOR+1% 的浮动利息,利息费用的支付由之前所发行的债券本金决定。该债券每年年底支付利息并在 3 年后到期,公司预期 LIBOR 在第 1 年年底为 9%,第 2 年年底为 8.5%,第 3 年年底为 7%,请计算公司在交换后其预期的融资利率。

参考文献

1. 科普兰,韦斯顿,夏斯特里.金融理论与公司政策(第四版)[M].刘婷,等,译.北京:中国人民大学出版社,2012.

2. 戈莱比.国际金融市场(第三版)[M].刘曼红,等,译.北京:中国人民大学出版社,1998.

3. 杨淑娥.财务管理学[M].3 版.北京:高等教育出版社,2018.

4. 陈湛匀.国际融资学:理论·实务·案例[M].上海:立信会计出版社,2006.

5. 任谷龙.国际融资法律实务指南[M].北京:法律出版社,2018.

6. 张碧琼.国际金融管理学[M].北京:中国金融出版社,2007.

第十二章

国际贸易融资管理

本章首先介绍国际贸易合同支付条款和结算方式,在此基础上阐述国际贸易中短期融资和长期融资的方式、内容和特点,最后简要介绍国际贸易融资的风险管理。国际贸易融资是围绕国际贸易结算的各个环节所发生的资金和信用的融通活动,主要涉及运用短期结构性融资工具,基于商品交易中的存货、预付款、应收款等资产的融资。

第一节 国际贸易合同支付条款

国际贸易合同是营业地处于不同国家或地区的当事人就货物买卖所发生的权利义务关系而达成的书面协议。合同条款是在国际贸易中,就交易双方有关货物买卖的法律规定,是以双方的协商为基础而形成的。合同条款主要涉及货物的交接、货款的支付、履约的争议、贸易商品的品质、保险、检验、索赔、不可抗力、仲裁等具体的交易条件,即交易双方在国际贸易中的具体要求与真实目的。合同支付条款的主要内容包括支付货币、支付金额、支付方式、支付时间和支付地点。

一、合同形式的法律规定

国际贸易合同受国家法律保护和管辖,是对签约各方都具有同等约束力的法律性文件,是解决贸易纠纷,进行调节、仲裁与诉讼的法律依据。

大陆法系把合同形式分为要式合同和非要式合同。所谓要式合同,是指依照法律的规定,应按其规定的形式和程序订立的合同。例如,必须由双方当事人签字,并由证人或公证机关证明的合同。而所谓非要式合同,是指用口头或者书面形式或者包括人证在内的其他形式证明的合同,而无须一定采用书面形式。英美法系虽没有要式和非要式的划分,但也有相同的概念。例如,在英美法系的分类中有签字蜡封合同,该合同属于一种按要求的形式和程序订立的合同,它与大陆法系中的要式合同相似。美国的《统一商法典》规定,凡是金额超过 500 美元的货物买卖合同,须以书面形式做成,但仍保留了例外,如卖方已在实质上开始生产专为买方制造的,不宜于售给其他买方的商品的,则该合同虽然没有采取上面的形式,但仍具有约束力。

《联合国国际货物销售合同公约》(以下简称《公约》)是由联合国国际贸易法委员会主持制定的,1980年在维也纳举行的外交会议上获得通过,并于1988年1月1日正式生效。《公约》对于国际货物销售合同的形式,原则上不加以任何限制。《公约》第11条明确规定,销售合同无须以书面形式订立或证明,在形式方面不受任何其他条件的限制。这一规定既兼顾了西方国家的习惯做法,又适应了国际贸易发展的特点。因为许多国家的贸易合同是以现代通信方法订立的,不一定存在书面合同。但《公约》允许缔约国对该条规定提出声明予以保留,中国对此做了保留。

买卖双方在以函电成交时,如果任何一方当事人提出要以签订书面合同为合同成立的依据,则都必须在要约或承诺通知中提出这一保留条件。这时,合同不是于双方函电达成协议时成立,而是于签订书面合同时成立。如果任何一方当事人都没有提出以签订书面合同为合同成立的依据,则按合同法的一般原则,合同应于双方函电达成协议时成立,即当载有承诺内容的信件、电报或电传生效时,合同即告成立。

与国际贸易支付相关的主要惯例均由国际商会制定,主要有《国际贸易术语解释通则》《跟单信用证统一惯例》《托收统一规则》《国际保付代理惯例规则》和《见索即付保函统一规则》。

二、国际贸易合同支付条款

(一) 合同支付金额

通常而言,合同支付金额就是合同规定的总金额。但是在实际业务中,支付金额和合同规定的总金额有时不一致。例如,分批交货、分批支付的合同,每批支付的金额只是合同规定的总金额的一部分;再如,当合同规定有品质增减价条款、数量溢短装条款时,支付金额就应按实际交货的品质和数量确定;此外,当价格条款中规定采用非固定作价方法或订有保值条款时,就须按最后确定的价格支付一定金额。由于实际业务中经常发生这类支付金额与合同规定的总金额不一致的情况,因此有必要在支付条款中明确规定支付金额。具体规定方法主要有两种:

(1) 货款按全部发票金额支付。适用于一般无附加费用或在交货前能够确定附加费用金额的交易。收款时要将应收的附加费在发票上具体列出,必要时另附费用证明或单据,由买方按发票金额付款。

(2) 货款按发票金额支付,附加费用另行结算。适用于交货前无法确定附加费用金额的交易。例如,货款按发票金额支付,港口拥挤附加费由卖方凭支付费用的正本收据向买方收取。

(二) 合同支付方式和时间

根据与支付相关的国际惯例,不同支付方式下支付时间不同。

（1）汇付方式。汇付是指付款人通过银行，主动把款项汇给收款人的一种支付方式。汇付方式一般可分为信汇、电汇、票汇三种。交易双方在选择使用汇付方式交付货款时，应明确规定汇付时间、汇付方式和汇付金额等内容。

（2）托收方式。合同中的托收条款是当交易双方商定通过托收方式进行货款交付时，合同中对货款交付的具体细节的规定。托收又分为D/P（付款交单）与D/A（承兑交单）。D/P是指买方对卖方开具的即期汇票应于见票时立即付款。而D/A是指买方对卖方开具的见票后20天付款的跟单汇票应于提示时予以承兑，并于汇票到期日付款。

（3）信用证方式。合同中的信用证条款是当交易双方商定通过信用证方式进行货款交付时，合同中对货款交付的具体细节的规定。信用证一般可分为即期信用证、远期信用证、假远期信用证、循环信用证等。

第二节　国际贸易结算方式

国际贸易融资通常是商业银行提供的一类服务，旨在促进国与国、企业与企业间的进口和出口业务。国际贸易结算中，使用的票据主要包括汇票、本票和支票，汇款、托收、信用证和保函是主要的结算工具。它们组成了一个体系，这一体系经过几个世纪的发展和完善，旨在保护进口商和出口商免受拒付风险与外汇风险，这就相当于提供了一种融资方式。

一、票据

票据是指出票人签发的，委托他人或者自己于特定的到期日无条件支付确定的金额给收款人或持票人的命令或承诺。

1. 汇票

汇票是指出票人签发的无条件的支付命令，以指示付款人（或受票人）于指定的到期日或在任何可确定的将来时间支付确定的金额给指定收款人（或持票人）。因此，汇票的基本当事人最少有三个，即出票人、付款人和收款人。

开出汇票的个人或企业可被称为出票人，通常出票人是出售、运输货物的出口商。接受支付命令付款的人可被称为付款人，付款人要承兑汇票，即需要根据条款所载明的要求金额进行支付。在现代商业交易中，付款人或是买方（这种汇票称为商业汇票）或是买方的开户银行（这种汇票称为银行汇票）。

2. 本票

本票是指由出票人向收款人发出的书面承诺，保证于见票时或定期或在可以确定的将来时间对其或其指定人或者持票人支付确定金额的款项。因此，本票的基本当事人只有两个，即出票人和收款人。

3. 支票

支票是指银行存户根据开户协议向银行签发的即期无条件支付命令。因此，支票的基本当事人也有三个,即出票人、付款银行和收款人。支票可以由个人或企业签发,只要预先与付款银行约定好,并得到付款银行的同意,即使账户余额不足,付款银行也可以按其命令付款。

二、结算工具

(一) 汇付

汇付或汇款是指付款人或债务人通过银行和其他途径,运用各种工具将货款汇给收款人或清偿债务的行为。汇付是国际贸易中以赊账和预先付款为结算方式的重要支付工具,也是在非贸易结算中转移资金的重要工具。

汇付业务可分为汇出和汇入,银行接受客户的委托,将款项汇出给收款人的业务称为汇出业务;反之,银行接受海外分行或代理行的委托,办理解付汇款给收款人的业务称为汇入业务。汇款的具体方式有票汇、信汇和电汇。

(1) 票汇。票汇是指通过银行开立即期汇票的方式将款项汇出。开出汇票的银行一般会采用海外分行活期账户作为汇票的付款人。银行汇票也是票据的一种,受付款银行所在地的票据法约束。收款人可以通过其开户银行提供的票据清算服务,利用票据清算体系收取款项或者亲自带齐有关身份的证明文件到付款银行提款。因此,汇款人和收款人可以是同一个人,以方便汇款人在国外提取使用。

(2) 信汇。信汇是指汇出银行以航空信函方式指示汇入银行解付一定金额的款项给收款人。通常在信函内会详细列明收款人的名称、地址、电话、开户银行和账号等。同时,将汇款人姓名和附言一同告知汇入银行,以方便汇入银行解付款项给收款人。

(3) 电汇。电汇是指汇出银行根据汇款人的要求,用电信形式,将汇款明细通知汇入银行或账户行,委托其将款项尽快解付给收款人。

(二) 托收

托收是指在进出口贸易中,出口方开具以进口方为付款人的汇票,委托出口方银行通过其在进口方的分行或代理行向进口方收取货款的一种结算方式,包括 D/P 与 D/A。托收属于商业信用,银行在办理托收业务时,既没有检查货运单据正确与否或是否完整的义务,又没有付款责任。托收虽然是通过银行办理,但银行只是作为出口方的受托人行事,并没有付款责任,进口方不付款与银行无关。出口方向进口方收取货款靠的仍是进口方的商业信用。如果遭到进口方拒绝付款,则除非另有规定,否则银行没有代管货物的义务,出口方仍然应该关心货物的安全,直到对方付清货款。

托收对出口方的风险较大,D/A 比 D/P 的风险更大。跟单托收方式是出口方先发货后收取货款,因此对出口方来说风险较大。进口方付款靠的是其商业信誉,如果进口方丧失付款能力,或者货物发运后进口地货物价格下跌,进口方借故拒不付款,或者进口方事先没有领到进口许可证,或者进口方没有申请到外汇,被禁止进口或无力支付外汇等,则出口方不但无法按时收回货款,还可能造成货款两空的损失。如果货物已经到达进口地,进口方借故不付款,则出口方还要承担货物在目的地的提货、存仓、保险费用和可能变质、短量、短重的风险;如果货物转售他地,则会产生数量与价格上的损失;如果货物转售不出去,则出口方就要承担货物运回本国的费用以及承担可能因存储时间过长而被当地政府贱卖的损失等。虽然出口方有权就上述损失向进口方索赔,但在实践中,在进口方已经破产或逃之夭夭的情况下,出口方即使可以追回一些赔偿,也难以弥补其全部损失。尽管如此,在当今国际市场出口竞争日益激烈的情况下,出口方为了推销商品占领市场,有时也不得不采用托收方式。如果对方信誉较好,且出口方在国外又有自己的办事机构,则风险可以相对小一些。

托收对进口方比较有利,可以免去开证的手续以及预付押金,还可以获得预借货物的便利。当然,托收对进口方也不是毫无风险。例如,进口方付款后才取得货运单据,领取货物,如果发现货物与合同规定不符,或者根本就是假的,则也会因此而蒙受损失,但总体来说,托收对进口方比较有利。

(三) 信用证

信用证是指由银行(开证行)依照申请人的要求和指示或自己主动,在符合信用证条款的条件下,凭规定单据向第三方(受益人)或其指定方进行付款的书面文件,即信用证是一种银行开出的有条件的承诺付款的书面文件。

信用证有效降低了拒付风险,因为银行同意在出口方交单后付款而不是收到货物后付款。在国际贸易活动中,买卖双方可能互不信任,买方担心预付款后,卖方不按合同要求发货;卖方也担心在发货或提交货运单据后,买方不付款。因此,需要两家银行作为买卖双方的保证人代为收款交单,以银行信用代替商业信用。银行在这一活动中所使用的工具就是信用证。

1. 信用证的特点

信用证具有以下三个特点:

(1) 信用证是一项自足文件。信用证不依附于买卖合同,银行在审单时强调的是信用证与基础贸易相分离的书面形式上的认证。

(2) 信用证是纯单据业务。信用证是凭单付款,不以货物为准。只要单据相符,开证银行就应无条件付款。

(3) 开证银行负首要付款责任。信用证是一种银行信用,它是银行的一种担保文件,开证银行对付款负有首要责任。

2. 信用证当事人的权利和义务

信用证当事人包括开证申请人、受益人、开证银行、通知银行、议付银行和付款银行。

(1) 开证申请人:指向银行申请开立信用证的人,在信用证中又称开证人。义务:根据合同开证;向银行交付比例押金;及时付款赎单。权利:验、退赎单;验、退货(均以信用证为依据)。

(2) 受益人:指信用证上所指定的有权使用该信用证的人,即出口人或实际供货人。

义务:收到信用证后及时与合同核对,如不符则尽早要求开证银行修改或拒绝接受,或要求开证申请人指示开证银行修改信用证;如接受则发货并通知收货人,备齐单据在规定时间向议付银行交单议付;对单据的正确性负责,不符时应执行开证银行改单指示并仍在信用证规定期限交单。权利:若被拒绝修改或修改后仍不符,则有权在通知对方后单方面撤销合同并拒绝信用证;交单后若开证银行倒闭或无理拒付,则可直接要求开证申请人付款;收款前若开证申请人破产可停止货物装运并自行处理;若开证银行倒闭时信用证还未使用,则可要求开证申请人另开。

(3)开证银行:指接受开证申请人的委托开立信用证的银行,它承担保证付款的责任。义务:正确、及时开证;承担第一性付款责任。权利:收取手续费和押金;拒绝受益人或议付银行的不符单据;付款后如开证申请人无力付款赎单则可处理单、货;货款不足时可向开证申请人追索余额。

(4)通知银行:指受开证银行的委托,将信用证转交出口人的银行。义务:只证明信用证的真实性,不承担其他义务。通知银行是出口人所在地的银行。

(5)议付银行:指愿意买入受益人交来跟单汇票的银行。义务:严格审单;垫付或贴现跟单汇票;背批信用证。权利:可议付也可不议付;议付后可处理(货运)单据;议付后若开证银行倒闭或借口拒付则可向受益人追回垫款。

(6)付款银行:指信用证上指定付款的银行,在多数情况下,付款银行就是开证银行。义务:按照开证银行的指令向受益人或者议付银行付款。权利:对符合信用证的单据向受益人付款的银行有权付款或不付款;一经付款,无权向受益人或汇票持有人追索。

3. 信用证的运作流程

信用证的运作流程如下:

(1)开证申请人根据合同填写开证申请书并交纳押金或提供其他保证,请开证银行开证。

(2)开证银行根据申请书的内容,向受益人开出信用证并寄交出口人所在地通知银行。

(3)通知银行核对印鉴无误后,将信用证交受益人。

(4)受益人审核信用证内容与合同规定相符后,按信用证规定装运货物、备妥单据并开出汇票,在信用证有效期内,送议付银行议付。

(5)议付银行按信用证条款审核单据无误后,把货款垫付给受益人。

(6)议付银行将汇票和货运单据寄开证银行或其特定的付款银行索偿。

(7)开证银行核对单据无误后,付款给议付银行。

(8)开证银行通知开证申请人付款赎单。

(四)保函

保函也是国际贸易中常用的一种结算工具,是由第三方对合同的当事人在履行合同责任及其他有关事项上提供额外保证的担保文件。

保函可划分为从属性保函和独立性保函。从属性保函的担保人承担第二性付款责任,是在申请人未能按双方协议履行其责任或义务时,负责在一定期限范围内向受益人支付一定金额的赔偿。其法律效力随基础合同的存在而存在,也随其改变而发生相应的改变。而独立性保函担保人的偿付责任独立于申请人,只要保函规定的偿付条件已经具备,担保人就要偿付受益人的索偿。至于申请人是否确实未履行合同项下的责任和义务,担保人不用理会。在国际贸易结算实务中,最多采用的是独立性保函。

1. 保函的特点

保函具有以下特点:

(1) 开出保函主要以自身的信用向受益人保证申请人履行合同责任和义务,只有在申请人违约或受益人具备索偿条件时才能依据保函要求赔偿,主要目的在于担保而不是付款。

(2) 付款的依据是受益人提出符合保函规定的索偿条件,包括受益人证明、申请人违约声明和其他有关文件(单据)。

(3) 既可以用作各种商务支付的手段,以解决交易中合同价款及费用的支付问题;又可以用作对履约责任人必须按期履行其合同义务的制约手段和对违约受害人的补偿保证工具。

(4) 很多时候在保函或备用信用证上都会有自动展期条款,即"保函在到期时会自动续期一年"之类的字句,以方便业务运作和降低成本。

2. 保函的有关当事人

保函的有关当事人包括:

(1) 申请人:指向开出保函的银行提出申请开立保函的合同当事人。开出保函的申请书就成为申请人与开出保函银行之间的合同。申请人的责任是当发生索赔时,在担保银行按照保函规定向受益人做出赔偿后,必须向银行做出偿付。

(2) 担保银行(担保人):接受申请人委托开出保函的银行。担保银行向受益人承担有条件或无条件的保证付款责任,在收到受益人符合保函条件的索赔要求时要立即履行付款责任,然后向申请人提出偿付。

(3) 受益人:指有权依据保函条款向开出该保函的银行提出索偿的当事人。能否履行保函内所有条款是提出索偿的关键,受益人若发现对自己不利或模棱两可的条款则应及时向申请人提出并与其商讨,以便对保函条款做出修改。受益人只有在对方不履行或不完全履行交易合同中规定的义务时,才可根据保函中规定的条款提出索偿。

(4) 通知银行:指受担保银行委托将保函通知受益人的银行。通知银行的责任是核实保函表面的真实性,并不承担任何其他责任或支付义务。

(5) 保兑银行:指应开出保函银行的要求,以自身的信用对保函的支付加具承诺和保证的银行。

(6) 反担保银行:指向开出保函银行做出反担保承诺的银行。有时候,申请开立保函的申请人不一定与开出保函的银行有直接关系,又或受益人只接受本国银行开出的保函,因此,必须由申请人的银行向开出保函的银行担保申请人的偿付能力和履行交易合同的责任。

第三节 国际贸易融资方式

国际贸易融资是围绕国际结算的各个环节所发生的资金和信用的融通活动。根据融资期限的不同,可以将国际贸易融资分为短期贸易融资(融资期限一年以内含一年)和中长期贸易融资(融资期限一年以上)。国际贸易融资的方式,主要包括授信开证、进口押汇、打包放款、承兑交单融资、货物质押融资、保理业务、福费廷和出口信贷等。

一、授信开证

信用证是以银行信用为进口商的付款保证,只要信用证受益人按信用证条款提交单证相符的单据,开证银行就要承担第一性付款责任。因此,银行要接受进口商的申请而开出信用证,必须对进口商事先核定开证额度。银行会根据进口商的信用状况、抵押品价值、贸易背景和贸易量等来核定开证额度。一般开证额度会在规定的时间内循环使用,但遇到单笔业务金额超出开证额度时,可以为这笔业务核定一次性的特殊开证额度。

开出信用证只是银行的或有负债,只有在受益人真正按信用证条款提交单证相符的单据后,开证银行才负有付款责任。只要受益人一天不交单或交单不符,开证银行就没有付款责任。虽然如此,银行在批出开证额度时,必须同时考虑将来相符单据提交后,进口商的融资需求。

目前,有些银行只是收取进口商部分押金便同意为其开证,深信进口商在相符单据到达后有足够的资金付款。这种做法是非常危险的,因为开出的信用证是银行的信用,万一相符的单据到达后,进口商出于各种各样的原因而不能或不愿意付款赎单,则开证银行便只能垫付款项而造成日后的损失。所以,银行考虑批出开证额度时必须与其他额度一并考虑,在同一额度下合并使用。

二、进口押汇

进口押汇是指在付款交单的托收结算方式下,代收银行接受进口商的押汇申请,代为垫付资金以结算进口单据款项。在进口押汇实践中,一般都需要进口商签署信托收据,在名义上为银行保管货物直至贷款还清。

虽然进口商签署了信托收据来申请这种贷款,但是银行还是要按照进口商的信用或采用其他抵押品方式来核定额度,因为信托收据只是名义上为银行保管货物,而实际上货物可能已经不存在或混合在其他生产过程中。所以,当进口商不能还款时,银行凭信托收据也不能拿回相关货物。

批出的额度一般会在规定的时间内循环使用,而融资期限最长不超过 90 天(除非在特殊情况下或其他特殊的季节性商品,可能会提供长达180天的融资)。此外,必须是有真正贸易背景的进口押汇而绝非融资性的贷款。

如果托收是承兑交单的话,就不可能有进口押汇的出现,因为在进口商承兑后,所有单据(包括运输单据)都会被释放给进口商。之后,进口商就可以提取货物待汇票到期时付款。若到期时进口商不能付款,则代收银行并没有责任代为垫付。若进口商愿意付款而向银行申请贷款,则银行只能按特殊情况考虑是否批出特殊及单一的贷款。

三、打包放款

打包放款是一种时间在收到信用证之后但在发运货物之前的融资方式。出口商凭借收到的信用证交给银行作为抵押,然后申请发运货物前的贷款,主要用于生产或组织货源的开支及其他从属费用的资金融通。

打包放款的偿付在开证银行兑付出口单据的付款中扣除,其他偿付方式都是不正常的,必须加强防范和尽量避免。

四、承兑交单融资

承兑交单融资是一种凭借已经承兑的远期汇票提供的融资方式,大部分国家或地区也把它称为"贴现"。出口商在发货后将发票、汇票、运输单据、保险单据及其他单据通过其往来银行寄交其在进口商/付款人地的海外分支机构,由代理银行或出口/进口商指定的银行(托收银行)向进口商/付款人按承兑结算方式提示承兑。当进口商/付款人接受单据并承兑汇票后,所有单据(除了经承兑的汇票)都会被释放给进口商/付款人,然后由其凭运输单据提货。托收银行按提交银行的指示将进口商/付款人承兑的信息通知提交银行。在一般情况下,托收银行都会代提交银行保存经承兑的汇票直至到期时再向进口商/付款人要求付款。

大部分承兑交单的期限都在30天到180天之间,很少有一年或一年以上的。提供融资的银行也是按照进口商的信用或者采用其他抵押品方式批出额度。在额度之下,对每一个进口商都会核定最高限额和最长贷款期限;同时,也会通过进口商/付款人的往来银行对其进行信用调查。

五、货物质押融资

在信用证业务中,如果申请人(进口商)只有开证额度而没有其他如信托收据等额度,则开出的即期付款信用证在相符单据到达时就要付款赎单。如果进口商当时并没有足够的资金缴付,则货物质押融资是一个可考虑的方法。

货物质押融资是指以融资银行的名义将进口的货物存仓,之后用存仓货物作为抵押从银行融出资金缴付信用证或进口托收的款项。银行委托专业物流公司进行监管,借款企业、银行、物流公司签订三方监管协议和银行持有代表物权的单据。

这种融资方式也适用于付款交单的托收业务。当进口商在进口托收或进口信用证业务下不能获得银行的相应融资额度时,对付款交单的托收和信用证就只能用此质押融资方式,通过将货物抵押给银行获得贷款来对出口商付款;然后进口商拿到单据及提货后,以银行名义存仓,使银行成为货物的物主;在货物售出后,进口商以获得的款项偿还银行的贷款。当然,在释放货权和收到售出货物所得款项的过程中,融资银行必须有严格的程序来监控整个过程,以避免货权释放但货款收不到的风险。

六、保理业务

保理是指卖方、供应商或出口商(以下统称"卖方")将其现在或将来的基于其与买方(债务人)订立的货物销售或服务合同所产生的应收账款转让给保理商,由保理商为其提供贸易融资、销售账户管理、账款催收、信用风险控制与坏账担保等一系列服务的综合金融服务方式。

(一) 保理业务的分类

在实际运用中,保理业务有多种不同的操作方式,一般可以分为有追索权的保理和无追索权的保理、明保理和暗保理、折扣保理和到期保理。

有追索权的保理是指卖方将应收账款的债权转让至银行(即保理商),卖方在得到款项之后,如果买方拒绝付款或无力付款,则银行有权向卖方进行追索,要求偿还预付的货币资金。当前,银行出于谨慎性考虑,为了减少日后可能发生的损失,通常情况下会为客户提供有追索权的保理。无追索权的保理则相反,是由银行独自承担买方拒绝付款或无力付款的风险。卖方在与银行开展了保理业务之后,就等于将全部风险转嫁给了银行。因为风险过大,所以银行一般不予以接受无追索权的保理业务。

无追索权的保理业务的总成本与承兑汇票的结构相似。银行通常从最初应收账款收入中收取1.5%—2.5%的佣金用于补偿无追索权风险,同时收取以折价扣除的利息费用。另外,卖方通过出售无追索权的应收账款,一方面能够避免对客户进行信用评价产生的成本,另一方面也不需要在资产负债表上反映这些应收账款融资的债务情况,同时还能避免相应的汇率风险和政策风险。

明保理和暗保理是按照是否将保理业务通知买方来区分的。明保理是指卖方在债权转让时立即将保理情况告知买方,并指示买方将货款直接付给保理商。目前,国内银行所开展的保理业务都是明保理。暗保理是将买方排除在保理业务之外,由银行和卖方单独进行保理业务,在到期后卖方出面进行款项的催讨,收回之后再交给银行。卖方通过开展暗保理可以隐瞒自己资金状况不佳的状况。

折扣保理又称融资保理,是指当卖方将代表应收账款的票据交给保理商时,保理商立即以预付款方式向卖方提供不超过应收账款80%的融资,剩余20%的应收账款待保理商向买方收取全部货款后,再行清算。这是比较典型的保理方式。到期保理是指保理商在收到卖方提交的、代表应收账款的销售发票等单据时并不向卖方提供融资,而是在单据到期后,向卖方支付货款。无论到期日货款是否能够收到,保理商都必须支付货款。

（二）保理业务的服务内容

保理是一种财务服务，其内容包括向制造或销售各种产品的客户（卖方）提供信用和财务服务，使其能够以赊账方式向国外买方直接销售，提高与本地供应商竞争的能力，并避免坏账损失。

1. 信用审批

根据一项保理合约，保理商在货物运送前事先审批订单，它可以对每张订单逐一审批，也可以根据预先确定的买方信用额度审批。这样一来，保理商就担当了客户信贷部门的角色。在决定批出信用额度前，保理商需要评估买方的财务状况。

2. 信用保证

保理商以无追索权方式购买了客户的应收账款，就相当于独自承担了买方拒绝付款或无力付款的风险。这种信用保证可以为客户提供保护，只要货物符合客户与买方之间商定的品质、数量和期限，客户就不会有遭受损失的风险。但保理商对客户与买方之间的商业纠纷，包括货不对板、有瑕疵、迟发货、退货和扣减货款等不承担任何担保或保证责任。

3. 应收账款管理

货物发运后，客户向买方开出发票，并将此发票交付保理商管理托收，若在发票中说明应向保理商支付货款，则发票到期时由保理商向买方收取货款，并存入客户的账户。

4. 贷款

保理商可在发票到期前向客户提供贷款，一般最高为发票金额的80%。

（三）保理业务的流程

保理业务分为双保理和单保理两种方式。顾名思义，双保理就是有两个保理商，而单保理就是只有一个保理商。在实务中，使用双保理方式较多。下面主要介绍双保理业务的流程。

（1）进、出口商洽谈贸易合同，出口商向出口保理商提出保理业务需求以及批核给进口商的额度。

（2）出口保理商与进口保理商联络，要求提供保理业务及进口商额度，双方同意后，签订互惠协议。

（3）出口保理商将情况告之出口商，包括额度金额、期限等。双方同意后，签订保理业务协议。协议中可以包括融资部分，例如融资利率、手续费、每笔发票的融资金额等。

（4）进、出口商签订贸易合同。在实务中，流程（1）至（4）可以同时进行。

（5）出口商按合同发货，寄送单据连同发票，并且在发票上贴上受让声明标签（由出口保理商提供），将债权让渡给出口保理商。

（6）出口商将发票提交给出口保理商，同时要求融资。

（7）出口保理商将发票信息通知进口保理商，同时将融资款项付给出口商。

(8) 在货款到期前数天,进口保理商开始向进口商催款;进口商在到期日或之后一至两天付款给进口保理商,进口保理商通知出口保理商收到货款和扣除信贷费用后将款项贷记给出口保理商账户。

(9) 出口保理商通知出口商自己收到货款,并扣除融资款项后将余额付给出口商。

(10) 进口保理商定时向出口保理商提交情况报告,出口保理商会将情况转交给出口商,进口保理商会定时向出口保理商提交管理费用报表,出口保理商收到后按时结算,然后再从出口商的账户中提取包括自己那一部分的费用。

七、福费廷

福费廷(Forfaiting)是出口人银行对经进口人银行承兑或担保付款的票据进行无追索权贴现,使出口方得以提前获得货款的贸易融资方式,旨在出口方认为进口方和(或)其政府开设信用账户的风险过大的情况下,用于消除进口方的违约风险。福费廷来源于一个法国术语"a forfeit",含有"放弃权利"的含义。例如,在延期付款的大型设备贸易中,出口商把经进口商承兑的,或经第三方担保的,期限在半年至五六年的远期汇票,无追索权地售予进口商所在地的银行或大型金融机构,提前取得现款。福费廷是出口信贷的一种类型。

(一)福费廷的产生和发展

从20世纪50年代开始,欧洲各国在第二次世界大战后需要迅速重建国家,因而需要大量物资,但外汇短缺,需要较长的融资期。在这种情况下,瑞士苏黎世银行协会率先开创了福费廷业务。其后买方市场形成,加速了福费廷业务的发展。到了20世纪70年代,其他发展中国家也开始使用福费廷进行融资来拓展其出口业务,而英国的伦敦更发展成为福费廷业务二级市场的重要中心。二级市场是指包买商将直接从出口商所购买但尚未到期的应收账款转卖给其他包买商而形成的市场。

国际福费廷协会于1999年8月在瑞士成立,是一个国际性民间商务组织,其目的是促进国际福费廷业务发展以及制定统一标准和规则。截至2017年11月,协会成员共有160个,遍布50个国家,会员最多的国家分别是英国(53个)、德国(18个)和中国(15个)。据估计,全球福费廷业务大约有7 000亿美元,为全世界贸易总额的2%。

(二)福费廷的业务特点

福费廷业务具有以下特点:

(1) 福费廷业务中的远期票据产生于销售货物或提供技术服务的正当贸易,包括一般贸易和技术贸易。

(2) 福费廷业务中的出口商必须放弃对所出售债权凭证的一切权益,将收取债款的权利、风险和责任转嫁给包买商;而银行作为包买商也必须放弃对出口商及背书人的追索权。

(3) 传统的福费廷业务,其融资期限一般为1—5年,属中期贸易融资。但随着福费廷业务的发展,其融资期限扩充到 1 个月至 10 年不等,时间跨度很大。

(4) 传统的福费廷业务属批发性融资工具,融资金额从 10 万美元至 2 亿美元不等。可融资币种为主要交易货币。

(5) 包买商为出口商承做的福费廷业务,大多需要进口商的银行做担保。

(6) 出口商支付承担费。在承担期内,包买商因为对该项交易承担了融资责任而相应限制了其承做其他交易的能力,并承担了利率和汇率风险,所以要向出口商收取一定的费用。

(三) 福费廷业务的当事人

福费廷业务的主要当事人有出口商、进口商、包买商和担保人。其中,最重要的是包买商和担保人,下面分别进行介绍。

1. 包买商

福费廷业务的实质在于,提供出口商将从他国进口商收到的有银行担保的本票、汇票或类似单据以无追索权的形式卖出的便利。当出口商将票据折价出售给某金融机构(包买商)时,出口商即可收到现金。包买商多数是出口商所在国的银行或能提供中长期融资及有能力承担风险的金融公司。当包买商从出口商购入债权凭证后对出口商就不再享有追索权并承接了所有风险。包买票据业务不仅可以增加包买商的收入,还可以增加其业务品种,有利于包买商提升服务水平,增强对客户的吸引力,也不需要占用批给客户的额度。但前提是包买商必须有能力控制各项风险(包括操作风险),并且懂得利用二级市场来分散风险。

2. 担保人

担保人多为进口地银行,需要承担进口商在到期不能付款的待偿付责任。担保人的经济实力影响着包买商叙做这笔业务的意愿和报价。

尽管出口商对交货商品的质量负责,但其在交易发生时就可获得一个明确而无条件的现金支付。此外,进口商拒付的所有政策性风险和经营性风险都将转移至担保人。那些信任其客户会如期付款的小型出口商也认为福费廷很有价值,因为其能缓解现金流紧张问题。

(四) 福费廷业务的流程

一个典型的福费廷业务流程如下:

1. 业务起始阶段——达成协议

(1) 进、出口商洽谈贸易合同;同时,出口商开始寻找包买商,并向其提供初步资料,要求报价。

(2) 包买商向出口商报价并提供可接受方案及可接受担保的银行名单。

2. 确认阶段——做出承诺

(1) 进、出口商洽谈交易方式、担保银行名称等。

（2）出口商向包买商确认方案、担保银行名称及提供其他交易资料要求其确认报价及报价有效期。

（3）在报价有效期内与进口商签订贸易合同。

（4）贸易合同签订后，出口商在报价有效期内与包买商确认并签订叙做这笔包买业务的协议。

3. 发货、交单、贴现阶段

（1）出口商按贸易合同发货、制单，然后将单据连同运输单据、汇票等通过托收银行、代收银行等处理。

（2）进口商要求担保银行（可以是代收银行）承兑汇票或出具担保，然后将经承兑的汇票或担保函通过托收银行、代收银行交回出口商。

（3）出口商收到承兑汇票或担保函后叙做背书或者让渡然后交包买商要求贴现。

（4）包买商将贴现后款项交给出口商，然后在票据到期时向承兑银行或担保银行要求付款，包买商也可以在二级市场将已经贴现的承兑汇票转卖给其他金融机构。

具体业务流程参见图12-1。

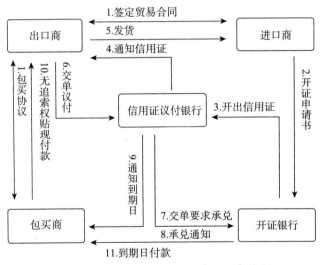

图12-1　远期信用证项下福费廷业务流程

（五）福费廷业务基本当事人的权利和义务

1. 包买商的权利和义务

（1）包买商的权利：①买入的票据必须代表着清洁、有效的债权。②出口商经过背书转让票据后，包买商成为票据的合法持有人，享有票据到期向承兑银行或担保银行索偿的权利及票据法上规定的其他权利。③拥有要求交易各方提供真实的资信资料和交易单据的权利。④可以要求交易方提供进口国有关票据和保函的法律规定。

（2）包买商的义务：①接受福费廷业务的包买商在扣除相关费用后应履行贴现票据款项的义务。②叙做福费廷业务后，包买商必须放弃对贴现票据款项的追索权，转而自己承担风险。③必须在规定的时间内向承兑银行和担保银行请求付款,逾期将使自己陷入不能索偿的风险之中。④出口商要求包买商为其业务保守商业秘密的,包买商应对此做出保证并遵守承诺。

2. 出口商的权利和义务

(1)出口商的权利:①叙做福费廷业务后,出口商与以后的福费廷交易无关,不再对票据承担保证付款的责任。②获得票据的全额融资并不被追索。③可以要求包买商为其业务保守商业秘密。

(2)出口商的义务:①保证交易票据的债权清洁、有效。无追索权是建立在合法、有效、真实的交易基础之上的,所以福费廷交易的票据必须清洁、有效,否则出口商不能免责,即不能以无追索权来逃避自己的保证付款责任。②按福费廷业务规定的流程叙做交易,并如期交纳福费廷业务的各项费用。③转移票据后即丧失原有的一切票据权利。

3. 进口商的权利和义务

(1)进口商的权利:可以获得出口商提供的中长期贸易融资,降低己方成本。

(2)进口商的义务:①需要提供符合包买商和出口商要求的担保。②须承担担保方的担保费用。③按出口商和包买商的要求如实提供自己的资信情况。

4. 担保人的权利和义务

担保人可以从进口商处获得可观的担保费收入,但是担保人必须对到期票据承担第一性无条件付款责任。

八、出口信贷

出口信贷是出口国政府为了支持和鼓励本国大型成套设备出口,提高本国出口商品的国际竞争力,所采取的对本国出口给予利息补贴并提供政府信贷担保的中长期信贷形式。同时,出口信贷也是为鼓励本国银行对本国出口商或外国进口商(或其银行)提供利率较低的贷款,以解决本国出口商资金周转困难,或者满足外国进口商对本国出口商支付货款需要的一种融资方式。出口信贷的期限由合同金额的大小和合同货物的性质决定,一般从提单日期或工程建成验收交接日期算起,短则 18 个月,长的可达 10 年,建设期为宽限期。出口信贷的形式主要有卖方信贷和买方信贷等。

(一) 卖方信贷

卖方信贷是出口方银行向外国进口方提供的一种延期付款的信贷形式。一般做法是,在签订出口合同后,进口方支付 5%—10%的定金,在分批交货、验收和保证期满时再分期支付 10%—15%的货款,其余 75%—85%的货款,则由出口方在设备制造或交货期间向出口方银行取得中长期贷款,以便周转。在进口方按合同规定的延期付款时间付讫余款和利息时,出口方再向出口方银行偿还所借款项和应付的利息。所以,卖方信贷实际上是出口方由出口方银行取得中长期贷款后,再向进口方提供的一种商业信用。

(二)买方信贷

买方信贷是指出口方银行直接向进口方提供的贷款,而出口方与进口方所签订的成交合同中则规定为即期付款方式。出口方银行根据合同规定,凭出口方提供的交货单据,将货款付给出口方,同时记入进口方偿款账户内,然后由进口方按照与银行订立的交款时间,陆续将所借款项偿还出口方银行,并付给利息。所以,买方信贷实际上是一种银行信用。

买方信贷具体有两种方式:其一是出口方银行直接向进口方提供贷款,并由进口方银行或第三国银行为该项贷款提供担保,出口方与进口方所签订的成交合同中规定为即期付款方式。出口方银行根据合同规定,凭出口方提供的交货单据,将贷款直接付给出口方,而进口方按合同规定陆续将贷款本金和利息偿还给出口方银行。这种形式的出口信贷实际上是银行信用。其二是由出口方银行贷款给进口方银行,再由进口方银行为进口方提供信贷,以支付进口机械、设备等的贷款。进口方银行可以按进口方原计划的分期付款时间陆续向出口方银行归还贷款,也可以按照双方银行另行商定的还款办法办理。而进口方与进口方银行之间的债务,则由双方在国内直接结算清偿。这种形式的出口信贷在实际中运用得最多,因为它可以提高进口方的贸易谈判效率,有利于出口方简化手续、改善财务报表,节省费用,并降低出口方银行的风险。

出口信贷是政府为支持出口并进行财政补贴的信贷,因而各国政府都积极参与出口信贷业务,出口信贷机构一般由政府机构和民间机构共同组成。西方发达国家的政府参与出口信贷业务的方式大致有两种:一种是政府成立出口信贷机构,直接向进口方或进口方银行提供信贷;另一种是私人银行向进口方或进口方银行提供信贷。大多数国家的出口信贷业务是结合上述两种方式进行的,个别国家具体办理出口信贷和保险业务的是一个机构,如美国进出口银行,一方面直接向购买大型资本性设备,偿还期在五年及五年以上的进口方提供买方信贷;另一方面向美国商业银行的中期卖方信贷提供担保,即出口信用保险和再贴现。多数国家办理出口信贷和保险业务的是两个机构,如中国、英国、法国、德国、意大利、瑞典和日本等。

第四节 国际贸易融资风险管理

对于跨国企业来说,国际贸易融资优势明显。贸易融资准入门槛较低,有效地解决了中小企业因财务指标达不到银行标准而无法融资的问题;贸易融资审批流程相对简单,企业可以较为快速地获取所需资金;贸易融资比一般贷款风险低,能有效地降低银行风险。贸易融资业务可以扩大银行收入来源,调整银行收入结构。但是对于银行来说,办理贸易融资业务需要承担一定的风险,因此,有必要进行相应的风险管理,主要举措如下。

一、提高对国际贸易融资业务风险的认识

随着中国的进一步对外开放,国际贸易往来日益频繁,进出口总额大幅提高,这必将为发展外汇业务尤其是国际贸易融资业务提供极大的市场空间。各级商业银行要更新观念,提高对发展外汇业务尤其是国际贸易融资业务的认识;要从入世后面临的严峻挑战出发,以国际贸易融资业务为工具积极发展国际结算业务;要调整经营策略和工作思路,密切注重外资银行的动向;要加强市场信息搜索,采取有利于推进国际结算业务发展的各种政策措施。

二、调整机构设置,实行审贷分离制度

为满足业务发展的需要,银行有必要对内部机构进行调整,重新设计国际贸易融资业务的运作模式,对审贷模式进行剥离,实行授信额度管理,达到既有效控制风险又积极服务客户的目的。例如,应明确贸易融资属于信贷业务,必须纳入全行信贷管理;由信贷部门对贸易融资客户进行资信评估,据此初步确立客户信誉额度;通过建立审贷分离制度,将信贷风险和国际结算风险由信贷部门、信贷审批委员会和国际业务部门负责,最终达到在统一综合授信管理体系下的审贷分离和风险专项控制,从而采取不同的措施,控制物权,达到防范和控制风险的目的。对于授信额度应把握以下几点:①控制远期信用证的比例,期限越长,风险越大;②控制信用证全额免保比例,通过交纳一定的保证金来加强对客户的约束和控制;③建立考核期;④实行总授信额度下的分向授信额度管理;⑤建立健全内部控制制度,跟踪基本客户的进出口授信额度,加强部门内部的协调和配合。

三、建立科学的国际贸易融资风险管理体系

(一)完善相关制度,实施全过程风险监控

(1)做好贷前准备,建立贷前风险分析制度,严格审查和核定融资授信额度,控制操作风险,通过对信用风险、市场风险、自然风险、社会风险、国家宏观经济政策风险、汇率风险等进行分析以及对开证申请人和开证银行的资信等情况进行严格审查,及时发现不利因素,采取防范措施。

(2)严格信用证业务管理。信用证在国际贸易中一直被认为是一种比较可靠的结算方式。审核信用证是银行和进出口企业的首要责任。首先,必须认真审核信用证的真实性、有效性,确定信用证的种类、用途、性质、流通方式和是否可以执行;其次,要审查开证银行的资信、资本结构、资本实力、经营作风,并了解真实的授信额度;再次,要及时了解产品价格、货运方式、航运单证等情况,从而对开证申请人的业务运作情况有一个综合评价,对其预期还款能力及是否有欺诈目的有客观的判断;最后,要认真审核可转让信用证,严格审查开证银行和转让银行的资信,并对信用证条款进行审核。

(3)建立完善的法律保障机制,严格依法行事。加强对现有相关立法的研究,结合

实际工作和未来发展趋势,找出不相适应的地方,通过有关途径呼吁尽快完善相关立法;利用法律武器最大限度地保障银行利益,降低风险。

(二)加强同国外银行的合作

在众多国外投资者看好中国市场、国内对外贸易发展良好的形势下,国内商业银行应该抓住这一有利时机,基于共同的利益和兴趣,与国外有关银行联手开拓中国的外汇业务市场,多方面、多层次地拓展中国商业银行的国际贸易融资业务。

(三)加强具有防范融资风险能力的人才培养

商业银行国际结算业务的竞争,实质上是银行经营管理水平和人员素质的竞争。因此,提高国际贸易融资管理人员的素质,增强其防范风险的意识和能力已成为当务之急,商业银行应尽快培养出一批熟悉国际金融、贸易、法律等知识的人才。首先,要引进高水平和高素质的人才,可充分利用代理银行技术先进的特点,选择相关课题邀请代理银行的专家做专题讲座,有条件的还可派员工到国外商业银行学习。其次,抓好岗位培训,不断提高员工的服务质量和道德修养;最后,要强化风险意识,不断提高员工识伪、防伪能力,努力防范和化解国际贸易融资风险。

本章小结

1. 国际贸易合同支付条款的主要内容包括支付货币、支付金额、支付方式、支付时间和支付地点等。其中,支付方式主要有汇付方式、托收方式和信用证方式。

2. 票据是一种有价证券,是指出票人签发的,委托他人或者自己于特定的到期日无条件支付确定的金额给收款人或持票人的命令或承诺。票据主要包括汇票、本票和支票。

3. 汇付或汇款是指付款人或债务人通过银行和其他途径,运用各种工具将货款汇给收款人或清偿债务的行为。汇付的具体方式有票汇、信汇和电汇。

4. 托收是指在进出口贸易中,出口方开具以进口人为付款人的汇票,委托出口方银行通过其在进口人的分行或代理行向进口人收取货款的一种结算方式。

5. 信用证是指由银行(开证行)依照(申请人的)要求和指示或自己主动,在符合信用证条款的条件下,凭规定单据向第三者(受益人)或其指定方进行付款的书面文件,即信用证是一种银行开出的有条件的承诺付款的书面文件。

6. 保函也是国际贸易中常用的一种结算工具,是由第三方对合同的当事人在履行合同责任及其他有关事项上提供额外保证的担保文件。

7. 国际贸易融资的方式,主要包括授信开证、进口押汇、打包放款、承兑交单融资、货物质押融资、保理业务、福费廷和出口信贷等。

8. 保理是指卖方、供应商或出口商将其现在或将来的基于其与买方(债务人)订立的货物销售或服务合同所产生的应收账款转让给保理商,由保理商为其提供贸易融资、销售账户管理、账款催收、信用风险控制与坏账担保等一系列服务的综合金融服务方式。

9. 福费廷是在延期付款的大型设备贸易中,出口商把经进口商承兑的,或经第三方担保的,期限在半年至五六年的远期汇票,无追索权地售予进口商所在地的银行或大型金融机构,提前取得现款的一种资金融通形式。

10. 出口信贷是出口国政府为了支持和鼓励本国大型成套设备出口,提高本国出口商品的国际竞争力,所采取的对本国出口给予利息补贴并提供政府信贷担保的中长期信贷形式。同时,出口信贷也是为鼓励本国银行对本国出口商或外国进口商(或其银行)提供利率较低的贷款,以解决本国出口商资金周转困难,或者满足外国进口商对本国出口商支付货款需要的一种融资方式。

本章习题

1. 国际贸易合同支付条款的主要内容有哪些?主要有哪几种支付形式?
2. 国际贸易的结算方式主要有哪几种?各自有什么样的特点?
3. 托收方式对进口商和出口商来说风险是否均等?对哪一方更有利,为什么?
4. 信用证的运作方式是什么?保函业务的内容和特点有哪些?信用证和保函的区别是什么?
5. 国际贸易中短期融资形式有哪几种?各自有什么样的特点?
6. 福费廷业务的流程、相关当事人及其权利和义务有哪些?与保理业务的主要区别是什么?
7. 出口信贷的形式主要有哪几种?卖方信贷和买方信贷的主要特点是什么?

参考文献

1. 李华根.国际结算与贸易融资实务[M].2版.北京:中国海关出版社,2018.
2. 经济合作与发展组织.官方支持出口信贷的安排(2015修订版)[M].北京:中国金融出版社,2015.
3. 戴大双.项目融资[M].北京:机械工业出版社,2009.
4. 王雅芳.国际股票融资法律监管研究[D].中南大学,2011.
5. 朱叶.国际金融管理[M].上海:复旦大学出版社,2003.
6. 张碧琼.国际金融管理学[M].北京:中国金融出版社,2007.

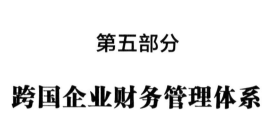

第五部分

跨国企业财务管理体系

第十三章

国际营运资金管理

本章首先介绍国际短期资产管理中的现金管理、应收账款管理及存货管理的相关概念和内容;然后阐述国际短期负债管理,包括短期融资的各种渠道以及短期融资成本管理;最后说明国际营运资金流量管理的目标和影响因素,并分析几种跨国企业常用的营运资金转移方式。国际营运资金包括短期资产及短期负债,对营运资金的管理包括存量管理和流量管理两方面。

第一节 国际短期资产管理

国际营运资金的存量管理包括短期资产管理和短期负债管理。国际短期资产管理是对跨国企业内部的现金、有价证券、应收账款以及存货等短期资产进行管理,以求得企业价值最大化。跨国企业的国际短期资产管理中会面临汇率变动、资本管制等复杂的国际环境,但也给了资产管理以更大的选择空间。本节主要介绍现金管理、应收账款管理以及存货管理。

一、现金管理

企业的现金包括库存现金、各种形式的银行存款和银行本票、汇票,以及其他流动性强的证券,其特点是流动性较强但盈利性较差。企业持有现金一般是出于三种动机:支付动机,即持有现金以便满足日常支付的需要;投机动机,即持有现金以便当有价证券剧烈波动时从事投机活动,从中获得收益;预防动机,即持有现金以应对意外事件对现金的需求。

(一)现金管理的目标

企业现金管理的目标主要是针对流动性和盈利性。现金管理的流动性目标要求企业建立准确、及时的预报系统,提高现金收支的效率,降低子公司间现金调拨的成本;而盈利性目标则要求尽量减少库存现金和银行存款的持有量,优化投资组合,即在企业资金使用最优化的前提下使企业持有的现金数量最小化。国际现金管理的目标就是要在流动性和盈利性之间进行最佳决策,以最低的机会成本满足企业经营周转的需要,即确定最佳现金持有量。除了流动性和盈利性目标,企业在进行现金管理时还有以下几个问题需要考虑:

在现金持有方面,首先是现金的持有形式,跨国企业的情况较为复杂,各子公司所持有的现钞、活期存款、存单及有价证券等现金项目的数量和组合会因东道国的金融市场情况而异,这需要对东道国的金融市场情况有充分的了解,只有这样才能做出正确的决策;其次是持有时间,对各种形式的现金持有多长时间的问题,应根据子公司的环境来做出决策;最后是持有币种,跨国企业的分支机构遍布全球,必须处理多种货币,而同时各种货币币值高低起伏,汇率变动很大,因此跨国企业的财务管理部门要考虑如何规避风险,抓住机遇。

在现金转移方面,在国内,现金转移仅仅涉及转移成本和利息损失,但在国际上,现金转移还要面临汇率风险。因此,跨国企业需要设计符合全球业务活动需要的现金转移网络,以便能从企业整体利益出发,统一调度现金,使风险降至最低。这在第三节国际营运资金流量管理中会有详细的讲述。

(二) 两种现金管理模式

常用的现金管理模式包括分散化管理模式和集中化管理模式。所谓分散化管理模式,即每个子公司都进行自己的现金管理。所谓集中化管理模式,即母公司从企业整体利益出发将各子公司的现金集中统一管理。一般情况下,跨国企业更适合集中化管理模式。

1. 分散化管理模式

分散化管理模式下,一方面,子公司单独进行现金管理,能够及时满足其流动性需要。但另一方面,由于子公司资金的局限性,很难满足投资差异化的需要,而投资组合的缩小会影响投资收益,同时会提高跨国企业整体的投资成本;子公司的投资选择也可能与跨国企业整体策略相违背;当国外子公司所在国政府实行外汇管制或其他控制措施时,可能给跨国企业整体带来较大的损失。

由于分散化管理模式存在很多不足之处,因此大型的跨国企业通常都不会选择这种现金管理模式,而是选择另外一种,即集中化管理模式。

2. 集中化管理模式

集中化管理模式下,跨国企业一般会设立现金管理中心。现金管理中心运用信息网络,采用计算机技术,根据子公司现金需求及所在国汇率、税率等情况,决定子公司现金持有的形式、持有币种和持有金额,做出现金调入和调出决策。各子公司平时只保留日常经营活动所需的最低现金余额,其余部分均转移至现金管理中心统一调度和运用。

而现金管理中心所在国也必须具有自身的优势,例如政治稳定,允许资金自由流入与流出;货币坚挺,能迅速兑换成其他货币;有比较发达的能够提供风险较小的中长期投资机会的资本市场,有比较活跃的能够提供任何期限的临时投资的货币市场,有包括远期外汇市场在内的有效外汇市场;在税收方面比较宽松,只按收入来源课征所得税,对现金资产不课征资本税;政府鼓励跨国企业的子公司在当地发展;有便捷、高效的通信网络。

现金集中化管理模式相较于分散化管理模式有着明显的优势,主要表现在以下几个方面:

(1) 在集中化管理模式下,跨国企业能以较小的现金持有量保证企业各机构营运资金的正常周转,提高了企业资金利用的效率。因为在该模式下,每个子公司只需为支付动机持有现金,超出支付动机用于流动周转的现金会被集中起来,每一笔经营活动只保持最低的现金余额,由现金管理中心集中持有针对投机动机和预防动机的现金余额。这样,现金管理中心所持有的现金余额要远远低于各子公司独立控制此类现金余额时所需的总和,富余的现金就可以进行短期投资,获得利润。

(2) 由于总部比子公司更了解企业所有的经营活动,在集中化管理模式下,跨国企业可以从整个企业管理的视角正确地认识企业存在的问题和面临的机遇,因此可以集合所有子公司的超额现金进行最有利的投资。

(3) 在集中化管理模式下,外汇交易及其他现金交易由总部统一处理。这样可以通过增大外汇和总公司其他交易量的规模,使企业从银行获得更好的服务和优惠报价,因为银行往往对大客户提供更好的服务,对大额存款支付较高的利息。

(4) 由一个部门负责企业全部现金管理活动有利于净额支付体系的建立。目前,在现金管理中,净额支付体系被认为是最有效的管理方法。

(5) 在集中化管理模式下,跨国企业可以从整体上降低融资成本,从而提高营运资金的效益。例如,假设子公司 A 下月将产生 10 000 美元的剩余现金,而恰巧子公司 B 需要借入 1 个月期的现金 10 000 美元。如果没有集中管理现金,而是采用了分散化管理模式,那么子公司 A 很可能用剩余现金购进 1 个月期、年利率为 12% 的银行存单;同时,子公司 B 会从银行借入 1 个月期、年利率为 15% 的现金。而如果采用了集中化管理模式,那么子公司 B 就可以借入子公司 A 的剩余现金,这就降低了跨国企业整体的融资成本。

(6) 在集中化管理模式下,只有现金管理中心负责现金管理,这样可以吸引更多的现金和证券管理方面的专家。

(7) 在集中化管理模式下,各子公司持有的现金余额降低,这样当国外子公司所在国政府实行外汇管制或其他控制措施时,跨国企业可以将损失降至最低。

集中化管理模式的优势是很明显的,大型跨国企业采用这种现金管理模式已经有很长的历史。

例如,中国的宝山钢铁股份公司 1995 年、1996 年两年时间内,对分散于各大银行的账户进行集中整顿,取消不必要的多头开户,在主办银行(工商银行,建设银行)分别设立人民币资金结算中心,将所有的对外业务集中于结算中心,并借鉴国外经验在结算中心推行"自动划款零余额管理"(是指在资金管理部门的委托授权下,由银行在每日营业结束后,将收入账户中的余额和支出账户中未使用完的余额全部划回资金管理部门的总账户中,各部门的收入和支出账户余额为零)。实行新的资金调度方式需要准确的资金计划以及对各银行的资金了如指掌。为此,公司资金管理部门要求各部门将每日的具体用款以周计划的方式上报;同时,资金管理部门通过电脑联网等方式,从银行获得每日的存款额,以便平衡调度各银行间的资金存量,这样使整个公司的资金沉淀降至最低。1996年,公司银行日平均存款余额减少了约3亿元,节约利息3 000多万元。可见,采用这种集中化的现金管理模式可以有效地节约现金管理成本,因此越来越多的企业开始采用这种现金管理模式。

集中化管理模式的优势是很明显的,但同时也存在许多不足,其中最主要的缺点就是对子公司的不同需求可能难以兼顾,会使子公司丧失有利的投资机会。

3. 集中化管理模式操作方法

跨国企业通过集中化管理模式来确定各子公司最优现金持有量的工作也是通过一个集中管理账户作为纽带来完成的,通常在操作中采用的方法有以下几种:

(1)建立企业资金库(Pooling)。由跨国企业建立一个资金库,各子公司只保留满足其交易性需要的最低水平的现金余额,所有技术性与预防性现金余额汇集到企业建立的资金库统一管理和调动。这种资金库一般设在国际金融市场、国际金融机构集中的世界主要金融中心。但如果在资金管理中,跨国企业把避税放在重要的战略地位,那么其可以选择将企业资金库设在避税港。建立企业资金库的优点是,可以在满足企业内部所有现金需要的同时,降低企业总体所持有的现金余额;但同时也存在不利的影响,比如可能造成国外子公司失去获得较高投资收益的机会。

(2)建立净额结算体系(Netting)。净额结算体系是指企业附属机构间互相抵消彼此的应收款或应付款,最后仅将净额在相互间转移的方式。净额结算体系的优势主要表现在:第一,可以避免许多不必要的货币兑换和转移,节约成本;第二,减少运营中的现金数额,增加企业的投资收益;第三,有助于现金管理中心监督子公司的现金状况,实现最佳资金调度。据统计,许多跨国企业内部交易支付的60%可以通过内部结算对冲,节约成本占冲销额的1.5%。例如,一家跨国企业的德国子公司向法国子公司出售价值100万美元的布料,同时又从该子公司购买200万美元的服装,通过冲销,只需支付100万美元。

(三)现金收支管理

跨国企业在进行现金收支管理时,设定的目标主要有:力争现金流量同步,流入和流出的时间一致;使用现金浮游量(即企业账簿上存款余额和银行账簿上企业存款账户余额之间的差额,也就是企业和银行之间的未达账项,这是由于账款回收程序中的时间差造成的。例如,尽管企业已经开出了支票,但其仍可动用在活期存款账户上的这笔资金);加速应收账款回收和子公司间或总部间的资金流动;在不影响信誉的前提下,尽可能推迟应付账款的支付。

1. 现金收款的管理

随着现金业务的增长,企业的管理正参与到对子公司信贷政策的制定以及对子公司收款业绩的监控中。这种干预的主要目的是降低流通成本,即缩短应收账款的收账时间、降低银行的手续费和其他交易成本。通过将应收账款尽可能快地转换成现金,能增加企业的现金或减少企业的借入资金,从而使企业获得较高的投资回报或节约利息费用开支。无论是国内企业还是国外企业的应收账款,加速应收账款回收的方式通常包括:确定和分析可利用的收款方式;选择针对不同国家和不同客户的高效收款方式;就企业客户和银行的工作程序给予特别的指导。

2. 现金付款的管理

现金付款的管理是一个很棘手的结算问题:需要持有与供应商结算期限相对应的现金额度,这需要企业既了解每个国家和供应商的具体情况,又了解众多的付款方式和可能获得的世界范围内的银行服务体系。企业财务部门要根据不断出现的问题调整其付款政策。许多跨国企业为了全球化的目标而使其生产更加合理化,在这个合理化的过程中包括一个高度协调的不同跨国企业之间的,在原材料、零部件、修理用配件和产成品之间的交换系统,以及子公司之间购销的交易系统。这个系统的重要性在于可以使子公司间的现金形成大规模的流动,其中特别重要的是能够对跨国资金的转移成本进行计量,这些成本包括购买外汇的成本、在途资金的机会成本和包含电报费在内的其他交易成本。这些成本是按照转移业务量的 0.25%—1.5% 来确定的。

3. 现代化网络系统的建立

现金管理的最大问题就是银行与银行之间通过电汇方式划转款项,通常使划款效率低下,或存在不可靠的情况,例如存在延迟付款、记入错误账户、现金获得的可能性以及其他一些经营性问题。这些问题的解决就需要建立一个全球互联网银行的财务通信系统。该系统通过互联网的支持,可以使国际通信联络实现标准化。该系统在北美洲、西欧和远东地区,将超过 2 700 家的银行连接起来,可以实现一天进行 200 亿美元的交易。该系统能快速地传递标准格式的数据,使各联网银行通过电脑自动地处理。所有类型的客户和银行之间交换的资料通过该系统进行传送,需要传送的资料包括外币交易量、银行对账单和管理信息等。为了利用好该系统,企业的委托人必须处理好有协作关系的国内银行和高度自动化的国外银行之间的关系。

(四) 剩余现金投资

剩余现金投资是国际现金管理的一个重要功能。跨国企业在进行剩余现金投资时需要考虑现金资产的投资方式、币种组合和自有资产所占比例。剩余现金主要的投资去向有外国的国库券、美国联邦基金、定期存款、储蓄存款、非银行机构存款、大额可转让定期存单、银行承兑汇票、企业债券及企业临时贷款等。

现今国际货币市场的发展给跨国企业的剩余现金投资提供了一个很好的场所,其中一个主要的市场就是欧洲货币市场。自 1980 年以来,在欧洲货币市场存储的美元数量已经增长一倍多,通常,储备欧洲美元时欧洲货币市场向跨国企业提供的收益率略高于在美国银行储蓄的收益率。许多跨国企业把钱存入欧洲货币市场以备临时之需。例如,西屋电气公司保持着4亿多的欧洲美元储备。许多跨国企业也在欧洲货币市场建立了非美元货币储备。尽管欧洲美元储备仍然统治着市场,但非美元货币的相对重要性也日渐提高。

1. 对子公司的剩余现金进行集中管理和投资

在国际现金管理中,集中化管理模式可以优化现金流,有利于企业大型项目的投资。同样,在进行剩余现金投资时采用集中化管理模式,也可以使资金得到更有效的运用,而且能带来更高的回报。

一方面,由于银行通常对收到的较大金额存款给予较高的利率,因此子公司分别将自己的剩余现金存入银行得到的利率要低于企业将现金集中存入银行得到的利率。在这种情况下,集中管理剩余现金的方法为剩余现金带来了更高的收益率。另外,集中管理可以降低跨国企业的整体融资成本,提高营运资金管理的效益。如果没有剩余现金的集中管理,则不同子公司可能出现这样的情况,即子公司A存在剩余现金,并将其投资于银行定期存款,而子公司B由于现金短缺向银行借入了等值的现金,显然银行给予子公司A的存款利率是低于贷款给子公司B所收取的贷款利率的。如果采用集中管理剩余现金的方法,则子公司B可以直接借入子公司A的剩余现金。当然这种方法会受到子公司间不同币种的限制,而且汇率变动也会影响这种方法的运用。尽管如此,剩余现金在子公司间转移仍然有很大的可行性。

另一方面,这种方法的运用也有一定的局限性,即当完全的剩余现金集中管理和集中投资同时进行时可能带来较高的成本。因为完全集中将要求集中所有的剩余现金,并出于投资目的将其兑换成单一币种。在这种情况下,集中管理的收益会被兑换成单一币种时所产生的交易成本抵消。尽管如此,集中的管理和投资仍然是有价值的。将每种货币的短期现金集中在一起,就聚集了大量的多种货币。利用这种方法,资金可以从一个子公司转移到另一个子公司而不发生兑换货币的交易成本。而且,如果全部子公司的剩余现金都在一个银行的不同分支机构,以易于资金在子公司间转移,那么集中管理和投资策略就很可行。

因此,在考虑所有子公司的剩余现金应该保持分离还是应该集中管理的问题时,要基于一种原则:只要可能,就把以某种货币表示的现金集中在一起,以便获得银行短期储蓄的最优利率回报;只要可能,就努力用一些子公司的剩余现金来满足另一些子公司的短期融资需要。

除银行存贷选择和内部资金转移之外,子公司的剩余现金也可投资于国内或者国外的短期债券,在一些时期,国外短期债券的利率将高于国内债券的利率。此外,企业在评价对外投资的潜在收益率时,应该考虑汇率变动的影响。

2. 从每个可能的选择中确定预计的实际收益率

通常意义上,企业应该投资于利率最高的货币存款,在存款到期后再把这笔资金兑换成母国货币。但如果对存款计价的货币在储蓄期内贬值,那么这个策略就不再可行了,因为该货币贬值后,较高利率的收益可能被货币贬值抵消。因此,对于剩余现金的投资,最重要的是实际收益率,而不是利率。而银行存款实际收益率既要考虑存款利率,又要考虑储蓄货币币值的升降率。

例如,假设一家德国跨国企业有100万欧元的剩余现金,计划投资于一笔利率为6%的一年期美元存款。存款时即期汇率为EUR1=USD1.362,该企业先把欧元兑换成136.2(=100×1.362)万美元,然后存入一家美国银行。一年后,美国银行将付给该企业144.372(=136.2+136.2×6%)万美元。假设这时该企业需要将资金撤回德国投资,则需要将资金从美国银行取出兑换成欧元。如果当时的即期汇率为EUR1=USD1.390,则144.372万美元可以兑换103.8647(=144.372/1.390)万欧元。该企业对剩余现金的投资取得的收益率为:

$$\frac{(103.8467-100)}{100}\times 100\% = 3.9\%$$

这个例子说明了汇率变动是如何影响外币存款的实际收益率的。由于一年后美元相对于欧元贬值,因此美元存款的高利率部分被美元贬值抵消了。如果该企业同时持有美元和欧元存款,那么它可能获得高于3.9%的收益率;或者该企业计划在国内以其他的收入来补偿费用,那么它就不会再受到汇率变动的影响。当然,外币存款的情况也不总是像上面例子中的那样让人不满意。如果美元在储蓄期间相对于欧元升值,比如在一年到期时,汇率为EUR1=USD1.350,那么在储蓄期满时从美国银行收到的144.3720万美元可以兑换106.9422万欧元,对于该企业来说,一年期存款的实际收益率为:

$$\frac{(106.9244-100)}{100}\times 100\% = 6.9\%$$

该企业的这一实际收益率来自存款利率和美元相对于欧元升值。这个例子说明了外币存款在储蓄期内,储蓄货币的升值可以使实际收益率高于挂牌利率,而如果储蓄货币贬值则会带来相反的结果。

企业除可以进行外币存款投资外,还可以进行其他短期外币债券投资。正如外币存款一样,任何以特定货币标价的债券的实际收益率都会受到汇率变动的影响。

二、应收账款管理

应收账款是企业营运资金的重要组成部分,主要是由扩大销售而产生的,也可以看成企业为扩大利润而进行的投资,是不可避免的成本。对于应收账款,管理者必须在应收账款所增加的利润与成本之间进行权衡,确保应收账款所带来的利润要高于因为应收账款的存在而发生的成本。跨国企业的应收账款主要包括两种类型:一是跨国企业的母公司或各子公司与跨国企业之外的独立法人之间在经济往来过程中形成的应收账款;二是跨国企业内部各子公司之间以及母公司与子公司之间因商品、劳务、技术等生产要素的转移所形成的应收账款。这两类应收账款的性质和特点不同,在管理标准和方法上也有所不同,下面分别进行介绍。

(一) 独立客户应收账款管理

独立客户即跨国企业之外的独立法人。跨国企业对独立客户应收账款的管理，主要通过制定合理科学的信用政策和收账策略。跨国企业的信用政策主要涉及三个方面的内容：信用期限、信用标准、现金折扣。

1. 信用期限

信用期限是跨国企业销售后给予买方的付款期限。跨国企业应收账款信用期限的确定主要应考虑交易币种、买方资信等级、东道国政局状况以及跨国企业自身资金状况等问题。如果买方资信等级较高，则可以对其提供较长的信用期限；反之，则应缩短其信用期限。东道国政局稳定，即能够保证应收账款的安全性，信用期限可以长一些；反之，则应缩短信用期限。如果跨国企业自身资金状况比较宽松，则可以给对方较长的信用期限；反之，则应缩短信用期限。跨国企业可以通过调整信用期限来改变应收账款带来的收益与成本。

2. 信用标准

信用标准是跨国企业同意向买方提供商业信用时，买方必须达到的信用条件。跨国企业在向客户提供商业信用之前应该考察客户是否具备取得信用的条件。在交易中跨国企业向客户提供商业信用后，这部分货款就成为企业的应收账款，为保证应收账款按时收回，企业有必要对其客户划分资信等级，对于资信等级较低的客户应该控制商业信用，避免产生应收账款。

3. 现金折扣

现金折扣是跨国企业在商品价格上向买方提供的折让优惠。跨国企业为了避免应收账款的发生，可以采用现金折扣的方法，如果客户即付货款，则给予一定的现金折扣，鼓励客户立即付款，从而减少应收账款。

4. 收账策略

收账策略是跨国企业在回收应收账款时采取的策略。很多跨国企业在经营出口业务时面临货款到期不能收回的困境，大约每年有1%—3%的出口货款到期无法收回。因此，跨国企业的出口部门应该制定合理的收账策略以解决这种问题，通常可以采用洽商谈判、诉诸法律、委托收账等解决方式，跨国企业可以根据自己的具体情况选择合适的方式。

(二) 内部应收账款管理

内部应收账款是跨国企业内部各子公司之间以及母公司与子公司之间发生的应收账款，其发生原因与独立客户应收账款是不同的，实际上已经成为跨国企业转移资金的工具。

内部应收账款的管理也不同于独立客户应收账款，因为前者无须考虑资信问题，而且内部应收账款的付款时间不完全取决于商业习惯，而主要取决于跨国企业的全球战略。跨国企业对于内部应收账款的管理通常采用的方法有提前或延迟付款、再开票中心等。

1. 提前或延迟付款

内部应收账款的提前或延迟付款是跨国企业转移资金常用的方式,是跨国企业通过改变企业内部应收账款的信用期限来调剂资金。由于付款子公司和收款子公司对于这部分资金的机会成本不同,因此这种方式具有很强的可行性。

应收账款在付款方实际支付款项之前可视为收款方为付款方提供的一种无息贷款。对于收款方而言,如果当时资金充裕,则可以将收到的账款存入银行或通过其他投资渠道获利;如果当时资金紧缺,则收到的账款可以减少从银行的借款,减少利息支出。对于付款方而言,如果当时资金紧缺,就必须采用从银行借款等融资方式来筹集资金支付账款,进而增加了资金成本;如果当时资金充裕,则支付账款会减少利用上述资金从事短期投资获利的机会。所以,如果仅考虑自身利益,收款方一般总是希望缩短信用期限,尽可能提前收回应收账款;付款方一般总是希望延长信用期限,尽可能延迟支付应付账款。如果收款方与付款方是非关联的,则上述选择是理性的。但是,如果双方是同一家跨国企业的子公司,或是母公司与子公司的关系,则上述选择会损害跨国企业的整体利益。因此,跨国企业应该从整体利益出发,根据收付双方的机会成本来决定采用提前或延迟付款策略。如果收款方因收回应收账款所得利益大于付款方付出款项所受损失,则应采用提前付款策略;反之,则应采用延迟付款策略。

提前或延迟付款作为一种应收账款管理手段,在跨国企业中得到了普遍应用,它有利于降低汇率风险,提高跨国企业的整体偿债能力。但要有效执行这一手段,必须及时掌握相关信息,如子公司间应收应付账款结算资料、各国外汇管理法规、各国税收法规、各子公司营运资金情况、当地存贷款利率和预计汇率变动等。除此之外,跨国企业的提前或延迟付款策略可能受到东道国政府的限制。一般而言,东道国政府不愿意出口延迟收款和进口提前付款,因为出口延迟收款会推迟当地出口商外汇收入的收汇日期,进口提前付款则会产生提前付汇的影响;相反,各国政府都鼓励出口提前收款和进口延迟付款。这种鼓励政策有时候是与跨国企业的目标相背离的。这种倾向在一国政府面临外汇紧缺时会表现得尤为明显。

2. 再开票中心

再开票中心是跨国企业资金管理部门设立的贸易中介公司。在跨国企业内部子公司之间从事贸易活动时,商品和劳务直接由出口公司提供给进口公司,但是有关货款的收支结算通过再开票中心进行。

再开票中心的运作原理如图 13-1 所示:子公司 A 出口货物给子公司 B 后开出发票给再开票中心,由再开票中心支付现金给子公司 A;同时,再开票中心将发票提交给子公司 B,由子公司 B 将现金拨付给再开票中心。

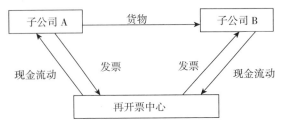

图 13-1 再开票中心的运作原理

通过再开票中心管理营运资金,具有以下优点:

(1) 有利于集中管理跨国企业内部的应收、应付账款。再开票中心从子公司 A 买进货物,然后再以较高的价格卖给子公司 B,起着买卖中介的作用。在上述过程中,货物由子公司 A 直接运往子公司 B 的,无须通过再开票中心。再开票中心的作用是把跨国企业内部成员不同地区的贸易活动和应收应付账款集中起来统一管理,从而有效地促进了跨国企业内部的贸易往来,减少了相关费用。

(2) 有利于提高跨国企业整体的税后利润水平。再开票中心一般设立在税率较低的国家或地区,这样跨国企业可以通过转移价格把利润转移到税率较低的地方,从而使企业整体税后利润水平得到提高。

(3) 有利于跨国企业统一调度资金。再开票中心对跨国企业统一调度资金的好处表现在:通过再开票中心,跨国企业可以更灵活、有效地使用多边净额结算,减少资金转移费用;再开票中心的财务控制功能和齐全的统计数据,可以帮助资金管理部门制订更合理的长期资金计划;再开票中心不仅可以加强有贸易关系的子公司间的资金流通,还可以通过统一的融资政策使资金在以往没有联系的子公司间调配流动。这一点比提前或延迟付款更加灵活。例如,某跨国企业的四家子公司之间的业务关系是:子公司 A 向子公司 B 赊销商品,子公司 C 向子公司 D 赊销商品;A、B 两家子公司处于资金紧缺状态,C、D 两家子公司处于资金过剩状态。如果没有设立再开票中心,那么资金流动方向应该是从子公司 B 流向子公司 A,从子公司 D 流向子公司 C。但是由于 A、B 两家子公司处于资金紧缺状态,而 C、D 两家子公司处于资金过剩状态,从跨国企业整体来看,这里存在不合理性。而如果存在再开票中心来管理应收账款,则再开票中心可以有意识地提前或延迟子公司的付款,从而使没有业务联系的子公司的资金也能灵活调配。运作过程如图 13-2 所示:由于 C、D 两家子公司资金剩余,故由子公司 D 提前付款给再开票中心,而再开票中心会延迟将这笔应付账款支付给子公司 C;同时,再开票中心会提前付款给子公司 A,而允许子公司 B 滞后将应付账款支付给再开票中心。这也就相当于子公司 D 融资给子公司 A,而子公司 C 融资给子公司 B。

(4) 有利于跨国企业有效地进行汇率风险管理。跨国企业资金管理部门通过再开票过程,可以将再开票中心指定的货币作为所有的贸易货币,从而把交易风险集中起来管理。再开票中心还可以采取套期保值等手段进行汇率风险管理。

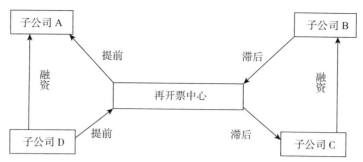

图 13-2　通过再开票中心提前或延迟付款

跨国企业在决定设立再开票中心时还应当认识到其面临的障碍：一是建设一个再开票中心需要较高的成本；二是再开票中心的设立会导致当地税务部门的频繁检查，以确定其是否在逃税，由此会引发法律咨询费等专项费用。例如，在 1962 年以前，许多美国跨国企业在低税负和零税负的国家设有再开票中心，通过低买高卖，这些跨国企业能够获得内部交易的绝大部分利润，而只承担很少的税负，直到 1962 年，修改后的美国税收法案规定再开票中心的收入不再享受税收豁免待遇，使得再开票中心的避税优势几乎完全丧失。当然，这种情况并没有持续很久。1977 年，美国国内收入署设立了一条新法规，允许将原来属于母公司的可以被勾销的一些费用开支分配给海外子公司，从而使跨国企业能够得到更多的外国税收抵免额度。但是，跨国企业在利用再开票中心时，还是应该密切关注东道国政府的政策法规，尽量避免由当地政府的监管所带来的不必要的成本费用支出。

三、存货管理

企业存货包括原材料、半成品、在产品、产成品、包装物等。企业持有存货的目的主要是保证企业的生产按计划进行，即如期向购货方提供商品。与国内企业存货管理相类似，跨国企业存货管理的目标也是降低存货成本，同时防止缺货成本上升。但是，跨国企业用存货管理要比国内企业复杂得多。跨国企业存货的周转、转移经常会超越国界，所以在存货管理中，跨国企业要了解不同国家与地区中生产成本与储存成本的详细信息，遵从不同国家与地区的法律法规，并准备应对国际运输时间长、风险大等棘手的问题。

（一）存货超前购置策略

存货超前购置是指跨国企业用多余的资金预先购置将来所需的存货。作为跨国企业一种重要的存货策略，存货超前购置的重要性体现在以下三个方面：

（1）当预计国际市场某项存货供求关系将发生重大变化时，该项存货的需求量和价格将大幅上扬，超前购置存货能以较小的代价获得将来所需的存货，从而有利于降低存货成本。

（2）如果某子公司所在国能够提供某种优质、廉价的原材料，而该原材料是母公司或其他子公司急需的，那么该子公司存货超前购置策略将作为跨国企业全球战略的重要组成部分,起着不可忽视的作用。

（3）如果子公司的多余资金在当地无适当的投资机会,且汇出外汇或将外汇兑换成硬通货又受到东道国政府的限制,则超前购置存货再低价出口就能起到逃避东道国政府外汇管制的作用。

存货超前购置的机会成本是用当地货币进行证券投资而获得的报酬。跨国企业在制定存货超前购置策略时,要对其成本和收益进行权衡。

（二）反通货膨胀策略

跨国企业的很多子公司经常在通货膨胀环境下从事生产经营活动。因此,子公司所在国的物价上涨和货币贬值将会给跨国企业的存货管理带来严重影响。

（1）如果子公司主要依靠进口购置存货,则在预期当地货币贬值的情况下,子公司应提前并尽可能多地购置存货。因为货币贬值后,进口成本会大大增加。

（2）如果子公司主要从当地购置存货,则在预期当地货币贬值的情况下,子公司应尽量降低原材料、半成品等的存货储备。因为如果本地货币贬值实际发生,则会大大降低以母公司所在国货币表示的当地存货的价值。

（3）如果子公司既从国外进货,又在当地购货,则在预期当地货币贬值的情况下,子公司应努力减少当地存货的存量,同时超前购置进口存货。如果不能精确地预见货币贬值的幅度和时间,那么子公司应设法保持同量的进口存货和当地存货,以规避汇率风险。

第二节 国际短期负债管理

跨国企业的短期负债管理,主要目标是实现融资成本的税后本币价值最小化、汇率风险最小化,同时保证利率最小化。跨国企业通常选用的短期融资渠道主要有企业内部融资、在东道国当地融资和在欧洲货币市场融资。本节主要介绍几种重要的融资方式以及组合融资的优势。

一、短期国际贸易融资

国际贸易融资是指与国际贸易有直接联系的融资,这可以说是国际融资中最古老的类型。经过几百年的发展,国际贸易融资已经有了丰富的手段和工具,以及规范的制度和程序。在各种国际贸易融资形式中,融资期限短则几十天,长则数十年。国际贸易融资按照期限划分,可以分为短期国际贸易融资和中长期国际贸易融资。关于中长期国际贸易融资在第六章中已做了介绍,本节只涉及短期国际贸易融资。短期国际贸易融资是指一年以内(含一年)的进出口贸易融资,主要适用于企业对资金流动和周转的需求。

1. 应收账款融资

出口商并不是只有在得到银行保证付款的情况下才会向进口商发货。出口商可以通过委托销售方式或赊销方式或远期汇票方式,在没有得到银行保证付款的情况下发货。当然，在发货前，出口商必须对进口商的资信情况进行调查，必须确认进口商是否值得信任。而且，如果出口商可以承受对于进口商付款的等待，则可以扩大进口商的信用。

如果出口商立即需要资金，则其可以从银行融资，即所谓的应收账款融资。出口商可以应收账款的转让为担保，向银行申请贷款。银行向出口商提供贷款也必须以对出口商的信任为基础。当进口商出于任何原因未能向出口商支付货款时，该出口商有责任偿还银行贷款。

应收账款融资还包含额外的风险，如政府管制和外汇管制都可能成为进口商未能向出口商支付货款的原因。因此，国外应收账款融资的利率往往比国内应收账款融资的利率要高，贷款期限通常为1—6个月。要降低国外应收账款融资的这些额外风险，出口商和银行常常需要利用出口信贷保险。

2. 信用证融资

由于信用证是银行对出口商做出的付款承诺，一旦开证申请人（进口商）丧失清偿能力，银行就要面临款项收不回来的风险，因此银行一般要求进口商在申请开立信用证的同时，交纳一定数额的保证金或其他抵押品或有第三方的担保。但是，银行为了提高自身的竞争力，往往根据进口商的经营能力、商业信誉和经营作风给予一定比例的保证金减免或信用额度；若进口商是开证行的存款户或与开证行有长期的业务往来，则往往可以获得减免全部保证金的优惠，从银行取得较大程度的资金融通。

在出口商将所有单据交给银行要求进口商付款赎单阶段，如果进口商没有足够的资金向银行赎单，则由开证行替进口商垫付货款，这样进口商就可以从银行取得单据，获得银行融资，这种融资方式就是进口押汇。

在货物到达目的港阶段，当货物先于提单到达目的港时，进口商为了抓住市场有利机会及早提货，可要求银行出具担保提货书，代替提单向船公司提货，待提单收到时，再将提单交给船公司以换回担保提货书，这种融资方式就是担保提货。

3. 银行承兑汇票融资

银行承兑汇票是一张由银行签发并承兑的汇票或期票。在票据到期时，承兑行有责任向汇票持有人付款。

要办理银行承兑汇票，首先进口商要向出口商订货，并要求其开户行代表其签发信用证。信用证允许出口商签发汇票以便为其出口货物付款。出口商将汇票连同运单一并提交其开户行，然后出口商开户行将汇票连同运单一并交给进口商开户行。进口商开户行接受该汇票，就构成了银行承兑。如果出口商不能等到规定的日期收取货款，则它可以在货币市场上出售银行承兑汇票。在这种情况下，出售银行承兑汇票所得的资金要少于出口商在汇票到期时收到的资金。这一折扣体现了货币的时间价值。

货币市场上的投资者很有可能愿意以折扣价购买银行承兑汇票，并持有至到期，然后可以收到银行的全额支付。

如果出口商持有该银行承兑汇票直至到期,那么它就向进口商提供了融资,这同应收账款融资是一样的。在这种情况下,利用银行承兑汇票与应收账款融资的关键区别是银行承兑汇票由银行保证向出口商付款。

银行承兑汇票对出口商、进口商和承兑行都是有益处的。对于出口商来说,其不必担心进口商的信用风险,而且可以进入新的海外市场,此外,几乎没有政治风险或外汇管制。即使存在外汇管制,银行通常也可以满足其支付请求。而如果没有银行承兑汇票,进口商直接向出口商付款,则会由于外汇管制使出口商收不到款项。对于进口商来说,由于银行承兑汇票的存在,出口商愿意接受其信用风险,其可以更便利地在海外市场上购买产品。并且,银行承兑汇票允许进口商稍后付款,如果没有银行承兑汇票,则进口商可能被迫提前付款,从而影响其资金周转。对于承兑行来说,其可以从办理承兑汇票的业务中赚取佣金。

4. 限额内透支融资

所谓限额内透支,是指银行根据客户的资信情况和抵(质)押/担保情况,为客户在其银行往来账户中核定一个透支额度,允许客户根据资金需求在限额内透支,并可以用正常经营获得的销售收入自动冲减透支余额。国内银行的存贷合一即属限额内透支融资方式。

限额内透支融资方式下,如果客户根据贸易合同,在收到货物后需要向国外汇一笔钱,则在账户无款或款项不足的情况下,客户也不必提前两周或一周向银行申请贷款,而只需在办理好相关批汇手续后,在汇款当日提交支票购汇汇出即可。但目前国内银行较少采用这种融资方式,主要原因在于它现实地降低了银行的盈利水平。从长远来看,随着中国服务业竞争的不断加剧,银行利润率的降低是必然趋势。

5. 进口代付和假远期信用证融资

所谓进口代付,是指开证行根据与国外银行(多为其海外分支机构)签订的融资协议,在开立信用证前与开证申请人签订《进口信用证项下代付协议》,凭开证申请人提交的信托收据放单,电告国外银行付款,开证申请人在代付到期日支付代付本息。假远期信用证是指开证行开立的规定汇票为远期,但开证/付款行将即期付款,且贴现费用由开证申请人负担的融资方式。

进口代付和假远期信用证融资对开证行的风险在于开证申请人的资信状况、开证抵(质)押/担保情况及对进口商品的监控水平三个方面。如果是在综合授信项下,且出口商为世界上比较知名的公司、进口商品属于比较适销的商品,那么开证行的风险很小且收益丰厚。

二、跨国企业短期融资的渠道

跨国企业短期融资渠道的选择涉及汇率变动、税率差异和资本管制等因素,管理难度比较大。下面对三种主要的短期融资渠道进行简单介绍。

（一）跨国企业内部融资

跨国企业内部融资是子公司之间以及母公司与子公司之间的资金融通。在子公司创建初期，母公司会投入足够的股权资本，同时也保持了对该子公司的所有权和控制权。另外，母公司也会以贷款的形式向子公司提供资金，这样汇回的利息可以免税，降低公司的经营成本。跨国企业的内部资金不仅包括未分配利润，还包括内部积存的折旧资金，通过内部融资这种渠道筹集的资金对于跨国企业整体来说，既不需要支付融资费用，又可以降低融资成本。

但是，由于官方利率控制的存在，跨国企业内部融资的数量和期限会受到限制。因此，在进行跨国企业内部融资时，要考虑向外贷款的子公司或母公司的机会成本、税率和贷款规则等因素的影响。

（二）东道国当地融资

东道国当地融资是跨国企业在子公司所在国进行的融资，这是由于来源于跨国企业内部以及母国的资金不能满足其生产经营需要，或者是在跨国企业有本地融资偏好的情况下选择的一种融资渠道。跨国企业有本地融资偏好，主要是因为：一方面，跨国企业的子公司为了方便和快捷管理的需要，对营运资金的筹集选择在公司所在地进行，即进行本土化融资；另一方面，跨国企业选择直接在东道国当地融资可以避免汇率变动风险和国家风险。

如果东道国是发达国家或地区，则由于当地经济基础较好，资本市场发育程度较高，因而资本相对充裕，跨国企业可以善加利用这种优势，选择对实现其自身融资战略目标最有利的融资方式进行融资。例如，美国证券市场较为健全，跨国企业可以利用美国证券市场进行融资；德国金融业务较为发达，跨国企业可以把获得银行贷款作为其主要的融资渠道。

如果东道国是发展中国家或地区，则由于当地经济发展相对落后，资本市场不是很健全，因而通过资本市场融通的资金数量就会相对有限，在这种情况下，跨国企业主要通过银行融通资金。

（三）欧洲债券市场融资

欧洲债券是在债券标价货币所属国家以外发行的债券，是一种非银行短期融资渠道，例如在伦敦发行的美元债券就是欧洲债券。欧洲债券市场是从 20 世纪 60 年代初随着欧洲货币（即存于货币发行国以外国家银行的该货币的定期存款）的大量积累而发展起来的。

与其他短期融资渠道相比，欧洲债券融资有着自身显著的优势：

首先，欧洲债券市场的一个最有利的特点是，它不会受到任何国家金融当局不同程度的干预。例如，欧洲美元债券的发行不用向美国证券交易委员会登记申请，也不会受到管制。

其次,在欧洲债券市场进行债券融资可以有更多币种的选择,在进行较大金额的融资时,欧洲债券市场能够满足跨国企业对币种和数量的要求。

再次,选择欧洲债券融资可以利用欧洲债券市场资金调拨迅速的便利。由于存在历史悠久、业务经验丰富、融资类型多的国际银行,欧洲债券市场资金调拨十分便利,融资后若需调换成各种所需货币,则可在最短的时间内完成调换并调拨到世界各地。

最后,也是很重要的一点,对于跨国企业而言,发行欧洲债券的成本是很低的,这是选择欧洲债券融资的另一个有利的方面。与国内债券市场相比,欧洲债券市场的手续费和其他费用都比较低,这也是因为欧洲债券市场不存在法规的管制。而且,由于欧洲债券市场能够为投资者带来好处,如以不记名方式发行、二级市场发达以及在税收方面的便利等,投资者更愿意接受比较低的收益率,这也就降低了跨国企业的融资成本。

三、短期融资成本管理

当跨国企业的海外机构在考虑是以本币融资还是以当地货币融资时,通常是在汇率变动范围内比较不同货币融资的实际成本,选择成本最低的融资方式。

（一）不征税的情形

假设远期外汇市场不存在,某跨国企业的海外机构现借入一年期贷款,本币价值为1,直接标价法下的即期汇率为 ε_0,一年后即期汇率为 ε_1,本币贷款利率为 r_d,当地货币贷款利率为 r_f。如果以当地货币融资,那么融资成本的本币价值为 $\varepsilon_1(1+r_f)/\varepsilon_0 - 1$。设 $d = (\varepsilon_0 - \varepsilon_1)/\varepsilon_0$,它表示当地货币的实际贬值率,那么融资成本又可以进一步表示为 $r_f(1-d) - d$。该表达式中的第一项表示利息成本的本币价值;第二项表示由于期初借入价值相当于1单位本币的当地货币贷款,一年后由于汇率变动偿还的外币价值相当于 $(1-d)$ 单位本币所产生的汇兑损益。

如果是以本币融资,那么融资成本为 r_d。

假设有一个汇率变动临界点 d^*,能够使两种融资渠道的融资成本相等,即有 $r_d = r_f(1-d^*) - d^*$,则得到 $d^* = (r_f - r_d)/(1 + r_f)$。显然,如果利率平价条件成立,$d^*$ 就等于当地货币的预期贬值率 $(\varepsilon_0 - \exp\varepsilon_1)/\varepsilon_0$。企业在进行汇率走势的预测后,可以得出自己对当地货币贬值率的预期值 $\exp(d)$,用它和 d^* 做比较。如果 $\exp(d) > d^*$,则 $r_d > r_f[1 - \exp(d)] - \exp(d)$,表明预期当地货币融资成本比较低,海外机构应该选择当地货币融资;相反,如果 $\exp(d) < d^*$,则应该选择本币融资。

（二）征收所得税的情形

在征收所得税的情形下,跨国企业是以本币融资还是以当地货币融资呢?下面做简单的介绍。

承接前面假设的不征税的情形,假设海外机构所在国政府征收税率为 t 的所得税。

如果以当地货币融资，那么利息成本会降低税前所得，而本金是当地货币，对当地税务机关来说不会存在汇兑损益以及由此带来的税收影响，这时融资成本的本币价值为 $\varepsilon_1 \cdot r_f (1-t)/\varepsilon_0 + (\varepsilon_1/\varepsilon_0) - 1$，其中第一项为一年后税后利息成本的本币价值，第二项为本金换算为本币价值产生的汇兑损益。仍以 d 替换 $(\varepsilon_0 - \varepsilon_1)/\varepsilon_0$，则当地货币融资成本可表示为 $r_f(1-d)(1-t) - d$。

如果以本币融资，则对企业来说就不会产生本金的汇兑损益，但是对海外机构所在国的税务机关来说却恰恰相反，当地货币贬值所产生的汇兑损失可用来抵税，而升值产生的汇兑收益则必须交税。所以，本币融资成本的本币价值为 $r_d(1-t) - [1-(\varepsilon_1/\varepsilon_0)]t = r_d(1-t) - d \cdot t$，其中第一项为税后利息成本，第二项为本金汇兑损益的税收影响。

当两种融资方式的税后成本相等时，有 $r_f(1-d^*)(1-t) - d^* = r_d(1-t) - d^* \cdot t$，得 $d^* = (r_f - r_d)/(1 + r_f)$。在其他情况不变的情况下，税收对汇率变动临界点 d^* 没有影响，也就是说，税前融资成本较小的融资渠道，税后成本也比较低。所以，当 $\exp(d) > d^*$ 时，海外机构应该选择当地货币融资；反之，则应该选择本币融资。

（三）利用国外融资降低成本

当跨国企业的母公司或子公司并不想抵消外币应收账款净额时，如果该外币的利率较为吸引人，则跨国企业仍然可能考虑借入该外币。在欧洲货币市场上借入的资金，其成本各不相同。欧洲货币市场上贷款的利率可能略低于同一币种在其他国家贷款的利率。例如，以美国为基地的跨国企业，也许能够在欧洲货币市场上借入比当地银行利率更低的美元贷款。当然，即使在需要美元的情况下，跨国企业也可以考虑通过欧洲货币市场借入外币资金，然后将其兑换成美元。现假设欧洲货币市场上美元的贷款利率是12%，瑞士法郎的贷款利率是8%，则美国的跨国企业可以借入瑞士法郎，并立即将其兑换成可用的美元。当贷款到期时，美国的跨国企业将需要得到瑞士法郎以便归还贷款。如果从贷款的取得到归还，瑞士法郎对美元的汇率都没有改变，则该美国跨国企业将仅仅为这笔贷款支付8%的利息，从而降低了融资成本。

三、多种货币组合融资

组合融资的目的是在融资成本不上升的前提下，降低汇率变动的系统性风险。跨国企业在制定货币组合融资策略时，通常需要经过以下几个步骤：第一步，预测从取得贷款到偿还日汇率变动比率；第二步，确定每种外币贷款利率的期望值；第三步，考虑两种货币组合融资的实际利率。

例如，某美国公司需要借入资金100万美元，已知1年期美元贷款利率为15%，同期欧元贷款利率为10%，日元贷款利率为8%。

由于欧元或日元的贷款利率相对较低，因此美国公司可能想要借入外币。美国公司可以有三种融资策略：只借入日元，只借入欧元，日元与欧元组合。

假设美国公司已经预测欧元贷款和日元贷款从取得到偿还的即期汇率可能的变化比率,如表 13-1 所示。

表 13-1 预测的欧元和日元贷款的汇率变动情况 单位:%

欧　　元		日　　元	
到期日汇率变动比率	发生变动的概率	到期日汇率变动比率	发生变动的概率
2	30	1	30
5	30	7	40
10	40	9	30

根据表中所列的欧元贷款和日元贷款到期偿还时可能发生的即期汇率的变化,可以计算出欧元贷款和日元贷款的实际利率,并根据汇率发生变动的概率计算出欧元贷款和日元贷款利率的期望值。

1. 欧元融资

各种汇率变动比率下欧元贷款的实际利率:

$$1.1 \times (1 + 0.02) - 1 = 12.2\%$$
$$1.1 \times (1 + 0.05) - 1 = 15.5\%$$
$$1.1 \times (1 + 0.10) - 1 = 21.0\%$$

根据上述计算的实际利率,利用已经假设的概率可以计算得到欧元贷款利率的期望值:

$$12.2\% \times 30\% + 15.5\% \times 30\% + 21.0\% \times 40\% = 16.71\%$$

2. 日元融资

各种汇率变动比率下日元贷款的实际利率:

$$1.08 \times (1 + 0.01) - 1 = 9.08\%$$
$$1.08 \times (1 + 0.07) - 1 = 15.56\%$$
$$1.08 \times (1 + 0.09) - 1 = 17.72\%$$

根据上述计算的实际利率,利用已经假设的概率可以计算得到日元贷款利率的期望值:

$$9.08\% \times 30\% + 15.56\% \times 40\% + 17.72\% \times 30\% = 14.264\%$$

从上述计算可以看出,单独采用欧元和日元融资时,得到的期望利率分别为 16.71% 和 14.264%,即采用日元融资的成本比较低,可以选用日元融资。下面再看第三种融资策略,即欧元和日元组合融资的情况。

3. 欧元和日元组合融资

现假设欧元和日元各借入总融资量的 50%,根据前述计算得到的欧元贷款和日元贷款在汇率变动情形下的实际利率,可以得到两种货币组合融资的实际利率,如表 13-2 所示。

表 13-2 两种货币组合融资分析

实际利率的组合		组合融资实际利率的计算
欧元	日元	
12.2%	9.08%	0.5×12.2% + 0.5×9.08% = 10.64%
12.2%	15.56%	0.5×12.2% + 0.5×15.56% = 13.88%
12.2%	17.72%	0.5×12.2% + 0.5×17.72% = 14.96%
15.5%	9.08%	0.5×15.5% + 0.5×9.08% = 12.29%
15.5%	15.56%	0.5×15.5% + 0.5×15.56% = 15.53%
15.5%	17.72%	0.5×15.5% + 0.5×17.72% = 16.61%
21.0%	9.08%	0.5×21% + 0.5×9.08% = 15.04%
21.0%	15.56%	0.5×21% + 0.5×15.56% = 18.28%
21.0%	17.72%	0.5×21% + 0.5×17.72% = 19.36%

从表 13-2 中可以看出,在选择欧元和日元组合融资的情况下,组合融资得到的实际利率是普遍低于前述分别计算的欧元融资和日元融资的期望利率水平的,也就是说,融资成本是普遍较低的。而只有当欧元和日元同时发生大幅度升值时,组合融资的实际利率才会高于单独选用美元、欧元或者日元融资的实际利率。在本例中,当欧元升值 10%,即欧元发生了大幅度升值时,欧元和日元组合融资的实际利率是比较高的。当日元升值 9%,即日元发生了大幅度升值,且欧元升值超过 5% 时,二者的组合融资利率也会超过单独选用欧元融资和日元融资的利率。但是,如果只有一种货币发生大幅度升值,而另一种货币发生贬值或者很小幅度的升值,那么在组合融资的情况下,大幅度升值货币的升值幅度会被另一种货币的贬值或者较小幅度升值的部分抵消。而且,值得注意的是,两种货币同时发生大幅度升值的概率是比较小的,因此,采用组合融资时,实际利率更多的情况下会小于单独选用一种外币融资的实际利率。即使组合融资的实际利率水平与单独选用一种外币融资的实际利率很相近,组合融资的风险也会比单独选用一种外币融资所承受的风险要小很多。

由此可见,多种货币组合融资相较于单独选用一种货币融资的优势还是很明显的。

第三节 国际营运资金流量管理

跨国企业营运资金的流量管理是根据多变的理财环境,合理调度资金,使之达到最适当的流量、流向和时机的过程。跨国企业由于在海外存在子公司,因此可以通过子公司在全球范围内转移营运资金,以求获得资金使用的最大效益。跨国企业通常通过制定内部转移价格来转移资金和会计利润,即跨国企业的内部资金转移系统。由于各国税收政策存在广泛的差异,因此这种转移系统也就显得尤为重要。本节主要讲述国际营运资金转移的几种主要方式及其对跨国企业的贡献。

一、国际营运资金流量管理概述

在国际营运资金管理中,流量管理的主要内容是跨国企业内部资金的转移。跨国企业可以将利润从税负较高的国家转移到税负较低的国家,或者从盈利的海外子公司转移到亏损的海外子公司。跨国企业可以利用内部资金的转移绕开东道国的资本管制,或者隐瞒利润来取得政府的优惠待遇,或者通过这种方式降低成本、提高利润。

(一)国际营运资金流量管理的目标

跨国企业对营运资金的管理就是通过协调运用企业纷繁复杂的财务系统,以实现企业整体价值最大化。就国际营运资金的流量管理来说,主要目标包括转移资金的数额、转移资金的时间、转移资金的去向及转移资金的方式。

跨国企业可以将每一个分支机构之间的全部资金流动分解为不同的部分,这些部分分别与产品、资本、服务和技术转移等相关。例如,股利、利息和贷款的偿还可以与股权或债权的投入资本相匹配;管理费、专利费、特许权使用费可以根据企业各种服务、商标或许可证收取。跨国企业可以通过各种渠道,包括转移定价、费用和特许权使用费、提前和延后收付款、企业内部贷款等进行营运资金流量管理。通过营运资金流量管理,可以优化企业的资金流向,提高企业的效益,降低企业的负税支出及管理成本。

尽管在全球范围内资金通过何种方式转移到何处能够带来最大的效益才是最关键的问题,然而现实是大多数跨国企业在制定股利汇回政策时根本不考虑其他决策问题,比如内部交易的转移定价或者内部交易信用期限的延长或缩短。跨国企业管理者忽略了这些资金转移机制的协调组合可以给企业整体带来更好的结果,或者说由于跨国企业内部财务联系的复杂性,使得这种资金转移机制的协调组合很难实现。

一般的跨国企业都拥有三家以上的子公司,因此,除非这种财务联系受到极大的限制,否则,企业面对如此纷繁复杂的财务系统是很难做到决策最优的。通常很少有企业真正从全球角度调度资金以求实现企业整体价值最大化。事实上,许多母公司只是要求子公司在保留足够多的资金以满足自身融资要求之后,将剩下的富余资金全部汇回国内。

但是,对这种复杂性的妥协虽然可以理解,却不能成为安于现状的借口。由于现实中许多客观条件经常限制跨国企业的选择范围,因此跨国企业进一步发挥内部资金转移系统的潜力以求优化决策并不像理论上看起来那么没有头绪。

首先,出于政府管制或企业自身的特殊原因,许多潜在的财务联系事实上无法被使用。比如,两个子公司间可能并不进行交易,也就是不存在转移价格的财务联系。

其次,在许多情况下,利用常识就可以排除许多明显不符合企业利益的选择,这样就大大简化了决策过程,而并不一定非要通过一个完备的数学模型才能得出最优解。而且,大多数跨国企业都有专门员工负责搜集数据、编制财务计划,甚至还设有会计电算系统。充分利用这些资源可以帮助跨国企业做出更为完备的全球资金转移规划。

最后,对于绝大多数跨国企业来说,占其内部资金流绝大部分的子公司的数目事实上往往不超过十个。基于这一认识,一些跨国企业已经就这些有限数目的子公司建立起完备的决策系统以最优化这些子公司之间的资金配置,而将它们与其余子公司之间的财务联系作为外生变量。虽然这尚未达到企业整体的最优化目标,但若考虑到实现理想目标所要花费的巨大成本,这种做法不失为最现实的明智之举。

(二)国际营运资金流量管理的影响因素

跨国企业从内部资金转移系统中获益的能力受许多强有力的因素影响:一是子公司间财务联系的多少;二是内部交易量;三是对海外从属企业的所有权控制模式;四是产品和服务的标准化程度;五是政府管制。

第一,子公司间财务联系的多少。子公司间每一种资金联系渠道都有各自的成本与收益,跨国企业的选择面越广,实现特定目标的能力也就越强。比如,有些资金联系渠道最适合用来避税,而另一些则可能最适合用来规避汇率风险。在这些资金联系渠道中,子公司间双向的资金流动要比单向流动给企业带来更大的选择弹性。

第二,内部交易量。跨国企业内部渠道中流通的资金量越大,即内部交易量越大,则同样的政策调整带来的转移资金量也就越大。大额的跨国企业内部交易通常是与世界范围内生产活动的分散化和合理化过程相联系的,随着生产车间的分工越来越细,子公司间的内部交易会越来越多,交易量会越来越大。

第三,对海外从属企业的所有权控制模式。如果海外从属企业都是母公司100%的全资子公司,那么跨国企业就可以按照自己的意愿制订资金转移计划;但如果是海外合资企业,那么跨国企业配置营运资金的能力就会受到很大的制约。

第四,产品和服务的标准化程度。内部交易产品或服务的标准化程度越高,跨国企业调整有形或无形商品转移价格的空间就越小。反过来,产品或服务的科技含量越高、差异越大、生命周期越短,跨国企业操纵转移价格就越自由。现实中往往后一种情况居多,于是转移价格问题一直是跨国企业与东道国政府争论的焦点之一。

第五,政府管制。包括政治、税收、外汇和资金流动方面的管制。政府管制是影响跨国企业内部资金转移计划最重要的因素之一。一方面,政府管制阻止了跨国企业资金的自由流动;另一方面,也正是这些管制以及税收和信贷配额,促使跨国企业创造出更多的逃避管制和税收、巧妙地转移资金的策略与方式。

二、国际营运资金的转移方式

跨国企业内部营运资金转移的方式有很多种,例如可以通过企业内部的产品、资本、劳务和技术转移来进行内部营运资金的转移,这种方式比较灵活;也可以采用红利、利息和贷款的偿还与股权或债权资本流动相匹配的方式进行内部营运资金的转移,这种方式的主要优点就是转移的时间较为灵活,企业可根据自身情况进行选择;还可以利用商标、管理费、专利费和特许权使用费等内部交易进行内部营运资金的转移,这种方式可以获得更多的套利机会。具体来说,运营资金的内部转移方式有转移价格,再开票中心,管理费、专利费和特许权使用费,企业内部贷款,提前或延后收付款,以及股利汇回。

(一) 转移价格

转移价格是指跨国企业内部之间提供产品或劳务的结算价格。大型的跨国企业通常拥有很多分部,商品和劳务会在分部之间转移,制定商品和劳务的转移价格是很有必要的。国际转移价格越高,输出方的毛利就越高,接受方的毛利就越低。跨国企业在制定转移价格时应该考虑子公司所在国的外汇管制与关税以及输入国与接受国之间所得税税率的差异。

内部交易的转移价格是跨国企业经营管理中最为敏感的话题之一,同时也被许多国家的政府认为与其切身利益相关,因此不论是企业本国还是海外东道国,通常都会就这一问题制定政策。转移价格最重要的用途在于降低税负及优化资产配置。此外,转移价格还可以被用来增加跨国企业从合资企业中得到的利润份额以及隐瞒其子公司的真实利润。

1. 降低整体税负

国际转移价格与国际税收关系密切。国际转移价格的一项重要功能就是降低跨国企业的整体税负。转移价格对税收负担的影响主要体现在所得税和关税两个税种上。

(1) 税收效应。当产品在不同国家间转移时,输出国和接受国(即出口国和进口国)企业的所得税都将受到影响。在出口国的企业中,转移价格是应税收益;在进口国的企业中,转移价格是可抵税的费用。跨国企业应在税法允许的范围内制定出能令在这两个国家的整体税负最低的价格作为转移价格。由于各国的税率是不一样的,因此跨国企业通过转移价格降低所得税负担的原则是,将尽可能多的利润转移到税率较低的国家。

例如,母公司 A 设在甲国,子公司 B 设在乙国,假设甲国的税率为 50%,乙国的税率为 40%,母公司 A 将成本为 100 万美元的产品以 120 万美元的价格销售给子公司,在子公司以 150 万美元的价格销售给无关联公司后,母公司 A 和子公司的税负应各为多少? 又是如何通过转移定价来降低税负的? 我们用图 13-3 来形象地说明这一操作过程。

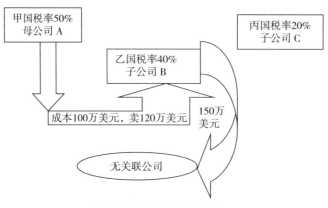

图 13-3 税收效应流程之一

交易完成后,母公司和子公司的税负分别如下:
母公司 A 税负 =(120-100)×50% = 10(万美元)
子公司 B 税负 =(150-120)×40% = 12(万美元)
总税负 = 10+12 = 22(万美元)

可以得出结论:母公司 A 和子公司的总税负为 22 万美元。现该企业管理者要通过不同的转移价格来减轻整个企业的税收负担。可以采用这样的定价方式:母公司 A 以 105 万美元的价格将产品销售给丙国的子公司 C,子公司 C 再将产品以 140 万美元的价格销售给乙国的子公司 B,然后,由子公司 B 将产品以 150 万美元的价格销售给无关联公司。具体操作过程如图 13-4 所示。

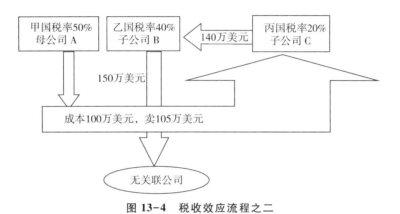

图 13-4 税收效应流程之二

采用这种转移定价方式后,母公司和子公司的税负分别为:
母公司 A 税负 =(105-100)×50% = 2.5(万美元)
子公司 B 税负 =(150-140)×40% = 4(万美元)
子公司 C 税负 =(140-105)×20% = 7(万美元)
总税负 = 2.5+4+7 = 13.5(万美元)

两种不同的转移定价方式下,跨国企业所承担的税负是不同的。从上例中可以看出,在低价出售策略下,母公司与销售子公司分别应缴纳所得税 2.5 万美元、4 万美元和 7 万美元,合计 13.5 万美元;在高价出售策略下,母公司和销售子公司分别应缴纳所得税 10 万美元和 12 万美元,合计 22 万美元。如果有关政府对转移价格没有限制,则当接受国的税率低于母公司所在国的税率时,该跨国企业应该采用低价出售策略。

如果有关国家或地区的税率相近,则跨国企业还可以利用避税港(Tax Heaven)来进一步通过转移价格降低所得税的不利影响。避税港是指单方面向其他国家和地区的投资者提供无税、低税或者其他优惠条件的国家和地区,如巴拿马、百慕大、开曼群岛、希腊、卢森堡等。除税负很低甚至不需要纳税外,避税港的当地政府对外国企业的法律管制也比较宽松,企业的资金调拨与利润分配相当自由。跨国企业可以在避税港设立象征性的分支机构,利用转移价格,将其他子公司的利润调入避税港,这样就能最大限度地降低企业的整体税负。在上例中,如果该跨国企业在开曼群岛设有子公司,则可以由母公司以低价将产品出售给开曼群岛的子公司,该子公司再以高价出售给销售子公司。在这两笔交易中,产品可以由母公司直接运往销售子公司,无须经过开曼群岛。在这样的交易中,母公司因低价出售而没有利润,销售子公司因高价购入而没有利润,所有的利润都转移到了避税港,即开曼群岛子公司。这样,该跨国企业只需在开曼群岛缴纳很少的所得税,甚至不缴纳所得税,从而降低了企业的整体税负。

(2)关税效应。在确定国际转移价格时还应考虑关税因素。进口关税一般采用从价计征的比例税率,即按照进口货物的到岸价乘以进口关税税率计算。跨国企业可以通过转移价格政策改变进口产品的到岸价格。在关税税率既定的前提下,改变到岸价格就可以改变进口国子公司的关税负担。对于高关税国家的销售子公司,可以采取低价出售策略减轻关税负担。在现实中,很多国家意识到转移价格可能被用作纳税筹划或绕过外汇管制的手段,所以都制定了相应的控制和限制转移价格的法规。因此,跨国企业不应将所有的成本都计入单一的转移价格中,母公司应列出其向子公司提供产品和服务的明细目录,并根据这份明细目录来收取费用。因为详细的目录比较容易取得子公司所在国政府的认可。具体来说,母公司可以向子公司收取服务费、管理费、特许权使用费、技术培训费等。

(3)利润伪装。跨国企业为了实现其全球战略,可以利用转移价格的变化调高或调低各子公司的利润。子公司高价购入、低价出售可以调低利润,子公司高价出售、低价购入可以调高利润。

第一,跨国企业可以利用转移价格调低利润。调低利润可以掩盖企业的获利情况,使企业在竞争中处于有利地位。如果子公司在当地获得的利润较高,一则可能引起东道国政府的注意或反感,使其要求与跨国企业就有关投资条款重新谈判,或者强行征用;二则可能成为工资上升和其他福利开支增加的诱因;三则可能引起潜在投资者的注意,导致更多的竞争对手进入同一市场,增加子公司的竞争压力。所以,当跨国企业发现子公司的利润过高时,可以利用转移价格提高子公司的生产成本或者降低其收入来降低利润,减轻压力。调低利润也是应对当地合作伙伴的有效手段。因为合资企业的利润由合资各方按比例分配,所以从跨国企业整体利益的角度来看,合资企业的利润并非越高越好。因此,跨国企业总是希望利用转移价格,将子公司的利润转移到母公司或其他子公司,压低合资企业的利润,减少当地投资者分得的利润。但是,在合资企业中,转移价格是一个非常敏感的话题,往往会造成合资双方的对立情绪,甚至引起东道国政府的干预,跨国企业应该慎重对待。

第二,跨国企业可以利用转移价格调高利润。调高利润可以粉饰子公司的经营状况,在东道国树立良好的形象。跨国企业为了使某国外子公司具有良好的资信水平,以便在当地金融市场上发行股票、债券或谋取信贷,经常利用转移价格来调高子公司的利润。调高利润还可以帮助子公司走出困境,增强竞争力。对于在国外新设立的子公司,跨国企业除在资金方面给予支持外,往往还低价向子公司供应其所需要的产品,或者高价购买子公司的产品,以帮助子公司打败竞争对手,提高竞争地位。对于在竞争中处于不利地位的子公司,跨国企业还会利用转移价格调高其利润,帮助其走出财务困境,人为地改善其财务状况和盈利水平。

(4) 规避外汇管制。许多国家为了加强其国际收支管理,避免外汇流失,往往实行外汇管制,对外国企业汇出利润加以限制,有的国家对汇出利润还要再征收一定比例的利润汇出税。跨国企业可以采用转移价格向子公司高价提供产品或劳务,将子公司的资金转移到母公司或其他子公司,从而规避外汇管制的不利影响。

2. 优化资源配置

跨国企业要在世界范围内调配企业资源,以实现企业整体价值最大化,国际转移价格就是优化资源配置的一种手段。在跨国企业直接转移资金的渠道(如应收账款的提前或延迟支付等)受到东道国限制时,国际转移价格可以帮助跨国企业绕过外汇管制,避免资金冻结,根据企业战略要求配置资源。

例如,一家跨国企业母公司和子公司所在国的税率均为40%,母公司生产产品后再将产品卖给子公司。母公司在将产品卖给子公司时可以选择不同的定价策略,在高价策略下,母公司可以将成本为100万美元的产品以130万美元的价格销售给子公司,然后由子公司以150万美元的价格销售给无关联公司,具体操作过程如图13-5所示;在低价策略下,母公司可以将成本为100万美元的产品以120万美元的价格销售给子公司,然后由子公司以150万美元的价格销售给无关联公司,具体操作过程如图13-6所示。

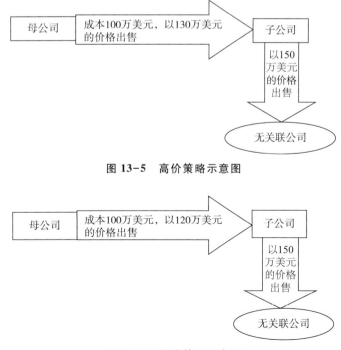

图13-5 高价策略示意图

图13-6 低价策略示意图

在高价策略下：

母公司的利润 = 130 - 100 - (130 - 100) × 40% = 18（万美元）

子公司的利润 = 150 - 130 - (150 - 130) × 40% = 12（万美元）

企业总利润 = 18 + 12 = 30（万美元）

在低价策略下：

母公司的利润 = 120 - 100 - (120 - 100) × 40% = 12（万美元）

子公司的利润 = 150 - 120 - (150 - 120) × 40% = 18（万美元）

企业总利润 = 12 + 18 = 30（万美元）

由于税率一致，可以看出两种定价策略下，跨国企业的总利润不变，但是母公司和子公司各自的利润发生了变动。由此可以看出，如果跨国企业想把资金留在销售子公司所在国，就应采取低价策略；如果跨国企业想把资金留在母公司所在国，就应采取高价策略。

通过制定不同转移价格的方式，跨国企业可以达到优化资源配置的目的。

（二）再开票中心

在低税负国家设立再开票中心是一种被许多跨国企业用以伪装利润、逃避政府监管并协调转移定价政策的方法。第一节中对再开票中心的运作原理及其对跨国企业营运资金管理的作用做了详细介绍，这里主要介绍再开票中心在跨国企业内部资金转移方面的运用。

该中心管理着跨国企业所有的内部交易以及跨国企业与外部独立客户之间的所有交易，由它向销售方付款并向购货方收款。但是，交易的产品并不经过该中心，而是直接从销售方转移给购货方。

通过再开票中心将定价权集中到一个地方，这样跨国企业可以更灵活方便地根据汇率变动调整定价，以选择计价货币；同时，可以避免多种货币之间相互兑换以及同种货币反复兑换的成本。但是，建立一个再开票中心的成本是很高的，通信联络的费用会增加，而且企业与处在避税港的再开票中心的资金往来很容易引起税收当局的警惕。

（三）管理费、专利费和特许权使用费

跨国企业内部之间相互提供管理、专利和商标使用权等无形商品的交易通常都是个性化的，因此很难找到可做参考的市场价格。这种价格上的不确定性就给跨国企业进行国际营运资金转移提供了一条新的途径。同有形商品一样，跨国企业通过操纵这些无形商品的转移价格从而转移资金，可以取得逃避税收和资本管制的效果。

相较于通过股利汇回的方式进行资金转移，通过管理费、专利费和特许权使用费转移资金具有很多优势：首先，有较为宽松的政府管制。政府对子公司向母公司支付特许权使用费和管理费限制较少，而对股利汇回则可能管制较严。其次，税收方面的优势。当东道国所得税税率高于母国所得税税率时，分摊的费用通常可在当地减免，而如果以股利方式支付，则不仅当地的所得税在股利分配之前支付，还要缴纳汇回股利部分

的预扣税。

跨国企业最常用的特许权使用费转移定价安排是先由母公司依据企业整体费用开支的预算分配,进一步决定海外子公司转移资金的总额度,然后再根据各子公司的销售额或资产水平来分摊这些额度。这种安排使得特许权使用费转移定价从表面上看更像是合理、必需的业务开支,从而有利于跨国企业逃避资本管制,同时达到降低税负的目的。例如,图 13-7 展示了中国香港的母公司与在美国、英国和英属维尔京群岛的子公司的特许权使用费转移定价安排。

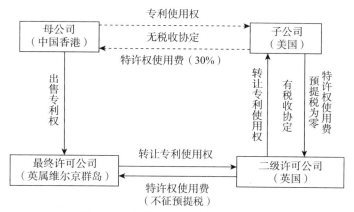

图 13-7　特许权使用费转移定价安排

相关国家的政府一般希望跨国企业的资金流动比较稳定并可以预测,特许权使用费的突然变化很容易引起税收当局的怀疑,因此跨国企业在制定内部资金转移政策时要尽量避免其频繁变动。

(四)企业内部贷款

企业内部贷款通常是跨国企业主要的,甚至是唯一合法的内部资金转移途径。现有的企业内部贷款主要有三种形式,即直接贷款、平行贷款和背对背贷款。

直接贷款是最简单的贷款形式,即在资金移动不受限制的金融市场,跨国企业的一个机构可以以直接贷款的形式向另一个机构提供信贷资金。直接贷款的利率是确定的,标价货币可以是任何一方或第三国的货币。

平行贷款是当海外子公司所在国资金市场有限、融资利率较高,尤其是存在外汇管制风险或税收差别时,跨国企业用来向位于这些国家的子公司融资的一种内部贷款形式。例如,假设美国跨国企业甲在泰国的子公司需要两亿泰铢;而德国跨国企业乙位于泰国的子公司有富余的泰铢现金,但由于泰国政府的外汇管制措施,子公司不能将泰铢汇回德国母公司。于是,甲公司便可以根据当时的汇率借给乙公司同等数额的美元,利率可以由双方协商而定;同时,乙公司的子公司按照泰国当地利率向甲公司的子公司提供两亿泰铢贷款。两笔贷款期限相同,到期时,乙公司向甲公司偿还贷款,同时甲公司的泰国子公司向乙公司的泰国子公司偿还贷款。这样,实质上是甲公司向其子公司提供了贷款资金,而同时又免除了当地的外汇管制风险。

背对背贷款是跨国企业因担心海外子公司所在国实行外汇管制所带来的风险而选择利用商业银行或其他金融机构作为中介,向子公司提供资金的一种内部贷款形式。母公司或者提供资金的子公司将资金存放在中介银行里,由中介银行通过其设在国外的分支机构将等额的资金以当地货币或者母公司货币贷款给当地需要资金的子公司。银行按协商好的利率对母公司的存款支付利息,贷款子公司则向当地的该银行分支机构支付利息。中介银行的利润来自这两个利息的差额以及收取的服务费。对于银行来说,这种贷款是无风险的,因为有母公司的存款做足额担保,银行只是起了一个中间人的作用。

(五)提前或延后收付款

跨国企业内部资金转移产生的一个重要原因就是企业内部商品或服务交易的存在。跨国企业在世界各地的子公司越多,商品转移的方式以及相应的资金转移的情况也就越复杂。假设一家跨国企业在 A 国和 B 国分别设有子公司,A 国子公司每个月都向 B 国子公司出售价值 1 000 万美元的商品,且提供 60 天的信用期,那么在 A 国子公司的账面上就存在 1 000 万美元的应收账款,这实质上是 A 国子公司给 B 国子公司提供的一种贷款。跨国企业可以根据整体的目标,调整这种支付期限,如果 A 国子公司急需资金,则可以要求 B 国子公司立即支付货款;如果 B 国子公司出现资金短缺,则可以延长支付期限。

这种改变商品销售中支付期限的方法,给跨国企业内部转移资金提供了巨大的灵活性。即使内部商品交易是现金结算,买方子公司也可以通过预付货款将资金转移到卖方子公司。

但是,政府对跨国企业运用提前或延迟收付款转移资金会施加很多的限制。如果一国政府面临外汇储备短缺,则它会鼓励出口提前收款和进口延迟付款。东道国政府外汇管理当局一般不愿意允许出口延迟收款和进口提前付款,因为这种做法会推迟东道国的收汇和加速东道国外汇的流出。因此,东道国政府的管制也给跨国企业使用这种方式带来了很大的压力。

(六)股利汇回

股利汇回仍然是跨国企业海外子公司向母公司转移资金最重要的一种方式。跨国企业在制定股利汇回政策时,需要考虑税收、汇率风险、外汇管制、融资需求、资金成本以及母公司的股利支付率等诸多因素。其中,母公司的股利支付率在跨国企业制定股利汇回政策时起着很重要的作用。有些跨国企业要求所有的子公司都采用与母公司相同的股利支付率;而有些跨国企业则只设定一个总的股利支付率,只要汇回的股利总额达到海外子公司收益总额的一定百分比即可,不要求所有的子公司都采用同样的股利支付率。采用前一种政策的跨国企业认为,这样有利于使东道国政府认识到股利的汇回是正常的,而不是由跨国企业主观决定的。

股利汇回应该考虑不同地区子公司的融资需求和资金成本。在其他条件相同的情况下,跨国企业应对资金成本较高的子公司设定较高的股利支付率,而对资金成本较低的子公司设定较低的股利支付率。

如果东道国面临国际收支不平衡问题，那么该国通常会限制股利流出。在这种情况下，跨国企业通常会保持稳定的股利汇回政策，以试图向东道国政府表明，企业的股利汇回是其正常财务运营制度的一部分，而不是针对东道国货币的投机行为，从而为以后面临外汇管制时能继续保持资金的正常流出留有余地。

很多情况下，跨国企业的海外子公司不是独资公司，而是与当地企业的合资企业。在这种情况下，跨国企业在制定合资企业的股利汇回政策时必然受到合资方的制约。跨国企业是从全球角度考虑以做出最优决策，而合资方则是以是否对合资企业的利润最大化最有利来做决策。而且，跨国企业的发展目标往往比合资方更长远，表现为合资方希望尽量缩短投资回收期，而跨国企业则倾向于多保留盈余以备再投资之需，因此，跨国企业与合资方在股利汇回方面也经常存在利益冲突。

本章小结

1. 跨国企业的财务管理目标是优化现金流动，对闲置资金进行有效投资。现金管理有分散化和集中化两种模式，前者的优点是管理灵活便利，后者的优点是有利于综合平衡。但由于分散化管理模式存在很多不足之处，多数跨国企业选择了集中化管理模式。

2. 跨国企业对于临时性闲置资金应根据收益率选择国内外短期证券市场进行短期投资，根据汇率变化预期选择适当的货币组合可以在规避风险的同时获得最大化的收益。

3. 优化现金流量管理的方法主要包括跨国资金调度系统、净额结算体系和现金收支管理。

4. 国际应收账款的存量管理主要分为独立客户应收账款管理和内部应收账款管理，由于两者的目标存在根本的差异，因此管理方法存在很大的区别。

5. 国际贸易融资中，主要的短期贸易融资方式有应收账款融资、信用证融资和银行承兑汇票融资等。

6. 短期融资的渠道主要有企业内部融资、东道国当地融资和欧洲债券市场融资。

7. 在短期融资成本管理中，采用多种货币组合融资可以在保持成本不上升的前提下降低汇率变动的系统性风险。

8. 转移价格指跨国企业内部之间提供产品或劳务的结算价格。但转移价格避税也会带来一些成本。

9. 在低税负国家设立再开票中心是一种被许多跨国企业用以伪装利润、逃避政府监管并协调转移定价政策的方法，由该中心管理跨国企业所有的内部交易，但交易的产品并不经过该中心，而是直接从销售方转移给购货方。

10. 跨国企业通过内部交易实现资金和利润的转移，从而降低税负和克服跨国资本流动的障碍。

本章习题

1. 现金集中化管理模式的优势主要有哪些？现金收支管理工作主要有哪些？

2. 跨国企业对内部应收账款的管理主要采用的方法有哪些？对独立客户应收账款的管理主要有哪些决策？

3. 国际短期融资渠道有哪些？试分析多种货币组合融资优于单独一种货币融资的原因。

4. 通常情况下，国际营运资金的转移方式有哪些？试分析转移定价的税收效应和优化跨国企业内部资源配置的原理。

5. 某跨国企业在欧洲和美国共有五家子公司，各子公司之间互有商品交换。2017年3月，这些子公司的收付情况如下表所示：

各子公司收付情况 单位：百万美元

现金收款子公司	现金付款子公司				
	美国	德国	法国	比利时	丹麦
美国	—	1.5	2.5	2	1
德国	3	—	1	6	1
法国	4	2.5	—	2.5	—
比利时	5	1	6	—	1
丹麦	3.5	—	2	1	—

如果该跨国企业采取多边净额结算，请根据表中给出的信息，设计一种资金付款安排。

6. 假设钒融公司需要借入1年期价值相当于5 000万元人民币的贷款，现有三种货币可供选择，有关利率资料如下：人民币利率7.25%，欧元利率3.5%，日元利率2.5%。该公司有三种选择：一是只借入欧元，二是只借入日元，三是组合借入欧元和日元（拟借入的欧元和日元各占其所需资金的50%）。

列表计算并回答：

（1）欧元融资成本比国内融资成本高的概率是多少？

（2）日元融资成本比国内融资成本高的概率是多少？

（3）组合融资成本高于国内融资成本的概率是多少？

7. 某跨国企业设在A国的甲公司向设在B国的乙公司提供某种产品。2016年，甲公司预计提供产品的全部销货成本为60万美元，销给乙公司的售价按成本加成10%—20%浮动，乙公司对外售价100万美元。假设两公司2016年全年营业费用均为5万美元,甲公司所得税税率为40%,乙公司所得税税率为30%。

要求:

(1)请比较高价(加成20%)策略与低价(加成10%)策略的税前净收益和税后净收益。

(2)如果B国政府实行外汇管制,外汇不准自由汇出,则甲公司对乙公司的转让定价以高价策略还是以低价策略为好?

(3)如果采用高价策略,则乙公司可多汇出多少外汇?但要多缴纳多少所得税?

参考文献

1. 苏布拉马尼亚姆.财务报表分析(第11版)[M].宋小明,译.北京:中国人民大学出版社,2014.

2. 杨淑娥.财务管理学[M].3版.北京:高等教育出版社,2018.

3. 张碧琼.国际金融管理学[M].北京:中国金融出版社,2007.

4. 连军,苏潇.从"存量"角度谈我国跨国公司营运资本管理[J].经济论坛,2007,(12):80—81.

5. 王雅庆.金融危机下国际化经营对企业营运资本管理的影响研究[D].对外经济贸易大学,2015.

第十四章

国际税收管理

本章首先介绍国际税收的相关概念及其管理目标;然后探讨国际避税或者国际税负最小化的主要方法,如避免跨国重复征税、利用离岸公司避税和内部转移定价等;最后提示跨国企业国际避税的法律风险。国际税收管理是一个极其复杂又至关重要的议题。一方面,跨国企业成为跨国纳税人,课税对象具有跨国性,面临的税务环境较为复杂,还需熟知不同国家税负的结构及其诠释;另一方面,良好的税收管理和合理的避税方法有助于跨国企业获取降低经营成本的便利。

第一节 国际税收管理的宗旨

国际税收,从广义上说是指各国政府与其税收管辖权范围之内从事国际经济活动的企业和个人之间就国际性收益所发生的征纳活动,以及由此而产生的国与国之间税收权益的协调行为。国际税收管理是管理征税对象是否能在不同国家税收管辖权范围之间实现转移的过程。跨国企业进行国际税收管理的宗旨是将税收制度环境扩展到世界范围,在此基础上探究如何对纳税进行统一的筹划,从而实现全球总税负最低。

一、国际税收管辖权

跨国企业按税收管辖权的不同又可确定为公民或者居民,统称为人的要素;征税对象是指因资金投放、劳务付出或货物交换而产生的收益或所得,统称为物的因素。两者运动形成国际税收管理的主要内容。税收管辖权是一国政府在征税方面所拥有的管理权力,是国家主权在税收领域的具体体现,是国家在制定本国税制、依法征税及处理本国税收事务时所拥有的独立自主的管理权限,不受任何外来干涉和控制。一国的税收管辖权,可以按属人和属地两种不同的原则来确立。

(一) 居民管辖权

即按属人原则确立的税收管辖权。根据属人原则,一国政府可以对本国所有的居民

(包括自然人居民和法人居民)行使税收管辖权。按这一原则确立起来的税收管辖权称为居民管辖权。在实行居民管辖权的国家里,它对本国居民在世界范围内的所得或财产课税;相反,它对非本国居民的所得或财产就不课税,即使有一部分甚至全部来源于或存在于本国领土范围内的亦不例外。例如,美国会对在美国注册的公司的收入征税,而不管其收入来源于国内还是国外。

(二)地域管辖权

即按属地原则确立的税收管辖权。根据属地原则,一国政府可以在其所属领土疆域的全部空间(包括领陆、领海和领空)内行使税收管辖权。按这一原则确立的税收管辖权称为地域管辖权。在实行地域管辖的国家里,它只对纳税人来源于或存在于本国领土范围内的所得或财产课税,即使纳税人是一个外国居民,亦不例外;相反,它对来源于或存在于本国领土范围以外的所得或财产就不课税,即使这些所得或财产为本国居民所取得或拥有,亦不例外。由于地域管辖权以所得或财产是否来源于或存在于本国领土范围内为依据来确定纳税义务,故通常又被称为收入来源地管辖权。例如,德国就对国内外企业在本国所得同等课税。

(三)税收管辖权与跨国重复征税

跨国重复征税一般包括法律性重复征税和经济性重复征税两种类型,法律性重复征税包括居民管辖权与地域管辖权的重叠、不同国家居民身份确认标准的不同、不同国家所得来源地确认标准的不同。跨国重复征税的基本特征包括课税主体的多重性、纳税主体的同一性以及征税对象的同一性。跨国纳税人的出现和所得的国际化是跨国重复征税产生的根本原因,国际上各国税收管辖权的不统一是跨国重复征税产生的必要条件,而所得税制度在各国的普及是跨国重复征税产生的另一个必要条件。

二、国际税收中的税种

根据是否直接对收入计征,可以将国际税收中的税种划分为不同的类型。通常把直接就收入计征的税收称为直接税,而就企业其他可度量的指标课征的税收称为间接税。下面简单介绍涉及国际税收的几种税种类型。

1. 所得税

所得税是指依个人所得和企业所得而征收的税种。所得税通常是很多国家政府税收的主要来源,目前已非常普遍。但是各国所得税税率的差异也比较大,比如科威特为55%,中国为25%,而避税地几乎为0。这些税率差异反映了快速变化的国际税收环境。对于一个商业企业而言,企业所得税对其盈利能力有较大影响,因此许多国家通过采用低企业所得税来吸引国外投资。

2. 预扣税

预扣税是指一国对税收管辖权范围内的另一国居民取得的红利、利息及特许权使用费收入等所征收的税种。预扣税制度存在的原因在于:政府认识到大多数国际投资者都不会向其所投资的国家报税,因此政府希望通过预扣税保证最低限度的税收收入。预扣税由企业代投资者预扣,而后转交税收当局。预扣税是双边税收协定的主要内容之一,税率一般为0—25%。

3. 增值税

增值税是指在商品生产和消费的每个阶段依据该阶段的新增价值所征收的税种。一般而言,课征对象不包括生产性商品,比如厂房、设备等。此外,医药等特定必需品及与医疗保健相关的服务、教育和宗教活动,以及邮政服务等通常免征增值税或适用较低的税率。增值税是目前西欧、拉丁美洲及其他国家间接税的主要税源。

4. 其他税种

即各国根据自身情况所制定的不同税种。例如,有些国家对公共服务征税,属于消费税的一种;有些国家对股票市场买卖证券征收流转税;此外,有些政府为了提高税收收入,对居民收入和财产进行再分配征收转移税等。

三、国际税收管理的宗旨

跨国企业进行国际税收管理的宗旨是实现全球总税负最低,进而实现全球税后现金流量最大化。

1. 根据国际有关税法、税收协定来避免被重复征税

国际税法是调整在国家与国际社会协调相关税收的过程中所产生的国际涉外税收征纳关系和国际税收分配关系的法律规范的总称。广义的国际税法的调整对象不仅包括国际税收分配关系,还包括国际涉外税收征纳关系。涉外纳税人首先是指本国的涉外纳税人,其次是指在本国投资的外国人。国际税法一方面通过国际税收协定的方式,另一方面通过国内税法的方式来维护涉外纳税人的利益。而维护涉外纳税人基本权益的基本方法就是避免对涉外纳税人实行重复征税。

2. 利用东道国的外商投资税收优惠政策,获得税收优惠减免

许多新兴市场国家和发展中国家为了吸引外资进入,会出台一些税收优惠政策。以中国为例,2017年11月,财政部等五部门公布了一项税收优惠政策,即《关于将技术先进型服务企业所得税政策推广至全国实施的通知》,对中国境内经认定的技术先进型服务企业减按15%的税率征收企业所得税,符合规定的职工教育经费支出部分可以在税前扣除。这一举措的目的是,借此引导外资更多地投向高技术、高附加值服务业,促进企业技术创新和技术服务能力的提升,增强中国服务业的综合竞争力。这对许多技术先进的跨国企业来说,可以充分利用相关优惠政策,最大限度地获得税收收益。

3. 有效利用国际避税地优势,降低企业总税负水平

国际避税地是指各国纳税人取得收入或拥有资产,但不必纳税或者可以相对较少纳税的地方,可以是某个国家,也可以是某个地区,也被称为自由港、自由贸易区、自由关税

区等。此前,英国、法国等许多国家的政府都称,苹果、谷歌和亚马逊等跨国企业以税率较低的爱尔兰、卢森堡等国为跳板,将收入和利润转移到百慕大等全球避税天堂,其带来的避税收益巨大,成为许多跨国企业不惜冒着风险采取多种较为隐蔽的措施进行资产转移的主要原因之一,因此这也是跨国企业税收管理的重中之重。

4. 有效利用转移定价,在税负低的区位缴纳所得税

内部转移定价作为最常用的避税方法,是指大型跨国企业为了实现利润最大化,利用子公司所在地税率的差异将利润由税率高的子公司转移至税率低或者可以免税的子公司。其基本思路是利用不同子公司所在地税率的差异(不一定是不同国家,还有税收优惠区),将高税率纳税主体的利润通过内部交易转移到低税率纳税主体,从而达到避税的目的。而如何设计这样的交易,包括交易双方的架构、交易的价格、结算方式等,跨国企业一方面需要有足够的证据去证明交易的平等、自愿和正当的商业目的,另一方面需要与税务机关保持良好的沟通。这也是跨国企业税收筹划最重要的课题之一。

5. 利用信托方式转移资产,使企业总税负最低

信托是委托人基于对受托人的信任,将其财产委托给受托人,由受托人按委托人的意愿以自己的名义,为受益人的利益或特定目的,进行管理和处分的行为。通过创立这种国外信托,财产的所有人以及信托的受益人就可以彻底摆脱就信托财产所得向本国政府纳税的义务。而且在全权信托中,信托的受益人对信托财产也不享有所有权,所以只要受益人不从信托机构得到分配的利益,受益人就不用就信托财产缴纳任何税收。如果一个国家的所得税税率较高,则该国企业就可以以全权信托的方式把自己的财产委托给设在境外的无税地或低税地的信托机构代为管理,同时,由于信托财产是委托无税地或低税地信托机构管理的,因此当地政府对信托财产所得一般也不征收或征收很少的所得税。

总之,跨国企业进行国际税收管理的客观基础是国际税收差别,即各国由于政治体制不同、经济发展不平衡,税制之间存在较大差异。这种差异为跨国企业进行国际税收管理提供了可能的空间和机会。

第二节 跨国企业国际避税的主要方法

国际避税是指跨国纳税人利用合法的手段,在税收法规许可的范围内,通过人和资财的国际移动,达到回避或减轻税收负担的目的。国家间法定税率的差异刺激跨国企业通过债务契约、转移定价等方法进行利润转移,从而达到国际避税的目的。本节主要集中探讨几种主要的国际避税方法。

一、避免跨国重复征税的方法

跨国重复征税是指两个(或两个以上)国家的不同课税主体,在同一时期对同一跨国

纳税人的同一征税对象,或对不同跨国纳税人的同一税源征收类似的税收所形成的重复征税。跨国重复征税的判定依据有两个：一是从课税对象上看,对某一项收益、所得和财产同时进行了两次以上的征税；二是从纳税人角度而言,对同一纳税人或同一经济渊源进行了不同的征税。

跨国重复征税的存在一方面违背了税收公平原则,使纳税人承受了双倍纳税义务,可能使从事国际化经营的企业的税收负担要明显重于仅从事国内业务的企业；另一方面也不利于国际经济交往的发展,不利于发展国际经济、贸易、投资等活动。所以,跨国重复征税是极其不合理的,要加以避免。

目前,国际上避免跨国重复征税的原则主要有以下两点：一是对于同种税收管辖权引起的重复征税,通过国际税收协定达成对居民、公民及境内所得的认定；二是对于不同税收管辖权引起的重复征税,以地域管辖权优先,拥有居民管辖权的国家在其税法中规定一些措施。根据国际惯例,各国政府在处理重复征税问题时一般遵循的基本原则是属地优先原则。

国际上避免与缓解跨国重复征税的途径有以下两种：一是单边避免和消除,即通过一国的政府单方面予以解决,也就是在本国税法中单方面做出规定,对本国居民纳税人已被外国政府征税的境外所得,自动采取避免或消除跨国重复征税的措施；二是双边或多边避免,即通过国际双边或多边协定予以解决,也就是由各个国家政府之间签订双边或多边的避免跨国重复征税的协定,对各自税收管辖权的实施范围加以规范。

根据联合国和经济合作与发展组织的有关文件,以及在国际税收实践中形成的惯例,国际上解决跨国重复征税问题的方法有：

1. 免税法或豁免法

免税法或豁免法是指一国政府对本国居民的国外所得免予征税,而仅对来自国内的所得征税。实行累进所得税的国家主要有以下两种具体做法：一是全部免税法,即一国政府对本国居民的国外所得不予征税,并且在确定对其国内所得征税的税率时也不考虑这笔免予征税的国外所得；二是累进免税法,即一国政府对本国居民的国外所得不予征税,但在确定对其国内所得征税的税率时,要将这笔免予征税的国外所得与国内所得汇总一并考虑。

这种方法承认地域管辖权的独占地位,对居住在本国的跨国纳税人来自外国并已由外国政府征税的那部分所得,完全放弃居民管辖权,免征国内所得税,这从根本上消除和避免了跨国重复征税问题。但是这一方法使居住国或国籍国放弃了居民管辖权,导致了一部分税收流失,所以操作难度比较大,可行性不强,方法难以普及。

具体计算方法有全额免税和累进免税两种,以累进免税使用居多。全额免税是指居住国向本国居民征税时,对来自国外并已纳税的那部分所得给予免税,仅就来自居住国的所得征税；累进免税是指居住国向本国居民征税时,对来自国外并已纳税的那部分所得给予免税,但在计算本国应纳税额时,将其全部国内外所得汇总按本国累进税率征税。

例如,A 国某企业的本国税前利润为 100 万美元,从 B 国取得的税前利润为 20 万美元,A 国税率为 30%。如使用超额累进税率,则 0—100 万美元税率为 30%,100 万—150 万美元税率为 40%。

如使用全额免税,则该企业应纳税额为 100×30% = 30(万美元)。

如使用累进免税,则该企业应纳税额为(120-100)×40% +(100-20)×30% = 32(万美元)。

2. 抵免法

抵免法是指一国政府在对本国居民的国外所得征税时,允许其用国外已纳的税款冲抵本国应纳的税款,从而实际征收的税款只为该居民应纳本国税款与已纳国外税款的差额。这里涉及一个"抵免限额"的问题,抵免限额是允许纳税人抵免应纳本国税款的最高数额,它并不一定等于纳税人的实际抵免额,纳税人被允许的实际抵免额为其已纳国外税款与抵免限额中的较小者。抵免法又可分为以下两种方式:

(1)直接抵免,即本国纳税人用其直接缴纳的国外税款冲抵应纳本国税款。用直接抵免法计算应纳本国税款的公式为:

应纳本国税款 = (本国所得 + 国外所得)×本国税率 - 实际抵免额

(2)间接抵免,即本国纳税人用其间接缴纳的国外税款冲抵应纳本国税款。在间接抵免的情况下,母公司应纳本国税款应分两步计算:

第一步,计算母公司间接缴纳的子公司所在国税款。

母公司承担的国外子公司所得税 = 国外子公司所得税×

母公司所获税前股息/国外子公司税后所得

其中:

国外子公司所得税 = 子公司税前全部所得×子公司所在国适用税率

第二步,计算母公司来自国外子公司的所得。

母公司来自国外子公司的所得 = 母公司所获税前股息 + 母公司承担的国外子公司所得税

或:

母公司来自国外子公司的所得 = 母公司所获税前股息/(1 - 子公司所在国适用税率)

这种方法可以基本免除跨国纳税人的跨国重复征税,因而被世界上绝大多数国家认可并采用,已经成为免除跨国纳税人跨国重复征税的一种最重要的方法。

3. 扣除法

扣除法是指一国政府在对本国居民的国外所得征税时,允许其将该所得负担的国外税款作为费用从应税国外所得中扣除,只对扣除后的余额征税。

这种方法并没有完全消除跨国重复征税,只有在两国税率高低差异明显时才有效,所以采用的国家很少。

例如,A 国某企业在本国取得应税所得 1 000 万美元,取得国外应税所得为 500 万美元,本国税率为 30%,国外税率为 40%,其国外应税所得已完税。根据扣除法,该企业本国应纳税额为(1 000 + 500 - 500×40%)×30% = 390(万美元)。

4. 减免法

减免法又称低税法,即一国政府对本国居民的国外所得在标准税率的基础上减免一定比例,按较低的税率征税,对其国内所得则按正常的标准税率征税。

二、利用离岸公司避税

(一) 国际避税地

国际避税地是指跨国纳税人可以在那里从事经营活动并取得收入或拥有财产而不必纳税或较少纳税的国家、港口、岛屿、沿海地区等。这些国家和地区也被称为避税港或避税乐园,它们一般为了吸引外国资本流入、繁荣本国经济、弥补自身资本不足和改善国际收支情况,或引进外国先进技术以提高本国技术水平,会在本国或确定范围内,允许外国人在此投资和从事各种经济活动取得收入或拥有财产而不必纳税或较少纳税。

国际避税地主要有三种类型:一是不征收任何所得税的国家和地区,如巴哈马群岛、百慕大群岛、开曼群岛、新赫布里底群岛、格陵兰岛等。这些国家和地区的税制简单,方便可行,任何企业或个人的经营所得或其他所得,都不用向当地政府缴纳所得税。二是实行较低税率的国家和地区,如巴巴多斯、列支敦士登、塞浦路斯、巴拿马、黎巴嫩、维尔京群岛等。其中,巴拿马和塞浦路斯等国所得税课征仅实行地域管辖权,完全放弃了居民管辖权,对来自境外的收入全部提供税收优惠,境内的所得税、财产税等按照较低的税率征收。三是实行某些特殊税收优惠措施的国家和地区,如新加坡、马来西亚、菲律宾、牙买加、卢森堡等。这些国家和地区对国内一般企业征收正常的所得税,但对某些种类的特定企业提供特殊的税收优惠。

国际避税地主要以其低税率、轻税负而闻名。首先,避税地具有独特的低税结构。避税地的基本特点就是低税率,其税负相较于非避税地要轻,更重要的是其直接税更低,因为直接税不能进行税负转嫁,所以相较于间接税来说,其直接税的灵活性较小,需要靠政府对税制的规定来管控。其次,避税地具有明确的避税区域。避税地的避税区域可大可小,小到可以是一个岛,甚至是一个出口加工区,大到可以是整个国家和地区,这是由避税地的投资需求决定的。但是无论其避税区域是大还是小,避税地总能以其简单的税制和轻税负吸引个人或企业来此定居,这不仅可以推动当地经济的繁荣,而且对于在避税地的个人或企业来说,可以规避原高税国的高税负。最后,避税地拥有便利的避税条件。避税地存在的原因就在于其便利的避税条件,它为离岸公司提供了很低甚至无税的税收优惠政策,同时也为企业进行各种财务安排提供了方便。此外,避税地对离岸公司的外汇管制比较宽松,并给予其高度的保密性。

(二) 国际离岸金融中心

国际离岸金融中心是一些国家和地区通过立法手段培育出的一些特殊经济区域,这些区域又被称为离岸管辖区或离岸司法管辖区。该区域允许国际自然人或者法人在其领土上从事各种离岸金融业务,并主要依靠低税或者免税政策来吸引逃避本国税收和具有其他目的的国外资本,以发展本地区经济。例如,英属维尔京群岛、开曼群岛、巴哈马群岛、百慕大群岛、塞舌尔群岛、萨摩亚群岛、马恩岛等,以立法手段培育出一些特别宽松的经济区域,允许国际人士在其领土上成立国际业务公司。

（三）离岸公司

离岸公司泛指在离岸法域内依据离岸公司法规注册成立,只能在公司注册地以外法域从事经营活动的公司。当地政府对这类公司不征任何税,只收取少量的年度管理费,同时,所有的国际大型银行都承认这类公司,为其设立银行账号并提供财务运作方便。离岸管辖区具有高度的保密性、减免税务负担、无外汇管制三大特点,其种种优势吸引着全球的企业来此注册,离岸公司已经成为跨国企业广泛采用的避税模式。

离岸公司具有以下四大基本特征:

(1) 在特定离岸地成立。离岸公司要求在特定离岸地注册成立,这是离岸公司成立的最基本条件。

(2) 投资者的非当地性。离岸公司是由离岸地以外的投资者投资注册成立的公司。

(3) 依据离岸地专门的离岸公司法规设立。离岸地离岸公司法规对离岸公司设立要求少,手续简便,并且对公司资本、经营管理、股东等方面较少进行限制。

(4) 注册地与经营地分离。几乎所有的离岸公司法规都规定,一旦发现离岸公司在离岸中心管辖范围内与其他本地公司签订商业合同,就会撤销其离岸地位。

离岸公司为跨国投资者利用国家间不同的税制关系和国际税收体系中的法律漏洞进行国际避税提供了一片沃土。跨国企业采用离岸公司这一商业模式的部分原因就是进行国际避税。跨国纳税人在离岸地设立离岸公司,利用在岸国与离岸国税收法律的差异,通过形式上公开、合法的各种形式,以谋求最大限度地减轻国际税收负担。具体而言,离岸公司国际避税的方式主要有以下几种:

(1) 利用国内对外资的超国民待遇。投资者首先在离岸地注册离岸公司,然后以外商的身份回国投资,以获取国内的超国民待遇,该方式在外资享有超国民待遇的发展中国家非常普遍。

(2) 实行转移定价。离岸公司在母、子公司之间或总、分公司之间利用转移定价,把利益集中到离岸地,从而避免或减轻整个企业集团的总税收负担。

(3) 绕道投资。跨国投资者通过将资金转移到离岸公司,再向投资者母国或第三国投资以规避税收负担。

(4) 离岸信托。高税国投资者首先在离岸地建立信托公司,然后将所得与财产交给信托公司持有,基于信托的高保密性,投资者可以隐瞒其对各地受控子公司的真实所有权。而且,受控子公司产生的所有利润,都归信托公司所有,这样,所得和财产就与原投资者分离,从而避免了因此而产生的税收。

(5) 滥用国际税收协定。在复杂的国际经济关系中,缔约国的非居民是不享受税收协定优惠待遇的第三国居民,这些第三国居民利用种种巧妙的手段往往也可以从另外两个国家之间所签订的税收协定中得到好处,享受到降低税率或免税的待遇。这种税收协定缔约国的非居民享受税收协定中优惠待遇的现象,国际上称之为国际税收协定的滥用。

以上是离岸公司避税最主要和常见的几种方式,在具体实践中,离岸公司往往会将几种方式混合使用。

三、跨国企业内部转移定价

在国际经济活动中,利用关联企业之间的转移定价进行避税已成为一种常见的避税方法,被各大跨国企业纳入其税收管理中,也是跨国企业实现其全球战略目标、谋求企业整体价值最大化的重要手段。转移价格制定的高低,与相关国家税率的高低密切相关,从而直接关系到各相关国家税基的大小。

（一）跨国企业内部转移定价机制

转移定价是指跨国企业内部母公司与子公司之间以及子公司与子公司之间销售货物、提供劳务、转让无形资产等所采用的价格。转移定价机制产生的理论基础是内部化理论,该理论认为,由于外部市场的不完全性,尤其是中间产品(包括知识、信息、技术、管理专长等)市场的不完全性,以及干预、限制和垄断势力的存在,导致企业的交易成本增加。跨国企业为了克服外部市场交易障碍,保障其利益或者弥补市场机制的内在缺陷,就应该开展直接投资,把外部交易放在企业内部或所属企业内部进行,形成企业集团之间的内部贸易。但是,企业内部各方之间交易时仍需要进行独立核算,于是转移定价就这样产生了。

转移定价一般发生在大型企业集团尤其是跨国企业,其利用所属企业不同地区税率以及免税条件的差异,将利润转移到税率低或可以免税的地区,以实现整个企业集团的税收负担最小化,即企业集团倾向于在税率较高的地区定价偏低,而在税率较低的地区定价偏高。其一般做法是:高税国企业向其低税国关联企业销售货物、提供劳务、转让无形资产时制定低价;低税国企业向其高税国关联企业销售货物、提供劳务、转让无形资产时制定高价。这样,利润就从高税国转移到低税国,从而达到最大限度地减轻其税收负担的目的。由于跨国企业内部子公司之间的关系不同于一般的独立企业之间的关系,其内部交易价格也不是在公平的市场竞争中形成的,因此我们称其内部交易价格为转移价格。

按照交易客体的不同,跨国企业内部的转移价格大致可分为以下五种:

(1) 商品转移价格,这是转移价格中最常见的一种形式,指跨国企业内部在有形商品(中间投入品和制成品)供应和销售时采用的价格。

(2) 有形资产转移价格,指跨国企业内部生产设备出租和转让时采用的价格。

(3) 无形资产转移价格,指跨国企业关联企业之间技术使用权、商标使用权转让时采用的价格。

(4) 劳务转移价格,指跨国企业内部劳务费结算时采用的价格,包括人员往来、信息咨询服务、市场调研、广告宣传、人员培训等内容。

（5）资金转移价格，指跨国企业内部给关联企业提供贷款时采用的价格，利用借贷资金利率的高低，影响关联企业的成本及利润水平。

下面以宜家为例进行说明。具体来说，宜家的各个子公司之间可以就专利、品牌和其他商品达成内部转移价格来进行支付，然后在税率低的地区设置高价格，在税率高的地区设置低价格，以达到税收负担最小化的目的。宜家通过复杂的公司结构和资产结构使公司在世界范围内通过合法途径将税收负担减至最低。具体做法是，将宜家商标的使用权转让给一家独立于家具店的公司（英特艾基系统有限公司），这给宜家在缴税方面带来了很大的操作空间。因为宜家家具店必须为使用宜家商标支付一笔许可费，所以如果宜家的高级管理层想压缩某国外子公司的利润，则只要提高该子公司缴纳的许可费即可。一个极端的情况是，如果某国外子公司在缴费之后没有利润剩余，那就不用纳税了。比如，宜家的德国子公司都有对应的比利时合作中心。所谓的比利时合作中心，是指一些金融公司，这些位于比利时的合作中心在大公司内部提供金融和市场营销服务，其利润也少得可怜。它们的作用是：把商标卖给对应的德国子公司。但德国子公司并不通过现金支付，而是通过贷款支付。通过这种方式，德国子公司可以安全地跳过德国国库。因为支付商标许可费和贷款后，德国财政部门面前的这家德国子公司已经利润稀薄，几乎不用纳税。同时，在这种公司结构下，比利时国库收取的税收也最少。宜家通过合法的税收编排将其税负从40%降到了15%左右。

（二）企业内部转移定价的动因

在国际经济活动中，转移定价已成为关联企业之间经常运用的一种方法，其目的在于调节利润、减轻税负以及实施企业集团其他的一些战略决策。因此，分析转移定价的动机，探求使得跨国企业整体价值最大化并有利于业绩评价的转移定价方法，对于跨国企业财务管理来说具有重要的战略意义。一般来说，跨国企业内部转移定价的动因可分为税务动因和非税务动因两个方面。

1. 税务动因

税务动因方面，主要是利用转移定价，逃避一国税收管辖，最大限度地获取利润。跨国企业由于集团成员分布在不同的国家，因而可以利用各国间税率和税收规则的差异，使位于高税率国的实体降低对低税率国相关实体的售价，把一部分应在高税率国实现并缴税的利润转移到低税率国。高税率国因此减少的税收，一部分转化为低税率国的税收收入，另一部分直接增加了整个企业集团的税后利润，达到了减轻企业集团整体税负的目的。

2. 非税务动因

非税务动因方面，主要包括：资金调拨与配置，战略性开拓新市场，逃避东道国的价格管制，避免各类政治和经济风险。

（三）企业内部转移定价的方法

出于以上两个方面的动机，转移定价在跨国企业内部被应用得越来越多，美国及经济合作与发展组织(OECD)国家等竭力推广基于公平独立核算原则的转移定价方法。这种方法不仅为各跨国企业合理制定内部交易的转移价格提供了依据,而且因其公平性为各国税务部门所接受。OECD 推出的《跨国企业与税务机关转让定价指南》中主要介绍了五种转移定价方法,在这几种转移定价方法中,可比非受控法、转售价格法和成本加成法是应用较为广泛的传统的转移定价方法,这些方法基于交易行为进行比较,因此为更多的跨国企业以及各国税务部门所偏好。同时,随着跨国企业针对无形资产方面的交易行为大量出现以及交易可比对象越来越难以确定,基于利润而非交易行为的转移定价方法——交易净利润法和利润分割法也逐渐为跨国企业以及各国税务部门所接受。下面分别进行介绍。

1. 可比非受控价格法

可比非受控价格法是在可比条件下将一项受控交易中转让的资产或劳务的价格与一项非受控交易中转让的资产或劳务的价格进行比较的方法。如果发现两种价格存在差异,则说明关联企业的受控交易价格有问题,这时就可以用非受控交易中的价格代替受控交易中的价格。

可比非受控价格包括三种形式:一个受控的跨国企业成员卖方与一个无关联买方之间的交易价格;一个无关联卖方与一个受控的跨国企业成员买方之间的交易价格;非受控的无关联买方与无关联卖方之间的交易价格。

可比非受控价格法要求两种交易中转让的资产或劳务具有高度的可比性,根据 OECD 指南中确立的原则,如果满足以下两个条件之一,那么一项非受控交易与一项受控交易即为可比:一是被比较的交易之间或进行交易的企业之间的差别(如果存在的话)不会在实质上影响公开市场上的价格;二是可进行合理准确的调整以消除这些差异对价格的影响。在有可能确定可比非受控交易的情况下,可比非受控价格法是运用公平独立核算原则最直接、最可靠的方法。

2. 转售价格法

转售价格法是按照关联企业一方在购进有关货物后再出售给无关联方的第三方价格(即转售价格),扣除转售方适当的毛利润后,作为关联企业之间交易的公平市场价格的方法。这种毛利润是根据关联买方在其再销售活动中所履行的职能、承担的风险以及所采用的资产确定的,一般来说代表了关联买方的正常经营利润。

根据 OECD 指南,这种方法适用于关联买方仅对产品增加了相对较小的价值,并将产品销售给第三方的情况。当关联买方只对再销售的产品进行简单的包装、再包装、贴上标签或细微组装时,转售价格法就非常适用。如果关联买方在再销售前对产品进行了大量的增值活动,如进行深加工,使得产品的物理形态发生了重大变化,或是贴上新的品牌,使得产品中包含了新的无形资产的价值,那么转售价格法就不再适用了。

3. 成本加成法

成本加成法是以关联交易中转让产品或劳务的成本为基础,在此基础上加上一个适当的成本加成率来确定关联交易转移价格的一种方法。在采用成本加成法时,成本是核心和基础,处于主导地位。在确定了产品或劳务的成本后,成本加成率就成了影响公平交易价格准确性的最大因素了。采用的成本加成率首先应选择关联卖方在非关联交易中的成本加成率,如果不存在此种成本加成率,则也可以选择独立企业在可比非关联交易中的成本加成率作为参考。其计算公式如下:

公平交易价格 = 关联交易的合理成本 × (1 + 可比非关联交易成本加成率)

可比非关联交易成本加成率 = 可比非关联交易毛利 / 可比非关联交易成本 × 100%

4. 交易净利润法

交易净利润法是将关联企业在一项关联交易中获取的相对于某一适当基础(如成本、销售额、资产)的净利润率,同独立非关联企业在可比情况下从事类似经营活动所获取的净利润率进行比较,从而确定关联交易的公平交易价格。交易净利润法的操作方式类似于转售价格法及成本加成法,它们都是以可比非受控交易的利润率水平为参照比较基础,不同的是交易净利润法考察的是净利润率,而其他两种方法考察的是毛利率。考察对象的不同,决定了在采用交易净利润法时,除要考察企业所履行的功能和承担的风险之外,还要考察其他可能影响净利润率的因素。

5. 利润分割法

利润分割法是指将企业与其关联方的合并利润或亏损在各方之间采用合理标准进行分配的方法。具体方式有两种:一是贡献分析法,即利润的划分要依据各关联企业对某笔受控交易贡献的相对价值。在确定某一关联企业所做贡献的相对价值时,首先要分析其在交易中履行的具体职能、使用的资产(包括无形资产)和承担的风险,同时还要考虑其所做贡献的市场价格或报酬。二是剩余利润分析法,即首先将经营收入在各关联企业之间进行分配,分配的原则是使每个关联企业分得的收入都能够弥补其成本费用并得到与其从事的经营活动相对称的报酬,在计算该对称报酬时应参考非关联企业从事相似经营活动所应取得的报酬水平;在经过上述第一阶段的收入分配以后,余下的则为关联企业集团的剩余利润,对这笔剩余利润的分配主要是考虑各关联企业所持有的资产,尤其是其中的无形资产,因为这些持有的无形资产应当能给企业带来一笔特殊的报酬。

6. 预约定价安排

预约定价安排是指跨国纳税人与一国或多国税务机关之间就其与关联企业之间受控交易将要涉及的转移定价标准和方法等问题进行协商达成协议,并进行跟踪管理、审计调整等一系列活动和程序的总称。预约定价安排虽然完成了从事后调整到事前确定的转变,降低了纳税成本,但也存在许多局限性。例如,单边预约定价协议不能从根本上消除重复征税,这是因为单边预约定价只是一方企业所在国为避免对被事后调整的利润征税而签订的协议,一旦对方国家的税务机关拒绝协议中的内容,就会给纳税人带来难以估量的损失。此外,预约定价的时间太长、缺乏对纳税人商业机密的保护等,也是预约定价安排没有在我国广为使用的原因。

通常情况下,在转移定价的几种基本方法中,跨国企业在关联企业的内部交易中,会针对不同的交易类型采用不同的转移定价方法,以尽可能地使其制定的转移价格符合正常交易原则,从而既能实现企业集团的整体利润目标,又能有效地避免政府税务部门的审查。

第三节　国际避税的法律风险

跨国企业具有经营跨国性、战略全球性、管理集中性和企业内部相互关联性的基本特征。也正是内部相互关联性的特点,为跨国企业进行国际避税、获取高利润提供了方便,由此也使跨国企业自身面临一些特殊的法律风险。跨国企业在进行最小化税负的过程中,也需要考虑到全球交易架构的国别法律冲突,应对国际避税的法律风险。

一、国际避税的合法性

从法律角度来看,跨国企业并非一个法律实体,各子公司都是基于东道国的法律而获得其法律地位。学术界对避税的含义和范围各有不同的看法,可谓众说纷纭。分歧的焦点在于避税行为是合法行为还是违法行为。总体而言,中国大多数学者认为避税至少是非违法的行为。较为权威的表述有:避税是指纳税人在熟知相关税境的税收法规的基础上,在不直接触犯税法的前提下,通过对筹资活动、投资活动、经营活动等巧妙的安排,达到规避或减轻税负的行为。

一般来说,跨国企业国际避税并没有违反法律。虽然避税行为可能被认为是不道德的,但避税所使用的方法是合法的,而且纳税人的行为不具有违法的性质。进一步而言,避税从广义上来说大体可包括两种情况:一种是合法的避税,相当于税务筹划,它是指纳税人在经济活动中做出合乎政府政策意图的、合法的安排,以达到少缴税款的目的,由于其行为是合法的,因而受到法律的保护。另一种是非违法的避税,所谓法律不禁止即允许,属于既非合法又非违法,处于中间地带,这种避税在经济活动中虽然违背了政府的政策意图但并不违反法律的明文规定,其目的是实现利润最大化、税负最小化。这种非违法的避税并非合理的避税,它违背了所在国政府的政策意图(避税地除外),虽然非违法的避税与违法的逃税都可能造成国家税收的流失,带来经济危害,但是前者是巧妙地安排自身的经济活动的行为,而后者是直接触犯法律的行为。

在国际税法上,国际避税与国内避税在性质上是一样的,只是国际避税涉及的征税主体、纳税主体、纳税对象等含有国际因素,即关系到两个或两个以上的国家和地区。但是,在国际税法上,与国内的逃税和避税相比,国际逃税和国际避税之间的区分往往没有明确的界限,甚至在一定条件下两者可以相互转换。这是因为各国税法的规定存在差异,即在一个国家合法的行为,在另一个国家或许就是非法的行为。即使是在同一个国家,一个跨国纳税人所采取的避税行为,当初并不违反税法,而在另一时期(例如税法经过了修改)就可能成为违法行为了。

跨国纳税人也常常会将逃税和避税行为交织在一起进行,即在从事避税活动的同时,也偷偷地做一些逃税的手脚。所以在国际税收实践中,要将逃税和避税从合法与非法上来区分,并非易事。但是将两者在一定条件下进行区分还是有必要的,毕竟两者的主观意识不同。国际逃税是跨国企业故意地采取隐瞒、伪造等各种非法的欺诈手段逃避纳税的行为,主观上具有故意性质。这正如刑法上的定罪量刑,把主观因素作为犯罪构成的要素之一,是故意还是过失,可决定罪的轻重。

国际避税不同于国际逃税,合法性是避税和逃税的本质区别。国际避税是指跨国纳税人通过合法手段或者利用两个或两个以上国家的税法及国际税收协定的差别、漏洞、特例和缺陷,规避或减轻其总纳税义务,即国际避税是在钻税法的空子,并不直接违反税法,因而从形式上还是一种合法行为。国际逃税是指跨国纳税人在纳税义务已经发生的情况下通过种种手段不缴纳税款,这直接违反了税法,是一种非法行为,而且国际逃税往往要借助犯罪手段,比如做假账、伪造凭证等,所以国际逃税通常会受到法律制裁(拘役或监禁)。

二、国际税收协定的法律效力

国际税收协定是指两个或两个以上的主权国家,为了协调相互之间的税收分配关系,本着对等原则,通过政府间谈判所签订的有关税收事务方面的具有法律效力的书面协议或条约。它是国际税收重要的基本内容,是解决国与国之间税收权益分配矛盾和冲突的有效工具。

国际税收协定按参加国的多少,可以分为双边税收协定和多边税收协定。双边税收协定是指只有两个国家参加缔约的国际税收协定,是目前国际税收协定的基本形式。多边税收协定是指有两个以上国家参加缔约的国际税收协定,现在国际上还不多,但代表了国际税收协定的发展方向。国际税收协定按其协调的范围大小,可以分为一般税收协定和特定税收协定。一般税收协定是指各国签订的关于国家间各种国际税收问题协调的税收协定。特定税收协定是指各国签订的关于国家间某一特殊国际税收问题协调的税收协定。

目前,国际上最重要、影响力最大的两个国际税收协定范本——经济合作与发展组织的《关于对所得和财产避免双重课税的协定范本》,即《OECD协定范本》;联合国的《关于发达国家与发展中国家间避免双重课税的协定范本》即《UN协定范本》——是两个国际组织为了协调和指导各国签订双边税收协定或多边税收协定而制定并颁布的示范性文本。各国在签订国际税收协定的活动中,不仅参照两个国际税收协定范本的结构和内容来缔结各自的税收协定,而且在协定大多数的税收规范上都遵循两个国际税收协定范本所提出的一些基本原则和要求。国际税收协定范本的主要作用在于,为各国签订相互间税收协定树立一个规范性样本,保证各国签订双边或多边税收协定程序的规范化和内容的标准化,并为解决各国在税收协定谈判签订中遇到的一些技术性困难提供有效的帮助,为各国在处理税收协定谈判签订中出现的矛盾与问题提供协调性意见和办法。国际税收协定范本有两个特征：一是规范化，这种规范化主要表现在如格式的规范、内容的规范等方面；二是内容弹性化，国际税收协定范本适用的范围是所有国家，其内容应当具有弹性，应规定和列举具有一般性和原则性的条款，具体内容则由各谈判国家自己明确规定。

从总体上看，两个国际税收协定范本在结构上大体相似，都有开头语（协定名称和协定序言）、协定条款、结束语。在协定条款中，两个国际税收协定范本都分为七章，各章题目均一样，只是在具体条款多少上有所差异，《OECD协定范本》共有30条，《UN协定范本》共有29条。尽管两个国际税收协定范本在结构和内容上大体一致，但由于所站角度不同，反映国家的利益不同，在一些问题的看法与处理上有所差异和分歧。《OECD协定范本》尽力维护发达国家利益，偏重居民税收管辖权；而《UN协定范本》则尽力主张发展中国家利益，强调收入来源国优先征税的原则。

从目前大多数国家的规定来看，当国际税收协定与国内税法不一致时，国际税收协定处于优先执行的地位。中国是主张国际税收协定应优先于国内税法的国家。例如，按照中国个人所得税法的规定，外国人在中国境内连续或者累计居住超过90日，其来源于中国的所得就应向中国纳税；而中日双边税收协定有关条款规定，只有当日本国居民在一个日历年内在中国境内连续或者累计居住超过183日，中国才可以征税。按照中国的外商投资企业和外国企业所得税法的规定，对外国企业在中国境内没有设立机构而有来源于中国境内的股息、利息等投资所得征收20%的预提所得税；而中日双边税收协定有关条款规定，对这类所得征收的预提税税率不能超过10%。

根据国家税务总局的资料，截至2018年11月，中国已和25个国际组织和区域税收组织建立了合作关系，与110个国家和地区签署了双边税收协定或安排；推出了服务"一带一路"建设10项税收措施，拓展了国别税收咨询等8个方面的服务举措，发布了81份"一带一路"沿线国家投资税收指南等。

三、国际反避税合作

国际反避税是指一些国家在国际税务关系中对某些避税活动所采取的强硬措施。目前，各国防止国际逃税和避税的国际合作主要有以下三方面的内容：

（1）建立国际税收情报交换制度。利用国际税收情报交换制度，各国税务机关能够了解并掌握纳税人在对方国家境内的营业活动和财产收入情况，这对于防止跨国纳税人的各种国际逃税和避税行为具有十分重要的意义。

（2）在国际税收协定中增设反套用协定条款。鉴于第三国居民一般采用设置导管公司的方法套用税收协定，各国可在国际税收协定中增设反套用协定条款，具体为确定判断不适用协定待遇的导管公司的标准和方法。就目前各国国际税收协定的实践来看，所采用的标准和方法大体分为以下几种：透视法、排除法、渠道法、征税法。

（3）在税款征收方面相互协助。税款征收方面的相互协助主要包括一国税务机关接受另一国税务机关的委托，代为执行某些征税行为，如代为送达纳税通知书、代为采取税收保全措施和追缴税款等。跨国纳税人经常将所得和财产转移到境外或累积在避税港不汇回国内，甚至本身移居国外，以逃避履行纳税义务，在这种情况下，由有关国家提供这方面的税务行政协助，就能有效地制止这类国际逃税和避税行为。

目前，世界上大多数国家为了防止利用避税港从事国际逃避税活动，都积极加入反避税行列，通过交换税收情报和制定反避税法律，尽可能多地采取反避税的联合行动。例如，签订双边或多边税收协定，交换各自涉及税种的国内法律情报。跨国企业合理避税，要在法律不禁止的范围内进行，有效应对法律风险。

四、国家税制的反避税

虽然国际避税具有形式上的合法性，但国际避税利用了现有国际税法的漏洞、特例和缺陷，这对国际经济交往和有关国家的财权利益以及纳税人的心理都会产生影响。如何有效防止国际避税行为的发生，无疑成为国际税收管理活动中的一个重要问题。因此，有关国家针对跨国纳税人进行国际避税所采用的各种方法，采取了相应的反避税措施加以限制。国际上反避税措施主要有：

1. 避税地对策税制

离岸公司的国际避税行为给在岸国和国际社会带来了众多不利影响：一是导致在岸国财政税收收入减少。离岸公司的避税行为不仅损害了在岸国的税基，而且扭曲了公平的竞争环境，扰乱了市场秩序，从而进一步削弱了在岸国税源。二是引发国际恶性税收竞争。当一个离岸地以其更多的税收优惠制度吸引了更多外资时，其他离岸地也会使用同样的或更加优惠的税制以避免本地外资进入的减少。离岸地之间的税收优惠竞争使得税率不断降低，而在岸国的加入则使竞争进一步加剧。在岸国为了保障本国的财政税收权益，以及避免本国资金的大量外流，也会参与到这种争相增加税收优惠的竞争中来，从而导致国际恶性税收竞争。三是给世界经济的稳定与安全带来极大危害。离岸公司的避税行为不仅会扰乱正常的经济秩序，还会直接导致对其他企业的不公平，促使其他纳税人寻求各种避税途径逃避纳税义务，也就加剧了对世界经济稳定与安全的威胁。

针对离岸公司国际避税行为带来的诸多危害，各主权国家积极应对，纷纷优化本国税制。因为发展中国家更注重引进外资，并且也没有足够的能力来规制离岸公司国际避税，基本上默许离岸公司国际避税行为，因此有关离岸公司国际避税的规制大多来源于发达国家和国际组织。为阻止跨国企业在避税地设立公司进行避税，各发达国家相继颁布了针对离岸公司的法律，甚至在税法中列出了判定国际避税地的标准或国际避税地的名单，要求税务部门密切关注本国企业与这些地区之间的一切商业活动。例如，美国为了反运用避税港避税，其税法明确规定：凡是受控外国公司（包括在避税地设立的由本国居民直接或间接控制的外国公司）的利润，不论是否以股息分配形式汇回母公司，都应计入美国母公司的应税所得征税。

2. 反转移定价税制

针对跨国企业通过转移定价避税的行为，有关国家先依据其是否已影响东道国的财政收入、损害当地的社会公共利益或第三人的利益来确定是否违法,然后再采取相应的反避税措施。反转移定价税制的关键是对转移定价的确认,美国总结出三类调整转移定价的方法:

(1) 比较价格法,即从审查具体交易项目的价格入手,把不合理的价格调整到合理的市场正常价格,从而调整应税所得。

(2) 比较利润法,即从利润比较入手,从而推断转移定价是否合理,把不正常的应税所得调整为正常的应税所得。

(3) 预约定价法,即纳税人事先将其与境外关联企业之间的内部交易和财务往来所涉及的转移定价方法向税务机关申报,经税务机关审定认可后,作为计征所得税的会计依据,并免除事后对内部转移定价调整的一项制度。

3. 反滥用税收协定税制

对于滥用税收协定,美国所采取的措施包括:一是在国内立法中制定目的在于反滥用税收协定的特殊条款;二是在税收协定中列入反滥用税收协定的特殊条款。美国对外缔结的50多个税收协定中,约一半包含了反滥用税收协定的条款。

4. 反资本弱化税制

资本弱化是指由跨国企业资助的公司在筹资时采用贷款而非募股方式,以此来增加费用而减少应税所得。反资本弱化税制即将企业从股东特别是国外股东处以贷款形式借入的资本金中超过权益资本一定限额的部分从税收角度视同权益资本,并规定这部分资本的借款利息不得列入费用税前扣除。

以上几种反避税措施主要是从国家税制层面进行操作,以达到反避税的目的。从实践情况来看,为了有效防止利用国际避税地和税法漏洞及缺陷进行国际避税,许多国家和地区付出了很多努力,除了税收立法,还包括加强税务行政管理等单边措施,比如搜集有关信息资料,加强税务调查与税务审计等。

五、国际避税风险的案例分析

(一) 沃尔玛:利用避税天堂[①]

沃尔玛是世界上最大的零售商,但几乎没有人知道它在一些世界上著名的避税天堂设立了众多下属公司与分支机构,且这些公司几乎没有实际业务与员工。通常来说,这样的公司被称为空壳公司,而公司这样做的目的就是避税。

2015年6月17日,美国税公平组织(Americans for Tax Fairness)发布的一份调查报告显示,这家总部设在美国的跨国企业在境外避税天堂设立的一系列空壳公司拥有超过760亿美元的资产,其避税额在过去6年里累计达35亿美元。沃尔超过90%的境外资产

---

① 资料来源:沃尔玛不光擅长开超市还擅长避税 6年避税35亿美元[EB/OL].(2015-06-18)[2020-09-13]. https://www.jiemian.com/article/307735.html?_t=1。

由其在卢森堡与荷兰的子公司掌握,而卢森堡与荷兰正是两个最受欢迎的避税天堂。沃尔玛在开曼群岛、瑞士、库拉索岛等其他低税率国家或地区设立的子公司并未公开财务信息。这些子公司没有运营沃尔玛门店,但它们至少直接掌控沃尔玛位于英国、巴西、日本、中国等国家的 27 个国外业务中的 25 个,帮助沃尔玛降低其境外零售部门在所在国需要上缴的税额,同时在资金转移到美国之前避免公司上缴当时高达 35% 的美国公司所得税。从 2011 年开始,沃尔玛将超过 450 亿美元的境外资产转移到其位于卢森堡的 22 个空壳公司。从 2010 年到 2013 年,沃尔玛的卢森堡子公司利润达到 13 亿美元,但沃尔玛只在该国上缴不到 1% 的公司所得税。

虽然沃尔玛在避税天堂有众多子公司,但它们大多不为人所知,即使是最有经验的公司避税专家也难以察觉。这是因为沃尔玛从未在向美国证券交易委员会提交的年度档案中列出这些子公司,而且沃尔玛给这些子公司冠以非常模棱两可的名字,比如 Azure Holdings 和 MCLM Ⅲ。

美国证券交易委员会规定,若是一家公司的子公司拥有全公司超过 10% 的资产或收入,则公司就需要将这些子公司上报。据彭博社报道,沃尔玛在 2005 年就因避税问题遇到过麻烦。当时,沃尔玛借一家房地产投资信托机构之名向自己支付房租,此举帮助沃尔玛减免了大量税额。这一事件经过报道后,至少 6 个州修改了税法以填补这一法律漏洞。从那之后,沃尔玛就开始在境外避税天堂增设大量空壳公司。

沃尔玛利用境外空壳公司避税的问题受到关注,因为这样的行为在零售业并不常见。ValueWalk 网站的市场研究数据和报告称,玩"避税天堂游戏"的大公司通常是科技公司、制药公司及华尔街的银行。它们拥有各种灵活的手段将公司利润转移到境外,最主要的手段就是把知识产权转移给设立在避税天堂的子公司。对于零售业公司来说,转移公司利润是比较困难的,因为其运营活动与收入通常与其在特定国家的零售业务紧密相连。而关于沃尔玛的这份调查报告告诉人们,零售业公司也正在开始采用这种手段避税。

针对这份调查报告,沃尔玛发表声明回应称:"沃尔玛在 2010 年上缴了 62 亿美元的美国联邦政府公司所得税,其中 2% 由美国财政部直接收缴。沃尔玛完全依照美国证券交易委员会及美国国家税务局的相关规定行事,也一直遵守我们开展海外业务的相关国家税法。我们的商业往来与公司结构一直向美国国家税务局实时公开,我们的业务是透明的。"

(二)谷歌:双层爱尔兰荷兰三明治①

"双层爱尔兰荷兰三明治"是目前最受跨国企业追捧的避税模式。下面以谷歌企业为例对其进行说明。

第一步:谷歌位于美国的母公司将开发的知识产权以及在欧洲、非洲和中东地区的

---

① 资料来源:那些拼命避税的公司们,到底在离岸天堂放了哪些大招? [EB/OL].(2016-04-06)[2020-09-13].https://www.yicai.com/news/5000624.html.

特许权(IP)卖给总部位于百慕大的爱尔兰 A 公司(谷歌的海外子公司)。A 公司将管理中心设置在百慕大的原因是,爱尔兰的法律允许一家管理权和控制权都不在本国的公司,可以不在爱尔兰纳税,因此百慕大这样的避税天堂成为首选。

第二步:A 公司继而将 IP 转让给位于爱尔兰都柏林的 B 公司。需要注意的是,B 公司为 A 公司的全资子公司。

第三步:B 公司将获得的所有海外销售收入(扣除买入 IP 的费用后)全部转入位于荷兰的空壳公司。中间加入荷兰三明治的原因是:基于爱尔兰和一些欧盟国家的协议,不向本国公司从荷兰、卢森堡和瑞士等国取得的收入征税。而谷歌这样的美国公司,为了避开爱尔兰的预扣税,必须绕道税法宽松的荷兰,最终再转入百慕大。

第四步:荷兰的空壳公司再将所有的收入转入管理中心位于百慕大的爱尔兰 A 公司,实现避税。

这就是"双层爱尔兰荷兰三明治"模式。为什么谷歌选择"铤而走险"呢?是因为当时美国的税率太高,美国联邦政府征收的公司所得税税率最高可达 35%,加上州税,公司所得税税率甚至达到 39%左右,是工业化国家中最高的之一。而在爱尔兰,税率仅为 12.5%。通过这一系列的"小动作",目前谷歌的综合税率大约在 18.6%左右。苹果公司也是该方式的忠实追随者。数据显示,苹果公司沿用这种模式避税后,目前的综合税率也仅为 26.4%。

(三) 辉瑞:税收倒置[①]

税收倒置是指企业通过改变注册地的方式,由高税率国家迁往低税率国家,将原本应适用比较高的税率变为适用比较低的税率,以达到避税的目的。其原理是,把企业总部迁往低税负国家,降低高税负国家持股人比例。

辉瑞创建于 1849 年,是全球最大的以研发为基础的生物制药公司,艾尔建是一家总部位于爱尔兰都柏林的跨国制药企业,以制造肉毒杆菌及其他抗皱药物闻名。2015 年 11 月 23 日,辉瑞宣布董事会批准了与艾尔建的合并意向,交易金额达 1 600 亿美元。辉瑞避税安排如图 14-1 所示。

图 14-1 辉瑞避税安排

2016 年 4 月 4 日,美国财政部推出新政策,打击税收倒置。2016 年 4 月 7 日,辉瑞宣

---

① 资料来源:大佬们如何避税——辉瑞税收倒置[EB/OL].(2016-07-16)[2020-09-13].blog.sina.com.cn/s/blog_aqb18d030102wcfp.html.

布终止与艾尔建的并购案,辉瑞将为此支付1.5亿美元的"分手费"。此前的2014年辉瑞曾试图以1 200亿美元的价格收购阿斯利康,从而将总部迁至英国,但该交易最终被美国财政部叫停。

本章小结

1. 跨国企业进行国际税收管理的宗旨是将税收制度环境扩展到世界范围,在此基础上探究如何对纳税进行统一的筹划,从而实现全球总税负最低。

2. 跨国企业进行国际税收管理的客观基础是国际税收的差别,即各国由于政治体制不同、经济发展不平衡,税制之间存在较大差异。这种差异为跨国纳税人进行税收管理提供了可能的空间和机会。

3. 国际避税方式呈现多样化,特别是国家间法定税率的差异刺激跨国企业通过债务契约、转移定价等方法进行利润转移,从而达到国际避税的目的。

4. 国际上避免与缓解跨国重复征税的途径有以下两种:一是单边避免和消除,即通过一国的政府单方面予以解决;二是双边或多边避免,即通过国际双边或多边协定予以解决。

5. 国际避税地是指跨国纳税人可以在那里从事经营活动并取得收入或拥有财产而不必纳税或较少纳税的国家、港口、岛屿、沿海地区等。

6. 离岸公司泛指在离岸法域内依据离岸公司法规注册成立,只能在公司注册地以外法域从事经营活动的公司。离岸公司为跨国投资者利用国家间不同的税制关系和国际税收体系中的法律漏洞进行国际避税提供了一片沃土。

7. 利用关联企业之间的转移定价进行避税已成为一种常见的避税方法,被各大跨国企业纳入其税收管理中,也是跨国企业实现其全球战略目标、谋求企业整体价值最大化的重要手段。

8. OECD推出的《跨国企业与税务机关转让定价指南》中主要介绍了五种转移定价方法,在这几种转移定价方法中,可比非受控价格法、转售价格法和成本加成法是应用较为广泛的传统的转移定价方法。

9. 跨国企业并非一个法律实体,各子公司都是基于东道国的法律而获得其法律地位。跨国企业在进行最小化税负的过程中,也需要考虑到全球交易架构的国别法律冲突,应对国际避税的法律风险。

10. 国际税收协定是国际税收重要的基本内容,是解决国与国之间税收权益分配矛盾和冲突的有效工具。国际税收协定按参加国的多少,可以分为双边税收协定和多边税收协定。

11. 目前,世界上大多数国家为了防止利用避税港从事国际逃避税活动,都积极加入反避税行列,通过交换税收情报和制定反避税法律,尽可能多地采取反避税的联合行动。

12. 有关国家针对跨国纳税人进行国际避税所采用的各种方法,采取了相应的反制措施加以限制,包括避税地对策税制、反转移定价税制、反滥用税收协定税制、反资本弱化税制等。

本章习题

1. 国际税收管理对跨国企业财务管理的意义是什么?税收管辖权指什么?确定的原则有哪些?

2. 如何避免跨国重复征税?这些方法各有什么特点?国际避税和国际逃税的区别是什么?法律上如何界定区分?

3. 跨国企业国际避税的方式有哪些?跨国企业如何通过内部转移定价避税?内部转移定价有哪些方法?

4. 离岸公司是如何实现国际避税的?对此有什么法律限制?

5. 假设 A 国的 M 公司某年获取总所得 35.9 万美元,其中包括在 A 国国内所得 28 万美元和设在 B 国的分公司所得 7.9 万美元,分公司已按 B 国规定的 30% 的税率缴纳了所得税。A 国规定的企业所得税税率为:年所得 30 万美元以下为 30%,年所得 30 万—35 万美元为 40%,年所得 35 万美元以上为 50%。

请分析:

(1) 如果 A 国不实行免税法,则对 M 公司进行征税的话,征税情况如何?

(2) 如果 A 国实行全额免税法,则征税情况又会如何变化?

(3) 如果 A 国实行累进免税法,则征税情况又会如何变化?

6. 假设某跨国企业子公司 A 生产电路板 10 万块,单位成本 10 美元/块。子公司 A 将这些电路板以 15 美元/块的价格销售给子公司 B,后者再以 22 美元/块的价格销售给非关联公司。子公司 A 所在国的税率为 30%,子公司 B 所在国的税率为 50%。

请分析:

(1) 若采用低成本加成策略,即子公司 A 将电路板以 15 美元/块的价格销售给子公司 B,完成下表,并分析跨国企业母公司的税后利润。

单位:万美元

低成本加成策略	子公司 A	子公司 B	母公司
收入			
商品成本			
毛利			
其他费用			
税前利润			
税负			
税后利润			

（2）若采用高成本加成策略,即子公司 A 将电路板以 18 美元/块的价格销售给子公司 B,完成下表,并分析跨国企业母公司的税后利润。

单位:万美元

高成本加成策略	子公司 A	子公司 B	母公司
收入			
商品成本			
毛利			
其他费用			
税前利润			
税负			
税后利润			

（3）分析在什么情况下内部转移定价应采用低成本加成策略,在什么情况下内部转移定价应采用高成本加成策略。

7. 甲国的母公司 C 在某一纳税年度获得所得 1 000 万美元,甲国所得税税率为 30%,乙国的子公司 D 在同一纳税年度在乙国获得所得 500 万美元,乙国所得税税率为 40%,乙国对子公司 D 的所得减征 50% 的所得税,子公司 D 分给母公司 C 的股息为 100 万美元。

要求:计算在税收抵免的情况下,母公司 C 应向甲国政府缴纳的所得税税额。

参考文献

1. 科普兰,韦斯顿,夏斯特里.金融理论与公司政策(第四版)[M].刘婷,等,译.北京:中国人民大学出版社,2012.
2. 潘明星.国际税收学[M].天津:南开大学出版社,2004.
3. 梁蓓,罗勇翔.国际税收[M].北京:对外经济贸易大学出版社,2003.
4. 张碧琼.国际金融管理学[M].北京:中国金融出版社,2007.
5. 唐维霞.跨国公司的转移定价[J].南开学报(哲学社会科学版),1986(1):24—28.
6. 蔡瑞丽.跨国公司的利润转移与避税——来自亚太地区企业的经验研究[D].浙江工商大学,2018.

第十五章

跨国企业财务报告分析

本章首先介绍跨国企业财务报告体系,包括报告提供方式、合并财务报表与分部报告;然后讨论如何从跨国企业财务报告各报表内容和关联性分析中揭示企业财务真相的方法;最后讨论跨国企业财务报告分析的方法,包括财务指标法、综合分析法和绩效评价法。

第一节 跨国企业财务报告体系与分析框架

跨国企业财务报告体系是从不同侧面提供跨国企业财务状况、经营成果和现金流量情况等信息的较为完整的系统。跨国企业财务报告体系的完整性直接影响财务报告信息质量的高低。通常,跨国企业在合并和分报告的基础上,按一定方式提供跨国企业财务报告。

一、跨国企业财务报告提供方式与要求

跨国企业国际财务报告提供的方式主要有:向国外使用者提供与国内使用者相同的财务报告;向国外使用者提供按照该国会计准则或国际会计准则重新编制的财务报告;向国外使用者提供翻译为某种语言和折算为某种货币的财务报告;在企业财务报表附注部分进行披露,提供适合国外使用者需要的补充信息;同时提供两套财务报告,即在正常的财务报告基础上,再提供一套满足特定需求者需要的财务报告。

跨国企业提供的财务报告应满足以下要求:第一,提供有利于现在与潜在的投资人、债权人和其他使用者做出合理的投资、信贷及类似决策的有用信息;第二,提供有助于现在与潜在的投资人、债权人和其他使用者基于企业预期现金净流量的金额、时间安排及不确定性,估计自己的现金流入的信息;第三,提供企业有关经济资源、对资源的主权,以及交易、事项和情况变动对经济资源和资源主权影响的信息。

跨国企业现行财务报告体系也是以资产负债表、利润表和现金流量表为核心的报告

模式,该模式是以财务报告为内容、资产报告为中心、财务报表为主要表现形式对企业的资产使用、已得收益、资金营运等财务信息进行确认、表述和披露。未来跨国企业财务报告应该着眼于用户,为他们提供在全球市场中与企业发展、竞争能力、经营风险及国家风险等一系列相关的财务信息。

二、跨国企业合并财务报表

跨国企业合并财务报表是将企业集团中各个成员所提供的反映各自财务状况和经营成果的多套财务报表,通过一定的合并程序和技术,用一套财务报表反映作为一个经济实体的企业集团整体的财务状况、经营成果及现金流量。

合并财务报表最早出现在美国,第一份典型的合并财务报表由美国钢铁公司于1901年编制,以后逐渐在实务中发展成为一种模式。合并财务报表的编制是把企业集团假设为单一的会计主体。在确定这种主体的界限时,应该考虑一些问题,例如该主体的信息向谁提供,提供这些信息有什么样的目的,哪些被投资单位应该纳入合并范围,采用的合并方法是否恰当,等等。这些问题的解决在很大程度上取决于编制合并财务报表所采用的理论。

(一) 合并财务报表理论

不同的合并财务报表理论确定的合并范围和选择的合并方法各不相同。目前,国际上通行的合并财务报表理论主要有以下几种:

1. 母公司理论

母公司理论认为,合并财务报表是母公司报表的扩展,其基本编制目的是从母公司的角度出发,为母公司股东的利益服务。

根据这一理论,合并净收益应属于母公司股东的利益,少数股东收益视作一项费用予以抵扣;至于少数股权则按照少数股东持有子公司权益的份额计算并作为负债列示;母公司占子公司净资产的份额用公允价值计算,而少数股权占子公司净资产的份额则沿用子公司的账面价值;商誉仅列示属于母公司的部分,属于少数股权的部分则不予列示;企业集团内部交易产生的未实现利润仅按母公司持有股权的百分比抵销,属于少数股权的部分则认为已经实现,不予抵销。上述理论的缺点是,合并财务报表中对子公司的资产和负债属于母公司的部分按并购时的公允价值处理,而属于少数股东的部分却仍按账面价值处理。

2. 实体理论

实体理论认为,母、子公司从经济实质上说是单一个体,合并财务报表应从整个企业集团的角度出发并为全体股东(包括控股股东和少数股东)的利益服务,因此合并净收益应属于企业集团全部股东的收益,要在多数股权和少数股权之间加以分配;同理,少数股权是整个企业集团股东权益的一部分,应与多数股权同样列示;子公司所有净资产均按公允价值计量;商誉按子公司全部公允价值计算列示;另外,所有内部交易产生的未实现利润都应 100% 在合并时抵销。

实体理论对多数股东和少数股东平等对待的做法,能较好地满足企业集团内部管理人员对会计报表的需要,以及对整个企业集团生产经营活动管理的需要。但是,现行会计实务仍以历史成本入账,而实体理论则主张对子公司的净资产全部采用公允价值计量,这很难被实务操作人员接受。

3. 当代理论

当代理论的实质是母公司理论和实体理论两者的综合。对合并资产负债表中的资产和负债采用母公司理论,即子公司的资产和负债属于母公司持有股权的部分按公允价值计量,属于少数股权的资产和负债仍以原账面价值计量。对于内部交易产生的未实现利润的处理则采用实体观,全部予以抵销。在合并资产负债表中,有的企业将少数股权列示于负债项下,有的列示于负债与股东权益之间,还有的则列示于股东权益项下。由于母公司对少数股权并无偿还股款的义务,将少数股权列示于负债项下并不合理;而列示于负债与股东权益之间,又会归类不清,也不恰当;由于母公司所能控制子公司的资源广及子公司的全部资产和负债,因此将少数股权列示于股东权益项下,与母公司股东权益分开列示,较为合理。至于少数股东净利润在利润表中的列示,则作为利润总额的减项,其差额即为净利润。

无论是母公司理论、实体理论还是当代理论,其中心思想都是全部合并,即在调整、抵销内部会计交易的基础上,将母、子公司财务报表的各个项目逐项加总合并。合并财务报表的合并范围应当以控制为基础予以确定。通常,母公司直接或通过子公司间接拥有被投资单位 50% 以上的表决权,表明母公司能够控制被投资单位,应当将该被投资单位认定为子公司,纳入合并财务报表的合并范围。

(二)合并财务报表的特点

合并财务报表是在对纳入合并范围的企业的个别报表数据进行加总的基础上,结合其他相关资料,在合并工作底稿上通过编制抵销分录将企业集团内部交易的影响予以抵销之后形成的。合并财务报表的特点有:

(1)合并财务报表反映的是整个企业集团的财务状况、经营成果及现金流量。

(2)合并财务报表的编制主体是母公司。

(3)合并财务报表的编制基础是构成企业集团的母、子公司的个别财务报表。

(三)编制合并财务报表的程序

具体操作中,合并财务报表的编制会涉及以下步骤:第一步,将所有子公司的财务报表进行汇总;第二步,抵销对子公司的投资和子公司的权益并对商誉加以确认;第三步,抵销集团内部的交易;第四步,按统一的会计准则进行数据调整;第五步,扣除对商誉的摊销;第六步,编制出完整的合并财务报表。

1. 统一会计政策和会计期间

在编制合并财务报表前,母公司应当统一子公司所采用的会计政策,使子公司采用的会计政策与母公司保持一致。子公司采用的会计政策与母公司不一致的,应当按照母公司的会计政策对子公司财务报表进行必要的调整,或者要求子公司按照母公司的会计政策另行编制财务报表。同时,母公司应当统一子公司的会计期间,使子公司的会计期间与母公司保持一致。子公司的会计期间与母公司不一致的,应当按照母公司的会计期间对子公司财务报表进行调整,或者要求子公司按照母公司的会计期间另行编制财务报表。

2. 编制合并工作底稿

合并工作底稿即将拟合并的母公司和子公司的财务报表汇总在一张表上。合并工作底稿的作用是为合并财务报表的编制提供基础。在合并工作底稿中,对母公司和子公司个别财务报表各项目的金额进行汇总与抵销处理,最终计算得出合并财务报表各项目的合并金额。

3. 编制调整分录和抵销分录

在合并工作底稿中编制调整分录和抵销分录,将内部交易对合并财务报表有关项目的影响进行抵销处理。编制抵销分录、进行抵销处理是合并财务报表编制的关键和主要内容,其目的在于将个别财务报表各项目的加总金额中重复的因素予以抵销。

调整分录和抵销分录借记或贷记的均为财务报表项目(即资产负债表项目、利润表项目、现金流量表项目和所有者权益变动表项目),而不是具体的会计科目。比如,涉及调整或抵销固定资产折旧、固定资产减值准备等均通过资产负债表中的"固定资产"项目,而不是"累计折旧""固定资产减值准备"等科目来进行调整和抵销。

4. 计算合并财务报表各项目的合并金额

在母公司和子公司个别财务报表各项目加总金额的基础上,分别计算出合并财务报表中各资产项目、负债项目、所有者权益项目、收入项目和费用项目等的合并金额。计算方法如下:

(1)资产类各项目,其合并金额根据该项目加总金额,加上该项目抵销分录有关的借方发生额,减去该项目抵销分录有关的贷方发生额计算确定。

(2)负债类各项目和所有者权益类各项目,其合并金额根据该项目加总金额,加上该项目抵销分录有关的贷方发生额,减去该项目抵销分录有关的借方发生额计算确定。

(3)收入类各项目和有关所有者权益变动各项目,其合并金额根据该项目加总金额,加上该项目抵销分录的贷方发生额,减去该项目抵销分录的借方发生额计算确定。

(4)费用类各项目,其合并金额根据该项目加总金额,加上该项目抵销分录的借方发生额,减去该项目抵销分录的贷方发生额计算确定。

5. 填列合并财务报表

根据合并工作底稿中计算出的资产、负债、所有者权益、收入、费用类以及现金流量表中各项目的合并金额,填列生成正式的合并财务报表。

三、跨国企业分部报告

信息使用者对跨行业、跨国界企业集团财务信息的需求,导致了合并财务报表与分部报告的产生和规范。合并财务报表在从总体上反映一个企业集团财务状况和经营成果的总括情况时,虽然能够反映全貌,却不能揭示细节。这就需要通过分部报告的方式加以弥补。按行业分部和地域分部提供的企业集团或跨国企业的分部财务信息,可以使合并财务报表得到补充和完善,使跨国企业财务报告趋于合理。

(一)美国公司分部报告的规则及举例

美国是最早对分部报告的质量和数量做出要求的国家。早在 1939 年,美国就已经鼓励企业对国外经营分部做单独的披露。美国财务会计准则委员会颁布的第 14 号准则《ISA14——企业分部的财务报告》着重披露四个方面的信息:行业,主要客户,国外经营,出口销售收入。

在行业分部披露方面,该准则要求企业对世界范围内的产品和劳务进行分类,当行业的营业收入、经营损益或者可辨认资产分别占企业合并营业收入、经营损益或者可辨认资产的 10%以上时,就要进行行业分部披露。行业分部一般由产品性质确定,以便相近的产品能够被归为一类,并按行业披露营业收入、经营损益和可辨认资产,这类信息披露可作为对企业期中和年度主要财务报表的一个补充。

在主要客户披露方面,该准则要求企业披露主要客户的销售信息。如果企业营业收入总额的 10%以上是向一个客户销售取得的,那么这个销售额必须予以披露。主要客户的类别可以是任何单个客户,也可以是国内政府机构的汇总信息,或者是国外政府的汇总信息。

该准则还规定了关于国外经营和出口销售收入方面的披露。企业按国外经营披露有关信息,通常是通过地区分部披露来实现的。在地区分部披露中,要将企业经营按国内经营和国外经营分开披露;同时,将企业国外经营按国外地区分部分开披露。地区分部可以是一个国家,也可以是一些国家的集合体。一个地区分部必须满足以下两个条件才可以确认:①该地区分部来自非关联客户销售的营业收入占合并营业收入的 10%以上;②该地区分部可辨认资产占合并可辨认资产的 10%以上。

对于不同的跨国企业来说,国外地区分部的确定有很大不同。例如,有的跨国企业采用三个地区分部:美国、欧洲—中东—非洲、美洲—远东,以和企业的组织结构相一致;还有许多跨国企业则尽量避免国外地区分部的披露,而是简单地以"国外总数"汇总列示。表 15-1、表 15-2 是美国跨国企业按照 ISA14 进行行业分部披露的实例。

表 15-1　美国某公司财务报告行业分部

2005 年 12 月 31 日　　　　　　　　　　　　　　　　单位:百万美元

	汽车制造业	石油开采业	食品业	其他行业	调整和摊销	合并
对非联属客户销售	500	1 000	750	100		2 350
分部间销售	100		250		(350)	

单位:百万美元(续表)

	汽车制造业	石油开采业	食品业	其他行业	调整和摊销	合并
合计	600	1 000	1 000	100	(350)	2 350
经营利润	200	145	300	25	20	550
投资收益						(25)
公司一般费用						(25)
利息费用						(100)
税前持续经营利润						450
可辨认资产	1 000	2 050	3 000	500	(25)	6 500
长期投资						200
公司一般资产						800
总资产						7 500

表 15-2 美国某公司财务报告地区分部

2005 年 12 月 31 日 单位:百万美元

	美国	欧洲	亚洲	调整和摊销	合并
对非关联客户销售	1 500	500	350		2 350
分部间销售	500			(500)	
合计	2 000	500	350	(500)	2 350
经营利润	400	200	50	(100)	550
投资收益					(25)
公司一般费用					(25)
利息费用					(100)
税前持续经营利润					450
可辨认资产	3 650	1 700	1 225	(75)	6 500
长期投资					200
公司一般资产					800
总资产					7 500

1997年,美国财务会计准则委员会颁布了《关于企业分部及相关信息的披露》以取代上述《企业分部的财务报告》。新准则将分部披露分为主要分部披露和辅助分部披露。主要分部披露与上述介绍的行业分部披露和地区分部披露包含的信息内容大致相同,辅助分部披露包含的信息则少很多。在进行主要分部披露和辅助分部披露前,企业必须先确定主要分部披露和辅助分部披露的具体形式。

除美国的分部披露准则之外,英国、国际会计准则委员会也都有关于分部披露的准则,对分部披露的具体内容做了要求,这里不再详述。

(二)中国公司分报告举例

中国《企业会计准则第 35 号——分部报告》第十三条规定:"企业应当区分主要报告形式和次要报告形式披露分部信息。①风险和报酬主要受企业的产品和劳务差异影响的,披露分部信息的主要形式应当是业务分部,次要形式是地区分部。②风险和报酬主要受企业在不同的国家或地区经营活动影响的,披露分部信息的主要形式应当是地区分部,次要形式是业务分部。③风险和报酬同时较大地受企业产品和劳务的差异以及经营活动所在国家或地区差异影响的,披露分部信息的主要形式应当是业务分部,次要形式是地区分部。"

中远海运控股股份有限公司(简称"中远海控",原"中国远洋")是中国远洋海运集团航运及码头经营主业上市旗舰企业和资本平台。公司成立于 2005 年 3 月 3 日,2005 年 6 月 30 日在香港联交所主板成功上市(股票编号:01919.HK),2007 年 6 月 26 日在上海证券交易所成功上市(股票编号:601919)。公司注册资本 12 259 529 227 元,注册地为天津空港经济区。截至 2018 年 12 月 31 日,中国远洋运输有限公司及其所属公司合并持有公司股份共计 45.47%。

公司分部信息披露以业务分部、地区分部为呈报方式。公司的国际业务分部包括:集装箱航运及相关业务;集装箱码头及相关业务;其他业务,主要包括集装箱制造、银行业务,以及投资控股等。地区分部包括:美洲地区、欧洲地区、亚太地区、中国地区和其他国际市场。2018 年公司的分部报告如表 15-3 和表 15-4 所示。

表 15-3 2018 年中远海控主营业务分行业情况

分行业	营业收入(元)	营业成本(元)	毛利率(%)	营业收入比上年增减(%)	营业成本比上年增减(%)	毛利率比上年增减(%)
集装箱航运及相关业务	114 844 680 224.62	106 989 933 122.05	6.84	32.38	33.14	减少 0.53
集装箱码头及相关业务	7 711 932 278.61	5 335 407 157.51	30.82	76.97	85.32	减少 3.11
其他业务						
小计	122 556 612 503.23	112 325 340 279.56	8.35	34.52	34.94	减少 0.29
公司内各业务部间相互抵销	-1 727 083 715.26	-1 720 457 401.32				
合计	120 829 528 787.97	110 604 882 878.24	8.46	33.57	33.90	减少 0.23

表15-4 2018年中远海控主营业务分地区情况

分地区产品	营业收入(元)	营业成本(元)	毛利率(%)	营业收入比上年增减(%)	营业成本比上年增减(%)	毛利率比上年增减(%)
集装箱航运及相关业务	114 844 680 224.62			32.38		
其中:美洲地区	33 197 843 212.41			47.81		
欧洲地区	23 750 636 817.21			21.20		
亚太地区	25 875 226 910.07			55.54		
中国地区	17 736 450 280.41			-4.53		
其他国际市场	14 284 523 004.52			50.67		
集装箱码头及相关业务	7 711 932 278.61			76.97		
其中:美洲地区	992 966 376.10					
欧洲地区	3 615 332 345.09			130.72		
中国地区	3 103 633 557.42			11.21		
分部间抵销	-1 727 083 715.26					
收入合计	120 829 528 787.97			33.57		

公司集装箱航运及相关业务属于全球承运,公司的客户、起运地、目的地处于不同的国家和地区,因此难以分地区披露营业成本情况。船舶代理、货物代理等集装箱航运及相关业务收入、集装箱码头及相关业务收入按开展业务各公司所在地划分地区。集装箱航运所产生的运费收入是按集装箱航运及相关业务的航线分地区,地区与航线的对应关系如表15-5所示。

表15-5 中远海控地区与航线的对应关系

美洲地区	跨太平洋
欧洲地区	亚欧(包括地中海)
亚太地区	亚洲区内(包括澳洲)
中国地区	中国
其他国际市场	其他国际(包括大西洋)

四、跨国企业财务报告分析框架

哈佛分析框架是由哈佛大学K. G. 佩普(K. G. Palepu)、P. M 希利(P. M. Healy)和V. L. 伯纳德(V. L. Bernard)三位学者提出的财务分析框架,主要包括战略分析、会计分析、财务分析和前景分析四部分。该分析框架可以将定量分析和定性分析相结合,能够有效把握财务分析的方向。

1. 战略分析

企业战略从整体上决定企业未来发展方向并为实现企业目标服务,所以战略分析成为企业财务分析的出发点。战略分析的目的在于确定企业主要的利润动因和经营风险,并定性评估企业的盈利能力。战略分析在一定程度上反映了企业管理现状,可以作为评价企业管理水平的依据,进而为财务分析奠定基础。

2. 会计分析

财务报表分析结果的可靠性在很大程度上取决于企业披露的会计信息的真实性和可靠性。会计分析将重心放在分析企业运用会计及财务管理原则的恰当性和企业对会计处理的灵活程度方面。企业财务报表附注可以提供关于会计政策与会计估计运用恰当性的有效证据。另外,也可以通过对行业、竞争对手、外部宏观经济环境的剖析来判定企业财务数据的真实性,根据分析结果重新调整财务报表中的相关数据以消除异常数据。

3. 财务分析

财务分析的目标是运用财务数据评价企业当前和过去的业绩。在对企业进行会计分析并得出调整后的会计数据之后,就可以对财务报表进行财务分析。在进行财务分析时应重点关注财务指标或财务数据在某一时点的异常变化,分析产生变化的原因。分析财务数据异常变化时可以在会计分析的基础上进行,会计分析所提供的关于会计数据真实性的有效证据可以作为财务异常分析的基础。

4. 前景分析

前景分析侧重于在战略分析、会计分析和财务分析的基础上,对企业的未来做出科学的预测。不同于传统财务报表分析中的企业发展能力分析,企业未来的发展前景是企业战略定位、产业环境及企业财务能力综合的结果,而不应仅仅从财务指标增长率方面来评价。分析企业发展前景时应注重企业能否发挥自身的技术优势以及企业与竞争对手的竞争能力。具备较强竞争能力的企业即使短期业绩达不到预期,从长期来看依然具有较好的投资前景。

哈佛分析框架下的企业财务分析全面考虑了关乎企业发展的各个方面,从时间角度来说,包括企业的过去、现在和将来;从分析的广度来说,包括对企业战略、会计、财务、前景的分析;从分析的深度来说,不仅是对报表数字的分析,而是结合战略、环境深入分析财务数据的合理性。

第二节 跨国企业财务报告文本解读

跨国企业财务报告分析是通过搜集、整理跨国企业财务报告中的有关数据,并结合其他有关的补充信息,对该企业的财务状况进行综合比较与评价,为财务报告使用者提供管理决策和控制依据的过程。财务报告分析的内容以企业财务报告文本为主要线索展开。

一、资产负债表分析

资产负债表报告企业某特定日有关资产、负债和所有者权益的有关信息及其相互之间的关系。资产负债表的编制原理是"资产=负债+所有者权益"的会计恒等式。它既是一张平衡报表,资产总计(左方)与负债和所有者权益总计(右方)相等;又是一张静态报表,反映企业在某一时点的财务状况,如月末或年末。通过在资产负债表上设立"年初数"和"期末数"栏,也能反映出企业财务状况的变动情况。

(一) 资产负债报表的编制方法

企业主要通过对日常会计核算记录的数据加以归集、整理,使之成为有用的财务信息。企业资产负债表各项目的具体填列方法如下:

(1) 根据总账科目余额直接填列。资产负债表中的大多数项目,均可根据有关总账科目余额直接填列,例如"应收票据"项目,根据"应收票据"总账科目的期末余额直接填列;"短期借款"项目,根据"短期借款"总账科目的期末余额直接填列。"交易性金融资产""工程物资""递延所得税资产""短期借款""交易性金融负债""应付票据""应付职工薪酬""应交税费""递延所得税负债""预计负债""实收资本""资本公积""盈余公积"等,都在此项之内。

(2) 根据总账科目余额计算填列。例如,"货币资金"项目,根据"库存现金""银行存款""其他货币资金"科目的期末余额合计数计算填列。

(3) 根据明细科目余额计算填列。例如,"应收账款"项目,根据"应收账款""预收账款"科目所属有关明细科目的期末借方余额,扣除计提的减值准备后计算填列;"应付账款"项目,根据"应付账款""预付账款"科目所属相关明细科目的期末贷方余额计算填列。

(4) 根据总账科目和明细科目余额分析计算填列。例如,"长期借款"项目,根据"长期借款"总账科目期末余额,扣除"长期借款"科目所属明细科目中反映的、将于一年内到期的长期借款部分,分析计算填列。

(5) 根据有关科目余额减去其备抵项目后的净额填列。例如,"存货"项目,根据"存货"科目的期末余额,减去"存货跌价准备"备抵科目余额后的净额填列;又如,"无形资产"项目,根据"无形资产"科目的期末余额,减去"无形资产减值准备"与"累计摊销"备抵科目余额后的净额填列。

(二) 资产负债表的阅读方法

资产负债表最重要的功能是反映企业的财务状况,协助报表使用者评估企业的盈利能力和风险,让所有报表使用者于最短的时间了解企业的经营状况。

（1）浏览资产负债表的主要内容。通过浏览资产负债表的主要内容，对企业的资产、负债及所有者权益总额及其内部各项目的构成和增减变化有一个初步的认识。由于企业总资产在一定程度上反映了企业的经营规模，而其增减变化与企业负债和所有者权益的变化有极大的关系，因此当企业所有者权益的增长幅度大于资产总额的增长幅度时，说明企业的资金实力在相对提高；反之，则说明企业规模扩大的主要原因是来自负债的大规模上升，进而说明企业的资金实力在相对降低，偿还债务的安全性亦在下降。

（2）分析资产负债表的一些重要项目。尤其是期初与期末数据变化很大，或出现大额红字项目时应进行进一步分析。例如，企业应收账款占总资产的比重过高，说明企业资金被占用的情况较为严重；若其增长速度过快，则说明企业可能因产品的市场竞争能力较弱或受经济环境的影响而结算工作质量降低。又如，企业年初及年末的负债较多，说明企业每股的利息负担较重，但如果企业在这种情况下仍然有较高的盈利水平，则说明企业产品的获利能力较佳、经营能力较强，管理者的经营风险意识较强。如果企业的法定公积金大大超过企业的股本总额，那么这预示着企业将有良好的股利分配政策；但与此同时，如果企业没有充足的货币资金作为保证，则预计企业将采用送配股增资的分配方案而非发放现金股利的分配方案。

（3）对一些基本的财务指标进行计算。计算财务指标的数据主要来源于以下几个方面：直接从资产负债表中取得，如净资产比率；直接从利润表及利润分配表中取得，如销售利润率；同时来源于资产负债表、利润及利润分配表，如应收账款周转率；部分从企业的账簿记录中取得，如利息支付能力等。

（三）资产负债表分析

资产负债表分析是指基于资产负债表而进行的财务分析。资产负债表反映了企业在特定时点的财务状况，是跨国企业经营管理活动结果的集中体现。通过分析企业的资产负债表，能够揭示企业偿还短期债务的能力，企业经营稳健与否或经营风险的大小，以及企业经营管理水平的高低等。资产负债表分析的内容主要包括：资产负债表水平分析、资产负债表垂直分析和资产负债表项目分析。

1. 资产负债表水平分析

将分析期的资产负债表各项目数值与基期（上年或计划、预算）数值进行比较，计算出变动额、变动率以及该项目对资产总额、负债总额和所有者权益总额的影响程度。

2. 资产负债表垂直分析

通过计算资产负债表中各项目占资产总额或所有者权益总额的比重，分析评价企业资产结构和所有者权益结构变动的合理程度。

3. 资产负债表项目分析

重点对主要资产、负债和所有者权益项目的变动情况或各项目占比变化进行分析。主要资产项目分析主要关注货币资金、应收账款、存货、固定资产的变化；主要负债项目分析主要关注短期借款、应付账款、应付票据、应交税款、应付股利、其他应付款、长期借款的变化。

（四）资产负债表审计

资产负债表的常规审计主要是审查资产负债表填列的内容是否完整，表内数字计算是否正确、平衡，有关项目填列是否准确等。

对资产负债表的审计，可从下列两方面进行：一方面，对其外在形式和编制技术进行审计；另一方面，对其内含项目和反映的内容进行审计。

二、利润表分析

利润表是反映企业在一定会计期间的经营成果的财务报表。它是一段时间内企业经营业绩的财务记录，反映了这段时间内企业的销售收入、销售成本、经营费用及税收状况，报表结果为企业实现的利润或形成的亏损。由于其反映某一期间的情况，因此又被称为动态报表。国际上常用的利润表格式有单步式和多步式两种。单步式利润表是将当期收入总额相加，然后将所有费用总额相加，一次性计算出当期利润的方式，其特点是所提供的信息都是原始数据，便于理解；多步式利润表是将各种利润分多步计算求得净利润的方式，其便于报表使用者对企业经营情况和盈利能力进行多层次比较。

（一）利润表的编制原理

利润表的编制原理是"收入－费用＝利润"的会计平衡公式和收入与费用的配比原则。在生产经营中，企业不断地发生各种费用支出，同时取得各种收入，收入减去费用，剩余的部分就是企业的盈利。取得的收入和发生的相关费用的对比情况就是企业的经营成果。如果企业经营不当，发生的生产经营费用超过取得的收入，则企业就会发生亏损；反之，企业就能取得一定的利润。会计部门应定期（一般按月份）核算企业的经营成果，并将核算结果编制成报表，这就形成了利润表。

（二）利润表反映的主要信息

利润表分项列示了企业在一定会计期间因销售商品、提供劳务、对外投资等所取得的各种收入以及与各种收入相对应的费用，并将收入与费用加以对比结出当期的净利润。将收入与相关的费用进行对比结出净利润的过程，会计上称为配比。其目的是衡量企业在特定时期或特定业务中取得的成果，以及为取得这些成果所付出的代价，为考核经营效益和效果提供数据。比如，分项列示主营业务收入和主营业务成本、主营业务税金及附加并加以对比，得出主营业务利润，从而掌握一家企业主营业务活动的成果。通常，利润表主要反映以下几方面的信息：

（1）构成主营业务利润的各项要素。从主营业务收入出发，减去为取得主营业务收入而发生的相关费用、税金后得出主营业务利润。

（2）构成营业利润的各项要素。在主营业务利润的基础上，加上其他业务利润，减去销售费用、管理费用、财务费用后得出营业利润。

（3）构成利润总额（或亏损总额）的各项要素。在营业利润的基础上，加（减）投资收益(损失)、补贴收入、营业外收支后得出利润总额(或亏损总额)。

(4) 构成净利润(或净亏损)的各项要素。在利润总额(或亏损总额)的基础上,减去本期计入损益的所得税费用后得出净利润(或净亏损)。

在利润表中,通常收入按其重要性进行列示,主要包括主营业务收入、其他业务收入、投资收益、补贴收入、营业外收入;费用按其性质进行列示,主要包括主营业务成本、主营业务税金及附加、销售费用、管理费用、财务费用、其他业务支出、营业外支出、所得税费用等;利润按营业利润、利润总额和净利润等利润的构成分类分项列示。

(三) 利润表的作用

通过利润表,可以反映企业在一定会计期间的收入实现情况,即实现的主营业务收入有多少、实现的其他业务收入有多少、实现的投资收益有多少、实现的营业外收入有多少等;编制利润表的主要目的是将企业的经营成果信息提供给各种报表使用者,以供其作为决策的依据或参考。

1. 解释、评价和预测企业的经营成果和获利能力

经营成果通常是指营业收入、其他业务收入与成本、费用、税金等的差额。经营成果是一个绝对值指标,可以反映企业财富增长的规模。获利能力是一个相对值指标,它是指企业运用一定的经济资源(如人力、物力)获取经营成果的能力,这里,经济资源可以因报表使用者的不同需要而有所区别,可以是资产总额、净资产,也可以是资产的耗费(成本或费用),还可以是投入的人力(如职工人数),因而衡量获利能力的指标包括资产收益率、净资产(税后)收益率、成本收益率以及人均实现收益等。经营成果信息直接由利润表反映,而获利能力信息除利润表外,还要借助于其他会计报表和附注才能得到。

通过比较和分析同一企业在不同时期,或不同企业在同一时期的资产收益率、成本收益率等指标,能够揭示企业利用经济资源的效率;通过比较和分析收益信息,可以了解某企业收益增长的规模和趋势。根据利润表所提供的经营成果信息,股东、债权人和管理部门可解释、评价和预测企业的获利能力,据以对是否投资或追加投资、投向何处、投资多少等做出决策。

2. 解释、评价和预测企业的偿债能力

偿债能力是指企业以资产清偿债务的能力。利润表本身并不提供偿债能力信息,然而企业的偿债能力不仅取决于资产的流动性和资本结构,还取决于其获利能力。企业在个别年份获利能力不足,不一定影响其偿债能力,但若一家企业长期丧失获利能力,则资产的流动性必然由好转坏,资本结构也将逐渐由优变劣,从而使企业陷入资不抵债的困境。因而一家数年收益很少,获利能力不强甚至亏损的企业,其偿债能力通常不会很强。

企业的债权人通过分析和比较利润表的有关信息,可以间接地解释、评价和预测企业的偿债能力,尤其是长期偿债能力,并揭示偿债能力的变化趋势,进而做出各种信贷决策,如维持、扩大或收缩现有信贷规模。管理部门则可据以找出偿债能力不足的原因,努力提高企业的偿债能力,改善企业的公关形象。

3. 分析利润表中的各项构成要素

通过比较和分析利润表中的各项构成要素,企业可知悉各项收入、成本、费用与利润之间的消长趋势,发现各方面工作中存在的问题,揭露缺点,找出差距,改善经营管理,努力增收节支,杜绝损失的发生,有助于企业做出合理的经营决策。

4. 评价和考核管理人员的绩效

通过比较前后期利润表中各项收入、成本、费用及利润的增减变动情况,并考察其增减变动的原因,可以较为客观地评价企业各职能部门、各生产经营单位的绩效,以及这些部门和人员的绩效与整个企业经营成果的关系,以便评判各部门管理人员的功过得失,及时做出采购、生产销售、筹资和人事等方面的调整,使各项活动趋于合理。

5. 评价企业财务信息的质量

利润表上述重要作用的发挥,与利润表所列示信息的质量直接相关。利润表信息的质量则取决于企业在收入确认、费用确认以及其他利润表项目确认时所采用的方法。由于会计程序和方法的可选择性,企业可能选用对其有利的程序和方法,从而导致利润偏高或偏低。例如,在折旧费用、坏账损失和已售商品成本等方面都可按多种会计方法计量,产生多种选择,从而影响会计信息的可比性和可靠性。另外,利润表中的信息表述的是各类业务收入、成本、费用等的合计数以及非重复发生的非常项目,这也会削弱利润表的重要作用。

(四) 利润表的审计

利润表是反映会计主体在特定会计期间经营成果的会计报表。对利润表的审计,也可以从其外在形式和编制技术,以及内含项目和反映的内容两方面进行。

三、现金流量表分析

现金流量表是反映企业在一定会计期间(通常是每月或每季)的现金和现金等价物流入与流出的报表。企业一定会计期间产生的现金流量按交易或事项的性质,可分为经营活动产生的现金流量、投资活动产生的现金流量和筹资活动产生的现金流量三大类。现金流量表可用于分析一家企业在短期内有没有充足的现金去应付开销。

(一) 现金流量表的编制原则

1. 分类反映原则

为了给报表使用者提供有关现金流量的信息,并结合现金流量表和其他财务信息对企业做出正确的评价,现金流量表应当提供企业经营活动、投资活动和筹资活动对现金流量的影响,即现金流量表应当分别反映经营活动产生的现金流量、投资活动产生的现金流量和筹资活动产生的现金流量的总额及其相抵后的结果。

2. 总额反映与净额反映灵活运用原则

一定时期的现金流量通常可按现金流量总额或现金流量净额反映。现金流量总额是指现金流入和流出总额,而不是现金流入和流出相抵后的净额。由于现金流量以总额反映比以净额反映所提供的信息更为相关和有用,因此通常情况下,现金流量应以总额反映。但是,下述情况可对现金流量以净额反映:一是某些金额不大的项目。例如,企业处置固定资产发生的现金收入和相关的现金支出可以相抵后以净额列示。二是不反映企业自身的交易或事项的现金流量项目。例如,证券公司代收客户的用于交割买卖证券的款项,期货交易接受客户交割实物的款项等;又如,银行吸收开户单位活期存款的承兑和偿付。这些项目不属于企业自身业务的现金流量项目,可以以净额反映。

3. 合理划分经营活动、投资活动和筹资活动原则

经营活动、投资活动和筹资活动应当按照其概念进行划分,但有些交易或事项则不易划分,如利息收入和股利收入、利息支出和股利支出是作为经营活动还是作为投资或筹资活动则有不同的看法。在中国,依据人们的习惯理解,把利息收入和股利收入划分为投资活动,而把利息支出和股利支出划分为筹资活动。某些现金收支可能具有多类现金流量的特征,所属类别需要根据特定情况加以确定。例如,实际缴纳的所得税,由于很难区分缴纳的是经营活动产生的所得税,还是投资或筹资活动产生的所得税,因此通常将其作为经营活动现金流量。对于某些特殊项目,如自然灾害损失和保险索赔,若能分清保险索赔是属于固定资产损失还是属于流动资产损失,则通常将属于固定资产损失的保险索赔归为投资活动现金流量,属于流动资产损失的保险索赔归为经营活动现金流量;若不能分清保险索赔是属于固定资产损失还是属于流动资产损失,则通常将其归为经营活动现金流量。因此,企业应当合理划分经营活动、投资活动和筹资活动,对于某些现金收支项目或特殊项目,应当根据特定情况和性质进行划分,分别归并到经营活动、投资活动和筹资活动类别中,并一贯性地遵循这一划分标准。

4. 外币现金流量应当折算为本位币反映原则

在中国,企业外币现金流量以及境外子公司的现金流量,应以现金流量发生日的汇率或加权平均汇率进行折算。汇率变动对现金及现金等价物的影响作为调节项目,在现金流量表中单独列示。

5. 重要性原则

不涉及现金的投资和筹资活动是不应反映在现金流量表中的,因为这些投资和筹资活动不影响现金流量。但如果不涉及现金的投资和筹资活动数额很大,不反映将会导致一个理性的报表使用者产生误解并影响其决策时,就需要在现金流量表中以某种形式恰当地予以揭示,体现重要性原则。所以企业会计准则规定,对于不涉及现金的重大投资和筹资活动应在现金流量表补充资料(或附注)中反映。此外,重要性原则对现金流量表中各项目的编制也有很大影响。比如,"收到的租金"项目,如果企业此类业务不多,则可以不设此项目,而将其纳入"收到其他与经营活动有关的现金"项目之中。

(二) 现金流量表的编制程序

1. 工作底稿法

采用工作底稿法编制现金流量表,就是以工作底稿为手段,以利润表和资产负债表数据为基础,对每一项目进行分析并编制调整分录,从而编制出现金流量表。

在直接法下,整个工作底稿纵向分为三段,第一段是资产负债表项目,其中又分为借方项目和贷方项目两部分;第二段是利润表项目;第三段是现金流量表项目。工作底稿横向分为五栏,在资产负债表部分,第一栏是项目栏,用来填列资产负债表各项目的名称;第二栏是期初数,用来填列资产负债表项目的期初数;第三栏是调整分录的借方;第四栏是调整分录的贷方;第五栏是期末数,用来填列资产负债表各项目的期末数。在利润表和现金流量表部分,第一栏也是项目栏,用来填列利润表和现金流量表各项目的名称;第二栏空置不填;第三、第四栏分别是调整分录的借方和贷方;第五栏是本期数,利润表部分这一栏的数字应和利润表本期数栏的数字核对相符,现金流量表部分这一栏的数字可直接用来编制正式的现金流量表。

2. T形账户法

采用T形账户法编制现金流量表,就是以T形账户为手段,以利润表和资产负债表数据为基础,对每一项目进行分析并编制调整分录,从而编制出现金流量表。

(三) 现金流量表的审计

与前述两张财务报表的审计一样,现金流量表的审计也可以从其外在形式和编制技术,以及内含项目和反映内容两方面进行。

四、所有者权益变动表分析

所有者权益变动表是反映构成所有者权益各组成部分当期增减变动情况的报表。通过所有者权益变动表,既可以为报表使用者提供所有者权益总量增减变动的信息,又可以为其提供所有者权益增减变动的结构性信息,特别是能够让报表使用者理解所有者权益增减变动的根源。

(一) 所有者权益变动表的编制

所有者权益变动表各项目均需填列"本年金额"和"上年金额"两栏。所有者权益表变动表"上年金额"栏内各项数字,应根据上年度所有者权益变动表"本年金额"栏内所列数字填列。上年度所有者权益变动表规定的各个项目的名称和内容同本年度不一致的,应对上年度所有者权益变动表各项目的名称和数字按照本年度的规定进行调整,填入所有者权益变动表的"上年金额"栏内。

所有者权益变动表"本年金额"栏内各项数字,一般应根据"实收资本(或股本)""资本公积""盈余公积""利润分配""库存股""以前年度损益调整"科目的发生额分析填列。在所有者权益变动表中还应当单独列示反映:所有者权益总量的增减变动,所有者权益增减变动重要的结构信息,直接计入所有者权益的利得和损失。

（二）所有者权益变动表项目

所有者权益变动表的项目包括:①上年年末余额,包括会计政策变更、前期差错更正和其他;②本年年初余额;③本年增减变动金额,包括综合收益总额、所有者投入和减少资本、利润分配及所有者权益内部结转;④本年年末余额。

所有者权益变动表以矩阵的形式列示:一方面,列示导致所有者权益变动的交易或事项,即所有者权益变动的来源,对一定时期所有者权益的变动情况进行全面反映;另一方面,按照所有者权益各组成部分(即实收资本、资本公积、盈余公积、未分配利润和库存股)列示交易或事项对所有者权益各部分的影响。

五、理解主要会计报表之间的关系

可以说,资产负债表为财务报表主表,利润表、现金流量表都是资产负债表的附表。要是没有利润表,则可以通过对资产负债表中的净资产期末数与期初数进行比较,计算出当年的净利润;要是没有现金流量表,则可以通过对货币资金的期初余额与期末余额进行比较,计算出当年的现金及现金等价物净增加额;有了这两张附表,就有了明细反映。资产负债表、利润表及现金流量表分别与其附表、附注、补充资料等相互勾稽等。

（1）根据资产负债表中短期投资、长期投资,复核、匡算利润表中"投资收益"的合理性。如关注是否存在资产负债表中没有投资项目而利润表中却列有投资收益,以及投资收益大大超过投资项目的本金等异常情况。

（2）根据资产负债表中固定资产、累计折旧金额,复核、匡算利润表中"管理费用——折旧费"的合理性。结合生产设备的增减情况和开工率、能耗消耗,分析主营业务收入的变动是否存在产能和能源消耗支撑。

（3）利润及利润分配表中"未分配利润"项目与资产负债表中"未分配利润"项目数据勾稽关系是否恰当。注意:利润及利润分配表中"年初未分配利润"项目"本年累计数"栏的数额应等于"未分配利润"项目"上年数"栏的数额,应等于资产负债表中"未分配利润"项目的期初数。

（4）资产负债表中"货币资金"项目期末与期初差额,与现金流量表中"现金及现金等价物净增加"项目数据勾稽关系是否合理。一般企业的"现金及现金等价物"所包括的内容大多与"货币资金"口径一致;销售商品、提供劳务收到的现金≈(主营业务收入+其他业务收入)×(1+适用税率)+预收账款增加额−应收账款增加额−应收票据增加额;购买商品、接受劳务支付的现金≈(主营业务成本+其他业务成本+存货增加额)×(1+适用税率)+预付账款增加额−应付账款增加额−应付票据增加额。

六、会计报表附注分析

会计报表附注就是对会计报表的编制基础、编制原理和方法及主要项目等所做的解释和进一步说明,以便报表使用者能全面而正确地理解会计报表。

（一）会计报表附注的内容

会计报表附注的编制形式灵活多样，其究竟应包括哪些内容，目前尚无统一的说法。一般而言，会计报表附注应包括五方面的内容：

（1）企业的一般情况。包括企业概况、经营范围和企业结构等内容，必要时，还可对诸如上市改组时资产的剥离情况进行说明。

（2）企业的会计政策。包括企业执行的会计制度、会计期间、记账规则、计价基础、利润分配办法等内容，对于需要编制合并财务报表的企业来说，还要说明其合并财务报表的编制方法；对于会计政策与上年相比发生变化的企业，应说明其变更情况、原因及对企业财务状况和经营成果的影响。

（3）会计报表主要项目附注。包括对主要报表项目的详细说明，例如对应收账款的账龄分析，对报表项目的异常变化及其产生原因的说明等。

（4）分行业资料。如果企业的经营涉及不同的行业，且行业收入占主营业务收入的10%（含10%）以上，则应提供分行业的有关数据。

（5）重要事项的揭示。主要包括对承诺事项、或有事项、资产负债表日后事项和关联方交易等内容的说明。

随着报表内容的日益复杂化，以文字辅之以数字来表述的会计报表附注的内容需要增加以下信息：①有助于理解会计报表的重要信息；②采用与报表不同编制基础编制的信息；③可以反映在报表内，但基于有效交流的原因而披露在其他部分的信息；④用于补充报表信息的统计资料。

（二）会计报表附注分析

1. 分析税收减免对利润的影响程度

企业需要承担的主营业务税金及附加将影响主营业务利润，其他税金还将对净利润产生影响。上市公司税收优惠政策会引起各年上缴税额的变动，投资者应该对此进行分析，找出企业利润对税收减免的依附程度，并且应该关注税收优惠政策的变化，考虑所得税减免优惠撤销时对企业总利润是否会产生重大影响。

2. 分析子公司对总利润的影响程度

一家企业可以有多家子公司和关联企业，各家子公司对企业集团的利润贡献、盈利能力影响都各不相同。通过分析子公司和关联企业的基本情况，可以找出对企业集团的经营活动和盈利能力影响较大的子公司及关联企业，并做重点调查和分析。

3. 分析或有事项的影响

或有事项是过去的交易或事项形成的一种状况，其结果须由未来不确定事件的发生或不发生加以证实。常见的或有事项有：商业票据背书转让或贴现、未决诉讼、未决仲裁、产品质量保证等。或有事项可分为或有负债和或有资产；或有负债若确认为负债，则需确认支出，不确认为负债，则只需做相关说明；或有资产不计入收益。但是或有负债确认为负债时，所确认的支出仅是估计值，投资者需对或有事项发生的可能性及金额予以估计；不确认为负债时不必披露金额。此外，企业年度会计报表附注至少应披露法律、行政法规和国家统一的会计制度另有规定的情况。

（三）从会计报表附注中发现问题

会计报表附注随着证券市场的繁荣而逐渐完善起来。证券市场发展越完善的国家，对会计报表附注的编制要求就越高。中国证券市场发展仍不完善，企业信息披露中还存在很多问题，具体有：

（1）附注信息披露不充分。附注信息要发挥应有的效用，有赖于其披露的充分性。目前，中国企业的信息披露仍然不充分。例如，对关联方交易的披露，有的企业"删繁就简"，有意回避；有的企业"点到为止"，或模糊不清。许多企业对其主要投资者、关键管理人员及其关系密切的家庭成员的披露缺乏等。

（2）附注内容滞后。有的企业是故意使内容滞后。例如，对或有事项等需要及时公布的内容有意延期披露；有的企业虽不是故意的，但也造成了内容滞后；还可能由于企业管理层及会计人员素质低下，导致未能正确理解附注应披露哪些内容而造成事后披露。

（3）虚假信息。附注中的虚假信息，局外人很难及时发现，所以容易被误导，做出错误的决策，从而造成一定的经济损失。比如，对重要事项的说明，不少企业都有不实的陈述。例如，青鸟华光信息披露违法行为贯穿2007年至2012年，涉及未按规定披露实际控制人、关联交易，通过关联方配合控股子公司实施无商业实质的购销交易，虚增年度营业收入等多项违法行为。

第三节 跨国企业财务报告分析方法

跨国企业财务报告分析的方法依据分析角度的不同可以区分为财务指标法、综合评价法和企业绩效评价法。财务指标法最常用的方法是财务比率法，综合评价法最典型的方法主要包括杜邦分析法和企业估值法，企业绩效评价法包括财务指标法和非财务指标法。

一、财务指标法

在掌握历史资料的情况下，我们可以对各期数据进行纵向比较，利用比较分析法或趋势分析法进行企业财务分析，也可以将当期各个项目换算成相对于某一基本项目的比例进行纵向比较，即进行结构分析。在缺少这种纵向历史资料的情况下，我们可以采用比率分析法进行企业财务分析。比率分析法是一种简单的工具，相较于前面三种分析方法更为常用。

（一）比较分析法

比较分析是指将两期以上的财务报表予以并列（通常是先后两期）互相比较。这种不同时期财务报表的互相比较,可以显示一家企业财务状况的变化趋势以及获利能力的高低,同时亦可以用来评估企业本期的管理业绩和观察企业的发展趋势。比较分析常用的方法有:

(1)绝对值比较分析——对两期财务报表绝对值进行对比列示,观察资产、负债、所有者权益、收入、费用、利润等项目的变化情况。

(2)绝对值增减变动——为了对各项目的增减变化幅度有一个直观的认识,对两期财务报表项目的增减变动情况(即差额)予以列示。

(3)百分比增减变动——以百分比或比率的形式,列示两个报告期项目增减变动绝对值占基期的比例,使分析数据更具有可比性。

(二)趋势分析法

趋势分析是指通过披露各项目对基期同类项目的百分比,来分析项目的增减变动趋势。趋势分析根据所选择的基期变动与否可以分为:

(1)定期趋势分析。在连续数年的财务报表中,以第一年为基期,计算其余年度各项目对基期同一项目的百分比,使之成为一系列可比数值,借以显示各项目在该期的增减变动情况。

(2)环比趋势分析。在连续数年的财务报表中,计算后一年度各项目对前一年度同一项目的百分比,以此类推,形成一连串的比值,据此分析各项目在分析期间的走向,以测定企业该项目的未来趋势。

趋势分析通过将各期财务数据换算成百分比,起到了化繁为简的作用,为财务报告的进一步分析提供了充分的余地。但值得注意的是,由于趋势分析是相对于基期进行的,所披露出来的百分比或指数固然能反映较基期的增减变动幅度,但任何一个单独的比值,并不能披露其变动的不利或有利影响。例如,第二年销售成本为基期销售成本的120%,不能据以断定企业的经营业绩不佳,而应当结合销售收入、利润总额等有关指标进行分析,只有这样才能得出正确的结论。另外,趋势分析是对同一项目进行的分析计算,项目计算口径的相同与否,决定了所计算比值的可比与否。而且,在定比趋势分析中计算出的各期比值均以基期为准,因而正确选择基期将在很大程度上影响结果的有效性。

(三)结构分析法

结构分析也称占比财务报表分析,是指将构成财务报表的各个项目换算成相对于某一基本项目的比例进行纵向比较,以披露各期财务报表中某特定项目占该期财务报表中基本项目的比例。在资产负债表中,通常以资产总额为100%;在利润表中,通常以营业收入为100%。

结构分析包括现金流入结构分析、现金流出结构分析和现金净流量分析三部分。

(1)现金流入结构分析。建立现金流入结构表,反映经营活动、投资活动和融资活动三类活动所产生的现金流入占总流入的比重,同时引入趋势分析法,将企业现金流入的变化态势展示出来。通过现金流入结构分析,分析者可以了解到企业经营活动产生的现金流入的变化。比如,经营活动产生的现金流入所占比重逐年提高,而融资活动产生的现金流入所占比重逐年下降,则说明企业内源资金的产生能力增强,同时,对举债和股票等外源资金的需求下降。

(2) 现金流出结构分析。建立现金流出结构表,反映经营活动、投资活动和融资活动三类活动所产生的现金流出占总流出的比重,同时引入趋势分析法,将企业现金流出的变化态势展示出来。通过现金流出结构分析,分析者可以了解到企业经营活动产生的现金流出的变化。比如,经营活动产生的现金流出所占比重逐年下降,而融资活动产生的现金流出所占比重逐年上升,则说明企业对外清偿债务的力度加大。

(3) 现金净流量分析。建立现金净流量表,反映其背后的经济含义。由于现金净流量为零的可能性较小,因此我们在进行现金净流量分析时可以剔除这种情况,仅仅考虑大于零或小于零两种情况。从静态来看,企业现金净流量的搭配可能出现以下几种类型(见表 15-6)。

表 15-6 企业现金净流量的搭配模式

类型	经营活动净现金流	投资活动净现金流	融资活动净现金流
1	+	+	+
2	+	+	-
3	+	-	-
4	+	-	+
5	-	-	-
6	-	+	+
7	-	+	-
8	-	-	+

每种类型都有其经济意义。类型 1 意味着企业内源资金的产生能力很强,外源资金又很充分,但是盈余资金缺乏投资机会。类型 2 意味着企业内源资金的产生能力较强,对外源资金的需求下降,也可以认为企业目前存在较大的还款压力。类型 3 意味着企业内源资金充分,能够满足投资和还款需求,企业存在投资机会,同时面临还款压力。类型 4 意味着企业有内源资金,同时,企业具有较大的投资机会,除内源资金以外,还需要大量的外源资金来满足企业投资之需。类型 5 意味着企业缺乏内源资金,同时存在还款压力,但企业还是存在投资机会的。类型 6 意味着企业经营活动的资金缺口较大,需要通过投资所得以及外源资金融通才能解决。类型 7 意味着企业可能处于较为糟糕的境地,可能面临双重困难,一是经营活动存在资金缺口,二是存在还款压力,企业为了应付这一情况,存在变卖资产增强支付能力之嫌。类型 8 意味着企业经营活动和投资活动均存在资金缺口,需要外源资金来解决,成长型企业的财务特征比较符合这种情况。

（四）比率分析法

比率分析是指用比率来反映财务报表所列示的有关项目之间的相互关系，以表明和判定企业财务状况及经营成果某一方面的情况，避免报表使用者单纯地把金额大小作为衡量和评估企业某一方面优劣的标志，也在一定程度上使报表使用者避免产生某些不应有的错觉。常用的比率大致可分为四种：反映企业短期偿债能力的比率、反映企业长期偿债能力的比率、反映企业管理效率的比率、反映企业盈利能力的比率。

1. 反映企业短期偿债能力的比率

反映企业短期偿债能力的比率主要有流动比率、速动比率、现金比率。

（1）流动比率。其计算公式为：

$$流动比率=流动资产/流动负债$$

流动比率表示企业用其流动资产偿还流动负债的能力。一般情况下，流动比率越高，反映企业短期偿债能力越强，债权人的权益越有保障。通常情况下，流动比率数值为 2 较为适宜，表明企业除了能够满足日常生产经营的流动资金需要，还有足够的财力偿付到期短期债务。流动比率不宜过高，过高表明企业流动资产占用过多，会影响资金的使用效率和企业的获利能力。

（2）速动比率。其计算公式为：

$$速动比率=速动资产/流动负债=(流动资产-存货)/流动负债$$

计算速动比率时应把存货从流动资产中剔除，因为存货的变现速度慢，剔除存货计算得到的速动比率反映的企业短期偿债能力更加可信。一般认为，速动比率数值为 1 是安全边际；小于 1 会使企业面临很大的偿债风险；如果大于 1，则尽管债务偿还的安全性很高，但会因企业现金、银行存款、应收账款等资金占用过多而大大增加企业的机会成本。

（3）现金比率。其计算公式为：

$$现金比率=可立即动用的资金/流动负债$$

一般来说，现金比率数值在 0.2 以上为好，但如果太高则可能是由企业拥有大量能盈利的现金和银行存款所致，意味着企业流动负债未能得到合理运用。

2. 反映企业长期偿债能力的比率

反映企业长期偿债能力的比率主要有资产负债率、已获利息倍数。

（1）资产负债率。其计算公式为：

$$资产负债率=(负债总额/资产总额)\times 100\%$$

资产负债率表明在总资产中有多大比例是通过负债形成的，以及企业资产对债权人权益的保障程度。该比率越小，表明企业长期偿债能力越强。

（2）已获利息倍数。其计算公式为：

$$已获利息倍数=息税前利润/利息费用=(利润总额+利息费用)/利息费用$$
$$=(净利润+所得税费用+利息费用)/利息费用$$

已获利息倍数不仅反映了企业获利能力的大小,而且反映了获利能力对偿还到期债务的保证程度。它既是企业举债经营的前提依据,又是衡量企业长期偿债能力大小的重要标志。

3. 反映企业管理效率的比率

反映企业管理效率的比率有应收账款周转率、存货周转率、资产周转率等。

(1) 应收账款周转率。其计算公式为:

$$应收账款周转率(次数)=销售收入/应收账款平均余额$$

应收账款周转率是反映应收账款周转速度的指标,它反映了企业应收账款变现速度的快慢及管理效率的高低。

(2) 存货周转率。其计算公式为:

$$存货周转率(次数)=销售成本/存货平均余额$$

一般情况下,存货周转率越高越好。存货周转率高,表明企业资产由于销售顺畅而具有较高的流动性,存货转换为现金或应收账款的速度快、资金占用水平低。值得注意的是,存货周转率也可以用销售收入代替销售成本来计算,主要依分析目的而定。在分析企业短期偿债能力时,可以用销售收入来计算,而在评估企业管理业绩时,就用销售成本来计算。这里我们选用销售成本来计算。

(3) 总资产周转率。其计算公式为:

$$总资产周转率(次数)=销售收入/平均资产总额$$

总资产周转率用来分析企业全部资产的使用效率,可以理解为 1 元资产投资形成的销售额,产生的销售额越多,即该比率越大,说明企业资产使用和管理的效率越高。

4. 反映企业盈利能力的比率

反映企业盈利能力的比率主要有资产报酬率、销售利润率、成本费用利润率等。

(1) 资产报酬率,其计算公式为:

$$资产报酬率=(净利润/平均资产总额)\times 100\%$$

资产报酬率是反映企业盈利能力的关键指标。它反映出企业从 1 元资产中获得的净利润。该比率越大,说明企业的盈利能力越强。

(2) 销售利润率。其计算公式为:

$$销售利润率=(净利润/销售收入)\times 100\%$$

销售利润率反映 1 元销售收入与其成本费用之间"挤"出的净利润。该比率越大,说明企业的盈利能力越强。

(3) 成本费用利润率。其计算公式为:

$$成本费用利润率=(利润总额/成本费用总额)\times 100\%$$

成本费用利润率反映每 1 单位成本费用带来的利润额。该比率越大,说明企业的盈利能力越强。

除上述介绍的这些指标外,还有很多反映企业财务状况的其他指标,如每股税后利润、自有资金投资报酬率、长期资本报酬率等,但不管选用什么指标,关键是利用这些指标来对企业的财务状况进行比率分析,对企业的偿债能力、盈利能力做出比较客观的评价。

二、综合分析法

(一)杜邦分析法

杜邦分析法(DuPont Analysis)是利用几种主要的财务比率之间的关系来综合地分析企业的财务状况的方法。具体来说,它是一种用来评价企业盈利能力和股东权益回报水平,从财务角度评价企业绩效的一种经典方法。其基本思想是将企业净资产收益率逐级分解为多项财务比率的乘积,这样有助于深入分析比较企业的经营业绩。由于这种分析方法最早由美国杜邦公司使用,故名杜邦分析法。采用这一方法,可以使财务比率分析的层次更清晰、条理更突出,为报表分析者全面、仔细地了解企业的经营业绩和盈利状况提供方便。

在杜邦分析体系中,包括以下几种主要的指标关系:

(1)净资产收益率是整个分析体系的起点和核心。该指标反映了投资者的净资产获利能力。净资产收益率是由销售报酬率、总资产周转率和权益乘数决定的。

(2)权益乘数表明了企业的负债程度。该指标越大,表明企业的负债程度越高,它是资产权益率的倒数。

(3)总资产收益率是销售利润率和总资产周转率的乘积,是企业销售成果和资产运营结果的综合反映,要提高总资产收益率,必须增加销售收入,降低资金占用额。

(4)总资产周转率反映企业资产实现销售收入的综合能力。分析时,必须综合销售收入分析企业资产结构是否合理,即流动资产和长期资产的结构比率关系。同时,还要分析流动资产周转率、存货周转率、应收账款周转率等有关资产使用效率指标,找出总资产周转率高低变化的确切原因。

(二)企业估值法

企业估值是指对企业的内在价值进行评估。进行企业估值的逻辑在于"价值决定价格",即企业的资产及获利能力取决于其内在价值。在财务分析模型的基础上进行企业估值不仅是一种重要的研究方法,而且是从业人员的一种基本技能。上市公司估值方法通常分为两类:一类是相对估值方法,另一类是绝对估值方法。非上市企业估值方法可分为三类:市场法、收益法和资产法。

1. 上市公司估值方法

(1)相对估值法。在相对估值法中,常用的指标有市盈率(P/E)、市净率(PB)、企业价值倍数(EV/EBITDA)等,其计算公式分别为:

$$市盈率 = 每股价格 / 每股收益$$
$$市净率 = 每股价格 / 每股净资产$$

$$\text{企业价值倍数} = \text{企业价值}/\text{息税、折旧、摊销前利润}$$

式中,企业价值为企业股票总市值与有息债务价值之和减去现金及短期投资。

运用相对估值法得出的倍数,用于比较不同行业之间、行业内部企业之间的相对估值水平;不同行业企业的指标值并不能做直接比较,因为不具有可比性且其差异可能很大。通过行业内不同企业的比较,可以找出在市场上相对低估的企业。因此,采用相对估值法对企业价值进行评估时,需要结合宏观经济、行业发展与企业基本面情况,具体企业具体分析。另外,在实践中运用相对估值法时,尤其需要注意可比企业的选择是否恰当,可比企业本身是否定价合理等问题。

相对估值法的优点在于比较简单,易于被普通投资者掌握,同时也揭示了市场对企业价值的评价。但是,在宏观经济出现较大波动时,周期性行业的市盈率、市净率等相对估值指标的变动幅度也可能比较大,有可能对企业的价值评估产生误导。在这种情况下,相对估值法与绝对估值法的结合运用,可有效减小估值结论的偏差。

(2)绝对估值方法。绝对估值方法是通过预测企业未来的股利或者未来的自由现金流,然后将其折现计算企业股票的内在价值的方法。该方法主要包括股利折现模型和自由现金流折现模型。

股利折现模型最一般的形式如下:

$$V_t = \frac{E(D_{t+1})}{(1+k)^1} + \frac{E(D_{t+2})}{(1+k)^2} + \frac{E(D_{t+3})}{(1+k)^3} + \cdots$$

式中,V_t 代表股票的内在价值,D 代表各年股利,t 代表当年,$t+1$ 代表次年,以此类推……k 代表资本回报率/贴现率,E 代表预期值。

如果将 V_t 定义为自由现金流,则股利折现模型就变成了自由现金流折现模型。自由现金流是指企业税后经营现金流扣除当年追加的投资金额后所剩余的资金。自由现金流折现模型如下:

$$V_t = \frac{E(\text{FCF}_{t+1})}{(1+k)^1} + \frac{E(\text{FCF}_{t+2})}{(1+k)^2} + \frac{E(\text{FCF}_{t+3})}{(1+k)^3} + \cdots + \frac{E(\text{FCF}_{t+n})}{(1+k)^n}$$

式中,V_t 代表股票的内在价值,FCF_{t+n} 代表在时间 $t+n$ 时的自由现金流(通常为经营现金流-资本支出),k 代表资本成本,E 代表预期值。

与相对估值法相比,绝对估值法的优点在于能够较为精确地揭示企业股票的内在价值,但是如何正确地选择参数则比较困难。未来股利、现金流的预测偏差以及贴现率的选择偏差,都有可能影响估值的精确性。

2. 非上市企业估值方法

(1)市场法。市场法分为可比公司法和可比交易法。

第一,可比公司法。首先挑选与非上市企业同行业可比或可参照的上市公司,以同类公司的股价与财务数据为依据,计算出主要财务比率;然后用这些比率作为市场价格乘数来评估目标公司的价值。常见的有市盈率(P/E)法、市销率(P/S)法。

在国内风险投资市场，P/E法是比较常见的估值方法。通常所说的上市公司市盈率有两种：历史市盈率，即当前市值/公司上一个会计年度的利润（或前12个月的利润）；预测市盈率，即当前市值/公司当前会计年度的利润（或未来12个月的利润）。

投资者是投资一家企业的未来，他们用P/E法对企业价值进行评估就是：

企业价值 = 预测市盈率 × 企业未来12个月的利润

企业未来12个月的利润可以通过企业的财务预测进行估算。一般说来，预测市盈率是历史市盈率的一个折扣，比如纳斯达克某个行业的平均历史市盈率是40，那么预测市盈率大概是30左右；对于同行业、同等规模的非上市企业，参考的预测市盈率需要再打个折扣，比如15—20；对于同行业、规模较小的初创企业，参考的预测市盈率需要再打个折扣，就成了7—10。这也就是目前国内主流的外资风险投资对企业估值的大致市盈率倍数。

对于有收入但是没有利润的企业，P/E法没有任何意义，比如很多初创企业很多年也不能实现正的预测利润，那么此时可以采用P/S法来进行估值，大致方法与P/E法一样。

第二，可比交易法。挑选与初创企业同行业、在估值前一段合适时期被投资、并购的企业作为参考企业，基于参考企业融资或并购交易的定价依据，从中获取有用的财务或非财务数据，计算相应的中小企业市场价格乘数，据此评估目标公司的价值。

例如，A公司刚刚获得中小企业融资，B公司的业务领域与A公司相同，经营规模（比如收入）比A公司大一倍，那么投资者对B公司的估值应该是A公司估值的一倍左右。再如，分众传媒在分别并购框架传媒和聚众传媒时，一方面以分众传媒的市场参数为依据，另一方面将框架传媒的估值作为聚众传媒估值的依据。

可比交易法并不对市场价值进行分析，而只是统计同类企业中中小企业融资或并购价格的平均溢价水平，再用这个溢价水平评估目标公司的价值。

（2）收益法。收益法分为现金流折现法和剩余收益法。

第一，现金流折现法。通过预测企业未来自由现金流、资本成本，对企业未来现金流进行贴现，企业价值即为未来现金流的现值。企业价值的计算公式如下：

$$V_t = \sum_{t=1}^{T} \frac{CF_t}{(1+k)^t}$$

式中，CF_t为每期的预测现金流，T为期数，k为贴现率或资本成本。

贴现率是处理预测风险最有效的方法，因为初创企业的预测现金流有很大的不确定性，其贴现率比成熟企业的贴现率要高得多。寻求种子资金的初创企业的资本成本也许为50%—100%，早期的创业企业的资本成本为40%—60%，晚期的创业企业的资本成本为30%—50%。相比较而言，更加成熟的企业的资本成本为10%—25%。

这种方法比较适用于较为成熟、偏后期的私有企业或上市公司被并购的估值，比如凯雷投资集团收购徐工集团采用的就是这种估值方法。

第二，剩余收益法。通过估算被评估资产的预期收益并折算成现值，借以确定被评

估资产的价格,它是国际上公认的资产评估方法之一,计算公式如下:

$$V_t = BV_t + \frac{E(\mathrm{RI}_{t+1})}{(1+k)^1} + \frac{E(\mathrm{RI}_{t+2})}{(1+k)^2} + \frac{E(\mathrm{RI}_{t+3})}{(1+k)^3} + \cdots + \frac{E(\mathrm{RI}_{t+n})}{(1+k)^n}$$

式中,BV_t 为 t 期期末资产面值,RI_{t+n} 为 $t+n$ 期的剩余收益(通常为净收益-期初资产面值的变化),k 为资本成本,E 为预期值。

(3)资产法。资产法是假设一个谨慎的投资者不会支付超过与目标公司同样效用的资产的收购成本。其不足之处在于,假定价值等同于使用的资金,投资者没有考虑与企业运营相关的所有无形价值;另外,资产法没有考虑到未来预测收益的价值。所以,资产法对企业估值的结果是最低的。

三、跨国企业绩效评价

绩效评价是指评价主体为实现特定的评价目标,对照统一的评价标准,采用特定的指标体系,按照一定的评价程序,通过定量、定性对比分析,对评价客体的绩效做出客观、公正的综合评判,并提交评价报告的一项管理工作。跨国企业的绩效评价是一项系统性的工作,包括评价的目的、对象、标准等要素。

(一)跨国企业绩效评价的目的及对象

跨国企业实施绩效评价的根本目的,是通过绩效评价活动协调各分支机构及其经理人员的行为,促使企业整体战略目标的实现。由于这一根本目的具有可分解性,因此实务中的表述也不尽相同。

具体来说,跨国企业实施绩效评价的主要目的包括:跟踪并监督企业目标的实现进程;判断现有经营活动的获利性;评价企业的经营绩效;评价企业经理人员的管理绩效;及时发现经营活动中存在的问题和尚未得到控制的领域;使企业的资源在全球范围内得到合理配置。

通常,跨国企业绩效评价的对象主要是企业的经营绩效和企业经理人员的管理绩效。根据跨国企业绩效评价系统与战略管理系统之间的相对关系,有学者将跨国企业绩效评价的对象界定为预算单位与战略经营单位。

预算单位是指跨国企业中单独编制预算并据以考核、评价的部门,它是跨国企业的行政组织单位,通常指跨国企业的子公司或分部。对预算单位进行绩效评价通常采用预算标准,预算单位经理人员应对预算的执行情况负责。因此,对预算单位的绩效进行评价主要是对其经理人员的绩效进行评价。对预算单位进行绩效评价,要体现可控性原则,可以采用财务指标,也可以采用非财务指标。

战略经营单位是指跨国企业战略经营管理中相对独立的一套完整的生产经营系统。划分战略经营单位,可以以行业为标准,即以一个行业为一个战略经营单位,将从事一个行业的各子公司都纳入其中;同样,也可以以产品为标准,或者将每个地区作为一个战略经营单位。以战略经营单位为评价对象,应侧重于评价经营绩效。但此处的经营绩效应能够充分反映战略经营单位的战略目标或战略意图的实现程度。由于各战略经营单位的战略目标不尽相同,因此其评价指标也不会完全相同。实务中,对战略经营单位的划分应该是灵活多样的,重要的是做到绩效评价与战略管理的结合。

(二) 跨国企业绩效评价的目标

跨国企业绩效评价系统是跨国企业战略管理系统的一个重要组成部分,它受战略管理系统的统一控制,并且要服务于战略管理系统。从战略管理的步骤来看,跨国企业绩效评价的目标大致可以分为两个方面。

第一,为战略分析和制定提供信息支持。战略制定的主要目标是确定企业的宗旨或使命,并将其转化为具体的战略目标。战略制定应基于战略分析,即对企业的内外部环境进行分析、研究以便对企业战略进行准确的定位。战略分析通常包括行业及竞争情况分析、企业状况以及战略比较分析等。对跨国企业而言,由于其经营环境和跨国经营业务本身的复杂性,其战略分析要更为复杂一些。例如,在一般分析的基础上,还要对东道国的税收、金融、外汇、市场、地理、人文等环境进行分析,对跨国企业分布于不同国家或地区的子公司所涉及的不同行业、不同经营结构和组织形式以及不同经营动机等进行分析,等等。通常来说,跨国企业绩效评价为战略分析和制定提供的主要信息包括:评价对象主要指标及资本预算、财务预算指标的比较信息;有关评价对象的关键成功因素的信息;评价对象之间的协调性信息;各评价对象的作业成本信息等。

第二,为战略实施提供控制信息。跨国企业战略实施的核心任务是确定年度目标及政策,进行资源配置,实施管理控制,确保战略目标的实现。跨国企业战略实施的关键在于国内外各子公司的协调配合和共同努力。绩效评价本质上是一种管理控制手段,绩效评价系统服务于战略实施的基本途径是利用合理的评价指标,对各子公司的经营绩效或其经理人员的管理绩效进行评价,使各子公司及其经理人员的行为与母公司的战略目标保持一致。同时,评价信息或评价结果对于母公司对子公司及其经理人员的考核与奖惩,以及母公司优化企业资源在各子公司之间的配置等,具有重要的参考价值。

由于各子公司的战略地位、职能、经营策略等可能不尽相同,因此其绩效评价指标也不尽相同。相应地,绩效评价系统所提供的控制信息也是有差异的,但其共同之处是这些信息对战略实施必须是有效的,并且对子公司经理人员来说应该是可控的。

(三) 跨国企业绩效评价指标体系

跨国企业绩效评价指标体系处于绩效评价系统的中心地位,它体现了跨国企业战略管理的要求,反映了评价的项目和内容,具有鲜明的导向性。一个好的绩效评价指标体系,对于优化企业的绩效评价系统、实现绩效评价的目标、发挥绩效评价的功能,具有重要的作用。

1. 财务指标

在跨国企业绩效评价指标体系中,财务指标一直是应用最为广泛的指标。其中,比较重要的财务指标包括:

（1）经营收入，企业从事经营活动所取得的收入。

（2）经营利润，经营收入扣除经营成本后的余额。

（3）投资报酬率，经营利润与投入资本的比率。

（4）股权报酬率，经营利润与股东权益的比率。

（5）资产报酬率，经营利润与资产总额（或净额）的比率。

（6）销售利润率，经营利润与销售总额（或净额）的比率。

（7）剩余收益，经营利润减去经营资产按照规定的最低报酬率计算的投资报酬额后的余额。

（8）子公司经营活动现金流量，子公司本期的经营活动产生的现金流量。

（9）子公司对母公司的现金流动，包括子公司向母公司支付的特许权使用费、专业服务费、管理费以及实际汇回的股利等。

（10）其他各种财务比率，根据子公司的财务报告计算出的其他各种比率，如流动比率、速动比率、产权比率、营运资金比率、应收账款周转率、存货周转率、每股利润以及每股现金流量等。

（11）市场增加值，企业的市值减去全部资本（包括股权资本和债权资本）后的余额。

（12）经济增加值，企业息税前经营利润减去资本成本后的余额。

财务指标虽然在绩效评价指标体系中占有主导地位，具有综合反映经营绩效、便于计算、体现企业战略目标等优点，但也存在缺点，如大多数财务指标往往着眼于短期利益，局限于对实物资产运用成果的描述，不能反映现在进行的创造未来价值的活动等。

2. 非财务指标

国外一些著名的企业把非财务指标引入绩效评价指标体系。例如，通用电气公司采用的非财务指标包括生产率、市场占有率、产品的领先情况、个人的发展、员工的态度以及社会责任等；菲利普公司采用的非财务指标主要包括缺勤率、质量指数、生产率、生产进度、销售实现率、销售增长率、存货保证率以及服务水平等；麦当劳对其全球子公司均进行质量、服务和清洁等三个方面的评价。

近十几年来，国外很多学者也对非财务指标的设计和采用进行了研究，例如一些学者提出了很多重要的非财务指标，如市场份额、人员开发、职工的精神面貌、生产率、履行社会责任情况、与东道国政府的关系等。另一些学者提出，非财务指标应该包括供货保证、使产品满足消费者需要、快速引入新产品以及售后服务等四个方面。还有一些学者提出，评价企业绩效需要以质量、作业时间、资源利用以及人力资源开发等四个尺度为标准。

不同的企业因所处的行业特点和不同的战略管理要求，对非财务指标的选择也有所不同；而不同的学者因其研究的出发点和内在逻辑有各自的特点，其研究结论也不尽相同。跨国企业在设计和选择适合自身特定评价对象的非财务指标体系时，不能盲目地照搬以往的研究成果，而应该结合自身的特点做出相应的变通。

通常来说，非财务指标的设计和选择应该遵循以下原则：与企业战略相结合的原则，体现关键成功因素的原则、全面性原则、预警性原则、激励性原则、可度量原则。依据已有的著名跨国企业的实践经验和诸多学者已有的研究成果,再结合上述原则,跨国企业绩效评价可采用的非财务指标主要包括市场占有率、生产率、与东道国政府的关系、产品质量控制、与母公司和其他子公司的协作、环境适应性、人才开发情况、雇员的安全情况、劳动力流动情况、研究与开发情况、社会服务、消费者满意情况。

采用非财务指标进行绩效评价有很多优点,比如非财务指标能够与企业战略相关联,有助于对子公司及其经理人员进行评价。但是,非财务指标的缺陷就是可度量性较差。

本章小结

1. 国际财务报告是指为了满足多个国家信息使用者的需要而编制的财务报告。虽然跨国企业提供国际财务报告的必要性已经众所周知,但是跨国企业究竟提供何种形式、包括哪些内容的财务报告,却没有统一的模式。

2. 影响企业财务报告信息质量的因素复杂,这要求企业在编制财务报告的过程中既要考虑决策有用性的目标,又要考虑使用者的接受水平。为了能够使报告使用者做出正确的决策,企业有必要为他们提供全面、准确、详细的各种信息。

3. 跨国企业财务报告分析的框架包括战略分析、会计分析、财务分析和前景分析。

4. 跨国企业财务报告分析是通过搜集、整理跨国企业财务报告中的有关数据,并结合其他有关的补充信息,对该企业的财务状况进行综合比较与评价,为财务报告使用者提供管理决策和控制依据的过程。

5. 国际财务报表为跨国企业的业绩评价提供了大量的财务信息,能够比较全面地反映企业在财务方面的业绩。跨国企业财务报告分析的内容以企业财务报告文本(四表一注)为主要线索展开。

6. 跨国企业财务报告分析的方法依据分析角度的不同可以区分为财务指标法、综合评价法和企业绩效评价法。财务指标法包括比较分析法、趋势分析法、结构分析法和比率分析法。常用的比率包括反映企业短期偿债能力的比率、反映企业长期偿债能力的比率、反映企业管理效率的比率和反映企业盈利能力的比率等。

7. 杜邦分析和企业估值是财务报告分析的综合方法。进行企业估值的逻辑在于"价值决定价格",即企业的资产及获利能力取决于其内在价值。上市公司估值方法通常分为两类:一类是相对估值方法,另一类是绝对估值方法。非上市公司估值方法可分为三类:市场法、收益法和资产法。

8. 跨国企业的绩效评价相较于国内企业更为复杂,主要是由于跨国企业经营战略目标的复杂性,以及总部集中决策的影响、汇率变动的影响、通货膨胀的影响等。跨国企业的绩效评价指标体系中,既包括财务指标,又包括非财务指标。

本章习题

1. 跨国企业为何需要编制国际财务报告？跨国企业财务报告的用途及使用者有哪些？如何构建跨国企业财务报告分析框架？

2. 年报中的核心内容是财务报表，这些财务报表的特点及其主要内容有哪些？各种财务报表的编制原则及分析要点有哪些？

3. 如何理解主要财务报表之间的关系？会计报表附注对报表使用者而言有何分析意义？如何通过分析财务报表各科目的来龙去脉来发现财务管理漏洞？

4. 跨国企业业绩评价指标主要包括哪几类？各自包括哪些指标？影响跨国企业业绩的因素有哪些？跨国企业经营业绩评价中应注意的要点与难点是什么？

5. 合并报告和分部报告的概念是什么？有何异同？跨国企业财务报告中合并报告和分部报告分析的要点有哪些？

6. 根据中远海控 2019 年合并报告与分部报告，对该公司的财务状况和经营业绩进行分析，并对其发展前景进行评价。

参考文献

1. 苏布拉马尼亚姆.财务报表分析(第 11 版)[M].宋小明,译.北京:中国人民大学出版社,2014.
2. 怀特,等.财务报表分析与应用[M].李志强,等,译.北京:中信出版社,2008.
3. 张碧琼.国际金融管理学[M].北京:中国金融出版社,2007.
4. 朱叶.国际金融管理[M].上海:复旦大学出版社,2003.
5. 姚立杰,程小可.国际财务报告准则研究的回顾与展望[J].会计研究,2011(6):25—31.